HEYNE <

Das Buch

Als Eben Alexander 2008 aufgrund einer seltenen Gehirnhautentzündung ins Koma fiel, hatten ihn die Ärzte schon aufgegeben. Und doch genas der Neurochirurg auf wundersame Weise und berichtete anschließend von einer Nahtoderfahrung, die alles infrage stellte, was er bisher über das Leben und den Tod zu wissen glaubte. Seither ist der frühere Skeptiker überzeugt: Es existiert tatsächlich ein außerkörperliches, unsterbliches Bewusstsein – und jeder Mensch ist Teil davon.

Mit diesem Buch führt Eben Alexander seine bahnbrechenden Forschungen fort. Seine spektakuläre Erkenntnis: Durch Praktiken wie Meditation, Medialität oder Herzensarbeit und mithilfe innovativer Neurotechnologien können wir uns tatsächlich mit dem außerkörperlichen Bewusstsein verbinden und dessen Energie nutzen. Um die Grenzen der scheinbaren Realität zu überwinden, den Sinn unseres Daseins zu erkennen und unser Leben bewusst und erfüllt zu gestalten.

Die Autoren

Dr. med. Eben Alexander ist Neurochirurg mit 25-jähriger Berufserfahrung, u.a. an der Harvard Medical School, Boston. Mit über 150 wissenschaftlichen Artikeln sowie über 200 Vorträgen auf medizinischen Fachkongressen erwarb er internationales Renommee. Im November 2008 erkrankte er an bakterieller Meningitis und fiel für sieben Tage ins Koma. Seine Nahtoderfahrung sowie deren wissenschaftliche Erforschung beschreibt er in Blick in die Ewigkeit, das weltweit zum Bestseller wurde.
www.ebenalexander.com

Karen Newell beschäftigt sich seit früher Jugend mit spirituellen Themen. Sie ist Mitbegründerin von »Sacred Acoustics«, ein Unternehmen, das mithilfe innovativer Soundtechnologien neue Zugänge zu verborgenen Bewusstseinsräumen erschließt.
www.sacredacoustics.com

Dr. Eben Alexander
Karen Newell

TORE ins unendliche BEWUSSTSEIN

Die Grenzen der
Realität überwinden
und die wahre Natur des Lebens
entdecken

Aus dem amerikanischen Englisch übersetzt
von Juliane Molitor

WILHELM HEYNE VERLAG
MÜNCHEN

Die amerikanische Originalausgabe erschien 2017 unter dem Titel »Living in a Mindful Universe. A Neurosurgeon's journey into the Heart of Consciousness« bei Rodale / USA.

MIX
Papier | Fördert gute Waldnutzung
FSC® C014496

Penguin Random House Verlagsgruppe FSC® N001967

5. Auflage
Taschenbucherstausgabe 05/2020

Redaktion: Anita Krätzer
Umschlaggestaltung: Guter Punkt, München,
unter Verwendung eines Motivs von © gorbachlena/thinkstock
Herstellung: Helga Schörnig
Satz: Satzwerk Huber, Germering
Druck und Bindung: GGP Media GmbH, Pößneck
ISBN 978-3-453-70388-9

www.heyne.de

Für unsere Kinder Eben IV., Bond und Jamie.
Wir vertrauen darauf, dass ihre Generation
diese Welt zu einem erheblich besseren Ort machen wird.

Inhalt

Vorwort

Dieses Buch ist ein ambitionierter Versuch, Wissenschaft und Spiritualität zu vereinen, zwei Bereiche, die in der Regel als gegensätzlich betrachtet und selten so ausführlich in einem Buch behandelt werden. Wir möchten eine breite Leserschaft erreichen: sowohl wissenschaftlich als auch spirituell Interessierte – und alle dazwischen. Dies ist eine Botschaft für die *gesamte* Menschheit.

Wir möchten moderne, informierte Leser erreichen, Leser, die wirklich daran interessiert sind, das Wesen unserer Welt und ihre eigene Beziehung dazu besser zu verstehen. In den ersten fünf Kapiteln werden die Probleme, die wir angesichts unseres vorherrschenden westlichen Weltbilds haben, allgemein deutlich gemacht und viele tief sitzende naturwissenschaftliche und philosophische Annahmen infrage gestellt. Dann entwerfen wir ein erweitertes Paradigma, das sich sowohl auf menschliche Erfahrungen als auch auf empirische Belege aus wissenschaftlichen Untersuchungen stützt.

Einige der in diesen ersten Kapiteln angesprochenen Inhalte sind für nicht wissenschaftlich orientierte Leser vielleicht weniger interessant. Es ist aber nicht nötig, sie gänzlich verstanden zu haben, bevor man sich mit dem Rest des Buches beschäftigt. Für manche mag es sogar sinnvoll sein, diese ersten Kapitel erst *nach* dem Rest des Buches zu lesen. Die Kapitel 6 bis 16 bieten Beispiele und Informationen mit konkret anwendbaren Instrumentarien und Techniken, die für jene wertvoll sind, die mehr über ihre Verbindung zum Universum und darüber erfahren möchten, wie sie ihre Fähigkeiten zur vollständigen Manifestierung ihres freien Willens einsetzen können.

Der Text ist in der ersten Person geschrieben, weil es sich um meine Geschichte handelt. Aber meine Co-Autorin Karen Newell versteht das, was ich sagen will, besser als irgendjemand sonst und hat das, was in Wirklichkeit *unsere* Botschaft ist, entscheidend ergänzt, verdeutlicht und präzisiert. Ich hätte dieses Buch nie allein schreiben können. Karen, die sich schon ihr Leben lang um ein tieferes Verständnis des Wesens aller Existenz bemüht, hat einen wahren Schatz an Einsichten und Erkenntnissen beigesteuert. Dieses Buch ist durch ihre Weisheit viel informativer und für Leser ohne wissenschaftlichen Hintergrund leichter lesbar geworden.

Einleitung

Entdecken bedeutet zu sehen, was schon jeder gesehen hat, und dabei zu denken, was noch niemand gedacht hat.

Albert Szent-Györgyi (1893-1986), Nobelpreisträger für Physiologie oder Medizin, 1937

In welcher Beziehung stehen Geist und Gehirn? Die meisten Menschen machen sich keine Gedanken über diese Frage. und überlassen solche Grübeleien lieber den Neurowissenschaftlern und Philosophen. Warum sollten sie Zeit damit verbringen, über akademische Themen wie diese nachzudenken? Gehirn und Geist sind eindeutig miteinander verbunden, und mehr brauchen die meisten von uns nicht zu wissen, nicht wahr? Es gibt wichtigere Dinge im Leben, auf die wir uns konzentrieren sollten.

Als praktizierender Neurochirurg hatte ich es täglich mit der Beziehung zwischen Geist und Gehirn zu tun, und zwar aufgrund der Tatsache, dass bei meinen Patienten oft Bewusstseinsveränderungen zu beobachten waren. Dieses Phänomen war zwar interessant, aber ich sah es pragmatisch. Ich hatte gelernt, solche Bewusstseinsveränderungen zu evaluieren, um diverse Tumoren, Infektionen oder Schlaganfälle, die das Gehirn beeinflussen, zu diagnostizieren und zu behandeln. Wir haben die Mittel und hoffentlich auch die Gabe, unseren Patienten zu nützen, indem wir sie auf »normalere« Ebenen des

Wachbewusstseins zurückbringen. Ich hatte die Entwicklungen in der Physik aufmerksam verfolgt und wusste, dass es Theorien darüber gab, wie das alles vor sich geht, aber ich hatte Patienten, um die ich mich kümmern und Wichtigeres, worüber ich mir Gedanken machen musste.

Meine Selbstzufriedenheit mit diesem Arrangement des beiläufigen »Verstehens« wurde am 10. November 2008 krachend beendet. Ich kollabierte in meinem Bett, fiel in ein tiefes Koma und wurde ins Lynchburg General Hospital eingeliefert – in das Krankenhaus, in dem ich als Neurochirurg tätig war. Im Koma erlebte ich Dinge, die mich in den Wochen nach meinem Erwachen verwirrten und nach einer wissenschaftlichen Erklärung verlangten.

Der neurologischen Lehre zufolge hätte ich wegen der schweren Schädigung meines Gehirns durch eine massive bakterielle Meningoenzephalitis nichts wahrnehmen dürfen – gar nichts! Doch während mein Gehirn von der Infektion befallen und angeschwollen war, begab ich mich auf eine fantastische Odyssee, während der ich mich an nichts von meinem Leben auf der Erde erinnerte. Diese Odyssee schien Monate oder Jahre zu dauern; eine aufwendige Reise in viele Schichten höherer Dimensionen, bisweilen wahrgenommen aus einer Perspektive der Unendlichkeit und Ewigkeit außerhalb von Zeit und Raum. Eine so umfassende Inaktivierung meines Neokortex, der Großhirnrinde, hätte eigentlich alle Wahrnehmungen und Erinnerungen außer einigen elementaren auslöschen müssen. Und doch wurde ich hartnäckig von sehr vielen höchst realen, lebendigen und komplexen Erinnerungen heimgesucht. Zunächst vertraute ich meinen Ärzten und ihrem Hinweis, dass »das sterbende Gehirn uns alle möglichen Streiche spielen kann«. Immerhin hatte ich meinen eigenen Patienten manchmal genau diesen »Hinweis« gegeben.

Die letzte Nachuntersuchung bei meinem behandelnden Neurologen fand Anfang Januar 2010 statt, vierzehn Monate, nachdem ich aus meinem heimtückischen einwöchigen Koma erwacht war. Dr. Charlie Joseph war schon vor meinem Koma ein Freund und enger Vertrauter von mir gewesen. Er hatte mir mit meinen anderen Medizinerkollegen beigestanden, während mich die volle Wucht meiner schrecklichen Meningoenzephalitis traf, und in dieser Zeit alle Details der durch sie erzeugten neurologischen Verwüstung aufgezeichnet. Wir rekapitulierten die Besonderheiten meiner Genesung (die angesichts der Schwere meiner Krankheit in dieser verhängnisvollen Woche allesamt überraschend und unerwartet waren), begutachteten einige der neurologischen Untersuchungen sowie die Ergebnisse der MRT- und CT-Scans während meines Komas, und Charlie führte eine komplette neurologische Untersuchung durch.

So verlockend es auch war, meine außerordentliche Heilung und mein aktuelles Wohlbefinden einfach als unerklärliches Wunder zu akzeptieren – ich konnte es nicht. Vielmehr wollte ich unbedingt eine Erklärung für die Reise finden, die ich im Koma unternommen hatte. Es war eine sensorische Erfahrung, die unseren neurowissenschaftlichen Vorstellungen von der Rolle, die der Neokortex für eine detailreiche bewusste Wahrnehmung spielt, vollkommen widerspricht. Die beunruhigende Möglichkeit, dass fundamentale Grundsätze der Neurowissenschaft falsch sein konnten, führte mich an diesem stürmischen Winternachmittag in meinem abschließenden Gespräch mit Dr. Joseph auf unbekanntes Terrain.

»Ich kann mir nicht erklären, wie meine mentalen Erlebnisse im tiefen Koma so intensiv, so komplex und so lebendig sein konnten«, sagte ich zu ihm. »Sie schienen viel realer als alles zu sein, was ich je erlebt habe.« Ich erzählte ihm, dass zahlreiche Details darauf hinwiesen, dass die überwiegende Mehrheit meiner Wahrnehmungen zwischen dem ersten und dem fünften Tag meines siebentägigen Komas stattgefunden hatten. Und dennoch bezeugten alle neurologischen Untersuchungen, Laborwerte und Aufnahmen, dass mein Neokortex in der Zeit viel zu sehr von der schweren Meningoenzephalitis geschädigt war, um solch eine bewusste Wahrnehmung zu ermöglichen. »Wie soll ich daraus klug werden?« fragte ich meinen Freund.

Ich werde nie vergessen, wie mich Charlie mit einem wissenden Lächeln anschaute und sagte: »Angesichts dessen, was wir über Gehirn, Geist und Bewusstsein wissen, bleibt noch viel Raum, um das Mysterium deiner bemerkenswerten Genesung als etwas zu begreifen, das auf etwas von großer Bedeutung hinweisen könnte. Wie du selbst sehr gut weißt, finden wir in der klinischen Neurologie immer wieder zahlreiche Beweise dafür, dass wir noch einen langen Weg vor uns haben, bevor wir von einem ›umfassenden‹ Verständnis sprechen können. Ich tendiere dazu, dein persönliches Mysterium als ein weiteres schönes Puzzleteil zu akzeptieren, als wichtigen Beschleuniger bei der Annäherung an irgendeine Erkenntnis über das Wesen unserer Existenz. Freu dich einfach darüber!«

Ich fand es sehr beruhigend, dass ein gut ausgebildeter und sehr fähiger Neurologe, der meine Erkrankung bis ins Detail verfolgt hatte, offen für die großartigen Möglichkeiten war, die meine Erinnerungen an die Zeit im Koma eröffneten. Charlie half mir, die Tür zu meiner Verwandlung aufzustoßen, der Verwandlung von einem materialistisch geprägten Wissenschaftler, der stolz auf seine akademische Skepsis war, in jemanden, der jetzt sein wahres Wesen kennt und einen höchst erquicklichen Einblick in andere Ebenen der Wirklichkeit bekommen hat.

Natürlich waren die ersten Monate des Erkundens und der Verwirrung keine leichte Phase. Mir war bewusst, dass ich mit Gedanken spielte, die von vielen meiner Kollegen als inakzeptabel, wenn nicht sogar als ketzerisch betrachtet wurden. Einige waren vielleicht sogar der Ansicht, ich solle lieber aufhören zu fragen und forschen als beruflichen Selbstmord zu begehen, indem ich anderen eine so haarsträubende Geschichte erzählte.

Dr. Joseph und ich waren uns einig, dass mein Gehirn durch eine beinahe tödliche bakterielle Meningoenzephalitis schwer geschädigt gewesen war. Der Neokortex – die Gehirnregion, von der die moderne Neurowissenschaft sagt, dass sie zumindest teilweise aktiv sein muss, damit wir etwas bewusst wahrnehmen können – war nicht mehr in der Lage, irgendetwas hervorzubringen oder zu verarbeiten, das auch nur annähernd an das heranreicht, was ich erlebt habe. Und doch habe ich es erlebt. Um Sherlock Holmes zu zitieren: »Wenn man das Unmögliche ausgeschlossen hat, dann muss alles, was übrig bleibt, wie unwahrscheinlich es auch sein mag, die Wahrheit sein.« Ich musste also das Unwahrscheinliche akzeptieren: Ich habe diese sehr reale Erfahrung gemacht und war mir dessen bewusst – und mein Bewusstsein war offenbar nicht von einem intakten Gehirn abhängig. Nur indem ich meinem Geist (und meinem Herzen) erlaubte, sich so weit wie möglich zu öffnen, war ich in der Lage, die Risse in der herrschenden Lehre über Gehirn und Bewusstsein zu erkennen. Erst in dem Licht, das durch diese Risse fiel, erkannte ich allmählich die wahren Hintergründe dieser Geist-Körper-Debatte.

Diese Debatte ist für uns alle von größter Bedeutung, weil viele unserer grundlegenden Annahmen über das Wesen der Wirklichkeit davon abhängen, in welche Richtung sie sich entwickelt. Jede Vorstellung, die wir vom Sinn und Zweck unserer Existenz, von unserer Verbindung mit anderen und dem Universum, von unserem freien Willen und sogar von solchen Vorstellungen wie einem Leben nach dem Tod oder der Reinkarnation haben – all diese tiefschürfenden Themen sind direkt vom Ausgang der Geist-Körper-Debatte abhängig. Die Beziehung zwischen Geist und Gehirn ist also eines der größten und wichtigsten Mysterien des menschlichen Denkens. Und das Bild, das sich aus den am weitesten fortgeschrittenen Bereichen der wissenschaftlichen Forschung herauskristallisiert, entspricht so gar nicht unserer konventionellen wissenschaftlichen Sichtweise. Offenbar stehen uns revolutionäre Erkenntnisse bevor.

Dieser Weg des Entdeckens tut sich immer mehr vor mir auf und wird mich zweifellos für den Rest meines Lebens beschäftigen. Ich habe inzwischen einige sehr weitreichende Erfahrungen gemacht und die faszinierendsten Menschen kennengelernt, die ich mir vorstellen kann. Ich habe gelernt, mich nicht von allzu einfachen Unwahrheiten über eine angenommene Welt verführen zu lassen, sondern mich zu bemühen, die Welt so einzuschätzen und zu behandeln, *wie sie wirklich ist.* Als Menschen auf der Suche nach einem tieferen Verständnis unserer Existenz sind wir alle gut beraten, das zu tun.

In den neun Jahren seit meinem Erwachen aus dem Koma lautete mein Mantra in den schwierigsten und verwirrendsten Phasen oft: »Glaub es einfach, zumindest vorläufig.« Ihnen, liebe Leser, rate ich, dasselbe zu tun – lassen Sie vorerst alle Zweifel beiseite und öffnen Sie Ihren Geist so weit wie möglich. Eine tiefere Erkenntnis verlangt diese Befreiung, genau wie eine Trapezkünstlerin in der Hoffnung, dass ihr Partner sie auffangen wird, das Trapez loslassen muss, um frei durch die Luft fliegen zu können.

Betrachten Sie dieses Buch als meine ausgestreckten Hände, die bereit sind, Sie zu stützen, wenn Sie den größten Sprung von allen wagen – den Sprung in die herrliche Realität dessen, was wir wirklich sind!

Kapitel 1

Der Wunsch, alles zu verstehen

Das Universum ist nicht nur sonderbarer,
als wir vermuten, sondern sogar sonderbarer,
als wir überhaupt vermuten können.

J. B. S. Haldane (1892–1964), britischer Evolutionsbiologe

Morbiditäts- und Mortalitätskonferenzen (M&M-Konferenzen) geben der medizinischen Gemeinde eine Möglichkeit, die Geschichten glückloser Patienten zu erzählen, die an verschiedenen Krankheiten gestorben sind oder durch Verletzungen verstümmelt wurden. Das sind vielleicht nicht die fröhlichsten Themen, aber sie werden behandelt, weil es darum geht, daraus zu lernen und darüber zu lehren, um künftige Patienten vor dem gleichen Schicksal zu bewahren. Bei einer M&M-Konferenz, in der sein Fall behandelt wird, ist sehr selten auch der betroffene Patient anwesend, aber in genau diese Situation kam ich ein paar Monate nach meinem Koma. Die Ärzte, die mich behandelt hatten, waren über das hohe Niveau meiner fortschreitenden Genesung erstaunt und nahmen dieses augenscheinliche Wunder zum Anlass, mich einzuladen, an einer Diskussion über meine unerwartete Rettung vor dem Tod teilzunehmen.

Meine Genesung entzog sich jeder wissenschaftlichen Erklärung. An dem Morgen, an dem ich auf der Konferenz erschien, erzählten mir einige Kollegen, was für ein Schock es für sie gewesen sei, dass ich nicht nur überlebt (die Wahrscheinlichkeit dafür hatten sie am Ende meiner Woche im Koma auf zwei Prozent geschätzt), sondern offenbar innerhalb weniger Monate auch all meine geistigen Funktionen zurückerlangt hatte. Und das war in der Tat verblüffend. Angesichts der Schwere meiner Krankheit hätte niemand mit einer derartigen Genesung gerechnet. Die neurologischen Untersuchungen, die CT- und MRT-Scans sowie die Laborwerte hatten alle ergeben, dass es sich bei meiner schweren Erkrankung um eine lebensbedrohliche Meningoenzephalitis handelte. Anfänglich wurde meine Behandlung durch relativ gleichbleibende epileptische Anfälle vereitelt, die nur schwer zu stoppen waren.

Die neurologische Untersuchung ist eine der wichtigsten Maßnahmen zur Bestimmung der Schwere eines Komas und zum Abgeben einer Prognose. Aufgrund der Beurteilung meiner Augenbewegungen, der Reaktion meiner Pupillen auf Licht sowie der Art meiner Arm- und Beinbewegungen als Antwort auf Schmerzreize konnten meine Ärzte – wie auch ich es gekonnt hätte – sagen, dass mein Neokortex, der typisch menschliche Teil des Gehirns, bereits bei meiner Einlieferung in die Notaufnahme schwer geschädigt war.

Einen weiteren entscheidenden Hinweis liefert die Qualität der Verbalisierung, doch die war bei mir nicht mehr vorhanden. Die einzigen Laute, die ich von mir gab, waren ein gelegentliches Grunzen und Stöhnen – bis auf eine einzige Ausnahme: Während ich noch in der Notaufnahme lag, rief ich unerwartet: »Gott, hilf mir!« (Daran kann ich mich nicht erinnern, aber es wurde mir später berichtet.) Nachdem sie stundenlang nichts Verständliches von mir gehört hatten, hielten

Familienmitglieder und enge Freunde diese Worte für einen Hoffnungsschimmer und dachten, ich würde vielleicht in diese Welt zurückkehren. Aber es waren die letzten Worte, die ich sagte, bevor ich ins tiefe Koma fiel.

Die Glasgow-Koma-Skala (GKS) zur Bewertung von Vokalisierung, Arm- und Beinbewegungen (besonders als Reaktion auf Schmerzreize bei abgestumpften oder komatösen Patienten) und Augenbewegungen wird eingesetzt, um den Zustand von Patienten in einem veränderten Bewusstseinszustand, und dazu gehört auch ein Koma, einzuschätzen und die Patienten dann entsprechend zu behandeln. Die GKS ist so etwas wie eine Messlatte zur Bewertung des Wachbewusstseinsgrads. Sie reicht von 15 bei einem normalen, gesunden Patienten bis 3, dem Wert für eine Leiche oder einen Patienten im sehr tiefen Koma. Mein höchster GKS-Wert in der Notaufnahme war 8, und zu manchen Zeiten in jener Woche lag er sogar bei 5. Ich litt eindeutig an einer tödlichen Meningoenzephalitis.

In Gesprächen um den Grad der Zerstörung meines Neokortex werde ich oft nach dem Elektroenzephalogramm oder EEG gefragt. Ein EEG ist eine ziemlich knifflige Angelegenheit, doch manche Studien zeigen bei einer bakteriellen Meningitis eine Korrelation zwischen dem Grad von EEG-Anomalien und dem neurologischen Befund. Außerdem war ich im Status epilepticus (mit epileptischen Anfällen, die kaum therapeutisch behandelt werden konnten) in die Notaufnahme eingeliefert worden. Es gab also gute Gründe, ein EEG zu machen.

Die traurige Wahrheit ist, dass ich so krank war und eine so düstere Prognose hatte, die hauptsächlich auf den Ergebnissen der neurologischen Untersuchungen und der Laborwerte basierte, dass meine Ärzte der Ansicht waren, ein EEG sei nicht sinnvoll. Wie in anderen Fällen von schwerer Meningoenzephalitis hätte mein EEG höchstwahrscheinlich eine diffuse

Tiefschlafaktivität, Burst-suppression-Muster oder eine Nulllinie gezeigt, was alles auf eine handlungsunfähig machende Schädigung des Neokortex hinweist. Darauf lassen auch die Ergebnisse meiner neurologischen Untersuchungen schließen, aus denen die Schwere meiner damaligen Erkrankung hervorgeht, besonders wenn man sie mit ähnlichen Fällen vergleicht.

Tatsächlich wird innerhalb von 15 bis 20 Sekunden nach einem Herzstillstand eine EEG-Nulllinie sichtbar, weil kein Blut mehr ins Gehirn fließt. Das EEG ist somit kein sehr anspruchsvoller Test, wenn es darum geht, das Ausmaß umfassender neokortikaler Schäden festzustellen. Die Ergebnisse der an mir durchgeführten neurologischen Untersuchungen sowie der CT- und MRT-Scans, die das Ausmaß des Schadens (der alle acht Lappen meines Gehirns in Mitleidenschaft gezogen hatte) deutlich machten, zeichneten ein sehr düsteres Bild. Die verfügbaren klinischen Fakten zeigten, dass ich todkrank war und mein Gehirn erheblichen Schaden genommen hatte.

Aus einem schnell eingetretenen Koma aufgrund einer schweren, durch gramnegative Bakterien ausgelösten Meningoenzephalitis wachen praktisch alle Patienten am dritten Tag wieder auf, oder sie sind tot. Meine länger andauernde Existenz irgendwo zwischen diesen eindeutigen Zuständen irritierte meine Ärzte.

Am siebten Tag meines Komas teilten meine Ärzte meiner Familie mit, dass ich bei meiner Einlieferung in die Notaufnahme eine Überlebenschance von etwa zehn Prozent gehabt hatte, die jedoch nach einer Woche im Koma auf erbärmliche zwei Prozent gesunken war. Noch viel schlimmer als diese schäbige zweiprozentige Überlebenschance war die harte Realität, die sie damit in Verbindung brachten, nämlich dass ich, falls ich wieder aus dem Koma erwachen sollte, so gut wie keine Chance hatte, danach wieder ein normales Leben führen zu können, sondern bestenfalls ein Leben im Pflegeheim würde verbringen müssen. Aber selbst diese Aussicht war unwahrscheinlich.

Natürlich waren meine Familie und meine Freunde angesichts dieser düsteren Zukunftsaussichten erschüttert. Angesichts der Tatsache, dass ich so schnell ins Koma gefallen war, und des Ausmaßes der neokortikalen Schäden, die sich in den neurologischen Untersuchungsergebnissen und den extremen Laborwerten widerspiegelten (so wies etwa meine Zerebrospinalflüssgkeit einen Glukosewert von 1mg/dl auf; normal ist ein Wert von 60 bis 80 mg/dl), war jedem Arzt klar, dass eine vollständige Genesung medizinisch unmöglich war. Und doch ist genau das passiert. Mir ist kein einziger Fall eines anderen Patienten mit der gleichen Diagnose bekannt, der anschließend in den Genuss einer vollständigen Genesung gekommen wäre.

Gegen Ende jener Morbiditäts- und Mortalitätskonferenz wurde ich gefragt, ob ich den Anwesenden noch irgendwelche Überlegungen mitteilen wolle. Ich antwortete:

»Diese ganze Diskussion über meinen Fall und die Seltenheit einer Genesung wie der meinen verblasst vor dem, was ich als viel tiefer gehende Frage betrachte, die mich umtreibt, seit ich in dem Bett auf der Intensivstation die Augen aufgeschlagen habe: Wie habe ich bei einer so gut dokumentierten Dezimierung meines Neokortex überhaupt eine Erfahrung machen können? Besonders die einer so lebendigen und ultrarealen Odyssee? Wie ist das möglich gewesen?«

In den Gesichtern meiner Kollegen sah ich an diesem Tag nicht mehr als eine schwache Spiegelung meiner eigenen Verwunderung. Manche verlegten sich auf die simplifizierende Annahme, dass das, was ich erlebt hatte, nicht viel mehr gewesen sei als ein Fiebertraum oder eine Halluzination. Aber diejenigen, die sich um mich gekümmert hatten, und diejenigen, die hinreichende Kenntnisse von den Neurowissenschaften hatten, um zu wissen, wie unmöglich es war, dass ein derart geschädigtes Gehirn zu einer so außergewöhnlichen, so detaillierten und so komplexen Wahrnehmung auch nur im Ansatz fähig war, hatten ebenfalls das Gefühl, dass sich hier etwas sehr Geheimnisvolles ereignet hatte. Ich wusste, dass es letztendlich an mir war, nach zufriedenstellenden Erklärungen dafür zu suchen. Eine taugliche Erklärung für das, was ich erlebt hatte, war nicht in Sicht, und ich sah mich genötigt, mich darum zu bemühen, all das zu verstehen.

Ich überlegte, eine neurowissenschaftliche Abhandlung zu schreiben, um die fatalen Fehler aufzuzeigen, die wir mit unserer wissenschaftlichen Auffassung von der Rolle des Neokortex für unsere detaillierte bewusste Wahrnehmung machen. Ich hoffte darauf, die Körper-Geist-Frage tiefer durchdringen zu können, und darauf, vielleicht einen kleinen Einblick in den Mechanismus des Bewusstseins zu bekommen. Mir fiel es sehr schwer, mein Erlebnis im Koma mit dem wissenschaftlich-materialistischen Weltbild in Einklang zu bringen, das ich vor dem Koma gehabt hatte, und ich glaubte, dass mein geschädigtes Gehirn im Koma doch noch über genügend Kapazitäten verfügt hatte, die den Ursprung meiner Wahrnehmungen irgendwie erklären konnten.

Die größte Unterstützung bei dem Versuch, meine Erfahrung zu verstehen, bekam ich von Kollegen, denen ich vertraue und die ich als wirklich aufgeschlossen und intelligent respektiere. Die meisten Ärzte, mit denen ich ausführlich über meine Erfahrung gesprochen habe, waren fasziniert und haben sich weitgehend bemüht, mir zu helfen. Wir haben viele Theorien in Betracht gezogen – alles Versuche, meine Erfahrung als irgendwie gehirnbasiert zu erklären. Wir versuchten, den Ursprung meiner Wahrnehmungen in anderen Teilen des Gehirns als dem Neokortex (etwa im Thalamus, in den Basalganglien, im Stammhirn etc.) zu verorten oder zu postulieren, dass die Wahrnehmungen außerhalb des Zeitintervalls auftraten, in dem mein Neokortex eindeutig nicht aktiv war.

Wir versuchten, meine Erinnerungen an das, was ich im Koma erlebt hatte, im Prinzip mit der weitverbreiteten Annahme zu erklären, dass das Gehirn für jede Art von bewusster Wahrnehmung benötigt wird. In den fast drei Jahrzehnten meines Lebens, in denen ich als Neurochirurg täglich mit Patienten zu tun hatte, die häufig unter Bewusstseinsveränderungen litten, war ich zu der Überzeugung gelangt, etwas über die Beziehung zwischen Gehirn und Geist, also das Wesen des Bewusstseins zu wissen. Die moderne Neurologie ist der Ansicht, dass all unsere menschlichen Eigenschaften wie Sprechen, Vernunft, Denken, auditive und visuelle Wahrnehmung, emotionale Kräfte etc. – also im Grunde alle Qualitäten der mentalen Erfahrung, die ein Teil unseres menschlichen Bewusstseins werden – direkt aus dem stärksten Rechner des menschlichen Gehirns stammen, dem Neokortex. Auch wenn andere, primitivere (und tiefer liegende) Strukturen wie die oben erwähnten eine gewisse Rolle für das Bewusstsein spielen mögen, erfordern all die großartigen Details der bewussten Erfahrung den hochwertigen Neuronalrechner Neokortex.

Ich akzeptierte die allgemeine neurowissenschaftliche Auffassung, dass das physische Gehirn aus physischer Materie Bewusstsein erschafft. Was das bedeutet, ist klar: Unsere Existenz umfasst »Geburt bis Tod« und nichts weiter. Und genau davon war ich in den Jahrzehnten vor meinem Koma fest überzeugt. Hier wird eine Krankheit wie meine bakterielle Meningoenzephalitis zum perfekten Modell für den menschlichen

Tod, weil sie bevorzugt den Teil des Gehirns zerstört, der am meisten zu unserer menschlich-geistigen Erfahrung beiträgt.

Ein paar Monate nach meinem Erwachen aus dem Koma fing ich wieder an zu arbeiten und nahm an der Jahrestagung der Society for Thermal Medicine in Tucson teil, um die noch junge Forschung der Focused Ultrasound Surgery Foundation zu unterstützen. Als ich an einem sonnigen Freitagnachmittag von Charlotte, North Carolina, nach Phoenix, Arizona, flog, freute ich mich am meisten darauf, Dr. Allan Hamilton, meinen langjährigen Freund und Neurochirurgenkollegen, zu treffen.

Allan und ich waren enge Freunde geworden, als wir beide von 1983 bis 1985 im neurochirurgischen Labor des Massachusetts General Hospital in Boston gearbeitet hatten. Wir hatten viele Stunden miteinander verbracht, manchmal bis spät in die Nacht, hatten über diverse Laborprotokolle, Techniken und Projekte diskutiert und unser Bedauern über den endlosen Strom an Unvollkommenheiten kundgetan, der solche wissenschaftlichen Bemühungen begleitet und nur von denen wahrgenommen wird, die in den Gräben sitzen und die eigentliche Arbeit machen.

Unsere Freundschaft war weit über die Grenzen unserer neurochirurgischen Ausbildung hinausgegangen, und so kam es, dass ich Mitte der 1980er-Jahre zusammen mit »Old Mountain Hamilton« (wie ich ihn in der Wildnis nannte) eine Bergtour auf ein paar der berühmtesten Gipfel im Nordosten der Vereinigten Staaten machte. Dazu gehörten Gothics und Marcy (zwei der höchsten Gipfel in den Adirondack Mountains im Bundesstaat New York) und Mount Monadnock in New Hampshire, wo wir während eines Schneesturms die Nacht in einem Winterbiwak verbrachten. Das Letzte, was wir an diesem Abend im schwindenden Licht der Dämmerung sahen, war ein Hubschrauber des Roten Kreuzes, der einen weniger glücklichen Wanderer aus dem Berg über uns holte. Und auch Mount Washington, wo mit die schlimmsten Witterungsbedingungen dieser Welt herrschen, haben wir natürlich gemeinsam erstiegen.

Allan, ein erfahrener Bergwanderer, der Einsätze der US-Armee auf Bergen wie dem Mount McKinley in Alaska (mit 6190 Metern der höchste Berg in Nordamerika, heute auch als Denali bekannt) geleitet hat, zeichnete sich dadurch aus, dass er stets betonte, wie wichtig Wissen und eine entsprechende Vorbereitung für den sicheren Aufstieg auf solche Gipfel seien. Bevor wir im Oktober 1984 den Gipfel des Mount Washington bestiegen, gab mir Allan Hausaufgaben, die unter anderem darin bestanden, dass ich mir die Berichte über tödliche Unfälle an diesem Berg aus mehreren Jahrzehnten durchlesen musste.

Wir hatten unseren Aufstieg eine Stunde vor Sonnenaufgang begonnen. Windböen mit einer Geschwindigkeit bis zu 113 km/h und dichter Schneefall schränkten unsere Sicht so sehr ein, dass wir kaum den nächsten Steinhaufen (die Steinhaufen dienen in so leblosen Landschaften als Wegmarkierungen) erkennen konnten. Das überraschte uns nicht. Hier werden Windgeschwindigkeiten bis zu 372 km/h gemessen. Das ist der höchste Wert, der jemals mit einem Anemometer auf der Erde gemessen wurde. Als wir die Lakes-of-the-Clouds-Hütte betraten, überkam mich eine kolossale Erleichterung. Es ist die am höchsten gelegene von acht Steinfestungen in der Presidential Range, die dort errichtet wurden, um Wanderern in diesem potenziell tödlichen Terrain einen vorübergehenden Unterschlupf zu bieten. Dass diese schwere Steinhütte mit Ketten in der Felslandschaft verankert war, schien angesichts der extremen und stetigen Kraft dieser überirdischen Winde durchaus angebracht.

Allan, mein Mentor in dieser Situation, forderte mich auf, eine Entscheidung zu treffen. »Sollen wir unseren Aufstieg fortsetzen?«, fragte er.

Allan hatte mich nicht ohne Grund gebeten, die Berichte über tödliche Unfälle am Mount Washington zu lesen. Und dies war meine Abschlussprüfung. Das Wetter kann sich hier plötzlich ändern, und er wollte, dass ich entscheide, ob wir unseren Aufstieg trotz des immer eindrucksvolleren Schneesturms fortsetzen sollten oder nicht.

Aus der Zeit, in der ich Extremsportarten betrieben hatte, angefangen mit einer vierjährigen Fallschirmspringer-Karriere an der University of North Carolina in Chapel Hill, wusste ich, dass es unter Teilnehmern an solchen potenziell tödlichen Abenteuern darum geht, der jeweiligen Situation angemessene, professionelle und verantwortungsvolle Entscheidungen zu treffen, statt wildes Draufgängertum an den Tag zu legen. Die einzige Möglichkeit, in meiner Fallschirmspringerzeit zur Teilnahme an einer der größeren Freifall-Sternformationen eingeladen zu werden, bestand darin, einen sehr klaren Kopf zu beweisen, gleichgültig, wie extrem die Herausforderungen auch waren. Wilde Cowboys hatten dort nichts zu suchen. Und so war es auch hier, an diesem »Ort des Großen Geistes«. Allan verdiente es, dass ich eine optimale Entscheidung traf.

»Vielleicht sollten wir uns lieber wieder auf den Rückweg machen«, sagte ich schließlich. Es gefiel mir zwar nicht, dass wir unser begehrtes Ziel jetzt nicht erreichen würden, aber tief in meinem Herzen wusste ich, dass dies angesichts all der Berichte über tödliche Unfälle die richtige Entscheidung war.

»Gute Wahl«, murmelte Allan, während wir unsere Sachen packten, um die sichere und gemütliche Steinfestung zu verlassen. Gegen den draußen tobenden Wind stieß er die Tür auf, und wir machten uns auf den mühsamen Rückweg.

Doch das Schicksal war uns gnädig. Kurz nachdem wir die Baumgrenze erreicht hatten, änderte sich das Wetter schlagartig. Die Wolkendecke riss auf, die Temperatur stieg über Null, und als wir uns umdrehten, hatten wir bei strahlendem Sonnenschein und im T-Shirt einen atemberaubenden Blick auf den Gipfel und rundum kilometerweit in die Ferne. Einer der letzten Abschnitte dieser Bergtour führte durch einen riesigen Birkenwald. Ich werde den kristallblauen Himmel über dem wunderschönen Netz aus weißen Baumrinden nie vergessen. Einzelne leuchtend goldene Blätter klammerten sich immer noch an manchen Zweigen fest – eine bunte Missachtung des sich schnell und mit aller Brutalität nähernden Winters. In der unterschwelligen Lektion dieses Tages und der ganzen Herrlichkeit, mit der wir dafür belohnt wurden, dass wir unseren höchsten Instinkten und unserer Verbindung zur Natur vertraut hatten, sehe ich eine Parallele zu dem Wandel meines Weltbilds, der sich in den neun Jahren nach meinem Koma vollzogen und mein Leben verändert hat.

In der Tat, eine gute Wahl!

Ich hatte Allans tiefschürfenden Intellekt, seine wohldurchdachten Einsichten und seinen erfrischenden Sinn für Humor schätzen gelernt. Er war ein hervorragender Wissenschaftler, was sich in den nächsten paar Jahren in einer steilen Karriere niederschlug. Er absolvierte die erstklassige neurochirurgische Facharztausbildung am Massachusetts General Hospital und erwarb einen akademischen Grad nach dem anderen an der University of Arizona in Tucson, wo ihm nicht nur die Leitung der Neurochirurgie, sondern auch die der Abteilung für Chirurgie übertragen wurde. Allan war wirklich ein ganz heller Stern in der höchsten Konstellation der akademischen Neurochirurgie.

Als ich nun wenige Monate nach meinem Koma zur Konferenz der Society for Thermal Medicine nach Tucson flog, freute ich mich daher auf mein Wiedersehen mit Allan, das ich als Höhepunkt der Reise betrachtete. Und ich sollte nicht enttäuscht werden! Er holte mich mit seinem strahlend blauen Smart ab, und wir fuhren zu seinem Haus, einer Pferderanch am Stadtrand von Tucson. Während der Fahrt erzählten wir einander viel darüber, was seit unserem letzten Treffen vor ein paar Jahren passiert war.

Als wir später in seinem mit vielen Büchern und Erinnerungsstücken ausgestatteten Arbeitszimmer saßen, hörte mir Allan aufmerksam zu, während die Wüstensonne hinter den großen Fenstern unterging. Ich gab ihm eine nahezu vollständige Zusammenfassung nicht nur meiner Erinnerungen an mein tiefes Koma, sondern auch der medizinischen Details, die so verwirrend waren, dass die Möglichkeit, dies alles als einen Fiebertraum oder eine Halluzination zu erklären, ausgeschlossen werden konnte. Wie viele meiner Medizinerkollegen und ich selbst war auch Allan ratlos, wie mein Fall zu interpretieren sei, und diese Ratlosigkeit wurde noch verstärkt durch die Tatsache, dass eine Heilung wie die meine extrem selten war. Ich wusste, dass ich mit seiner Hilfe bei der Beantwortung der Frage rechnen konnte, wie ich in einer Zeit, in der mein Neokortex in solch einer Weise geschädigt war, derart lebendige und erinnerbare Erfahrungen hatte machen können.

Zufälligerweise hatte ich in der Woche vor meiner Reise nach Tucson den für meine jüngsten Bemühungen, meine Erfahrung zu erklären, entscheidenden Hinweis bekommen. Ich hatte in eben dieser Woche das Foto meiner leiblichen Schwester erhalten, die ich noch nie zuvor gesehen hatte, und der Schock der Erkenntnis, dass das, an was ich mich aus meinem Koma erinnerte, offenbar sehr real war, saß mir noch in den Knochen. Wie diejenigen, die *Blick in die Ewigkeit* gelesen haben, wissen, war die Ähnlichkeit dieses Fotos von meiner verlorenen Schwester mit meiner schönen Begleiterin in meinem tiefen Koma eine welterschütternde Erkenntnis für mich. Auch Allan war erstaunt, als ich ihm von dieser neuesten Entdeckung erzählte.

»Das ist Gold wert«, sagte er nach ein paar Minuten des Nachdenkens am Ende meiner langen Erzählung. Allan war mir schon weit voraus. »Reines Gold«, wiederholte er, und seine Frau Janey, die Teile meiner Geschichte mitgehört hatte, stimmte von ganzem Herzen zu. »Es fällt einem schwer, nicht ein bisschen eifersüchtig zu sein. So eine Erfahrung hätte ich auch gern gemacht!«, fügte sie hinzu.

Allan vertrat die Ansicht, meine Geschichte habe eine tiefere und umfangreichere Einsicht über die Verbindung zwischen Geist und Körper vermittelt. Mit einem offenen Geist statt aus dem von mir vertretenen eingeschränkten wissenschaftlichen Blickwinkel betrachtet, könne meine Erfahrung uns helfen, über unser mageres Verständnis von Bewusstsein, der Beziehung zwischen Geist und Gehirn und sogar vom Wesen der Wirklichkeit hinauszugehen.

»Das könnte dir gefallen«, sagte Allan und reichte mir lächelnd ein mit Widmung versehenes Exemplar seines kürzlich erschienenen Buches *Skalpell und Seele. Was die Medizin nicht erklären kann.* Bis zu diesem Zeitpunkt hatten wir noch nie über irgendetwas sonderlich Übernatürliches gesprochen. Daher war ich ausgesprochen überrascht, zu erfahren, dass er an Derartigem ein Interesse hatte – genug, um ein Buch darüber zu schreiben. Rückblickend fällt mir auf, dass viele wissenschaftlich orientierte Menschen mit ihren Kollegen ganz bewusst nicht über solche Themen sprechen. Es könnte als frivol empfunden werden und ein Augenrollen und hochgezogene Augenbrauen hervorrufen. Angesichts seiner prestigeträchtigen akademischen

Auszeichnungen schien er jedoch den Mut aufgebracht zu haben, der so vielen anderen fehlte.

Ich hatte mir seit einiger Zeit erlaubt, Bücher über solche Themen zu lesen, und Allans Buch habe ich auf dem Nachtflug zurück in den Osten der USA regelrecht verschlungen. Es enthält eine fesselnde Sammlung von Anekdoten aus Allans Leben als nachdenklicher Neurochirurg, der seine Tür für die Realität unserer spirituellen Natur weit offen hält. Seine reflektierenden persönlichen Geschichten über Visionen auf dem Sterbebett, Vorahnungen, Engel und die erstaunliche Macht des Glaubens und der Liebe, durch die die Seele von Grund auf geheilt werden kann, haben mich an mehreren Stellen des Buches zu Tränen gerührt.

Ein Beispiel ist die herzerwärmende Geschichte einer Großmutter, welche die Betreuung des behinderten Sohnes ihrer Tochter übernommen hatte und sich nun mit ihrer eigenen Diagnose konfrontiert sah: Eierstockkrebs im fortgeschrittenen Stadium. Man sagte ihr, dass sie wahrscheinlich in wenigen Monaten sterben würde. Wer konnte sich um das arme Kind kümmern, wenn die Großmutter ihrer Krankheit erlag? Der Glaube der Großmutter machte es ihr möglich, allen Prognosen ihrer Ärzte zu trotzen. Sie überlebte ihren eigenen Arzt und nahm an der Hochzeit ihres Enkels teil, der offenbar ebenfalls von ihrem starken Glauben profitierte, denn trotz seiner Behinderung wurde er ein geschickter Handwerker. Die Kombination aus Allans wissenschaftlichem Verständnis und einem tiefen und erweiterten Bewusstsein für die Realität der Seele, garniert mit einer angemessenen Prise Humor, hat mir viel Energie für meine persönliche Suche gegeben.

Eine weitere großartige Rückmeldung bekam ich von Michael Sullivan, der in der Woche meiner Krankheit immer an meinem Bett gewesen war. Michael war der Pfarrer der Episkopalkirche, an deren Gottesdiensten ich in den letzten beiden Jahren, seit wir nach Lynchburg in Virginia gezogen waren, immer wieder teilgenommen hatte. Ich hatte ihn in der Vergangenheit nie um einen geistlichen Rat gebeten – vor meinem Koma hatte ich einfach nie das Bedürfnis danach gehabt.

Durch die enge Freundschaft seines Sohnes Jack mit meinem jüngsten Sohn Bond war Michael ein guter Freund geworden. Die beiden Jungen hatten sich kennengelernt, als Bond in der dritten Klasse der James River Day School war, und wir hatten als Familien und Zuschauer ihrer Baseballspiele in der Little League oft eine schöne Zeit zusammen verbracht. Michael war zwar Pfarrer, aber für mich eher ein netter Nachbar und enger Freund als alles andere, und angesichts meiner nur seltenen Besuche in der Kirche waren unsere Gespräche eher weltlicher als spiritueller Natur gewesen. Wie viele fortschrittliche Männer der Kirche zeichnete auch er sich dadurch aus, dass er mir eine spirituelle Gnade übermittelte, auch wenn ich damals keine Ahnung davon hatte.

Michael war dankbar, dass ich es geschafft hatte, den schrecklichen Prognosen meiner Ärzte zu trotzen. Er hatte sich schon auf die Durchführung meiner Beerdigung vorbereitet (die in der Woche meines Komas unvermeidlich schien) und darauf, meiner Familie Trost zu spenden. Jetzt war er fasziniert von den »wundersamen« Umständen meiner Genesung. Als Kind hatte er sich immer über den Glauben an Wunder lustig gemacht, besonders wie sie ihm im Fernsehen in Form von evangelikalen Glaubensheilungen präsentiert wurde, bei denen beispielsweise jemand, der im Rollstuhl saß, plötzlich wieder gehen konnte, nachdem ihm ein enthusiastischer Pfarrer die Hand auf dem Kopf gelegt hatte. Er nahm an, dass es sich um inszenierte Ereignisse handelte, die nur von leichtgläubigen Zuschauern für bare Münze genommen wurden, und doch schaute er immer mit gespannter Neugierde zu. Nachdem er sich jahrelang Gedanken über die Echtheit sogenannter Wunder gemacht hatte, wirbelte die Tatsache, dass er ein unmittelbarer Zeuge meiner Genesung geworden war, seine eigenen Überzeugungen jetzt ziemlich durcheinander. Es ist eine Sache, etwas über ein solches Ereignis zu lesen oder es im Fernsehen zu sehen, und eine ganz andere, am Bett eines vertrauten Freundes zu stehen, der eine so unerklärliche Heilung am eigenen Leib erfahren hat.

In den ersten Monaten nach meinem Erwachen aus dem Koma traf ich Michael einmal im Starbucks bei uns um die Ecke. Wir setzten uns zusammen hin und redeten, und bald landeten wir bei meinen Erinnerungen an das im Koma Erlebte. Durch unser offenes Gespräch verstanden wir die Sichtweise des jeweils anderen besser.

Ich erzählte ihm, dass ich in einem offenbar idyllischen Paradies gewesen war, das viele Eigenschaften einer irdischen Landschaft aufwies; in einem fruchtbaren, üppig grünen Tal voller Leben wie üppig wachsenden Pflanzen und blühenden Blumen – in einer Welt, die an Platos Welt der Formen (aus seiner Schrift *Timaios*) erinnerte, weil sie idealtypischer war als alles Irdische. Was ich später als Tal des Übergangs bezeichnete, war in der Tat nur ein Übergang zum Zentrum, in das ich gelangte, indem ich durch höhere Dimensionen von Raum und Zeit aufstieg. Das Zentrum selbst war die Quelle von *allem*, die ultimative Nichtdualität reiner Einheit. Mir war bewusst, dass das gesamte höherdimensionale Universum unbeschreiblich komplex ist und die gesamte Existenz enthält, als Modell für das gesamte Konstrukt – allen Raum, alle Zeit, alle Masse, alle Energie, alle Wechselbeziehungen, alle Kausalität und noch viel mehr, das ich mit Worten nicht erfassen kann. Jenseits all dessen begegnete ich der Macht der unendlichen, bedingungslosen Liebe, dem *Gefühl* dieser unbeschreiblichen Liebe. In der Quelle von allem, was ist, wurde ich regelrecht davon überschwemmt. Dieses Gefühl ist unbeschreiblich und dennoch so schockierend konkret und real, dass ich mich noch heute ganz deutlich daran erinnere. Worte, die wir Menschen ersonnen haben, um irdische Ereignisse zu beschreiben, greifen offenbar zu kurz, wenn es darum geht, die erstaunliche Erhabenheit zum Ausdruck zu bringen, die im vollständigen Annehmen dieser Liebe ohne Urteile oder Erwartungen liegt.

»Deine Beschreibung dessen, was du erlebt hast, erinnert mich an die Schriften mancher früher christlicher Mystiker«, sagte Michael zu mir. »Ich habe ein Buch, das dir möglicherweise viel mehr hilft als deine ganzen Neurologiebücher. Ich bringe es heute Nachmittag vorbei.«

Später an diesem Tag fand ich, als ich nach Hause zurückkam, ein Buch mit dem Titel *Light from Light. An Anthology of Christian Mysticism* (»Licht vom Licht. Eine Anthologie der christlichen Mystik«) auf der Eingangstreppe. Es enthielt faszinierende Zeugnisse von Menschen mit tief greifenden, ihr ganzes Leben verändernden spirituellen Erfahrungen, und manche dieser Berichte waren fast zweitausend Jahre alt. Ich war bereit, sie ohne Vorbehalte zu lesen.

Meine Kenntnis des Christentums beschränkte sich damals auf ein sehr begrenztes Allgemeinwissen, wie man es als Ergebnis einer normalen religiösen Erziehung in einer methodistischen Kirchengemeinde in North Carolina erwarten konnte. Mystik war nichts, was ich jemals mit dem Christentum in Verbindung gebracht hatte. Dieses Buch machte mich zum ersten Mal mit den Mystikern bekannt, also mit jenen, die unsichtbare Bereiche durchqueren und ihr Leben in der Gewissheit führen, dass der physische Bereich nur ein kleiner Teil einer größeren Realität ist, von der das meiste unserem normalen Wachbewusstsein verborgen bleibt. Es überraschte mich, die Kraft und die Vielfalt dieser Schriften aus einem christlichen Blickwinkel kennenzulernen. Sie reichten von Origenes (3. Jahrhundert) über Bernhard von Clairvaux (12. Jahrhundert), Franz von Assisi (13. Jahrhundert), Meister Eckhart (13. Jahrhundert), Juliana von Norwich (14. Jahrhundert) und Teresa von Ávila (16. Jahrhundert) bis hin zu Thérèse von Lisieux (19. Jahrhundert), und all ihre Bewusstseinsreisen klangen seltsam vertraut.

Fundierte mystische Berichte waren für die Erkenntnisse der Menschheit über das Wesen des Universums wegweisend. Solche außerordentlichen, tief im Innern des spirituellen Reichs gemachten Erfahrungen bilden die Grundlage aller Religionen. Eigene Erfahrung ist der beste Lehrer, und die Anthologie der christlichen Mystik, die Michael mir vorbeigebracht hatte, half mir, meine scheinbar unerklärliche Erfahrung besser zu verstehen. Am wichtigsten war jedoch die allmählich aufkeimende Erkenntnis, dass alle Wege, die zu einem solchen Wissen führen, eine Reise durch das eigene Bewusstsein beinhalten.

Nachdem ich meine Erfahrung mehrere Monate lang nur mit vertrauten Freunden und Kollegen diskutiert hatte, war ich der Ansicht, dass ich meine Recherchen erheblich ausweiten und damit auch in Territorien außerhalb meines vertrauten Wissenspools vordringen musste. Die allgemeine Herangehensweise an einen Fall wie den meinen war, ihn unter den Teppich zu kehren, abzuqualifizieren und einfach als nicht erklärbar abzuhaken. Aber meine Vertrauten verstanden mein Dilemma und unterstützten mich in meinem Bemühen um eine Erklärung. Hier war etwas Größeres am Werk, und ich wollte es unbedingt besser verstehen.

Kapitel 2

Ein wirklich schwieriges Problem

Das größte Geheimnis der Wissenschaft ist das Wesen des Bewusstseins. Es ist nicht etwa so, dass wir schlechte oder unzureichende Theorien über das menschliche Bewusstsein hätten. Wir haben einfach überhaupt keine. Fast alles, was wir über Bewusstsein wissen, ist, dass es eher etwas mit dem Kopf zu tun hat als mit dem Fuß.

NICK HERBERT (*1937), Physiker

Als ich in meinem Bett in Zimmer 10 der Intensivstation das Bewusstsein wiedererlangte, konnte ich mich an rein gar nichts mehr aus meinem Leben vor dem Koma erinnern. Ich hatte keinerlei persönliche Erinnerungen daran, überhaupt jemals auf dem Planeten Erde gelebt zu haben. Alles, was ich noch wusste, war die fantastische Odyssee, von der ich gerade zurückgekehrt war – die erstaunliche Reise im tiefen Koma, die Monate oder gar Jahre gedauert zu haben schien, obwohl sich das alles in den sieben Erdentagen meines Komas abgespielt haben musste. Alles andere einschließlich meiner religiösen Überzeugungen, meiner persönlicher Erinnerungen und meiner wissenschaftlichen Kenntnisse, die ich mir in mehr als

20 Jahren als akademischer Neurochirurg angeeignet hatte, waren spurlos verschwunden.

Als ich an jenem Sonntagmorgen in diese Welt zurückkehrte, war mein Gehirn zerstört. Sogar meine Worte und meine Sprache waren zunächst wie ausgelöscht. Zunächst erklärte ich mir meine Amnesie hinsichtlich meines früheren Lebens als Folge der umfangreichen neokortikalen Schäden, die ich nachweislich erlitten hatte. Aufgrund meines in der Neurochirurgie erworbenen Wissens ging ich als Standarderklärung davon aus, dass Erinnerungen irgendwie im Gehirn und insbesondere im Neokortex gespeichert sind.

Innerhalb von Stunden und Tagen kehrte dann meine Sprache zurück, gefolgt von vielen persönlichen Erinnerungen, die sich in den nächsten Wochen nach und nach wieder einstellten. Die Schwestern im Krankenhaus waren so freundlich und erlaubten meinen beiden Schwestern Betsy und Phyllis, in Zustellbetten neben meinem Krankenbett zu schlafen. So wurde die ständige Familienwache, die sie in meiner Koma-Woche eingerichtet hatten, fortgesetzt. In meinem hirngeschädigten Zustand fiel es mir sehr schwer zu schlafen, nachts wie tagsüber. Meine Schwestern fanden meine Schlaflosigkeit und Unruhe enervierend und versuchten, mich schläfrig zu machen, indem sie mir Geschichten über die Urlaubsreisen erzählten, die wir in unserer Kindheit gemacht hatten.

Ich war fasziniert von ihren exotisch klingenden Beschreibungen, an die ich keine persönlichen Erinnerungen hatte. Aber nach ein paar Tagen tauchten vage Fragmente auf – Erinnerungen, die tatsächlich zu den faszinierenden Geschichten passten, die mir meine Schwestern in diesen bizarren Tagen (und Nächten) erzählt hatten, in denen mein geschädigtes Gehirn versuchte, sich selbst zu reparieren. Die meisten meiner persönlichen Erinnerungen kehrten drei Wochen nach meinem Erwachen aus dem Koma zurück. Mein gesamtes bisher erworbenes Wissen in Physik, Chemie und Neurowissenschaften kehrte im Laufe von etwa zwei Monaten nach und nach zurück. Die Vollständigkeit meiner wiedergekehrten Erinnerungen war erstaunlich, denn als ich meine medizinischen Unterlagen durchging und mich mit den Kollegen unterhielt, die mich behandelt hatten, wurde mir klar, wie krank ich tatsächlich gewesen war. Solche Patienten überleben in der Regel nicht, und erst recht machen sie keine außergewöhnliche spirituelle Erfahrung und leben weiter und erholen sich vollständig, um davon zu erzählen. Wie kann man das alles begreifen?

Zunächst irritierte mich die Tatsache, dass ich *überhaupt* irgendwelche Erinnerungen an das im tiefen Koma Erlebte hatte. Wenn mir vor meinem Koma ein Fall wie der meine mit all seinen Einzelheiten präsentiert worden wäre, hätte ich Ihnen mit voller Überzeugung gesagt, dass ein Patient, der so krank ist, wie ich es war, lediglich noch zu rudimentären Wahrnehmungen fähig ist und später sicherlich keine Erinnerungen daran haben würde. Aber damit hätte ich vollkommen danebengelegen.

In den Neurowissenschaften wird die Gedächtnisneubildung als ein in der Regel sehr anspruchsvoller Prozess betrachtet, der bei einem stark geschädigten Gehirn nur unvollständig und bruchstückhaft möglich ist, weshalb viele Gehirnschädigungen für die Dauer der Erkrankung zu einer partiellen bis kompletten Amnesie führen. Selbst wenn die betreffenden Menschen aus dem Koma erwacht sind und wieder mit ihren Mitmenschen interagieren, kann es Stunden, Tage oder sogar noch länger dauern, bis ihre Fähigkeit, sich an diese neuen Erfahrungen zu erinnern, wieder da ist, wenn sie überhaupt zurückkehrt. Wohlgemerkt, der Zugriff auf das bereits gebildete Langzeitgedächtnis ist weniger anspruchsvoll, weswegen

Patienten mit beginnender Demenz die größten Probleme mit dem Abrufen von Erinnerungen aus dem Kurzzeitgedächtnis haben (beispielsweise, was es zum Frühstück gab oder sogar, ob sie überhaupt gefrühstückt haben oder nicht), während die Erinnerung an Kindheitserlebnisse und andere weit zurückliegende Ereignisse zugänglich bleibt.

Bemerkenswert ist jedoch, dass meine Erinnerungen an die Erlebnisse im tiefen Koma nicht mit der Zeit verblassten. Nach meinem Erwachen aus dem Koma durchlebte ich etwa 36 Stunden lang einen paranoid-wahnhaften, psychotischen Albtraum, der sich deutlich von dem subjektiven Gefühl der Ultrarealität unterschied, das ich während meiner Erlebnisse im tiefen Koma gehabt hatte. Ich ging davon aus, dass all diese Erinnerungen (sowohl die an die spirituelle Ultrarealität im tiefen Koma als auch die an die wahnhafte Paranoia nach dem Koma) Halluzinationen meines geschädigten Gehirns waren, irgendwie erzeugt durch die Schädigung meines gesamten Neokortex, und rechnete damit, dass sie mit der Zeit an Lebendigkeit verlieren würden. Zu meiner Überraschung bestand ein grundlegender Unterschied zwischen den beiden Erinnerungsreihen, zwischen der unerschütterlichen Resilenz der Erinnerungen an die Ultrarealität im tiefen Koma und der flüchtigen Vergänglichkeit der Erinnerungen an den psychotischen Albtraum, die im Laufe von ein paar Wochen weitgehend verschwanden. Meine Erinnerungen an meine im tiefen Koma gemachten Wahrnehmungen hingegen sind bis auf den heutigen Tag klar und stabil geblieben.

Nachdem ich irgendwann festgestellt hatte, dass mein Martyrium als Nahtoderlebnis (NTE) bezeichnet werden konnte, wollte ich mehr über ähnliche Berichte erfahren, um sie mit meinem vergleichen zu können. Doch bevor ich irgendwelche anderen Berichte las, schrieb ich in den ersten sechs Wochen nach meinem Erwachen sorgfältig alles auf, woran ich mich erinnern konnte, sowohl alle Erinnerungen aus dem tiefen Koma als auch die aus der ersten Zeit meiner Genesung. Dann begann meine Suche nach Aufzeichnungen ähnlicher Erfahrungen.

Eine der ersten Quellen, auf die ich stieß, war *Leben nach dem Tod,* Dr. Raymond Moodys weltveränderndes Buch von 1975, das den Begriff Nahtoderlebnis erstmals bekannt machte. Der liebevolle Trost, den die meisten der ungefähr hundert Patienten erfahren hatten, deren Fälle in Dr. Moodys Buch behandelt werden, stand zutiefst im Einklang mit dem, was ich von meinem eigenen Erlebnis in Erinnerung hatte. Die Worte, die er wählte, um über die verschiedenen Fälle zu berichten, sowie die Grundeinsicht, dass die Betreffenden alle den Einschränkungen der irdischen Sprache unterlagen, als sie versuchten, ihre nicht irdischen Reisen zu beschreiben, riefen die lebendigen und doch unbeschreiblichen Erinnerungen an mein eigenes Erlebnis in mir wach.

Die verschiedenen Beschreibungen des spirituellen Reichs als Wirklichkeit, die viel fundamentaler ist als die unserer irdischen Welt, leuchteten mir vollkommen ein. Ich war verblüfft, dass andere Menschen derart außergewöhnliche Erfahrungen machen konnten, obwohl sie doch für tot gehalten wurden. Wenn alles so abläuft, wie es sich die materialistische Neurowissenschaft vorstellt, nämlich dass das Bewusstsein komplett abgeschaltet wird, wenn das Gehirn nicht mehr arbeitet, hätten sie überhaupt keine Erinnerungen haben dürfen. Ich wollte unbedingt herausfinden, wie solche Erfahrungen möglich sein können.

Weil ich mich vor meinem Koma kaum für Literatur über Nahtoderlebnisse interessiert hatte, wusste ich nicht, dass ein Merkmal der Erinnerungen an Nahtoderlebnisse darin besteht, dass sie über einen längeren Zeitraum sehr beständig und stabil sind, ganz im Gegensatz zu Erinnerungen an die meisten Ereignisse, Träume und Halluzinationen. Forscher haben die bemerkenswerte Stabilität solcher Erinnerungen untersucht und gezeigt, dass die Erinnerungen an Nahtoderlebnisse im Detail jahrzehntelang gleich bleiben – anders als dies bei den meisten anderen Arten von Erinnerungen der Fall ist, die sich jedes Mal etwas verändern, wenn wir sie erneut betrachten.

Die andere Haupteigenschaft von NTE-Beschreibungen ist das Gefühl der Ultrarealität. Ich war höchst erstaunt über die »Viel-zu-real-um-real-zu-sein«-Qualität meiner Erinnerungen, besonders an das, was ich im Tal des Übergangs und beim Aufstieg in das Zentrum des Lichts und der reinen Einheit erlebt habe. Meine Lektüre hat gezeigt, dass sich mehr als die Hälfte aller Patienten, die ein Nahtoderlebnis hatten, über dieses Gefühl der intensiveren Realität wundern. Ich stimme mit vielen von ihnen überein, die berichten, dass die Realität, wie wir sie im normalen Wachzustand wahrnehmen, einem Traum ähnlicher ist als der Reichtum eines transzendenten NTE. Erinnerungen an ein Nahtoderlebnis unterscheiden sich deutlich von Erinnerungen an Träume oder Halluzinationen. Sie legen nahe, dass das, was wir als allgemein akzeptierte Realität in dieser materiellen Welt erleben, nur eine von vielen möglichen Realitäten ist.

Steven Laureys, ein belgischer Neurologe, und andere Kollegen, die sich alle sehr für Nahtoderlebnisse interessiert haben, veröffentlichten im März 2013 eine faszinierende Studie über die Erinnerungen von Komapatienten.[1] Für ihre Studie befragten sie drei Gruppen von Koma-Überlebenden (acht Patienten mit NTE, definiert nach der Greyson-Skala zum Bestimmen der Tiefe von NTE, sechs Patienten ohne NTE, aber mit

Erinnerungen an die Zeit im Koma, und sieben Patienten ohne Erinnerungen an ihr Koma). Außerdem bezogen sie eine Vergleichsgruppe ein, die aus achtzehn gleichaltrigen gesunden Freiwilligen bestand. Anhand eines entsprechenden Fragebogens wurden fünf Gedächtnismerkmale bewertet: Target-Erinnerungen (NTE-Erinnerung in der Gruppe mit NTE, Koma-Erinnerung in der Gruppe, die sich an die Zeit im Koma erinnerte, und erste Kindheitserinnerung in der Gruppe ohne Erinnerung an das Koma sowie in der Kontrollgruppe), Erinnerungen an alte und neuere real erlebte Ereignisse sowie Erinnerungen an alte und neuere imaginierte Ereignisse. Weil man weiß, dass NTE sehr stark emotional aufgeladen sind, wurden die Teilnehmer gebeten, die am stärksten emotional besetzten Erinnerungen sowohl an alte und neuere reale als auch an alte und neuere imaginierte Ereignisse auszuwählen.

Sie kamen zu dem Ergebnis, dass NTE-Erinnerungen mehr Details aufweisen als alle anderen Erinnerungen sowohl an reale als auch an imaginierte Ereignisse und auch als Erinnerungen an einen unbewussten Zustand wie etwa ein Koma. Sie interpretierten ihre Ergebnisse als Beweis dafür, dass NTE keinesfalls als imaginierte Ereignisse eingestuft werden können. Sie sahen sich mit der Erkenntnis konfrontiert, dass die so erinnerten Ereignisse tatsächlich stattgefunden hatten. Ihre ultrareale Natur ist wirklich bemerkenswert und hebt sie von jeder anderen Art von Erinnerung ab.

Arianna Palmieri und ihre Kollegen von der Universität Padua haben 2014 ebenfalls eine interessante Studie zur außerordentlichen Qualität von NTE-Erinnerungen veröffentlicht. Sie arbeiteten mit Hypnose, um die Detailgenauigkeit der Erinnerung an diese außergewöhnlichen Erfahrungen zu erhöhen, und stellten fest, dass die Menge an Details, die emotionale Kraft und der Grad an Selbstbezüglichkeit denen von

Erinnerungen an reale Ereignisse ähnlicher waren als denen von Erinnerungen an Träume und imaginierte Ereignisse.[2]

Ursprünglich waren meine Versuche, alles zu verstehen, von den Annahmen über das Wesen von Geist und Gehirn dominiert, die ich vor meinem Koma vertreten hatte. Aber die Ultrarealität war auf der Basis meines alten Paradigmas am schwersten zu erklären. Wenn das Gehirn bewusste Wahrnehmungen hervorbringt und der Neokortex (als der leistungsfähigste Rechner im Informationsverarbeitungssystem des Gehirns) für die Konstruktion jeder derart detaillierten Wahrnehmung wesentlich ist, wie hatte dann der fortschreitende Abbau meines Neokortex eine so astronomische Verbesserung der detaillierten, vielschichtigen Qualität meiner bewussten Wahrnehmung ermöglichen können? Ich habe mich monatelang mit diesem Rätsel abgequält, bevor ich endlich angefangen habe, meine Weltanschauung von Grund auf zu überarbeiten.

Je mehr wissenschaftliche Studien über NTE ich las, desto mehr hatte ich das Gefühl, über den Rand eines gigantischen Abgrunds zu stolpern. Die damit verbundene Irritation wurde allmählich sehr viel gravierender als bei meinen anfänglichen Vorstößen, bei denen ich zunächst nur so etwas wie ein Haar in der Suppe wahrgenommen hatte. Jetzt kam es mir vor, als wolle ein Asteroid meinen Heimatplaneten zerstören. Alles, was ich vor meinem Koma über das Wesen der Wirklichkeit angenommen hatte, stand nun auf dem Prüfstand. Irgendetwas musste von Grund auf falsch sein an unserer wissenschaftlichen Weltsicht, etwas, das durch diese außergewöhnlichen menschlichen Erfahrungen offenbar wurde. Aber was? Wie tief musste ich in meine grundlegenden Überzeugungen vordringen, um Veränderungen vorzunehmen, die mir ein besseres Verständnis ermöglichen würden?

Im Prinzip suchte ich nach einem neuen wissenschaftlichen Rahmen, in dem solche Erfahrungen genauer und umfassender erklärt werden konnten, als es die konventionelle Wissenschaft zuließ. Zu meinem Entzücken fand ich heraus, dass sich seriöse Wissenschaftler schon seit Jahrzehnten, wenn nicht sogar seit mehr als einem Jahrhundert mit der Erforschung dieser Phänomene beschäftigt hatten. Und wie es das Schicksal wollte, arbeitete einer der bekanntesten und renommiertesten dieser Wissenschaftler ganz in meiner Nähe.

Dr. Bruce Greyson, ein außerordentlich sanftmütiger Psychiater an der University of Virginia in Charlottesville, begann in den 1970er-Jahren mit der Erforschung von NTE. Er war fasziniert von den Berichten einzelner Personen, die behaupteten, lebhafte übersinnliche Erinnerungen an Begebenheiten zu haben, die sich ereigneten, als ihr Körper in physischer Bedrängnis war. Das veranlasste ihn, die Greyson-Skala zur Bestimmung gemeinsamer Merkmale von Nahtoderlebnissen zu entwickeln. Er erstellte einen Fragebogen mit Fragen wie »Waren Ihre Sinne wacher als üblich?« und ordnete den Ergebnissen Zahlen zu, um die Intensität des Erfahrenen im Vergleich mit anderen Erfahrungen besser einordnen zu können.

Als praktizierender Psychiater war er bestens in der Lage, solche Erfahrungen mit den üblichen psychischen Störungen wie Psychosen und Schizophrenie zu vergleichen und die Unterschiede herauszuarbeiten. Zu diesen Unterschieden gehört die oft lang anhaltende positive Veränderung von Überzeugungen, Einstellungen und Werten, die nach einem Nachtoderlebnis auftritt. Langzeit-Nachkontrollen zeigen, dass solche Auswirkungen Jahre anhalten, ja sogar bleibend sind – ein Merkmal, das bei psychischen Störungen in der Regel nicht feststellbar ist.

Dr. Greyson hat über hundert Artikel in medizinischen Fachzeitschriften veröffentlicht und war über zwanzig Jahre lang Chefredakteur des *Journal of Near-Death Studies*. Natürlich war er sehr daran interessiert, Einzelheiten meines Erlebnisses zu hören, und mir war klar, dass er eine Goldgrube an Informationen über das Phänomen besaß und für meine laufende Recherche von großem Nutzen sein konnte. Dr. Greyson war damals unter anderem Leiter der Division of Perceptual Studies (DOPS; »Abteilung für Wahrnehmungsforschung«) an der University of Virginia. Nachdem wir mehrere Monate lang per E-Mail miteinander korrespondiert hatten, lud er mich ein, bei einer der regulären Sitzungen zu sprechen. Und worum ging es bei diesen wöchentlichen Treffen? Um Bewusstsein!

Als ich wegen meines Vortrags nach Charlottesville fuhr, bemerkte ich, dass ich auf die Stunde genau zum zweiten Jahrestag meines Erwachens aus dem Koma dort sprechen würde. Eine würdige Begehung dieses Jubiläums, dachte ich. Ich hatte mir die Website der DOPS angeschaut und war erstaunt über ihre weltweit führenden Bemühungen zur Erforschung aller Fragen rund um das Bewusstsein, insbesondere des nicht lokalen Bewusstseins (das heißt, dass wir Dinge unabhängig von unseren physischen Sinnen und jenseits der Beschränkungen von Zeit und Raum wissen können). Die gesamte DOPS-Gruppe hatte ein gemeinsames Ziel: Sie wollte angesichts des Versagens des üblichen physikalistischen (oder materialistischen) Paradigmas, die Körper-Geist-Beziehung zu erklären, eine alternative Theorie etablieren, die unsere Wahrnehmung der Welt beschreibt. Ihre Mission wurde durch den relativen Mangel an wissenschaftlichen Erkenntnissen über Gehirn und Geist angetrieben, der trotz einer enormen Forschungsfinanzierung und entsprechender Bemühungen fortbestand. (Der größte Teil der Mittel wurde speziell für die Gehirnforschung bereitgestellt, während für das ebenso relevante Gebiet der

Parapsychologie bedauerlicherweise kaum Fördergelder zur Verfügung standen.) Die Doktrin des Physikalismus, also die Vorstellung, dass nur das Materielle wirklich existiert, hatte bisher keine sinnvolle Erkenntnis über die Beziehung von Geist und Gehirn hervorgebracht.

Die Forschung hierzu begann mit Dr. Ian Stevenson, der in den 1960er-Jahren anhand von wissenschaftlichen Protokollen die Erinnerungen von Kindern an frühere Leben untersuchte. Sein Werk wird heute von Dr. Jim Tucker, dem derzeitigen Leiter der DOPS, fortgesetzt. Die Konzentration auf dieses Thema führte zur allgemeinen Erforschung des nicht lokalen Bewusstseins – also zur Erforschung von Aspekten des Geistes, die jenseits dessen liegen, was wir mit unseren physischen Sinnen erfassen können, etwa Nahtoderlebnisse, Kommunikation mit Verstorbenen, Telepathie, Psychokinese, Präkognition, Vorahnungen, außerkörperliche Erfahrungen, Fernwahrnehmungen, Erinnerungen von Kindern an frühere Leben, die auf Reinkarnation hindeuten, und andere Arten von veränderten Bewusstseinszuständen. Das besondere Interesse der DOPS liegt darin, Hinweise auf ein Überleben der Seele nach dem Tod mit wissenschaftlichen Methoden zu untersuchen. Ich hatte bisher keine Ahnung gehabt, dass nur etwa 90 Minuten den US Highway 29 hinauf solch eine Forschung betrieben wurde.

Während ich meinen einstündigen Vortrag vor den etwa dreißig Wissenschaftlern und ihren Kollegen hielt, nickten sich diese bedeutungsvoll und verstehend zu, statt meine Geschichte mit Ungläubigkeit, Skepsis oder Überraschung aufzunehmen. Später setzten wir unsere Diskussion beim Mittagessen in einem Restaurant in der Downtown Mall fort, und ich erfuhr noch viel mehr über die laufenden Forschungen an der DOPS.

Unter diesen unerschrockenen Wissenschaftlern befand sich auch Dr. Edward Kelly, der 1971 in Harvard in Psycholinguistik und kognitiver Wissenschaft promoviert und später mehr als 15 Jahre lang am JB Rhine's Institute for Parapsychology in Durham, North Carolina, PSI- (oder paranormale) Phänomene untersucht hatte. An der Duke University, wo ich Medizin studiert habe, hat er außerdem im Fachbereich Elektrotechnik gearbeitet. Es schien, als liefen wir uns immer wieder in ganz verschiedenen Institutionen über den Weg, wenn auch häufig mit gegensätzlichen Interessen.

Dr. Kelly gab mir ein Exemplar des revolutionären Buches *Irreducible Mind. Toward a Psychology for the 21st Century*, das er mit anderen Autoren zusammen verfasst hat. Ich hatte vorher noch nie von diesem Buch gehört. Als ich es las, erkannte ich, dass mir eine gigantische Menge von existierenden Forschungsergebnissen über das Phänomen NTE, kindliche Erinnerungen an frühere Leben, mystische Erfahrungen und andere Beispiele für nicht lokales Bewusstsein entgangen war. Schrecklich! Mir wurde klar, dass das DOPS-Team auf dem Weg, den ich gerade eingeschlagen hatte, schon sehr weit vorgedrungen war. Zu meiner Überraschung stellte ich fest, dass es auf der ganzen Welt viele Wissenschaftler und Ärzte gibt, die bereits erkannt haben, dass der vorherrschende wissenschaftliche Materialismus hoffnungslos verloren ist, wenn es um irgendein Verständnis von Bewusstsein geht.

Im vergangenen Jahrhundert haben wir erstaunliche Fortschritte in unserem Verständnis vom menschlichen Gehirn gemacht. Nachdem wir jahrtausendelang nur raten konnten, was während irgendeiner menschlichen Tätigkeit in unseren Köpfen vor sich geht, haben wir spannende neue Werkzeuge entwickelt, um die im Gehirn ablaufenden physischen Prozesse zu erforschen. Seit Anfang der 1970er-Jahre ermöglichen uns

CT-Scans, unter Einsatz von Röntgenstrahlen dreidimensionale Bilder der Gehirnstruktur zu erstellen. Kurz darauf lieferte uns das MRT beispiellose Details der normalen und abnormalen Anatomie des menschlichen Gehirns. Und bald erlaubte das fMRT (funktionales MRT) eine strukturelle Beurteilung der Gehirnaktivität, wenn eine Person etwas wahrnimmt, denkt oder sich bewegt. Vor allem in den vergangenen Jahrzehnten bekamen Neurowissenschaftler einen beispiellos detaillierten Einblick in das, was im Gehirn vor sich geht.

Als Neurochirurg hatte ich das Privileg, am Wettlauf um die Vermessung und das Verständnis des menschlichen Gehirns teilzunehmen. Ich war an der Entwicklung moderner neurochirurgischer Techniken beteiligt, etwa der stereotaktischen Radiochirurgie (die präzise ausgerichtete Strahlen zur Behandlung verschiedener Gehirnanomalien einsetzt), bildgeführten Operationen (insbesondere eine vollständige Neugestaltung von MRT-Systemen, die es uns ermöglichen, im menschlichen Gehirn zu operieren und die Operation per MRT-Scanner zu überwachen, was viel sicherere und effektivere Operationen möglich macht), und am Einsatz fokussierter Ultraschallenergie zur Behandlung von Bewegungsstörungen (wie Tremor), Gehirntumoren, Schlaganfällen und Alzheimer. All das ist sehr komplex, daher möge hier der Hinweis genügen, dass wir mittlerweile sehr viel über die Physiologie und Funktion des Gehirns wissen. Und dennoch können wir die wichtigste Frage von allen nicht beantworten: Was ist Bewusstsein, und wo kommt es her?

In der Welt der Neurowissenschaft und der Philosophie des Geistes ist diese Frage als »das schwierige Problem des Bewusstseins« (HPC, hard problem of consciousness) bekannt. Geprägt hat diesen Begriff der exzentrische australische Philosoph David Chalmers in seinem 1996 erschienenen Buch *The*

Conscious Mind. Viele Wissenschaftler glauben, dass es sich bei diesem Thema um das größte Rätsel in der Geschichte des menschlichen Denkens handelt. Wir wissen bis hinein in die molekulare Ebene viel über die Mechanik des Gehirns, aber wenn es um das Bewusstsein geht, sind wir ratlos. Wie kann die Materie des Gehirns Bewusstsein entstehen lassen? In welcher Beziehung steht sie zum inneren Beobachter, der allem beiwohnt, was wir erleben und woran wir uns erinnern; zu dem Teil von uns, der nicht nur Reize verarbeitet, sondern auch Gedanken hat und über diese sogar reflektieren kann? Das ist eine entscheidende Frage. Sie bringt uns mitten ins Herz dessen, was uns wirklich ausmacht. Doch trotz aller Fortschritte, die wir in der Evolutionsbiologie und der Gehirnforschung gemacht haben, wissen wir nicht, wie sich unser wesentliches Sein ausbildet oder woher es kommt.

Manche Wissenschaftler stellen sich diese Frage erst gar nicht mehr. Sie sind an dem Punkt angekommen, wo sie alle Hoffnung aufgegeben haben, jemals erklären zu können, wie sich aus der physischen Funktionsweise des Gehirns Bewusstsein bilden könnte. Andere haben beschlossen, das Problem zu umgehen, indem sie erklären, dass Bewusstsein überhaupt nicht existiert, oder behaupten, eines Tages würden wir schon herausfinden, wie genau es aus der physischen Materie entsteht. Es ist nicht besonders angesagt, darauf hinzuweisen, dass die logischsten Erklärungen jene sind, die dem aktuellen Modell der Neurowissenschaft, demzufolge das Gehirn das Bewusstsein erschafft (Materialismus), widersprechen. Es ist kaum zu glauben, aber angesichts der Tatsache, dass es nicht einmal ansatzweise eine Theorie gibt, die erklärt, wie das Gehirn Bewusstsein erschaffen *könnte,* zucken viele Wissenschaftler einfach nur mit den Schultern und gehen zur Tagesordnung über. Für sie ist das »schwierige Problem« einfach zu – nun ja – schwierig.

Chalmers war 1996 auf etwas gestoßen, aber er war nicht die erste oder letzte Person, die einen flüchtigen Eindruck vom tiefen Geheimnis dieses Themas bekam. Max Planck, der Vater der Quantenphysik und Physiknobelpreisträger von 1918, sagte: »Ich betrachte Bewusstsein als grundlegend. Ich betrachte Materie als Derivat des Bewusstseins. Wir können nicht hinter das Bewusstsein gelangen. Alles, worüber wir reden, alles, was wir als existierend betrachten, setzt Bewusstsein voraus.« Ein anderer Gründervater der Quantenphysik, der Österreicher Erwin Schrödinger (Nobelpreis für Physik, 1933), äußerte sich ähnlich: »Ich denke zwar, dass das Leben das Ergebnis eines Zufalls sein könnte, aber ich glaube nicht, dass dies auf das Bewusstsein zutrifft. Bewusstsein kann nicht mit physikalischen Begriffen erfasst werden, denn Bewusstsein ist absolut grundlegend. Es lässt sich nicht bezogen auf irgendetwas anderes erklären.« Und erst kürzlich bemerkte der Philosoph Jerry A. Fodor von der Rutgers University: »Niemand hat auch nur die geringste Vorstellung davon, wie etwas Materielles bewusst sein könnte. Es gibt noch nicht einmal jemanden, der weiß, wie es wäre, die geringste Vorstellung davon zu haben, wie etwas Materielles bewusst sein könnte. So viel zur Philosophie des Bewusstseins.«

Auch außerhalb der formalen Grenzen der Neurowissenschaften scheinen Wissenschaftler, vor allem Physiker, die enorme Tragweite des HPC erfasst zu haben. Der Physiker und Mathematiker Edward Witten, weltweit anerkannt für seinen Versuch, die Quantenmechanik und die allgemeine Relativitätstheorie durch die M-Theorie (eine Erweiterung der Stringtheorie) in Einklang zu bringen, sagte: »Ich kann mir eher vorstellen, wie wir den Urknall verstehen, als dass ich mir vorstellen kann, wie wir das Bewusstsein verstehen können.« Das HPC ist eindeutig zu einer Art weißem Wal geworden – einer nicht enden wollenden Suche nach Erklärungen, auf die sich die fähigsten Denker des jeweiligen Gebiets begeben haben.

Als Studenten rationaler Wissenschaft werden wir darin ausgebildet, die Welt mit den wissenschaftlichen Werkzeugen zu untersuchen, die uns zur Verfügung stehen, beispielsweise mit CT-Scans, MRTs und all den anderen Methoden und Techniken der modernen Medizin. Manche Wissenschaftler sitzen dann der Vorstellung auf, dass alles mithilfe dieser Werkzeuge quantifizierbar sein müsse. Doch was, wenn wir die falschen Werkzeuge einsetzen, weil wir nicht genau wissen, wonach wir suchen? Was, wenn ein tieferes Verständnis für das menschliche Bewusstsein und seine Ursprünge erforderlich ist – etwas, das uns mit unserer gegenwärtigen Denkweise so vollkommen unbekannt ist und uns so unvorstellbar vorkommt, dass es für uns nicht existiert, bis wir es selbst erfahren?

Was ich erlebt habe – ebenso wie Millionen anderer Menschen, die eine NTE und andere spirituelle, transformierende Erfahrungen gemacht haben – ist das Unerwartete, von dem wir nicht wussten, dass wir nach ihm Ausschau halten sollten. Wir können es nicht mit einem Spektral-EEG oder fMRT oder irgendwelchen anderen Mitteln, die von Wissenschaftlern eingesetzt werden, identifizieren oder analysieren. Vielmehr verbirgt es sich in dem, was direkt vor uns liegt.

Bei einem Teil des modernen wissenschaftlichen Denkens, der jetzt durch das Feld der Bewusstseinsstudien fegt, geht es um eine völlig andere Vorstellung von der Beziehung zwischen Geist und Gehirn, nämlich der, dass das Gehirn ein Reduzierventil oder eine Art Filter ist, um das *uranfängliche* Bewusstsein auf ein Rinnsal zu reduzieren – auf unser sehr begrenztes Gewahrsein des scheinbaren »Hier und Jetzt«. Das physische Gehirn sorgt dafür, dass nur bestimmte Bewusstseinsmuster aus einer großen Gruppe von möglichen mentalen Zuständen hervorgehen. Dieses bewusste Gewahrsein kann freigesetzt werden und auf eine viel höhere Ebene gelangen, wenn es von den Fesseln des physischen Gehirns befreit wird, wie es geschah, als ich im Koma lag.

Die wissenschaftlichen Implikationen sind atemberaubend und sprechen stark für die Realität eines Lebens nach dem Tod. Doch das ist erst der Anfang. Wenn wir begreifen, dass manche Menschen tatsächlich über ein außerordentliches menschliches Potenzial verfügen (etwa Genialität, Telepathie, Psychokinese, Präkognition oder Erinnerungen an frühere Leben), wird uns klar, dass Fähigkeiten wie diese latent in allen Menschen vorhanden sind. Mit anderen Worten: Es handelt sich um Fähigkeiten, die man entwickeln und ausbauen kann. Ich war begeistert von den Möglichkeiten der enormen Steigerung der menschlichen Aktivität, die uns diese erweiterte Sicht des Bewusstseins bietet. Sie zu nutzen, hätte atemberaubende Auswirkungen auf das menschliche Potenzial!

Diese Vorstellung war für mich neu, aber nicht für die Welt. Bereits Ende des 19. und Anfang des 20. Jahrhunderts hatten sich Berühmtheiten wie William James,[3] Frederic W. H. Myers, Henri Bergson, F. C. S. Schiller und Aldous Huxley für eine ernsthaftere Erwägung der Filtertheorie ausgesprochen. Der kanadische Epilepsiespezialist Dr. Wilder Penfield, einer der prominentesten Neurochirurgen des 20. Jahrhunderts, fasste in seinem 1975 erschienenen Buch (*Mystery of the Mind*) sein Lebenswerk zusammen und lieferte insbesondere Beweise dafür, dass das Bewusstsein (einschließlich des freien Willens) nicht vom Gehirn hervorgebracht wird.

Die Filtertheorie bedeutet nicht, dass wir all unsere neueren Erkenntnisse über das Gehirn verwerfen müssen – weit gefehlt. Vielmehr öffnet sie die Tür für bessere Erklärungen menschlicher Erfahrungen, sowohl ganz banaler als auch exotischer. Ich erkannte allmählich, dass unser Geist viel mehr ist als eine Ansammlung elektrischer Signale. Wir sind eben nicht nur »Roboter aus Fleisch und Blut«, wie manche behaupten.

Je mehr ich mich in das Thema vertiefte, desto deutlicher erkannte ich, dass Menschen auf einer bestimmten Ebene bereits wissen, dass dies wahr ist. In fast allen religiösen und philosophischen Traditionen gibt es die Vorstellung, dass ein Teil unseres Wesens außerhalb unseres physischen Gehirns und Körpers existiert. Selbst die wenigen, die keine klaren Vorstellungen von einem Leben nach den Tod haben, bieten irgendeine Form von Ritual oder Übung an, in der es darum geht, Menschen mit dem Göttlichen und ihrem eigenen erweiterten, uneingeschränkten Bewusstsein zu verbinden. Hier sind unter anderen die Übungen der Kabbalisten und christlichen Mystiker sowie Sufi-Meditationen, buddhistische Achtsamkeitsübungen und andächtiges Gebet zu nennen – alles Wege, über die Menschen Zugang zu diesem größeren Bewusstsein und zu einer Welt erhalten, die außerhalb dessen liegt, was sie sehen können.

Die Art des Fühlens und Denkens, die man durch mystische Erfahrungen erfährt, bestätigt, dass sich die meisten von uns auf irgendeiner Ebene dessen durchaus bewusst sind, dass es in diesem Leben mehr gibt, als wir sehen können. Vielleicht finden wir dieses Etwas, indem wir im Gebet oder in der Meditation eine tiefere Verbindung mit Gott eingehen, oder einfach, indem wir in manchen Momenten das Gefühl haben, dass wir mit etwas verbunden sind, das größer ist als wir selbst. Haben Sie schon einmal allein an einem schönen Ort innegehalten und dabei ein starkes Gefühl von Sicherheit und Verbundenheit gespürt, das Sie von außen zu erfüllen schien? Das meine ich. Was ich erlebt habe – und was so viele andere erlebt haben, die eine Nahtod- oder eine ähnliche spirituell transformierende Erfahrung gemacht haben –, war vollkommenes Gewahrsein, als sei ich endlich in der Lage, einen unmittelbaren Blick auf etwas zu werfen, das bisher knapp außerhalb meines peripheren Gesichtsfeld gelegen hatte. Die Wahrheit liegt überall um uns herum, und manchmal können wir einen Blick darauf erhaschen. Doch wie können wir das alles besser verstehen?

Kapitel 3

Wissenschaft trifft Spiritualität

Wissenschaft ist nicht nur mit Spiritualität vereinbar, sie ist sogar eine tief reichende Quelle der Spiritualität.

Carl Sagan (1934–1996), amerikanischer Astronom

Meine Welt war zweifellos bis ins Mark erschüttert. Es hatte den Anschein, als sei ich auf einen entscheidenden Faktor gestoßen, der zum Fortschritt der Wissenschaft beitragen konnte. Mehr noch, mir wurde klar, dass er letztlich das Potenzial für ein umfassenderes Verständnis des wahren Wesens der menschlichen Existenz bot. Es reizte mich, meine Botschaft mit allen zu teilen, die mir zuhören wollten, in der Hoffnung, dass sie mir weitere Einblicke in diesen Themenbereich geben konnten.

Mein Erlebnis sprach sich allmählich in meiner Gemeinde herum, und über mein persönliches Netzwerk kam ich mit trauernden Eltern in Kontakt, deren Kinder gestorben waren. Dies führte im Jahr 2010 zu meinem ersten offiziellen Vortrag bei einem Spendenabendessen für Kid's Haven, einer Selbsthilfegruppe für Kinder, die Vater, Mutter, Bruder oder Schwester verloren hatten. Ich erzählte, wie mich meine Erfahrung davon überzeugt hatte, dass die Seele nach dem Tod des physischen Körpers weiterlebt. Dies tröstete meine Zuhörer und schien vielen von ihnen bei ihrem Trauerprozess zu helfen. Als Nächstes sprach ich vor einer kleinen Gruppe von 25 Heilern, die sich darauf spezialisiert hatten, Menschen in einer Stephen-Ministries-Gruppe der Peakland United Methodist Church bei der Trauerbewältigung zu helfen. Eine Woche später sprach ich in der St. John's Episcopal Church, wo Michael Sullivan Pfarrer war und ich Gemeindemitglied. Dies war die erste große öffentliche Veranstaltung, die ein breites Interesse weckte. Ihr folgten weitere Einladungen von mehreren anderen Kirchen und Organisationen in der Umgebung.

Vor meinem Koma hatte ich ungefähr 200 Vorträge über neurochirurgische Themen vor Medizinern gehalten; öffentliche Auftritte waren mir also durchaus geläufig. Aber vor einem Publikum über meine ganz persönliche Erfahrung zu sprechen, war für mich neu, erschreckend anders und sehr seltsam. Später kamen Leute auf mich zu, um mir zu sagen, dass meine Geschichte in ihnen etwas hatte anklingen lassen; eine beruhigende, positive Botschaft, die bewirkt hatte, dass sie sich vollständiger fühlten. Viele waren zu Tränen gerührt. Ich war nicht an emotionale Reaktionen gewöhnt und erstaunt über dieses überwältigende Gefühl, einen Aha-Moment in Gruppen zu erzeugen.

Die Zuhörer schienen die Vorstellung, dass unsere Seelen ewig sind, uneingeschränkt zu teilen. Das half mir, alles, was ich nach und nach verstand, besser zu verinnerlichen. Niemals ist irgendein Teil davon nur die Reise dieser einen Seele. Es geht vielmehr um eine gewaltige Bewusstseinsentwicklung, an der alle teilhaben. Es wurde klar, dass das Erzählen meiner Geschichte anderen enorm half. Aber auch mir hat es geholfen, die allgemeingültigen Aspekte meiner Botschaft zu erkennen. Ich musste der Welt unbedingt mitteilen, dass unser herrschendes materialistisches Verständnis der Realität völlig falsch und irreführend ist. Das war viel zu wichtig, um unter den Teppich gekehrt zu werden.

Die Gefahr für meine Karriere in der akademischen Neurochirurgie war sehr real. Ich wirbelte eine beachtliche Menge Staub auf, was mit einem erzwungenen Ausschluss aus meiner Sippe der Neurochirurgen und Neurowissenschaftler hätte enden können. Ich freute mich daher sehr, als mich die Lynchburg Academy of Medicine einlud, vor 150 Kollegen (darunter einige, die mich behandelt hatten, und viele, die ein paar Monate nach meinem Erwachen aus dem Koma an meiner Morbiditäts- und Mortalitätskonferenz teilgenommen hatten) und deren Ehepartnern zu sprechen. Ich hatte mit einer großen Ablehnung durch diese medizinisch-wissenschaftlich geprägten Zuhörer gerechnet, doch was ich erlebte, war eine allgemein sehr aufgeschlossene Gruppe, deren sachdienliche Fragen zur Tiefgründigkeit des Themas passten. Es schien, als seien sich alle darin einig, dass mein Erlebnis nicht mit den schulmedizinischen Modellen erklärt werden konnte (etwa, dass meine spirituelle Reise eine Halluzination gewesen sein musste) und wir das vorherrschende Paradigma, das wir alle im Medizinstudium erlernt hatten, ernsthaft infrage stellen mussten.

Durch meine Verbindung zu Bruce Greyson bekam ich die Einladung, im September 2011 eine Grundsatzrede auf der nationalen Konferenz der International Association for Near-Death Studies (IANDS) in Durham, North Carolina, zu halten. Die IANDS war 1978 gegründet worden, um die ersten Forscher auf diesem Gebiet zu unterstützen. Auf ihren Jahreskonferenzen werden unter anderem die neuesten Forschungsergebnisse sowie Berichte von Menschen, die ein Nahtoderlebnis hatten, vorgestellt.

Als ich dann vor mehr als 300 Menschen sprach, von denen die meisten selbst ein Nahtoderlebnis gehabt hatten, stellte ich erstaunt fest, dass meine Geschichte noch mehr in Fluss kam. Ich hatte schon gemerkt, dass die Botschaft in solchen Gesprächen oft jenseits von Worten über ein tiefes, wahres Wissen vermittelt wird, und hier spürte ich das zum ersten Mal voll und ganz. Mir fiel auf, dass es nicht mehr nach dem Motto »Ich erzähle anderen meine Geschichte und bin gespannt auf ihre Reaktion« lief. Diese Leute gehörten zu den vielen anderen, die eine ähnliche Erfahrung gemacht hatten wie ich. Sie hatten mehr Tiefe und ein größeres Verständnis für die Reise, und es gab ein gemeinsames Gefühl für das damit verbundene Wunderbare, das das Leben dieser Menschen vorantrieb.

Auf dieser Konferenz lernte ich Dr. Raymond Moody kennen, der das moderne Zeitalter der wissenschaftlichen Erforschung von Nahtoderlebnissen begründet hatte. Für mich war er in letzter Zeit so etwas wie eine legendäre Gestalt geworden, aber von dem Moment an, als ich ihm vorgestellt wurde, stellte ich fest, dass Raymond eine der offensten und sympathischsten Seelen ist, denen ich je begegnet bin. Er war erfreulich zugänglich, und ich genoss es sehr, mit ihm und auch mit John Audette, dem Mitbegründer von IANDS, zu sprechen.

Raymond erzählte mir von seinen frühen Interessen, die ihn ursprünglich zu seiner Beschäftigung mit NTE geführt hatten. Bevor er angefangen hatte, Medizin zu studieren, hatte Raymond seinen Doktortitel in altgriechischer Philosophie erworben und sich dabei vor allem in die Schriften Platons verliebt. In *Politeia* (*Der Staat*) schildert Platon den faszinierenden Fall des Er, eines armenischen Soldaten, der in der Schlacht getötet und auf den Scheiterhaufen gelegt wurde. Kurz bevor dieser entzündet wurde, kehrte Er zum großen Erstaunen seiner Kameraden ins Leben zurück. Er teilte ihnen mit, dass Menschen, die sterben, eine Rückblende der wichtigsten Momente ihres Lebens als eine Art Lektion (eine Lebensrückschau) gezeigt wird und dass die wichtigste Eigenschaft, nach der sie beurteilt werden, die Liebe ist, die sie im Laufe ihres irdischen Lebens kundtun konnten.

Diese Geschichte hatte Raymonds Interesse an der Vorstellung von einem Lebens nach dem Tod geweckt. Als er als Medizinstudent erlebte, dass sich einige Patienten, die dem Tod sehr nahe gewesen waren, an seltsame Dinge erinnerten, begann er, systematisch solche Geschichten zu sammeln. Die ersten etwa hundert Patienten lieferten das Material für sein weltveränderndes Buch *Leben nach dem Tod.* Ich war tief beeindruckt von seinen Beweisen dafür, dass solche Erfahrungen seit mindestens 2400 Jahren in ganz ähnlicher Weise gemacht werden und offenbar allgemeingültige Lehren enthalten, unabhängig von den früheren Glaubenssystemen der jeweils Betroffenen (obwohl die Überzeugungen eines Menschen einen Einfluss darauf haben können, wie er oder sie die gemachten Erfahrungen jeweils interpretiert und kommuniziert). Raymonds Ansatz ist eher philosophisch als wissenschaftlich. Er glaubt, dass die Jenseitsfrage weniger durch die Wissenschaft als durch kritisches Denken und Logik beantwortet werden kann.

Ein entscheidendes Ereignis auf Raymonds Weg war die Begegnung mit Dr. George Ritchie, einem Psychiater aus Virginia, der als zwanzigjähriger Armeegefreiter ein tief greifendes Nahtoderlebnis gehabt hatte. 1965, als Raymond noch Philosophie studierte, hörte er zum ersten Mal, wie George über sein NTE sprach. Georges Buch *Rückkehr von morgen* wurde 1978 veröffentlicht und ist nach wie vor sehr beliebt, vor allem angesichts der Tatsache, dass das Umfeld, in dem all das passierte, ganz und gar ahnungslos war, denn von NTE hatte noch niemand etwas gehört. Die Krankheit, die sein Nahtoderlebnis ausgelöst hatte, begann nämlich schon am späten Abend des 11. Dezember 1943. Als er seinen Körper tot im Militärkrankenhaus von Camp Barkeley im Westen von Texas liegen sah, machte sich Ritchies Seele auf eine nächtliche Reise nach Osten durch die südlichen Bundesstaaten der USA und dann wieder zurück nach Westen, um einem Lichtwesen zu begegnen und reiche Erfahrungen zu sammeln. Es war eine wunderschöne Reise mit vielen Einzelheiten, und das Buch gehört zu den Klassikern der NTE-Literatur.

»Sind Sie George schon einmal begegnet?«, fragte mich Raymond. »Nein, ich hatte nie Gelegenheit dazu. Schade eigentlich…« »Sie erinnern mich sehr an George«, sagte Raymond lächelnd. »Sie strahlen die gleiche grenzenlose Begeisterung und Lebensfreude aus. So ähnlich … Erstaunlich!«

Meine Entdeckungsreise nach dem Koma wurde noch von vielen anderen aufgeklärten Denkern bereichert, denen ich auf meinem Weg begegnet bin, darunter viele mit einem wissenschaftlichen und medizinischen Hintergrund. Die breite Öffentlichkeit geht oft davon aus, dass mein Erlebnis im Koma eine Anomalie darstellt, die in diametralem Gegensatz zu den Lehren unserer modernen Wissenschaft steht, doch meine Erfahrung sagt mir genau das Gegenteil. Einige der fortschrittlichsten Wissenschaftler dieser Welt, besonders jene, die sich eingehend mit dem Bewusstsein beschäftigen, sind nicht nur mit meiner zentralen Botschaft einverstanden, sondern betätigen sich sogar als Mentoren. Sie *verstehen,* worum es hier geht.

Es war sehr aufregend, mehr von diesen aufgeklärten Ärzten auf Konferenzen zu treffen, zu denen ich jetzt als Redner eingeladen wurde. Eine wichtige Gelegenheit ergab sich im April 2012 auf der International Conference on After Death Communication (Internationale Konferenz über die Kommunikation mit Verstorbenen) in Phoenix, die von Anne und Herbert

Puryear veranstaltet worden war. Dort traf ich die Kollegen Pim van Lommel und Larry Dossey, zwei außergewöhnliche und großherzige Vordenker, deren Werk mich zutiefst inspiriert hat.

Von NTE wird seit Jahrtausenden berichtet, aber seit den späten 1960er-Jahren, als Ärzte zum ersten Mal Techniken entwickelten, um Patienten wiederzubeleben, die einen Herzstillstand erlitten hatten, gibt es sehr viel mehr solcher Berichte. Davor sind fast alle dieser Patienten gestorben. Als Folge des medizinischen Fortschritts ist diese Welt jetzt mit einer beachtlichen Menge von Seelen bevölkert, die auf der anderen Seite waren und wieder zurückgekommen sind – und manche Ärzte merken das.

Dr. van Lommel ist ein niederländischer Kardiologe, der 2001 einen wegweisenden Aufsatz in der angesehenen medizinischen Fachzeitschrift *Lancet*[1] veröffentlicht hat. In seinem viel beachteten Beitrag wurden 344 Fälle von Patienten aus zehn niederländischen Krankenhäusern ausgewertet, die nach einem Herzstillstand erfolgreich reanimiert worden waren; berücksichtigt wurden auch die Nachuntersuchungen bis zu acht Jahre nach dem Ereignis. 62 Patienten (18 Prozent) berichteten von einem NTE, darunter 41 (12 Prozent), die eine außergewöhnlich tief greifende Erfahrung gemacht hatten (die aber nicht zu verwechseln ist mit dem, was ich in meinem NTE-Bericht als Zentrum bezeichnet habe, die tiefste Ebene des geistigen Reichs an der Quelle von allem, was existiert). Solche tief greifenden Erfahrungen machten besonders häufig jene Patienten, die dann innerhalb von 30 Tagen nach ihrem ursprünglichen NTE starben ($p<0{,}0001$, also 0,01 Prozent Wahrscheinlichkeit, dass dieser Befund auf reinen Zufall zurückzuführen ist).

Pim van Lommel führte seine Studie fort und veröffentlichte schließlich sein bahnbrechendes Buch *Endloses Bewusstsein.*

Neue medizinische Fakten zur Nahtoderfahrung, eine umfassende Untersuchung des weltweit zunehmenden Auftretens von Nahtoderlebnissen. Es beinhaltet eine Analyse des aktuellen medizinischen Wissens über die Beziehung von Geist und Gehirn sowie eine Übersicht über die sich daraus aus Sicht der Quantenphysik ergebenden Schlussfolgerungen, insbesondere im Hinblick auf die Natur des Bewusstseins.

Als ich Pim in Phoenix kennenlernte, empfand ich ihn als Inbegriff des würdevollen, weisen und erfahrenen Arztes, der bei seinen Patienten absolutes Vertrauen und Zuversicht erzeugen konnte. Doch die Eigenschaft, die mir an ihm ganz besonders auffiel, war seine überbordende Begeisterung für das Leben. Sie ging einher mit einem enthusiastischen Streben nach einer weit tiefschürfenderen Interpretation der verfügbaren Beweise als das, was einen sorgloseren Arzt zufriedengestellt hätte. Kurz, er war nicht der Typ, der eine herkömmliche Erklärung für derart exotische Erfahrungen einfach akzeptiert hätte, obwohl die Beweise etwas anderes nahelegten – wirklich der vollendete skeptische Wissenschaftler.

Auch Larry Dossey ist ein sehr angesehener Arzt, der einflussreiche Bücher über das nicht lokale Bewusstsein und den Wert des spirituellen Wohlbefindens geschrieben hat, darunter *One Mind: Alles ist mit allem verbunden*, *Ich habe es geahnt* und *Heilende Worte*. Larry, groß und durchtrainiert, tut sich unter anderem als »Arzt der Ärzte« hervor – als einer, der so kenntnisreich, sachkundig und erfahren ist, dass er das Vertrauen von Patienten und Kollegen gleichermaßen genießt. Er hatte sich immer von der Vorstellung angezogen gefühlt, dass alle Seelen miteinander verknüpft sind, und zwar aufgrund einer so engen Verbindung, wie er sie sein ganzes Leben lang zwischen sich und seinem eineiigen Zwillingsbruder gespürt hat. In *One Mind* führt er außergewöhnliche Beweise für diese Verbindung an, etwa die koordinierten Bewegungsmuster von Vogel- und Fischschwärmen, die Kommunikation zwischen Mensch und Tier, Gruppenverhalten, Vorahnungen, Fernwahrnehmung, NTE und Zwillingsstudien, die alle zeigen, wie wir über das Bewusstsein miteinander in Verbindung stehen. Ich war zwar schon mit der fortschrittlichen Auffassung, die in seinen Büchern deutlich wird, vertraut, doch die angenehme Verbundenheit, die ich empfand, als ich seine außergewöhnliche Wärme und Menschlichkeit persönlich erleben durfte, werde ich nie vergessen.

Dadurch, dass Pim und Larry das Potenzial unserer geistigen Essenz erkannt und untersucht hatten, waren sie maßgeblich daran beteiligt, die Welt der Medizin aus der dunklen Ignoranz des reinen Materialismus in ein aufgeklärtes Zeitalter der Heilkunst zu führen. Ich empfand sie als verwandte Geister, und es kam mir vor, als hätte ich sie schon immer gekannt. Sie waren bereits jahrzehntelang in den wilden und unbekannten Grenzgebieten des Bewusstseins unterwegs, und ich war Neuling auf diesem Gebiet. Ich fand es sehr erfrischend, mich mit solchen Wissenschaftlern auszutauschen, die das scheinbar bodenlose Mysterium des Bewusstseins zu schätzen wussten.

Ich erinnere mich nicht an alle Einzelheiten, über die wir an diesem Tag gesprochen haben, aber es war die bei Weitem tiefgründigste Diskussion über die grundlegende Natur des Bewusstseins, die ich jemals mit Ärztekollegen geführt habe. Larry muss es ähnlich empfunden haben, denn sein abschließender Kommentar lautete: »Meine Güte, ich wünschte, wir hätten diese kleine Unterhaltung aufgezeichnet!« Ich war mir damals zwar nicht sicher, wie ich meinen Eindruck von Pim und Larry in Worte fassen sollte, aber ich spürte, dass die beiden sehr fortgeschrittene Seelen waren.

Ich fing an, zu Wissenschaftlern außerhalb der Welt der Medizin Kontakt aufzunehmen, die sich ebenfalls auf dem schmalen Grad zwischen Wissenschaft und Spiritualität bewegten. John Audette, den ich auf der IANDS-Konferenz kennenlernte, war seit Jahrzehnten eng mit dem Apollo-14-Astronauten Edgar Mitchell befreundet, der 1971 nach seiner Rückkehr vom Mond eine tief greifende persönliche Veränderung durchgemacht hatte, und als John es mir ermöglichte, Edgar im Juli 2012 während einer Reise nach Florida einen Besuch abzustatten, war ich natürlich begeistert.

Soweit ich zurückdenken kann, schien ein Teil von mir immer mehr über dieser Welt zu Hause zu sein als auf ihr. Meine lebhafteste Erinnerung an mein erstes Schuljahr betrifft den 5. Mai 1961. Die Schule ließ einen damals noch üblichen Schwarz-Weiß-Fernseher in Mrs. Allens Klassenzimmer bringen, damit wir live verfolgen konnten, wie Alan Shepard mit einer Mercury-Redstone-3-Rakete 190 Kilometer weit in den Weltraum flog. Obwohl es nur ein 15 Minuten dauernder suborbitaler Flug war, war ich hellauf begeistert. Ich hatte den Weltraum im Blut! In den nächsten 15 Jahren verfolgte ich jede Mercury-, Gemini- und Apollo-Mission und brachte so viel über die Männer und die jeweilige Mission in Erfahrung, wie ich nur konnte. Ich war sozusagen live dabei wie ein weiteres Mitglied der Crew.

Meine Begeisterung hätte mich fast von meiner neurochirurgischen Karriere abgebracht. Nach einem anregenden Abendessen mit Rhea Seddon, einer Spezialistin für Space-Shuttle-Missionen, die zuvor eine Ausbildung zur Chirurgin gemacht hatte, bewarb ich mich 1983, als die NASA eine weitere Anwerbekampagne für Astronauten startete, für das Space-Shuttle-Programm. Ich hatte damals erst einen Teil meiner Zeit als Assistenzarzt in der Neurochirurgie hinter mir, und mein Vater drängte mich, erst meine medizinische Ausbildung zu beenden, bevor ich eine Karriere als Astronaut anstrebte. Im Januar 1986 intervenierte die Geschichte mit der Challenger-Tragödie, die zu einer zweieinhalbjährigen Pause in unserem bemannten Raumfahrtprogramm führte. In dieser Pause beendete ich meine neurochirurgische Ausbildung und ging dann direkt in die neurochirurgische Praxis, statt meinen Traum vom Flug in den Weltraum zu verwirklichen.

Meine Faszination für die Raumfahrt führte dazu, dass ich vier der Apollo-Astronauten persönlich kennenlernte: Neil Armstrong (der erste Mensch, der im Rahmen der Apollo-11-Mondlandemission im Juli 1969 auf dem Mond spazieren ging), Jim Lovell (Kommandant der heldenhaften Apollo-13-Mission in der großen Stunde der NASA, als ihr Raumschiff-Servicemodul auf dem Weg zum Mond durch eine Explosion beschädigt und durch außergewöhnliche menschliche Anstrengung sicher zur Erde zurückgebracht wurde), Frank Borman (er hatte Jim Lovell im Dezember 1968 auf der Apollo-8-Mission begleitet, und am Heiligabend sendeten sie eine Friedensbotschaft aus der Umlaufbahn des Mondes zur Erde) und Edgar Mitchell (Pilot der Landefähre von Apollo 14 im Februar 1971).

Ich habe es zwar sehr genossen, sie alle kennenzulernen und mich mit ihnen zu unterhalten, aber besonders dankbar war ich für die Freundschaft, die sich zwischen mir und Edgar entwickelte, denn von ihm glaube ich, dass er als einer der wirklich großen Entdecker aller Zeiten in die Geschichte eingehen wird. Ich genoss es, mit ihm über seine Kindheit zu sprechen. Er war auf einer Ranch in New Mexico als Nachbar von Robert Goddard aufgewachsen, dem »Vater der amerikanischen Raketentechnik« (eine faszinierende Synchronizität!), und genau wie ich hatte er im jugendlichen Alter von 14 Jahren allein ein Flugzeug gesteuert. In so jungen Jahren eine so außerordentliche Erfahrung zu machen, vermählt die Seele für immer mit Bereichen jenseits der Erde.

Nach der dritten erfolgreichen Mondlandung spazierte Edgar als sechster Mensch (von bis heute insgesamt zwölf Astronauten) auf dem Mond herum. Am 5. Februar 1971 flog er die Landefähre Antares für die Apollo-14-Mondlandemission in die Hügel des Fra-Mauro-Hochlands auf dem Mond. Sein Co-Pilot war Alan Shepard. Obwohl ich diese Reise bereits als raumfahrtbegeisterter Teenager verfolgt hatte, war es ein echtes Highlight zuzuhören, wie er selbst darüber berichtete.

Edgar erzählte mir von seinem großartigen Erleuchtungs- oder *Savikalpa-Samadhi*-Erlebnis (wie er es nannte), einer »Ekstase der Einheit«, die er bei der Rückkehr von seiner »heiligen Reise« zum Mond erfahren hatte. Diese außergewöhnliche Offenbarung führte zu einer vollkommenen Veränderung aller Aspekte seines Lebens.

»Ich habe *Antares* ins Fra-Mauro-Hochland geflogen und zusammen mit Alan die längsten Wanderung von allen durch diese staubigen Mondhügel gemacht«, erklärte er beim Frühstück in seinem Haus. »Die meisten Leute haben gehört, dass Alan auf dem Mond zwei Golfbälle abgeschlagen hat, aber nur wenige wissen, dass ich seine Distanz mit einem Speer noch übertroffen habe. Die Schwerkraft auf dem Mond beträgt ein Sechstel von der, gegen die man auf der Erde olympische Goldmedaillen gewinnt. Dann flogen wir im Aufstiegsmodul zurück zu Stu [Stuart Roosa; Anm. d. Übers.] im Kitty Hawk [der Kommandokapsel]. Als wir die Mondumlaufbahn in Richtung Heimat verlassen hatten, war meine Aufgabe erledigt. Ich hatte also drei Tage, um mich zu entspannen und die Aussicht zu genießen.

Wir waren im sogenannten Barbecue-Modus, in dem sich das Raumschiff alle paar Minuten dreht, um eine Überhitzung durch die intensive Sonneneinstrahlung zu vermeiden. Ich konnten zehnmal so viele Sterne sehen, wie man von der Erde aus sehen kann. Die Aussicht war also spektakulär. Durch die Rotation sah ich alle paar Minuten die Erde, den Mond und die Sonne am Fenster vorbeiziehen. Die Ruhe und Grenzenlosigkeit des Universums dort draußen zwischen dem großen blauen Juwel Erde und dem düsteren Mond, den wir hinter uns ließen, überwältigte mich auf eine völlig neue Weise. Die Szenerie war perfekt. Ich spürte plötzlich das umfassende Bewusstsein des Universums – mit allem verbunden und sich allem bewusst; ein absolut unbeschreibliches Gewahrsein. Das hat mein Leben für immer verändert.« Diese Offenbarung brachte Edgar dazu, sich intensiv mit den wissenschaftlichen Aspekten des Bewusstseins zu beschäftigen, um der Menschheit zu einer größeren Erkenntnis über das Einssein mit dem Universum zu verhelfen. Während meines Komas hatte ich das gleiche Gefühl des Einsseins gehabt und das Universum als vollkommen gesamtheitliche Selbstbewusstheit erlebt – als wahrhaft achtsames Universum. Ich teile Edgars intuitive Erkenntnis, dass sich Wissenschaft und Spiritualität gegenseitig stärken und ihre natürliche Synthese ein unvermeidlicher Aspekt der Menschheitsgeschichte ist. Er hat mehrere wunderbare Bücher über seine Reise zum Mond und die daraus resultierende Lebensreise geschrieben, die ich als höchst inspirierend empfunden habe (*The Way of the Explorer* und *Psychic Exploration*). Für mich sind solche erleuchteten Individuen Pioniere, welche die nächste Stufe der menschlichen Entwicklung ankündigen und uns aus einer Welt herausführen, die nach Ansicht vieler bedeutungslos geworden ist.

Dr. Mitchell hatte ein leidenschaftliches Interesse daran, unser Wissen über die Wirklichkeit und den Platz, den die Menschheit darin hat, zu vertiefen, und ich glaube, wie gesagt, dass er damit in die Geschichte eingehen wird. 1973 gründete er das Institute of Noetic Sciences (IONS), das seine wissenschaftlichen Forschungen rund um die Grundlagen des Bewusstseins und des Universums auch nach seinem Tod im Jahre 2016 fortführt. Es geht dabei vor allem um die Entwicklung von Möglichkeiten, mit denen wir am eigenen Leib erfahren können, dass wir zu einem vernetzten Ganzen gehören. Das IONS führt eine originäre Forschungen durch, um unser Verständnis der Wirklichkeit ebenso zu erweitern wie unsere menschliche Fähigkeit des bewussten Gewahrseins im Alltag. Diese Bemühungen, Wissenschaft und Spiritualität miteinander zu verbinden, haben mich ermutigt. Ich musste mich nicht für das eine und damit gegen das andere entscheiden. Denn weder die Wissenschaft noch die Spiritualität kann ohne Anerkennung der Bedeutung Fortschritte machen, die der jeweils andere Bereich hat, während die Menschheit zur Gesamtheitlichkeit erwacht.

Trotz der tief greifenden Veränderung meiner Sichtweise und meiner fundierten akademischen Ausbildung wurde mir bald klar, dass ich mich immer noch eher am unteren Ende einer immer steiler ansteigenden Lernkurve befand. Während ich mich weiterhin eingehend mit dem Phänomen des nicht lokalen Bewusstseins beschäftigte, lernte ich verschiedene Methoden kennen, die Menschen nutzen, um ganz bewusst Zugang zu Bereichen zu bekommen, die denen ähnlich sind, die ich im Koma betreten hatte. Ich war sehr gespannt, zu erfahren, was möglich war. Also schrieb ich mich für ein Seminar ein, in dem es darum ging, wie man verschiedene Bewusstseinszustände erreicht. Dort lernte ich im November 2011 Karen Newell kennen. Da dieses Zusammentreffen vor der Veröffentlichung meines Buches *Blick in die Ewigkeit* stattfand, kannte sie die Details meiner Geschichte nicht. Sie war jedoch mit NTE vertraut und erkundigte sich nach meiner spirituellen Reise im Koma.

»Nennen Sie mir eine wichtige Lehre, die Sie aus Ihrem Nahtoderlebnis gezogen haben«, bat sie mich.

»Das Gehirn erzeugt *nicht* das Bewusstsein«, antwortete ich schnell und mit unerschütterlichem Enthusiasmus.

»Warum sollte irgendjemand annehmen, dass dem so ist?«, fragte sie irritiert. »Ich habe immer angenommen, dass unser Bewusstsein bereits vor unserer Geburt da ist und weiterbesteht, wenn wir sterben. Wie könnten wir *keine Seele* haben?«, fügte sie hinzu.

Ihr Weltbild war offenbar nie das gewesen, das ich in den 54 Jahren meines Lebens vor dem Koma vertreten hatte, nämlich das des wissenschaftlichen Materialismus. Vielmehr hatte sie ihr ganzes Leben bequem in einer Weltanschauung eingebettet verbracht, die dem Materialismus diametral entgegengesetzt ist. Das heißt, sie hielt den Geist und die geistige Erfahrung für die fundamentale Essenz aller Existenz und glaubte, dass allein der Geist die Macht über die Materie habe und dass unser freier Wille die Welt durchaus verändern könne. Ich fühlte mich von der Leidenschaft und der Gewissheit angezogen, mit der sie diesen Idealismus vertrat, weil es eine Weltanschauung war, die ich auf der beschwerlichen Reise zum Verständnis meines Nahtoderlebnisses gerade erst in Erwägung zu ziehen begann. Eines war klar: Karen war ein scharfsinniges Gegenüber. Ich konnte immer darauf zählen, dass sie mit ihrer aufrichtigen und authentischen Art direkt zum Wesentlichen kam. Wir hatten eine ähnliche Mission, das spürte ich sofort.

Karen kam mir gleich sehr bekannt vor, als würde ich ein lange vermisstes Familienmitglied oder eine alte Freundin wiedertreffen, und ich vertraute ihr sofort. Ich spürte ihre kindliche Unschuld, ihre Offenheit für alle Möglichkeiten, kombiniert mit einer sehr starken Präsenz. Dass Karen auf eine ganz besondere Art in sich ruhte, fiel nicht nur mir auf. Als sie einen meiner neuen Freunde aus dem Bereich der medizinischen NTE-Forschung, den niederländischen Kardiologen Pim van Lommel kennenlernte, fragte der sie fast als Erstes: »Hatten Sie ein Nahtoderlebnis?«

»Nein«, antwortete sie.

Aber er war sich sicher und vertraute seiner Intuition. Offenbar spürte er die kraftvolle Energie, die von ihr ausging und die auch ich gleich gespürt hatte.

»Ich frage mich, ob Sie vielleicht als Kind ein Nahtoderlebnis hatten«, beharrte er. »Hatten Sie irgendwelche Krankheiten oder Unfälle?«

»Keine, an die ich mich erinnere«, sagte sie. »Allerdings hatte ich als Kleinkind Krampfanfälle. Die haben aufgehört, als ich etwa fünf Jahre alt war. Aber ich erinnere mich an nichts, was ein NTE ausgelöst haben könnte.«

»Manchmal erinnert man sich nicht daran, besonders wenn es in einem sehr jungen Alter passiert ist. Aber ich kann Ihre Energie spüren. Ich kenne die Energie von Menschen, die ein NTE hatten, und Sie strahlen auf jeden Fall solch eine Art von Energie aus.«

Als wir über die üblichen Nachwirkungen von NTE sprachen, stellte sich heraus, dass Karen einige von ihnen vertraut waren. So empfand sie beispielsweise eine tiefe Wertschätzung für die Natur. Außerdem verfügte sie über eine gesteigerte Intuition und ein inneres Wissen, das spirituell, aber nicht unbedingt religiös war, sowie das starke Gefühl, eine höhere Wahrheit und einen höheren Lebenssinn zu verfolgen. Karen hatte schon früh in ihrem Leben eine Leidenschaft für die Erforschung grundlegender Fragen wie »Warum sind wir hier?« oder »Was ist der Sinn unseres Lebens?« entwickelt. Schon als

Jugendliche war ihr klar geworden, dass das, was sie in ihrer methodistischen Kirche gelernt hatte, diese Fragen nicht zu ihrer Zufriedenheit beantworten konnte. Auch die Schule hatte ihr diesbezüglich nichts zu bieten. Später machte sie sich auf die Suche nach alternativen Quellen zur Erklärung unserer Vergangenheit und fing an, sich mit der Kabbala, theosophischen Texten, den Schriftrollen vom Toten Meer und anderen esoterischen und mystischen Schriften zu beschäftigen, etwa mit Platons Diskurs über Atlantis in seinen Werken *Timaios* und *Kritias*.

Vieles davon war zwar schwer zu verstehen, und manches war widersprüchlich, aber sie begann, Gemeinsamkeiten zwischen den verschiedenen Denkschulen zu entdecken. Statt nach einem einzigen Ansatz zu suchen, der Antworten auf alles gab, war sie von der Erkenntnis fasziniert, dass einige Ansichten in zahlreichen Schriften wiederholt wurden, etwa die Meinung, dass es außerordentlich wertvoll ist, sein inneres Wesen wirklich kennenzulernen, indem man beispielsweise regelmäßig meditiert. Sie vermied es, sich nur einer bestimmten Disziplin zu verschreiben, und bevorzugte stattdessen eine Mischung aus dem, was sie »universelle Wahrheiten« nannte.

Von der Wissenschaft, der ich so viel Lebenszeit gewidmet hatte, wusste Karen hingegen eher wenig, so wie ich vielen spirituellen Dingen gegenüber, mit denen sie sich offenbar sehr gut auskannte, weitgehend unwissend war. Ich fing ja gerade erst an, tiefer in diese unbekannten Gewässer einzutauchen, und musste Unterscheidungsfähigkeiten entwickeln, um neue Empfindungen und Gedanken auf nützliche Weise ergründen zu können. Ich war zwar offen dafür, jedes bisschen dieser neuen Erfahrung des bewussten Gewahrseins zu erforschen, aber Karen überzeugte mich von der Notwendigkeit eines guten Urteilsvermögens, um die Spreu vom Weizen zu trennen.

Vor dem Hintergrund ihres Wissens hat Karen ihre Streifzüge ins Reich des Bewusstseins viele Jahre lang konsequent und hartnäckig verfeinert. Sie hatte erkannt, dass die eigene Erfahrung der Schlüssel zum vollkommenen Verständnis ist. Es genügt eben nicht, sich aus Büchern über bestimmte Themen zu informieren. Auf meinen Fall traf das sicherlich zu. Meine Aufmerksamkeit war erst durch ein persönliches siebentägiges Koma und eine eigene wundersame Heilung geweckt worden. Karen war fasziniert von Berichten über alte Mysterienschulen, in denen Eingeweihte eine Reihe von Prüfungen durchlaufen mussten, um etwas über die Geheimnisse des Universums zu erfahren. Da es keine moderne Mysterienschule gab, die sie hätte besuchen können, hatte sie praxisorientierte Kurse absolviert, um Fähigkeiten wie luzides Träumen, Astralreisen, Telepathie, Fernwahrnehmung, Selbsthypnose und verschiedene Arten von Energieheilung zu erforschen und zu erlernen. Viele dieser Praktiken kannte ich bereits aus jüngsten wissenschaftlichen Veröffentlichungen. Sie fand diese Methoden des direkten Lernens sehr effektiv, um ihr Wissen zu vertiefen.

Genau wie ich meine wichtigste Lehre aus meinen Erlebnissen während meines Komas gezogen habe, hat auch Karen aus einer langen Reihe von persönlichen Erfahrungen gelernt. Sie stellte verschiedene Theorien und Techniken auf den Prüfstand, indem sie in ihrem täglichen Leben damit experimentierte. Sie vertraute ihren ganz persönlichen Beweisen, was ihr inneres Wissen stärkte. Auf diese Weise bildete sie eine einzigartige Weltsicht aus, die viel weitgespannter ist als die wissenschaftlich-materialistische Auffassung, auf die ich mich in den Jahren vor meinem Koma verlassen hatte.

Es gibt einen erheblichen Unterschied zwischen dem *Glauben* an etwas und dem *Wissen* darüber. Es ist sehr wichtig, dass wir nicht einfach glauben, was andere sagen, und diese

Glaubenssätze dann übernehmen. Das gilt auch für alles, was in diesem Buch steht. Es ist sehr viel besser, aus erster Hand zu lernen, persönliche Erfahrungen zu machen und ihnen zu vertrauen, um ein inneres Wissen zu entwickeln. Jeder von uns kommt auf einem etwas anderen Weg voran, je nach seiner individuellen Motivation und seinem eigenen Ziel. Es kann äußerst nützlich sein, sich von tief verwurzelten Überzeugungen zu verabschieden, um eine Situation aus einem ganz neuen Blickwinkel zu sehen und zu verstehen. Genau darum geht es in der Wissenschaft. Ein wirklich aufgeschlossener Wissenschaftler berücksichtigt alle verfügbaren Beweise, bevor er sich ein Urteil bildet.

Kapitel 4

Über die materialistische Wissenschaft hinausgehen

Wenn Sie dachten, die Naturwissenschaften
würden Gewissheit bieten – nun, dann haben Sie sich geirrt.

Richard Feynman (1918–1988), Physik-Nobelpreisträger 1965

Ich bin Chirurg, Skeptiker und Rationalist und außerdem der Letzte, der Ihnen raten würde, die Naturwissenschaften abzulehnen. Doch im Idealfall wird in den Naturwissenschaften alles hinterfragt. Daher ermutige ich Sie ausdrücklich, einige der Mythen und Glaubenssätze unter die Lupe zu nehmen, an denen etablierte Wissenschaftler festhalten wie an einem Dogma, ohne dass es dafür eine angemessene Grundlage gäbe. Damit sie richtig funktioniert, muss die Wissenschaft auf einem hohen Niveau gehalten und regelmäßig überarbeitet werden. Das Konstrukt unseres wissenschaftlichen Weltbildes ist nur so stark wie seine grundlegenden Annahmen, und jede falsche Annahme führt zu mehr oder weniger großen Problemen mit den entsprechenden Ergebnissen. Eine dieser metaphysischen Annahmen (sie werden hier deshalb als metaphysisch eingestuft, weil sie unserem Denken zugrunde liegen) lautet, dass nur die physische Welt existiert, eine Position, die als Materialismus oder Physikalismus bezeichnet wird. Nach dieser Theorie sind Gedanken, Gefühle, Empfindungen, Vorstellungen und das Bewusstsein lediglich die Ergebnisse bestimmter physikalischer Prozesse und existieren nicht an sich.

Die materialistische Wissenschaft geht also davon aus, dass das Gehirn Bewusstsein aus rein physischer Materie erschafft und dass es nichts anderes gibt. Sie behauptet, dass alles, was wir jemals erlebt haben – jeder wunderschöne Sonnenuntergang, jede großartige Symphonie, jede Umarmung von unserem Kind, jedes Verliebtheitserlebnis –, nicht mehr ist als das elektrochemische Flackern von etwa hundert Milliarden Neuronen in einer rund anderthalb Kilo schweren gallertartigen Masse, die im dunklen Innern unseres Kopfes in einer warmen Flüssigkeit schwimmt. Diese Denkschule vertritt unter anderem die Ansicht, dass unsere Entscheidungen nicht von unserem freien Willen getroffen werden, sondern lediglich elektrische und chemische Reaktionen innerhalb der komplexen Anatomie des Gehirns sind. Und sie besagt, dass wir nicht mehr sind als unser physischer Körper. Mit dessen Tod würden wir aufhören, zu existieren.

Das Problem bei diesem materialistischen Gehirn-erschafft-Bewusstsein-Modell besteht darin, dass nicht einmal die weltbesten Experten in Sachen Gehirn auch nur eine entfernte Vorstellung davon haben, *wie* das Gehirn denn Bewusstsein erschaffen könnte. Das ist das moderne Gegenstück zu dem, was Wissenschaftler zu früheren Zeiten gedacht haben: Da die Sonne auf der einen Seite der Erde auf und auf der anderen untergeht, dreht sich die Sonne wohl um die Erde. Die etablierten Neurowissenschaftler haben einfach ihre Hausaufgaben nicht gemacht.

Ein paar Jahre, nachdem ich meine Suche begonnen hatte, wurde ich eingeladen, mich in einer öffentlichen Diskussion zum Thema »Ist der Tod endgültig?« mit meinem wissenschaftlichen Weltbild vor meinem Koma auseinanderzusetzen. Intelligence Squared hatte zu dieser Diskussion eingeladen, und gesendet wurde sie vom National Public Radio, New York City, am 7. Mai 2014. Intelligence Squared ist eine überparteiliche, gemeinnützige Organisation, die 2006 gegründet wurde, um »in der heutzutage oft voreingenommenen Medienlandschaft einen gesitteten Umgang miteinander, durchdachte Analysen und den konstruktiven öffentlichen Diskurs neu zu beleben«. Ich freute mich sehr auf meine Beteiligung an der mehr als 2400 Jahre alten Körper-Geist-Debatte.

Dr. Raymond Moody war mein Partner auf der »Kontra-Seite« und argumentierte, dass die verfügbaren Beweise kritisch und logisch betrachtet nahelegten, dass ein Leben nach dem Tod real sei. Auf der anderen Pro-Seite saßen Sean Carroll, ein Physiker vom California Institute of Technology in Pasadena, und Dr. Steven Novella, ein Neurologe aus Yale. Sie vertraten die gegenteilige, atheistische Meinung, nämlich dass mit dem Tod des physischen Körpers jedes Bewusstsein oder jede Seele endet. Novella ist Gründer und Herausgeber des Blogs *Science-Based Medicine* und betrachtet es als seine Aufgabe, sowohl die Schul- als auch die Alternativmedizin aus wissenschaftlicher Sicht zu beurteilen. Er ist stolz darauf, ein professioneller Skeptiker zu sein. Ich hoffte daher, er würde zugeben, dass sich die Wissenschaftler hinsichtlich des Bewusstseins alles andere als einig sind.

Jeder, der sich eingehend damit beschäftigt, wo die materialistische Neurowissenschaft heute steht, wenn es darum geht, den Mechanismus zu erklären, der für die Entstehung des Bewusstseins durch das physische Gehirn zuständig ist, wird bei

Null landen. Es existiert keinerlei theoretischer Rahmen, der Gehirn und Bewusstsein miteinander verbindet! Zugegeben, es gibt vage Thesen, die für bestimmte Arten von Modellierung nützlich sein könnten. Doch derartige Versuche, Bewusstsein und Gehirn miteinander in Verbindung zu bringen, stellen keine irgendwie gearteten Schritte zur Beantwortung der schwierigen Frage nach der Bewusstseinsbildung dar; sie zeigen also keine expliziten Mechanismen auf, über die irgendeine Gehirnaktivität eine mentale Erfahrung bewirkt. Aber Novellas kühne Eröffnungsworte ließen keinen Zweifel an seiner materialistischen Gewissheit, dass Bewusstsein durch das Gehirn erzeugt wird.

»Wir werden hier darüber diskutieren, wie sicher wir die wissenschaftliche Schlussfolgerung ziehen können, dass das Bewusstsein im Wesentlichen das Gehirn ist«, begann er. »Nun, dessen sind wir uns sehr sicher, und wir sind davon ebenso überzeugt wie von allem anderen in den Naturwissenschaften. Wir haben Berge von neurowissenschaftlichem Material, unzählige Experimente, in denen nach neuroanatomischen Korrelaten des Bewusstseins, der Gehirnfunktionen und des Denkens gesucht wurde. Bei allem, was man denkt, fühlt und glaubt, geschieht nachweislich etwas im Gehirn.

Jedes Element eines Nahtoderlebnisses kann mit Drogen repliziert werden, mit Anoxie, mit mangelnder Durchblutung und indem man bestimmte Schaltkreise im Gehirn lahmlegt. Jede einzelne Komponente ist eine Erfahrung, die sich im Gehirn abspielt und die wir jetzt sofort reproduzieren könnten. Dabei konzentrieren wir uns auf genau die Schaltkreise im Gehirn, die sie reproduzieren.«

Es wird wohl kaum jemand infrage stellen, dass das Gehirn irgendwie mit geistigen Erfahrungen in Verbindung steht. Das Problematische an der Analyse von Novella (und anderen

Materialisten) ist die Behauptung, dass Gedanken, Gefühle und Überzeugungen – ja sogar das Bewusstsein selbst – allein von der physischen Gehirnaktivität *erzeugt* werden.

Neurowissenschaftler verfügen heutzutage über viele faszinierende Werkzeuge und Techniken, um physische Veränderungen im Gehirn zu beobachten, zu dokumentieren und zu messen. Angesichts der vielen beobachtbaren Daten könnte man leicht zu dem Schluss kommen, dass eine physische Veränderung eine phänomenale Erfahrung erzeugt, obwohl tatsächlich genau das Gegenteil der Fall sein könnte, nämlich dass die phänomenale Erfahrung der eigentliche Auslöser der verstärkten physischen Aktivität im Gehirn ist. Hier werden die Wissenschaftler von ihren eigenen tief sitzenden Annahmen überrumpelt. Um es mit einer schönen Analogie (die ich von Dr. Dean Radin, dem wissenschaftlichen Leiter des IONS, übernommen habe) auszudrücken: Nur weil sich Sonnenblumen an der Sonne ausrichten, heißt das nicht, dass ihre Drehung die Sonne dazu bringt, sich über den Himmel zu bewegen.

Dr. Wilder Penfield aus Montreal ist vermutlich in einer besseren Position als die meisten, wenn es darum geht, etwas über die Verbindung zwischen dem physischen Gehirn und der Phänomenologie der Erfahrung zu sagen. Seine berufliche Laufbahn beinhaltete unter anderem die Analyse der Stimulation des Neokortex, der äußersten Schicht der Großhirnrinde, bei wachen (d.h. nicht in Vollnarkose befindlichen) Patienten im Rahmen der chirurgischen Behandlung ihrer Epilepsie.

Penfield stimulierte die Großhirnrinde mit einer Elektrode. In einem dieser Fälle ging es um eine Sechzehnjährige (M.G., die seit ihrem fünften Lebensjahr Geige spielte). Sie litt unter Krampfanfällen, und bei der Operation wurde ihr rechter Schläfenlappen freigelegt.[1] Die Stimulation der oberen Windung des

Schläfenlappens löste eine Reaktion aus: »Ich höre Leute hereinkommen. Jetzt höre ich Musik, ein lustiges kleines Stück.« Stimuliert wurde hinten, also in dem Bereich, der oft als primärer auditorischer Kortex bezeichnet wird, der Hauptregion für die Wahrnehmung akustischer Reize. Die Patientin erklärte, dass es sich bei der Musik um die Titelmelodie eines Kinderprogramms handele, das sie im Radio gehört hatte (eine tatsächliche Erinnerung an ein reales Ereignis). Eine zweite Stimulation derselben Stelle rief eine Wahrnehmung hervor, die sie mit keiner Erinnerung verband: »Leute sind rein und raus gekommen, und ich habe Bum, Bum, Bum gehört.« Und nach noch einer Stimulation berichtete sie: »Das ist ein Traum. Da sind ganz viele Menschen. Ich sehe sie nicht, ich höre sie nur. Ich höre sie nicht sprechen, ich höre nur ihre Füße.«

Auf solche detaillierte Art der Wahrnehmungen und Erinnerungen stieß Penfield durch eine elektrische Punktstimulation bestimmter Bereiche der Großhirnrinde. Die Analyse der Stimulationen war ausgesprochen nützlich und sinnvoll für die Bestimmung der entscheidenden Funktionen der einzelnen Gehirnareale (insbesondere des sensorischen und motorischen Kortex). Sie wurde mit der Elektrokortikografie kombiniert, um beschädigtes Hirngewebe ausfindig zu machen und zu entfernen, damit die Krampfanfälle in Zukunft ausblieben. Mehr als drei Jahrzehnte lang gehörte es zu seinem Arbeitsalltag, Empfindungen, Wahrnehmungen und Erinnerungen, die durch die elektrische Kartierung des Neokortex ins Bewusstsein seiner Patienten gebracht wurden, sorgfältig aufzuzeichnen. Dies alles gehörte zum Prozess des Identifizierens der abnormalen Teile ihres Gehirns, die ihre Anfälle verursachten, um diese dann sicher entfernen zu können.

Aus meiner eigenen Erfahrung als Spezialist für solche Verfahren (Gehirnstimulation während einer Resektion bei örtlich betäubten, aber wachen Patienten) sind mir die Stärken der eingesetzten Techniken ebenso bekannt wie ihre Tücken. Bei diesen faszinierenden Experimenten erfuhr Penfield mehr über die Beziehung zwischen der Elektrodenstimulation kleiner Gehirnregionen und den entsprechenden phänomenalen Erfahrungen der Patienten als die meisten Neurochirurgen. Er nahm eine dualistische Haltung ein (auch »interaktionistischer Dualismus« genannt), wonach Menschen sowohl ein physisches Gehirn haben als auch einen deutlich davon getrennten Geist und das Gehirn allein den Geist nicht erklärt.

In *Mystery of the Mind* schreibt Penfield: »Als Wissenschaftler habe ich zu beweisen versucht, dass das Gehirn für den Geist verantwortlich ist, und wollte so viele Gehirnmechanismen wie möglich darstellen, in der Hoffnung zeigen zu können, wie das Gehirn das macht … Am Ende komme ich zu dem Schluss, dass es trotz neuer Methoden wie dem Einsatz stimulierender Elektroden, der Untersuchung wachbewusster Patienten und der Analyse epileptischer Anfälle keine guten Beweise dafür gibt, dass das Gehirn die Arbeit, die der Geist verrichtet, allein ausführen kann. Daraus folgere ich, dass es einfacher ist, das Wesen des Menschen auf der Grundlage von zwei Elementen [Geist und Gehirn] vernünftig zu begründen als auf der Grundlage von einem [das Gehirn bringt den Geist hervor].«[2]

Leider wurden Penfields Feststellungen damals marginalisiert oder falsch interpretiert, weil sie nicht zu dem herrschenden materialistischen Modell passten. Und trotz der gigantischen Fortschritte, die wir in den letzten Jahrzehnten hinsichtlich unseres Verständnisses von der Funktionsweise des physischen Gehirns gemacht haben, hat sich die Überzeugung »Gehirn erzeugt Geist« innerhalb der materialistischen Denkweise noch nicht vom Fleck gerührt. Es scheint denen, die so denken, nichts auszumachen, dass sie den Mechanismus nicht finden, wodurch sie die zentrale Frage nicht beantworten und das schwierige Problem des Bewusstseins nicht lösen können. Novella schien zufrieden mit der Erklärung, man werde eines Tages echte Beweise finden, um ihre Annahmen zu belegen (eine als promissorischer Materialismus bezeichnete Haltung).

»Wir müssen nicht wissen, wie das Gehirn Bewusstsein hervorbringt«, behauptete Novella. »Dass es das Bewusstsein hervorbringt, wissen wir mit absoluter Sicherheit. Wir müssen ja auch nicht wissen, wie die Erde Schwerkraft erzeugt, um zu wissen, dass sie Schwerkraft erzeugt. Es steht außer Frage, dass wir die Schwerkraft haben, auch wenn wir nicht alles bis ins kleinste Detail verstehen. Also ja, wir wissen nicht genau, wie das Gehirn Bewusstsein erzeugt, aber die vorliegenden Beweise lassen nur eine Interpretation zu, nämlich dass es Bewusstsein ist. Bewusstsein ist das, was das Gehirn macht, keine Frage.«

»Kein Neurowissenschaftler auf der ganzen Welt kann auch nur im Ansatz einen Mechanismus erklären, mit dem das physische Gehirn Bewusstsein hervorbringt«, forderte ich Novella heraus.

»Ist das – ist das wahr?«, hakte unser scheinbar schockierter Moderator bei Novella nach.

»So schwarz oder weiß ist es nicht«, antwortete Novella. »Wir wissen schon etwas, aber unser Wissen ist nicht vollständig. Es ist, wie zu fragen: ›Wissen wir alles über Genetik?‹ Nein. Aber wir wissen, dass die DNA das Molekül mit dem Erbgut ist. Das steht außer Frage.«

Ich ließ nicht locker: »Aber das ist kein Ansatz. Formulieren Sie mit einem ersten Satz, wie Sie aus dem physischen Gehirn herleiten wollen, dass es Bewusstsein erzeugt.«

Novella fehlten die Worte.

Als ehemaliger Anhänger des wissenschaftlichen Materialismus verstehe ich sehr gut, wie man regelrecht süchtig nach dem vereinfachenden Denken werden kann, das Gehirn und Bewusstsein auf materialistische Weise miteinander verbindet. Und ich habe erkannt, dass *wirklich* aufgeschlossene Skepsis eines der mächtigsten Mittel bei diesem Unterfangen ist. Allerdings sind in unserer Kultur die meisten, die stolz von sich behaupten, Skeptiker zu sein, genau das Gegenteil. Ich nenne sie Pseudoskeptiker. Sie haben sich bereits aufgrund von Vorurteilen, die häufig das Festhalten an einem bestimmten Glaubenssystem wie dem wissenschaftlichen Materialismus beinhalten, eine Meinung zum Thema gebildet. Ihre Denkweise ist die Antithese dessen, was viele für das Ideal des wissenschaftlichen Denkens halten, nämlich die Annäherung an solche tief greifenden Fragen mit größtmöglicher Aufgeschlossenheit und unbeeinträchtigt von voreiligen Schlüssen.

Ich hoffte auf einen ergiebigeren Austausch mit Sean Carroll, dem anderen Diskussionsteilnehmer, der *From Eternity to Here* geschrieben hat, eine sehr scharfsinnige Untersuchung der extremen Herausforderungen, vor der unsere Auffassung vom Wesen der Zeit in der modernen Physik steht. Angesichts seines beeindruckenden Wissenshintergrunds in der Physik und seines besonderen Interesses an der Frage, welchen Einfluss die Quantenmechanik auf die Kosmologie hat, schien er ein würdiger Gegner zu sein. Ich hatte mittlerweile erkannt, dass die Quantenphysik eine entscheidende Rolle für das Verständnis der Beziehung zwischen Geist und Gehirn spielt, weil in entsprechenden Experimenten genau die Schnittstelle zwischen der physischen Welt (insbesondere repräsentiert durch das Gehirn) und unserem Wissen darüber (repräsentiert durch den Geist) untersucht wird. Ich war also sehr gespannt auf seine tiefgründigen Gedanken zu unserem Thema und sagte:

»Meiner Meinung nach ist es wichtig, darauf hinzuweisen, dass die Gründerväter [der Quantenmechanik] deshalb zur

Mystik kamen, weil sie, als sie wirklich versuchten, die subatomare Wirklichkeit zu verstehen, zu der Auffassung gelangten, dass das Bewusstsein, *der beobachtende Geist,* eine Rolle dabei spielt, welchen Verlauf das Beobachtete nimmt. Und ich finde, dass dieses Rätsel bisher noch nicht wirklich zu meiner Zufriedenheit gelöst wurde.«

Sicher hätten mir viele Vertreter der weltweiten Physikgemeinde zugestimmt, als ich auf das Mysterium des Messproblems in der Quantenphysik hinwies. Was die brillanten Denker, die in der ersten Hälfte des 20. Jahrhunderts versuchten, dies alles zu verstehen – insbesondere die ungarisch-amerikanischen Wissenschaftler John von Neumann (Mathematik) und Eugene Wigner (theoretische Physik) –, am meisten beeindruckt hat, war die Tatsache, dass die bewusste Entscheidung des Beobachters ausschlaggebend für das Messergebnis war.

Jede dieser subatomaren Beobachtungen war also von ihrer Wahrnehmung durch ein fühlendes Wesen abhängig. Selbst durch den Einsatz eines Roboters, der einen Zufallsgenerator bedient, konnte die Notwendigkeit des beobachtenden Geistes bei der Interpretation der Ergebnisse nicht umgangen werden. Es gibt keine Möglichkeit, den beobachtenden Geist außen vor zu lassen, wenn es um die Interpretation der Ergebnisse von Quantenexperimenten geht, was manche zu der überraschenden Schlussfolgerung geführt hat, dass das *Bewusstsein die Wirklichkeit färbt.*

Die Gründerväter der Quantenphysik wären heute angesichts immer raffinierterer Experimente noch stärker irritiert. Die Physikgemeinde reagierte überrascht auf die Ergebnisse neuerer Experimente, die nahelegen, dass es keine objektive äußere Wirklichkeit gibt und das Bewusstsein (der Beobachter) den Kern der gesamten sich entwickelnden Wirklichkeit bildet. Diese Ergebnisse verlangen mit Nachdruck nach einer Anerkennung der Tatsache, dass das Bewusstsein eine bedeutende Rolle im Universum spielt, doch dafür müsste die gesamte wissenschaftliche Gemeinde in den sauren Apfel beißen.

Carrolls Antwort auf meine Entgegnung schob das Staunen über diesen Befund einfach beiseite: »Die Sache mit Einstein, Bohr, de Broglie etc., den Begründern der Quantenmechanik, ist, dass sie alle tot sind, und zwar seit Jahrzehnten. Und jetzt wissen wir viel besser, was vor sich geht, als wir es damals wussten. Sie haben die Quantenmechanik erfunden und gelegentlich mit dem Gedanken gespielt, dass das Bewusstsein etwas mit den grundlegenden Gesetzen der Quantenmechanik zu tun hat. Jetzt wissen wir es besser.«

Doch die heutigen Wissenschaftler haben eben nicht alles geklärt und wissen es daher besser, wie Carroll behauptet. Vielmehr sind neuere Studien sogar noch irritierender. Doch er und seine Gesinnungsgenossen weigern sich sogar zu bedenken, dass das Bewusstsein eine wichtige Rolle für den Verlauf unserer Realität spielen könnte. Er behauptet, man könne die Erkenntnisse einfach ignorieren, die zu einem so starken Gefühl des Geheimnisvollen führten, wie es die früheren brillanten Physiker hatten, als sie die Schlüsselrolle des Bewusstseins erkannten. Doch das ist meiner Ansicht nach kurzsichtig.

Ich gebe zu, dass ich der wissenschaftlichen Erforschung von NTE vor meinem Koma keine Beachtung geschenkt habe, aber als ich anfing, die dazu vorliegende Literatur mit einer neuen, offenen Haltung zu studieren, war ich erstaunt über die Tiefe dessen, was sich mir offenbarte. Es gibt tatsächlich überzeugende Beweise dafür, dass wir Zugang zu Bereichen jenseits des lokalen Hier und Jetzt des physischen Gehirns und der damit verbundenen Sinne haben. NTE-Berichte von Zehntausenden – und ähnlich viele Berichte über Sterbebett-Visionen, Kommunikation mit Verstorbenen, gemeinsame Nahtoderlebnisse und Kinder, die sich an frühere Leben erinnern, was auf Reinkarnation hinweist – liefern Daten, die nach einer Erklärung verlangen, wenn man irgendein Interesse daran hat, die Welt zu verstehen, wie sie ist, und nicht nur, wie wir denken, dass sie sein sollte.

Der oft gehörte Appell der Skeptikergemeinde bezüglich der etwas gewagten Behauptungen derer, die sich mit paranormalen oder Psi-Phänomenen beschäftigen, lautet: »Außergewöhnliche Behauptungen erfordern außergewöhnliche Beweise.« Bestätigende Daten sind in der Tat reichlich vorhanden, wenn man darauf verzichtet, sie rundweg zu bestreiten. Aber Carroll verlegte sich nicht nur darauf, vorhandene Beweise vollkommen zu ignorieren, er erwartete auch, dass jeder »neue« Beweis eindeutig sei.

»Also, was genau sollen wir eigentlich anerkennen?«, fragte Carroll. »Wie sollten wir uns die Welt vorstellen, wenn der Tod nicht wirklich endgültig wäre? Zunächst würde ich erwarten, dass die Anwesenheit von Seelen, die im Jenseits weiterleben, unübersehbar wäre. Es müsste zudem genauso eindeutig sein, dass das Himmelreich existiert, wie es eindeutig ist, dass Kanada existiert. Aber tatsächlich scheinen die Seelen, die im Jenseits leben, ein wenig schüchtern zu sein. Sie reden nicht mit uns, außer vielleicht manchmal.«

Ich fand seine Aussage, dass »Seelen, die im Jenseits weiterleben, unübersehbar« sein sollten, bemerkenswert. Als ob jede wissenschaftliche Beobachtung »unübersehbar« wäre. Ich fragte mich, ob er als Physiker schon mal etwas von Neutrinos gehört hatte. Diese sind nämlich sehr subtil (subtiler als Kanada zumindest), entstehen unter anderem auf der Sonne und sausen von dort in unzähligen Mengen durch die Erde, wobei sie unseren Planeten kaum registrieren, weil sie durch ihn hindurchziehen wie durch einen leeren Raum. Die Existenz von Neutrinos wird von den meisten Physikern nicht angezweifelt, denn Neutrinos sind zwar eine sehr subtile Form von Materie, aber die Akzeptanz ihrer Existenz ist dennoch entscheidend für die Entwicklung von Modellen der subatomaren Physik. Die Tatsache, dass sie nicht so unübersehbar sind wie Kanada, bedeutet nicht, dass es sie nicht gibt.

Wenn man derart mit zweierlei Maß misst, macht man es nahezu unmöglich, dass solche Studien jemals als »signifikant« eingestuft werden. Ein Blick auf den statistischen Schwellenwert, der verwendet wird, um einen echten Befund von einem Zufall zu trennen, verdeutlichen dieses Vorurteil.

In einem umstrittenen Bericht mit dem Titel »Feeling the Future«[3] aus dem Jahr 2011 präsentiert der Psychologe Daryl Bem von der Cornell University überzeugende Beweise für Präkognition: Menschen nahmen kommende Stimuli bewusst und kognitiv wahr, und zwar bevor ihnen der Computer nach dem Zufallsprinzip den jeweiligen Stimulus präsentierte. Eine nachfolgende Metaanalyse,[4] streng aufgebaut aus 90 Experimenten in 33 verschiedenen Laboren und verteilt auf 14 Länder, bestätigte diese experimentelle Verletzung der fundamentalsten Ideen der materialistischen Wissenschaft und unserer Alltagsvorstellungen von Ursache und Wirkung sowie dem Wesen der Zeit. Bems Arbeit löste einen Sturm der Entrüstung seitens der konventionellen materialistischen Wissenschaftler aus.

Der weithin akzeptierte Standard-p-Wert (p = probability), der die Wahrscheinlichkeit angibt, dass ein gegebenes Verhältnis allein auf Zufall beruht, liegt für die meisten biomedizinischen Studien bei $p < 0{,}05$. Bei diesem Wert wird eine statistische Wahrscheinlichkeit, dass es sich bei der gemachten Beobachtung um einen Zufall handelt, von weniger als fünf Prozent bzw. weniger als 1 zu 20 angenommen. Bem kam zu dem Schluss, dass die Zufallswahrscheinlichkeit der Beobachtungen in seiner Metaanalyse bei 0,000000012 Prozent lag. Das ist eine astronomische Signifikanz. Und doch reichte sie nicht aus, um die »Hardcore-Skeptiker« zu überzeugen. Sie legen die Messlatte prinzipiell so hoch, dass sie unmöglich zu erreichen ist.

Ich verließ die Diskussion enttäuscht über Carrolls und Novellas Weigerung, der Frage nach dem Bewusstsein ernsthaft und offen nachzugehen. Anders als ihnen ist vielen Wissenschaftlern und Ärzten durchaus bewusst, wie grundlegend die jüngste Wende in der Geist-Körper-Diskussion ist und welche neuen Möglichkeiten sich daraus für das menschliche Potenzial ergeben. Aber leider bleiben auch manche von ihnen im herkömmlichen Paradigma stecken.

Gelegentlich begegnet man unter den Befürwortern der materialistischen Position dem, was man am besten als irrationale Angst vor einer grandioseren Sichtweise des Bewusstseins bezeichnen könnte. Ein mit derartigen Vorurteilen behaftetes Bekenntnis zu einer bestimmten Weltanschauung kann schwerlich als wissenschaftlich gelten und lässt einen tieferen Grund für eine solche Voreingenommenheit bei ansonsten wohlmeinenden und intelligenten Menschen vermuten. Meiner Ansicht nach klingt in dieser Haltung etwas an, das vier Jahrhunderte zurückliegt, als die wissenschaftliche Revolution aus den Verwüstungen des Mittelalters hervorging, angezettelt durch Geistesgrößen wie Galileo Galilei, Sir Francis Bacon, Sir Isaac Newton und Giordano Bruno. Sie waren auf der Suche nach den Naturgesetzen, doch wann immer sie vom Kurs abkamen und sich ins Reich des Geistes oder des Bewusstseins vorwagten, drohte ihnen mit hoher Wahrscheinlichkeit eine Verurteilung zum Tod auf dem Scheiterhaufen durch die übermächtige

Kirche (wie es Giordano Bruno tatsächlich widerfuhr). Für viele ersetzte die Naturwissenschaft allmählich Mystik, Schamanismus und Spiritualität als Quelle der Wahrheit. In Wirklichkeit aber waren die reine Wissenschaft und die reine Spiritualität gemeinsam immer eine reiche Quelle der Wahrheit, während sich die vagen, unreinen Schatten von Wissenschaft und Religion (als Ersatz für Spiritualität) oft gegenseitig angegriffen haben – zu ihrer beider Nachteil.

Die Naturwissenschaftler behaupteten nun, dass der nach Entdeckungen strebende Mensch von der Natur getrennt sei, und der Naturalismus pochte darauf, dass alles natürliche Eigenschaften und Ursachen habe, wobei alle übernatürlichen oder spirituellen Erklärungen verworfen oder außer Acht gelassen wurden. Selbst als die Quantenphysik Anfang des 20. Jahrhunderts aufkam, war das Postulat der Trennung vorherrschend. Unsere grundlegenden Überzeugungen sind entscheidend für unser Verständnis. Wie der große deutsche Philosoph Arthur Schopenhauer sagte: »Was der Auffindung der Wahrheit am meisten entgegensteht, ist nicht der aus den Dingen hervorgehende und zum Irrtum verleitende falsche Schein, noch … unmittelbar die Schwäche des Verstandes, sondern es ist die vorgefasste Meinung, das Vorurteil …«

Während die westliche Wissenschaft die Funktionsweise des Gehirns mit raffinierten Werkzeugen und Techniken immer besser erforschte, waren manche Wissenschaftler angesichts der scheinbar bodenlosen Tiefen des Phänomens Bewusstsein zunehmend bestürzt. Diejenigen, welche die Herausforderung annahmen, gaben nach verschiedenen Phasen des Ringens zu, dass die Beweise darauf hindeuten, dass der Geist viel mehr ist als das Gehirn. Diese fortschrittlichen Denker (darunter Roger Penrose, Henry Stapp, Brian Josephson, Amit Goswami, Bernard Carr, Dean Radin und Menas Kafatos) behaupten, dass man eine bewusste Erfahrung nicht hinreichend damit erklären kann, dass sie sich aus dem physischen Gehirn entwickelt.

Den Beweis, dass das Gehirn nicht der Produzent des Bewusstseins ist, liefern klinisch beobachtete Phänomene: (1) Geistige Klarheit kurz vor dem Tod; bei älteren Demenzpatienten trotz ihres stark geschädigten Gehirns überraschende Episoden starker Reflexion, Interaktion und Kommunikation mit ihren Mitmenschen.[5] (2) Erworbenes Savant-Syndrom (Inselbegabung), bei dem eine Hirnschädigung, etwa durch einen Schlaganfall oder eine Kopfverletzung, gewisse übermenschliche geistige Fähigkeiten ans Licht bringt, etwa die Fähigkeit, die Zahl Pi bis auf Tausende von Stellen im Kopf zu berechnen oder sich jeden Namen und jede Telefonnummer exakt zu merken, und zwar mit einem sekundenschnellen Blick auf die entsprechende Seite im Telefonbuch – ein auch bei Autisten beobachtetes Phänomen. (3) In jüngerer Zeit wurden zahlreiche Experimente während außergewöhnlicher Erfahrungen mit psychedelischen Drogen gemacht. Dabei wurde festgestellt, dass die intensivsten mentalen Erfahrungen mit einer signifikanten *Abnahme* der Gehirnaktivität in zentralen Regionen einhergingen, die eine ausgeprägte Vernetzung mit wichtigen Hirnarealen aufweisen (siehe dazu auch Kapitel 8).

Ein weiterer wichtiger Punkt, der eine umfassendere Überprüfung verdient, ist die Annahme der materialistischen Wissenschaft, dass Erinnerungen im Gehirn gespeichert werden. Diese Vorstellung ist so tief in unserer Kultur verwurzelt, dass sie für viele offenbar zur »Tatsache« geworden ist. Meine Koma-Erfahrungen waren mit meiner früheren Ansicht, dass Erinnerungen auf irgendeine Weise im physischen Gehirn abgespeichert werden müssen, besonders schwer zu vereinbaren. Wie konnten beispielsweise angesichts der Tatsache, dass mein Gehirn so stark geschädigt worden war, meine Erinnerungen an mein vor dem Koma angesammeltes Wissen und an persönlich Erlebtes nach meinem Erwachen aus dem Koma wieder zurückkehren? Woher kamen sie? War es einfach so, dass sich die im Gehirn abgespeicherten Erinnerungen in dem Maße erholten, wie sich das physische Gehirn erholte? Bei der Schwere und Dauer meiner Krankheit war eine Erholung auf so hohem Niveau eigentlich unmöglich. Schließlich erkannte ich in den nachfolgenden Jahren aufgrund von subtilen Beweisen, dass meine nach dem Koma zurückgekehrten Erinnerungen sogar noch vollständiger als vor meinem Koma waren. Ein Beispiel für dieses Phänomen betrifft einen Mann namens Will, der Anfang der 1960er-Jahre, als ich etwa zehn Jahre alt war, bei uns zu Hause Gelegenheitsarbeiten verrichtete. Anfang der 1990er-Jahre sprach ich mit meinem Vater über ihn. Damals konnte ich mich eigentlich nur noch daran erinnern, dass er (als Folge eines leichten Schlaganfalls) ein wenig hinkte. Sonst hatte ich kaum spezifische Erinnerungen an ihn.

Wir spulen nun zu einem Gespräch, das ich zwei Jahrzehnte später (*nach* meinem Koma) mit meiner Mutter über denselben Mann führte. Ich erinnerte mich plötzlich, wie ich mit Dad in seinem 1957er-Thunderbird saß und wir Will vor dem Greystone Hotel in der Fourth Street gegenüber des Winston Theaters abholten, um ihn mit nach Hause zu nehmen, wo er bei ein paar Arbeiten helfen sollte. Ich erinnerte mich sogar, dass sich Will beim Reparieren unserer Ölheizung im Keller in den rechten Zeigefinger geschnitten hatte und dass Vater ihn in sein Sprechzimmer im Baptist Hospital gefahren und die Wunde dort mit fünf Stichen genäht hatte. An keines dieser Details hatte ich mich erinnern können, als ich Anfang der 1990er-Jahre mit Dad über Will sprach.

Wie können Erinnerungen nach einer so verheerenden Erkrankung des Gehirns wie meiner bakteriellen Meningoenzephalitis sogar *noch* lebendiger und detaillierter werden? Hier war ein weiteres Rätsel zu lösen. Die konventionelle Neurowissenschaft lehrt, dass Erinnerungen in irgendeiner Form in den neuronalen Netzen des physischen Gehirns abgespeichert sind. Allerdings suchen die Neurowissenschaftler seit mehr als einem Jahrhundert nach der Stelle, an der Erinnerungen tatsächlich physisch im Gehirn gespeichert sind – ohne Erfolg. Es gibt zwar einige wissenschaftliche Publikationen aus den letzten Jahren, in denen verschiedene Behauptungen zu den Mechanismen der Gedächtnisspeicherung im physischen Gehirn aufgestellt werden, aber die geäußerten Vermutungen zu den Mechanismen und Strukturen weichen voneinander ab. Ein Konsens ist nicht in Sicht. Vor allem hinsichtlich des tatsächlichen Speicherorts von Erinnerungen hat das Gehirn bisher keinerlei Antworten geliefert.

Rufen Sie sich eine Szene aus Ihrer Kindheit ins Gedächtnis. Sagen wir, aus der Zeit, als Sie drei oder vier Jahre alt waren. Die meisten Menschen können leicht ein paar Szenen von sich als Zweijährige heraufbeschwören. Manche können sich sogar aktiv an Ereignisse erinnern, die noch näher an ihrer Geburt liegen. Schließen Sie die Augen, und lassen Sie diese Erinnerung vollständig zurückkehren, damit das entsprechende Erlebnis für Sie wieder an Lebendigkeit gewinnt und farbiger wird. Denken Sie an andere Menschen, die daran beteiligt waren, und an das, was Sie gesehen, gehört und vor allem gefühlt haben. Starke Emotionen verbessern unsere Fähigkeit, uns länger an bestimmte Erlebnisse zu erinnern, und können später helfen, sie wieder aufleben zu lasen. Auch der Geruchssinn kann einen sehr starken Stimulus zum Wecken gewisser Erinnerungen liefern. Ein bestimmtes Parfüm kann die Erinnerung an die Großmutter zurückbringen, ein Hauch von Tabakrauch lässt uns vielleicht an den Großvater denken. Lassen Sie Ihre

Gedanken zu anderen Erinnerungen an Ereignisse aus ähnlich frühen Jahren wandern, die direkt am Rand Ihres Gewahrseins lauern könnten, und staunen Sie über die Fähigkeit Ihres Geistes, solche Momente wieder aufleben zu lassen.

Das materialistische Modell versucht, solche Erinnerungen in den molekularen Details der synaptischen Verbindung von Neuronen zu lokalisieren. Welche Atome und Moleküle auch immer an der ursprünglichen Verschlüsselung der Erinnerung an ein bestimmtes Ereignis vor mehr als einem halben Jahrhundert beteiligt waren, sie wurden seitdem mehrfach ersetzt, doch die Erinnerung ist geblieben. Man könnte zwar argumentieren, dass alle Bestandteile der ursprünglichen Synapsen im Laufe der Zeit durch ähnliche Atome und Moleküle ersetzt wurden, aber Fakt ist, dass die Erinnerungen aus einem anderen Material abgerufen werden als dem, in dem sie (angeblich) ursprünglich abgespeichert wurden.

Schon in den 1940er-Jahren haben Neurochirurgen erkannt, dass kleine Regionen der medialen Temporallappen (einschließlich der Hippocampi) für die allgemeine Umwandlung vom Kurzzeit- zum Langzeitgedächtnis von entscheidender Bedeutung zu sein scheinen, aber offenbar sind sie nicht der eigentliche Gedächtnisspeicher, da eine Schädigung dieser Regionen keinen Einfluss auf den Abruf alter, sondern nur auf die Bildung neuer Erinnerungen hat. Dieses Indiz spricht für die Vorstellung, dass das Gehirn eine Art Empfangsgerät oder Filter für das uranfängliche Bewusstsein ist, aber weder dessen Erzeuger noch der Ort, an dem Erinnerungen gespeichert werden.

Ein in der Welt der klinischen Neurochirurgie selten diskutiertes Rätsel betrifft die Gehirnresektion (Entfernung eines Teils des Hirngewebes) und die Speicherung von Erinnerungen. Wenn man annimmt, dass Erinnerungen im Neokortex ansässig sind, sollte man doch erwarten, dass nach einer größeren Hirnresektion definierbare Muster von Gedächtnisverlust zu beobachten sind, doch das ist nicht der Fall. Dieses Unvermögen, den physischen Gedächtnisspeicher im Gehirn zu lokalisieren, liefert mit die stärksten Beweise gegen die materialistische Sichtweise, dass das Gehirn die Quelle der Erinnerungen und des bewussten Gewahrseins ist.

Dr. Wilder Penfield hat in drei produktiven Jahrzehnten wichtige Entdeckungen gemacht, die nahelegen, dass Erinnerungen nicht im Gehirn gespeichert sind (siehe Anhang A). Penfields Arbeit ließ ihn zwar anfänglich glauben, er sei dem Gedächtnisspeicher auf der Spur, aber bald wurde ihm klar, dass es nicht annähernd so einfach war. Elektrische Stimulationen des Temporallappens entlockte seinen Patienten interessante und oft reproduzierbare Berichte, aber nicht in einheitlicher Weise, die mehr gezeigt hätte, als dass das physische Gehirn eine Schnittstelle ist, welche die Wiedergewinnung von Erinnerungen möglich macht. Er berichtete sogar von Fällen, in denen eine kortikale Region, die mit einer reproduzierbaren Erinnerung in Verbindung stand, vollständig entfernt worden war, und doch konnten die Patienten eben diese Erinnerungen auch nach dem Eingriff noch fehlerfrei abrufen! Die vorherrschende materialistische Annahme, dass Erinnerungen im Gehirn gespeichert sind, wurde durch Penfields jahrzehntelange eingehende Forschungen nicht bestätigt.

Die Tatsache, dass sich kein physischer Gedächtnisspeicher im Gehirn ermitteln lässt, ist eines der wichtigsten Indizien dafür, dass der Materialismus als Weltanschauung untauglich ist. Je mehr wir über die Struktur und die Biologie des Gehirns in Erfahrung bringen, desto klarer wird, dass es weder Bewusstsein hervorbringt noch als Erinnerungsspeicher dient. Das Gehirn bringt ebenso wenig Bewusstsein hervor wie es

Schallwellen produziert, wenn man Musik hört. Tatsächlich ist es genau umgekehrt: Wir sind bewusste Wesen, obwohl wir ein Gehirn haben.

Die materialistische Wissenschaft als Grundlage für das Verständnis unserer Wirklichkeit steckt in einer Sackgasse. Es ist längst überfällig, dass wir hinter die Fassade schauen, und das erfordert die stabile Einbindung des Bewusstseins in unser Arbeitsmodell vom Universum. Eine Anpassung unserer Herangehensweise an die Wissenschaft, unser Universum und uns selbst ist der einzige Weg nach vorn. Für die geistig Aufgeschlossenen ist dies der Punkt, an dem sich die Wissenschaft jetzt, Anfang des 21. Jahrhunderts, befindet und die Geist-Körper-Debatte allmählich zu einem tieferen Verständnis führt. Diese faszinierende Erforschung der grundlegenden Natur der Wirklichkeit ist für uns alle unmittelbar relevant.

Kapitel 5

Die Hypothese vom uranfänglichen Geist

> Das Universum beginnt eher wie ein großartiger Gedanke als wie eine großartige Maschine auszusehen. Wir … sollten eher [dem Geist] als Schöpfer und Herrscher dieses Reichs zujubeln.
>
> Sir James Jeans (1877–1946), britischer Astrophysiker

Auf meiner Suche nach Antworten bestand die Herausforderung darin, zwei tief greifende Rätsel zu lösen: Wie konnte die fortschreitende Infektion meines Neokortex überhaupt ein sich so weit ausdehnendes und ultrareales Bewusstsein zulassen, wie ich es in meinem Koma erlebt hatte? Und was ist das grundlegende Wesen dieser unbeschreiblich tröstlichen Macht der Erkenntnis, des Vertrauens und der reinen und bedingungslosen Liebe, dieser grundlegenden Intelligenz und Kreativität (die viele als Gott oder Höchste Gottheit bezeichnen) am Ursprung von allem? Meine Reise im Koma ließ vermuten, dass das Bewusstsein aus dieser Kernessenz des Universums hervorgeht. Doch wie sollte ich das alles miteinander verbinden?

Ich nahm mir die vielen verschiedenen Modelle vor, welche die Beziehung zwischen Geist und Gehirn erklären. Der ganze Umfang möglicher Antworten auf die Geist-Körper-Frage kann als ein lineares Spektrum betrachtet werden, das an zwei entgegengesetzten Polen verankert ist, dem Materialismus (das Gehirn erzeugt den Geist) auf der einen und dem metaphysischen Idealismus (der Geist erzeugt das Gehirn und alle physische Materie) auf der anderen Seite. Zwischen diesen beiden Polen gibt es viele Spielarten des Dualismus, die bis zu einem gewissen Grad akzeptieren, dass sich der Geist nicht einfach auf das physische Gehirn reduzieren und dadurch erklären lässt. Das bedeutet letztlich eine Anerkennung, dass Geist und Gehirn irgendwie parallel nebeneinander existieren (wie es Wilder Penfield und andere Forscher vermutet haben).

Der Materialismus postuliert außerdem, dass Menschen keinerlei freien Willen hätten, weil das illusionäre Bewusstsein einfach den auf die Gehirnsubstanz anwendbaren natürlichen Gesetzen der Physik und der Chemie folge. Doch was ist mit einem freien Willen, der an unserer Entscheidung darüber, ob wir einen freien Willen haben oder nicht, beteiligt ist? Ist auch dieser Prozess einfach das Ergebnis einer chemischen Reaktionskette im Gehirn, das in manchen Köpfen vorhersehbar »ja« und in anderen »nein« lautet? Vor dem Hintergrund dieser Überlegungen und vor allem angesichts der materialistischen Aberkennung der Existenz eines freien Willens habe ich den Materialismus von der Liste der erwägenswerten Standpunkte in der Geist-Körper-Frage gestrichen.

So grundlegende Fragen wie die meine verlangen nach einer größer angelegten Suche, aber mir war nicht klar, wohin ich mich wenden sollte. Natürlich erkennen Religionen und mystische Traditionen die Existenz einer schöpferischen Kraft im Universum an. Das stimmte auch mit meiner Erfahrung überein, aber es genügte mir nicht. Mein wissenschaftlicher Verstand verlangte eine weitere Aufklärung. Also wandte ich mich der Quantenphysik zu.

Die Quantenphysik, die sich mit dem Verhalten von Molekülen, Atomen und ihren Bestandteilen im mikroskopischen Bereich befasst, ist die am umfassendsten bewiesene Theorie in der Geschichte der Naturwissenschaften. Der Erfolg der ihr zugrunde liegenden Mathematik und Physik kommt etwa einem Drittel der Weltwirtschaft zugute, etwa in Form von Mikroelektronik (insbesondere in Mobiltelefonen, Computern, Fernsehgeräten und GPS-Systemen). Doch in den etwa 115 Jahren ihres Bestehens hat die Wissenschaftsgemeinde keinen wirklichen Fortschritt bei der Interpretation der quantenphysikalischen Versuchsergebnisse hinsichtlich ihrer Implikationen für das Wesen der Wirklichkeit gemacht.

Der Grund liegt unter anderem darin, dass sich die Quantenphysik auf einer sehr fundamentalen Ebene mit der Geist-Körper-Frage beschäftigt. Die Quantenphysik thematisiert letztlich die Schnittstelle zwischen unserem Geist (Wissen) und der beobachteten Materie (dem Physischen). Wenn wir tief in unsere physische Umwelt vordringen, stellen wir fest, dass sie sich nicht nach den üblichen Regeln richtet, die in unserem Alltagsleben gelten, und auch nicht nach den physikalischen Gesetzen, die größere Objekte wie unsere Körper steuern. Quantenmechanische Experimente offenbaren, dass der energetische Teppich von allem, was unsere physische Welt ausmacht, etwas ausgesprochen Bizarres an sich hat, etwas, das so seltsam ist, dass es alle unsere Vorstellung vom Wesen der Wirklichkeit infrage stellt.

Ein großer Teil der offenkundigen Irritation gegenüber dem Bewusstsein und der Quantenphysik resultiert aus dem Bemühen der wissenschaftlichen Materialisten, ihre Verbindung zu verhindern. Das tun sie in der Regel, indem sie leugnen, dass das Bewusstsein überhaupt existiert, oder sie verstehen die tieferen Lehren der Quantenbeweise nicht. Aus einem unbelasteteren Blickwinkel wird so manches scheinbar verzwickte naturwissenschaftliche Problem leichter zugänglich.

Aus dem Studium der modernen Physik kann eine allgemeine Lehre gezogen werden: Die Welt ist nicht so, wie sie zu sein scheint. Alle grundlegenden Komponenten der physischen Welt (zu der auch unserer menschlichen Gehirne und Körper gehören) – darunter Moleküle, Atome, Elektronen, Protonen, Neutronen und Photonen – stellt man sich am besten als schwingende Energieschnüre im höherdimensionalen Raum vor. Atome machen die gesamte Materie um uns herum aus, aber der größte Teil eines Atoms ist eigentlich ein leerer Raum. Der Atomkern (99,95 Prozent der Masse) wird von winzigen Elektronen (nur 0,05 Prozent oder noch weniger der gesamten Atommasse) umkreist.

Nach einer oft zitierten Analogie ist der Atomkern so groß wie eine Mücke in der riesigen Kathedrale Notre-Dame von Paris (sie steht für das gesamte Atom). Doch der riesige »leere Raum« der materiellen Welt ist nicht ganz so leer, wie man zunächst glaubt. Er scheint auch eine große Menge an Energie zu enthalten, und zwar im »Nullpunkt-Feld«, welches das gesamte Universum durchdringt. Und denjenigen, die der »Materie« auf der Spur bleiben möchten, sei gesagt: Denken Sie daran, dass nur zwei Prozent der Masse des Atomkerns auch die Masse der konstituierenden Quarks bilden. Die anderen 98 Prozent sind Bindungsenergie! Niels Bohr (1885–1962), der 1922 den Nobelpreis für Physik erhielt, spielte auf diesen Umstand an, als er sagte: »Alles, was wir real nennen, besteht aus Dingen, die nicht als real betrachtet werden können.«

Der alte vedische Begriff *Maya* weist auch in diese Richtung. Er wird oft mit »Illusion« übersetzt, aber das bedeutet nicht unbedingt, dass diese Welt nicht real ist. Sie ist nur einfach nicht so, wie sie zu sein scheint. Karen Newell und ich sprechen in diesem Zusammenhang oft von der allwaltenden Illusion, die darin besteht, dass unsere Wahrnehmung der Welt deren grundlegende Wahrheit verschleiert. Der Ansicht der herrschenden materialistischen Wissenschaft, dass Bewusstsein sei ein unwichtiges und verwirrendes Epiphänomen der Funktionsweise des Gehirns, widerspricht die Tatsache, dass man nichts anderes beobachten kann als das, was sich im eigenen Bewusstsein befindet.

»Moment mal!«, protestieren Sie jetzt vielleicht und verweisen auf all die materiellen Dinge, die uns umgeben, von dem Sofa, auf dem wir sitzen, bis hin zu dem Haus, in dem wir wohnen; von den Bergen, Bäumen und Seen um uns, den Städten und Gebäuden bis hin zu all den Mitmenschen und den wunderschönen Sternen am Nachthimmel. Doch bei jedem Versuch, die Realität auf einer tieferen Ebene zu begreifen, sollte man in erster Linie verstehen, dass das, was man seit seiner Geburt wahrgenommen hat – all das Zeug »da draußen« – in Wirklichkeit ein inneres Modell war, ein geistiges Konstrukt, von dem wir *annehmen*, dass es etwas repräsentiert, das »da draußen« sein *sollte*.

Als Reaktion auf die Quantenexperimente, die etwas anderes nahelegen, meinte Albert Einstein sarkastisch: »Der Mond ist auch da, wenn keiner hinschaut.« Die meisten von uns stimmen Einstein sicher zu, aber prüfen wir doch einmal, was wir wirklich über diesen Prozess wissen können. Täglich nehmen Ihre Augen Lichtphotonen von den Sie umgebenden Objekten auf, seien es Bäume und Vögel im Hof oder der Mond, die Sterne und die Galaxien am Nachthimmel. Konzentrieren wir uns mit Einstein auf den Mond. Die Mondphotonen strömen fast 400.000 Kilometer weit durch den Weltraum (in

1,3 Sekunden), um mit Pigmentmolekülen in der Netzhaut Ihres Auges zu interagieren. Dort lösen sie eine Kaskade neuronaler Zündungen aus, die sich ihren Weg durch mehrere Regionen des Gehirns bahnen, bis die Informationen dieser Photonen (über Farben, Formen, Beziehungen und Bewegungen der beobachteten Objekte) schließlich bewusst wahrgenommen werden.

Die Neurowissenschaft hat noch keine bestimmte Stelle im Gehirn identifiziert, wo diese bewusste Wahrnehmung letztendlich stattfindet. Die meisten Beweise deuten darauf hin, dass es nirgendwo im Gehirn ein »Bewusstseinszentrum« gibt. Die Kausalkette erreicht das Innere des Gehirns, was dazu führt, dass dieses sich in einer Weise verändert, die unserer bewussten Wahrnehmung eines äußeren Objekts entspricht. Wie der niederländische Philosoph Baruch de Spinoza (1632–1677) betont hat, entspricht alles, was wir im Außen bewusst wahrnehmen, dem, was in unserem Innern vorhanden ist. Der vom Auge des Betrachters wahrgenommene Mond ist weder der Mond selbst noch irgendein physisches Gebilde, das eine entfernte Ähnlichkeit mit dem Mond hat. Die Neurowissenschaft würde sagen, dass Ihre Wahrnehmung des Mondes ein komplexes Muster aus elektrochemischen Zündungen in einem hochorganisierten Netzwerk aus Millionen von Neuronen ist, das den Mond vor Ihrem »geistigen Auge« abbildet. Der Mond in Ihrem Geist ist reine Information, vermutlich in Form von neuronalen Verbindungen, die sich im Laufe Ihres Lebens in dieser Welt und als Beobachter dieser Welt gebildet haben und alles von Ihnen Wahrgenommene mit einem funktionierenden inneren Modell der vermeintlichen Außenwelt verknüpfen. Beachten Sie, dass dieses mentale Modell auch Ihr Gehirn und Ihren Körper einschließt, die selbst Teil der physischen Welt »da draußen« sind. In einem sehr realen Sinne ist nichts von dem, was wir wahrnehmen, etwas anderes als unsere codierte Interpretation reiner Information.

Der größte Hemmschuh dieser Erkenntnis ist ein erschreckend wirksamer Trick des menschlichen Verstandes, der uns glauben lässt, dass die physische Welt *dort draußen* so existiert, wie wir sie »unabhängig« von uns wahrnehmen. Eine ausgezeichnete Metapher für diese Situation ist die Frage an einen Fisch, wie es sei, im Wasser zu leben, woraufhin der Fisch zurückfragt: »Was für ein Wasser?« Er kennt nichts anderes als das Wasser und ist sich seiner Existenz daher nicht bewusst. Ähnlich ist das Schwimmen im Meer des Bewusstseins für uns das Einzige, was wir je kennengelernt haben.

Eng verwoben mit unseren sich entwickelnden Vorstellungen von Bewusstsein und Realität ist die Tatsache, dass unsere Vorstellung von Zeit als ein sich von der Vergangenheit über die Gegenwart in die Zukunft fortbewegender Fluss Teil der allwaltenden Illusion ist. Wir neigen dazu anzunehmen, dass so etwas Ursprüngliches wie die Zeit ausreichend abgeklärt ist. Nichts könnte weiter von der Wahrheit entfernt sein. Die physische Materie ist nicht, was sie zu sein scheint, und die Zeit ist es auch nicht. Die skurrilen und doch unwiderlegbaren Versuchsergebnisse des Cornell-Psychologen Daryl Bem[1] (siehe Kapitel 4) beweisen das Vorhandensein von Präkognition und Vorahnung, *bevor* der Computer seine zufällige Auswahl getroffen hat, und sind erst der Beginn einer Lösung des Rätsels. Die vorhandenen Beweise lassen vermuten, dass der Fluss der Zeit in die irdische Realität eingebaut ist, und zwar als Teil unseres begrenzten menschlichen Bewusstseins.

In gewissem Sinne sind Vergangenheit und Zukunft in diesem ewigen Jetzt praktisch spiegelgleich. Eine erweitere Form von John Wheelers Delayed-Choice-Quantum-Eraser-Experiment (siehe Anhang B) kommt zu dem überraschenden

Ergebnis, dass die Entscheidung, die ein Astronom heute Nacht darüber trifft, wie er einen Quasar in ein paar Milliarden Lichtjahren Entfernung beobachtet, die Photonen, die diesen Quasar vor Milliarden von Jahren verlassen haben, veranlasst, ihr Verhalten in der entfernten Vergangenheit zu ändern, um als Teilchen oder Wellen hier zu erscheinen. Im Wesentlichen heißt das, dass eine Entscheidung, die wir jetzt treffen, einen ursächlichen Einfluss auf unsere Vergangenheit hat.

Auch andere brillante Physiker haben dieses eigentümliche Problem mit unserer menschlichen Vorstellung vom scheinbaren Fluss der Zeit erkannt. Nach dem Tod seines lebenslangen Freundes Michele Besso schrieb Einstein: »Nun ist er mir auch mit dem Abschied aus dieser sonderbaren Welt ein wenig vorausgegangen. Dies bedeutet nichts. Für uns gläubige Physiker hat die Scheidung zwischen Vergangenheit, Gegenwart und Zukunft nur die Bedeutung einer wenn auch hartnäckigen Illusion.«

Wichtige Hinweise gibt der offensichtliche oder nicht offensichtliche Zeitverlauf in Träumen, unter Vollnarkose, während eines Nahtoderlebnisses (besonders bei der Lebensrückschau) und in anderen veränderten Bewusstseinszuständen. Der Zeitfluss kann in diesen veränderten Bewusstseinszuständen ganz unterschiedlich sein. Die Zeit kann scheinbar vorwärts- und rückwärtslaufen, schneller oder langsamer vergehen als die »Erdzeit«, oder das Bewusstsein kann in Regionen springen, die von einer »Konsens-Erdzeit« weit entfernt sind.

Im tiefen Koma war mein Erleben des Zeitflusses im physischen Universum wie eingeschnürt oder sogar zu einem Punkt zusammengeschrumpft. Ich wurde mir einer grundlegenderen Form der Kausalität bewusst, die sich in dem manifestiert, was ich »tiefe Zeit« nenne. Tiefe Zeit ist ursprünglich und bezieht sich auf die Entwicklung allen Bewusstseins und insbesondere auf die unzähligen Ereignisse im Leben fühlender Wesen. Der stetig strömende Fluss der Erdzeit erwies sich als Illusion, die von unserem Bewusstsein auf »dieser Seite des Schleiers« gefördert wird. Verglichen mit der tiefen Zeit ist die augenscheinliche Erdzeit nur eine Teilmenge unserer gemeinsamen Konsensrealität, in der unser kollektives Bewusstsein gleichzeitig Zeuge derselben Gruppenrealität wird. Bewusstes Gewahrsein in anderen Dimensionen ist nicht durch die Erdzeit eingeschränkt und bekommt leicht Zugang zu Regionen außerhalb der Konsensrealität.

Offensichtlich verstärken die sich aus den anspruchsvollsten neueren Experimenten in der Quantenphysik ableitenden Schlussfolgerungen nur den Eindruck, dass es keine objektive physische Realität gibt, die vom denkenden Geist des bewussten Beobachters unabhängig ist.[2] Und doch vermittelt uns die allwaltende Illusion das höchst überzeugende Gefühl einer Konsensrealität.

Viele fragen sich vielleicht, warum wir ein gemeinsames Bewusstsein von einer alltäglichen Welt haben, zumal diese Konsensrealität die unabhängige Existenz einer physischen Welt stark zu untermauern scheint. Diese gemeinsame »Realität« ist die Basis unserer irdischen Erfahrung. Die Konsensrealität der physischen Welt ist eine willkommene Bühne für die sich entfaltenden Ereignisse in unserem Leben, obwohl sie, ähnlich wie die Fassaden der alten Westernstädte, die man in Hollywood-Filmen sieht, nicht als solche existieren. In vielerlei Hinsicht spielt unsere gemeinschaftlich wahrgenommene physische Welt die gleiche Rolle wie unser Körper, wenn es darum geht, sich auf das Hier und Jetzt zu konzentrieren und eine entsprechende Erfahrung zu machen.

In Bezug auf diese Konsensrealität hat David Chalmers, als er das »schwierige Problem« des Bewusstseins definierte, auch das »einfache Problem« des Bewusstseins erwähnt. Das einfache Problem ist die Frage nach der Beurteilung von Qualia. Einfach ausgedrückt handelt es sich bei Qualia um die subjektiven Erscheinungsbilder des Wahrgenommenen. Das einfache Problem betrifft beispielsweise die Bewertung der Röte eines Apfels und den Versuch, die Rotwahrnehmung einer Person mit der einer anderen zu vergleichen. Nehmen beide das Rot gleich wahr? Oder gibt es qualitative oder inhaltliche Unterschiede, die zeigen, dass sie es nicht gleich wahrnehmen? Wissenschaftler, die sich für das Bewusstsein interessieren, schätzen, dass das einfache Problem des Bewusstseins in »ein paar Jahrhunderten« gelöst sein könnte. Sie können sich vielleicht vorstellen, wie lange es nach diesem Schätzungen dauern wird, das schwierige Problem zu lösen.

Angesichts der Tatsache, dass es so schwierig ist, das Wesen dessen, was wir vergleichen, überhaupt zu definieren, sollte sichtbar geworden sein, wie enorm schwierig es ist, unsere individuellen Versionen von Realität in jeder gegebenen Umgebung zu vergleichen. Natürlich können wir uns darauf einigen, dass unsere Wahrnehmungen mit ähnlichen Wahrnehmungen übereinstimmen, die wir in der Vergangenheit hatten, weil wir uns auf die dazugehörigen Definitionen und Auffassungen verständigt haben, als sie sich entwickelten. Aber wir können den Inhalt und die Qualität unsere Wahrnehmungen nicht mit denen von anderen vergleichen. Wir können lediglich annehmen, dass es gewisse Übereinstimmungen gibt.

Viele betrachten die objektiven wissenschaftlichen Methoden als den einzigen Weg zur Wahrheit und glauben, dass die subjektiven Erfahrungen des Einzelnen in unserem Zeitalter der evidenzbasierten Schlussfolgerungen nicht zählt. In Wirklichkeit ist das gesamte menschliche Wissen tief in der persönlichen Erfahrung verwurzelt (auch in der Erfahrung des

Forschers, der das Experiment durchführt). Deshalb muss das subjektive Erleben des Wissenschaftlers und unser aller subjektives Erleben als wesentlich betrachtet werden.

Thomas Nagel, Philosophieprofessor an der Princeton University und jüngst an der New York University, hat 1974 einen interessanten und häufig zitierten Artikel geschrieben, in dem er den fundamentalen Wert von subjektivem gegenüber objektivem Wissen aufzeigt. In Nagels provokativem Gedankenexperiment geht es darum, wie es ist, eine Fledermaus zu sein. Er wählte dieses Tier, weil es wie der Mensch ein Säugetier ist und uns daher ähnlich genug, dass man bei ihm von einer subjektiv bewussten Erfahrung ausgehen kann. Allerdings ist der wichtigste Wahrnehmungsmechanismus der Fledermaus für die Konstruktion eines Modells von der Außenwelt die Echoortung. Eine Fledermaus sendet hohe, fiepende Schreie als Signale aus und konstruiert dann ein Modell der dreidimensionalen Welt aus den komplexen Mustern der Echos, die ihr aus ihrer physischen Umwelt (Stechmücken, Vögel, Bäume, andere Fledermäuse usw.) zu Ohren kommen und anschließend in ihrem Gehirn verarbeitet werden. Ihr komplexes Echolotsystem ermöglicht es der Fledermaus, ein hochaufgelöstes mentales Modell von Entfernungen, Richtungen, Größe, Textur, Form und Bewegung ihrer gesamten physischen Umgebung zu konstruieren, sodass sie erfolgreich durch den Nachthimmel fliegen und Insekten für ihr Abendessen fangen kann.

Nagel stellt klar, dass seine Übung nicht darin bestehe einzuschätzen, »wie es für *mich* wäre, mich wie eine Fledermaus zu verhalten… Ich möchte wissen, wie es für eine *Fledermaus* ist, eine Fledermaus zu sein.« Die Wahrnehmung der Fledermaus ist komplex, aber ganz anders und unabhängig von ähnlichen Informationen, zu denen Menschen Zugang haben. Sein Gedankenexperiment macht sehr deutlich, dass die enorme Menge an Information, die durch subjektives Erleben vermittelt wird, das allein durch »objektive« Bewertung verfügbare Wissen übersteigt. Das heißt, dass es problematisch ist zu behaupten, vorurteilslose Objektivität könne existieren.

Vor dem Hintergrund unserer sich entwickelnden Vorstellung von der allwaltenden Illusion wird klar, dass das Wissen, das jedem Menschen zur Verfügung steht, rein subjektiv ist. Wir haben keinen Zugang zu irgendeiner »objektiven« Wirklichkeit. Es scheint zwar eine Konsensrealität zu geben, von der wir glauben, sie sei die äußere Welt, aber wir müssen vorsichtig mit der Annahme irgendeiner objektiven Wirklichkeit außerhalb des subjektiv Nachvollziehbaren sein. Genau setzte Nagels Kritik an den materialistischen Erklärungen an.

Der australische Philosoph Frank Cameron Jackson belebte diese Diskussion 1982 mit seinem Gedankenexperiment über Mary, eine Neurophysiologin, die ihr ganzes Leben damit verbracht hat, die neuralen Mechanismen des Farbensehens zu erforschen. Allerdings hat sie ihr ganzes Wissen vor einem Schwarz-Weiß-Computerbildschirm gesammelt und sich zeit ihres Lebens ausschließlich in einem Raum aufgehalten, in dem alles in Grautönen gehalten ist. Obwohl sie in allem bewandert ist, was die Neurowisssenschaft über die Mechanismen weiß, mit denen man das Rot einer reifen Tomate, das satte Grün eines Rasens im Frühling oder das Blau des klaren Himmels sehen kann, hat sie die Farben nie mit ihren eigenen Augen gesehen. Dafür sind ihr alle psychophysischen Versuche der Neurowissenschaft über die neuralen Prozesse der Wahrnehmung bekannt.

Schließlich befreit Jackson Mary aus ihrer trostlosen schwarz-weißen Welt. Er stellt ihr einen Farbmonitor zur Verfügung und entlässt sie nach draußen, in die reale Welt, die reich ist an allen Farben des Regenbogens. Lernt Mary irgendetwas hinzu, als sie die reife rote Tomate, den sattgrünen Rasen und den kristallblauen Himmel mit ihren eigenen Augen sieht? Die meisten Menschen würden wohl sagen: Ja, sie hat neues Wissen über die Welt erlangt, das sie allein durch das intensive wissenschaftliche Studium der physikalischen Mechanismen des Farbensehens (und die verbale Übermittlung solcher Informationen durch andere) niemals hätte erwerben können. Sie hat Wissen erlangt, indem sie *eigene Erfahrungen* mit den Farben gemacht hat. Dadurch, dass sie die leuchtenden Farben in der Natur selbst gesehen hat, bekam sie zusätzliche Informationen, die für ihr allgemeines Verständnis der Welt entscheidend sind, und nichts außer dieser direkten persönlichen Erfahrung hätte ihr Wissen um die Welt besser vervollständigen können.

Jackson kommt zu dem Schluss, dass die subjektive Erfahrung entscheidende Informationen liefert, die über eine erschöpfende physikalische Beschreibung hinausgehen. Marys Geschichte offenbart zugleich eine fatale Schwachstelle in der Argumentation, dass die einzig nützliche Information die durch streng wissenschaftliche Methoden gewonnene ist. Berichte von Menschen aus der ganzen Welt widersprechen dem, was die materialistische Wissenschaft für wissenschaftlich erwiesene Tatsachen hält. Solche empirischen Beweise müssen thematisiert werden, wenn wir ein ernsthaftes Interesse daran haben, das Wesen unserer Welt zu verstehen.

Mein subjektives Erleben im Koma war insofern ein starker Beweis, als mir dadurch klar wurde, wie real die geistigen Gefilde sein können. Ich war daran gewöhnt, persönliche Erfahrungen als wertlos abzutun. Aber nach und nach erkannte ich, dass die subjektive Erfahrung *das* entscheidende Puzzelteil für unser Verständnis der Welt ist, und zwar trotz ihrer anekdotischen Natur. Sogenannte »paranormale« Phänomene werden vor diesem Hintergrund deutlich relevanter. Mir wurde klar, dass selbst eine dualistische Theorie, die den Geist als eine vom Gehirn getrennte Einheit akzeptiert, nicht weit genug ging. Was, wenn uns die quantenphysikalischen Experimente sagen, dass in Wahrheit der *Geist* alle Ereignisse hervorbringt, die wir in der materiellen Welt beobachten? Was, wenn unsere persönlichen Entscheidungen unsere sich entwickelnde Realität steuern?

Ein mutiges neues Denken ist der Ausweg aus unserer aktuellen Situation. Der walisische Philosoph H. H. Price sagte: »Wir können ziemlich sicher vorhersagen, dass es die Zaghaftigkeit unserer Hypothesen sein wird und nicht deren Extravaganz, die uns den Spott der Nachwelt einbringt.« Und Einstein betonte: »Probleme kann man niemals mit derselben Denkweise lösen, durch die sie entstanden sind.«

Ich begann also ernsthaft über den philosophischen Standpunkt des metaphysischen Idealismus nachzudenken. Metaphysik betrifft sehr grundlegende Annahmen über die Existenz, beispielsweise dass das Universum begreifbar sei oder dass allein physische oder materielle Dinge existieren. Idealismus ist die Vorstellung, dass die Realität (unser gesamtes Universum) grundsätzlich eine Ausformung des Denkens oder der Erkenntnis ist, an welcher der menschliche Geist Anteil hat. Das Dasein geht also aus dem Reich der Ideen hervor oder aus dem Geistigen (dem Bewusstsein selbst). Metaphysischer Idealismus kann auch als ontologischer Idealismus bezeichnet werden. Der Begriff ontologisch bezieht sich dabei auf »alles, was ist«.

Der metaphysische Idealismus ist das andere Extrem zum konventionellen Materialismus und dem von ihm vertretenen Standpunkt, dass das »Gehirn den Geist erschafft«. Aus idealistischer Sicht existiert uranfänglich das Bewusstsein und bringt jeden Geist, jedes Gehirn und jeden Körper hervor. Das Bühnenbild für das Stück, in dem wir mitspielen (d.h. die Fassade der physischen Welt), folgt bestimmten Regeln (den Gesetzen der Physik oder der Illusion), aber das Thema und die Handlung der Szenen, also die tatsächlichen Ereignisse, werden weit weniger von Regeln eingeschränkt. Es gibt jedoch das mächtige Prinzip des ausreichenden Grundes: die Vorstellung, dass jede Wirkung eine entsprechende Ursache haben muss und sich nichts zufällig oder chaotisch ereignet. Dieser Satz wurde von altgriechischen Philosophen wie Platon und Aristoteles entwickelt, aber seine moderne Form wird dem deutschen Philosophen Gottfried Wilhelm Leibniz zugeschrieben. Demnach weist die Aufmerksamkeit, die wir komplexen Synchronizitäten schenken, oder die Tatsache, dass wir einige der tieferen Zusammenhänge erfassen, die in den Ereignissen unseres Lebens zum Ausdruck kommen, auf eine intelligente Kraft hin, die unser Leben und unser Verstehen leitet.

Ein Beispiel für eine solche Synchronizität liefert meine berufliche Laufbahn. Während meiner Zeit als Assistenzarzt in der Neurochirurgie verbrachte ich zwei Jahre (1985–87) mit der Erforschung des zerebralen Vasospasmus, einer besonders ernsten Komplikation der Subarachnoidalblutung (SAH, *subarachnoid hemorrhage*) durch Aneurysmen, die bei etwa einem Drittel der Patienten, welche die eigentliche Blutung überleben, tödlich verläuft. Im Anschluss an meine Assistenzarztzeit bekam ich 1987 ein Forschungsstipendium für vaskuläre Neurochirurgie und beschäftigte mich intensiv mit der chirurgischen Behandlung von Aneurysmen, bis mir von der Harvard Medical School eine Stelle als Leiter der vaskulären Neurochirurgie am Brigham and Women's Hospital angeboten wurde.

Dieser Verlauf meiner Karriere wies einen erstaunlichen Bezug zu meiner Familiengeschichte auf. Ich wurde als Kind adoptiert. Auf der Suche nach meinen leiblichen Eltern erfuhr ich später, dass dieses erbliche Leiden Teil der Krankengeschichte meiner biologischen Familie war. Diese Erbkrankheit war es auch, die meine leibliche Schwester veranlasste, sich bei der Adoptionsagentur zu melden – ein für unsere spätere Wiedervereinigung entscheidender Schritt. Nach Informationen, die ich im Februar 2000 bekam, hatte mein Großvater mütterlicherseits eine aneurysmatische Subarachnoidalblutung erlitten, die ihn ein paar Monate lang stark beeinträchtigte, bevor er 1996 daran starb. Von den beiden Schwestern meiner leiblichen Mutter starb die jüngere 1978 innerhalb eines Tages an einer SAH. Ihre andere Schwester hatte 2004 im Alter von 65 Jahren eine SAH, die sie drei Jahre lang vollkommen lahmlegte. Doch dann erlebte sie eine wundersame Genesung (so weit, dass sie in den vergangenen Jahren mehrere lokale Golfturniere gewann). Ich reagierte zunächst überrascht und schockiert auf diesen scheinbaren Zufall, aber vielleicht gab es eine tiefere Verbindung zwischen meiner beruflichen Laufbahn, für die ich mich in den 1980er-Jahren entschieden hatte, und der Entdeckung meiner persönlichen biologischen Veranlagung zwei Jahrzehnte später.

Metaphysischer Idealismus und Quantenphysik gehen von einer engen Vernetztheit des gesamten Universums aus. Jede gedankliche Trennung eines Teils vom Ganzen führt danach zur Verzerrung und Verwirrung. Die ausreichenden Gründe bieten jedoch im Rahmen des metaphysischen Idealismus ein breiteres Ursache-Wirkungs-Spektrum, das weit über die vereinfachenden Annahmen der materialistischen Wissenschaft und die Gesetze der Illusion hinausgeht. Sie gestatten eine umfassende Vernetzung, wie sie sich in Synchronizitäten oder in den weiteren Implikationen des Placeboeffekts (Geist siegt über die körperliche Materie und ermöglicht Heilung) und anderen Phänomenen äußert, die uns sanft in Richtung eines erwachenden Verständnisses lenken. Dadurch werden die enormen Weiten der menschlichen Erfahrung, die über unsere bewussten Alltagswahrnehmungen hinausgehen, leichter zugänglich.

Die Gesetze der Physik bestimmen üblicherweise die Regeln, nach denen etwas umgesetzt wird, und damit die Grenzen dessen, was in dem von uns beobachtbaren physikalischen Universum tatsächlich möglich ist. Vieles hängt jedoch davon ab, was Menschen für möglich *halten*, und Grenzen werden größtenteils »im Kopf« gesetzt. Entsprechende Überzeugungen wurden in den letzten Jahrzehnten dramatisch erweitert, und zwar vor dem Hintergrund der überwältigenden Beweise für ein nicht lokales Bewusstsein, etwa die Realität von Telepathie, Vorauswissen, Vorahnungen, außerkörperliche Erfahrungen, Fernwahrnehmung oder kindliche Erinnerungen an frühere Leben, die auf Reinkarnation hinweisen. Forscher, die sich mit diesen Themen beschäftigen, übernehmen die Verantwortung dafür, die vereinfachenden Unwahrheiten des wissenschaftlichen Materialismus ebenso zu eliminieren wie die selbst auferlegten Beschränkungen der menschlichen Fähigkeiten, die sie nach sich ziehen.

Ein wissenschaftliches und philosophisches Grundprinzip namens Ockhams Rasiermesser (benannt nach William von Ockham, einem englischen Franziskanermönch des 14. Jahrhunderts) besagt, dass die einfachste Erklärung, die am wenigsten zusätzlich Konstruiertes beinhaltet, mit größter Wahrscheinlichkeit wahr ist. Einstein wird der Satz zugeschrieben: »Erklärungen sollten so einfach wie möglich sein, aber auch nicht einfacher.« Diesem Prinzip entsprechend würde William von Ockham vermutlich den metaphysischen Idealismus als das zutreffendste Modell für das Wesen der Wirklichkeit betrachten, wenn wir zugestehen, dass wir auf der Suche nach dem wahren Verständnis unserer Existenz immer auf unsere eigene Erfahrung beschränkt bleiben. Wir müssen unsere Sucht nach der allwaltenden Illusion überwinden und erkennen, dass die objektive physische Welt ein geistiges Konstrukt ist.

Der metaphysische Idealismus geht auf Denker wie den irischen Philosophen George Berkeley (1685–1753) zurück, der die Beziehung zwischen materiellen Objekten und unserer Wahrnehmung dieser Objekte mit der folgenden Frage thematisierte: Ist es möglich, ein unabhängig von einem Beobachter existierendes wahrnehmbares Objekt zu begreifen? Mit anderen Worten: Wenn ein Baum im Wald umfällt und niemand dies mitbekommt, macht der umstürzende Baum dann ein Geräusch? Oder allgemeiner gefragt: Findet das Fallen tatsächlich statt, wenn es nicht von einem bewussten Beobachter wahrgenommen wird? Unser gesunder Menschenverstand lässt uns diese Frage vermutlich mit Ja beantworten, aber wir müssen zugeben, dass wir es unmöglich sicher wissen können. Eine solche Gewissheit würde erfordern, dass ein Beobachter in dem Moment anwesend ist, in dem der Baum tatsächlich fällt. Unser gesunder Menschenverstand sagt, die Begegnung mit einem umgefallenen Baum im Wald genüge, um die Überzeugung zu rechtfertigen, dass der Baum irgendwann in der Vergangenheit tatsächlich umgefallen sei. Aber der »gesunde Menschenverstand« führt oft zu falschen Schlussfolgerungen bezüglich der grundlegenden Natur der Realität.

Berkeley erforschte das Thema noch weiter und stellte fest, dass die einzig wesentlichen Elemente, die an der Wahrnehmung von so etwas wie einem umgefallenen Baum beteiligt sind, der Wahrnehmende und die Wahrnehmung sind. Angesichts dessen erkannte er, dass die Bedingung, dass ein physisches Objekt (der umgefallene Baum) tatsächlich existiert, absurd sei und nur von den Philosophen gestellt werde, die sich ihre Köpfe über die Frage zerbrechen. Berkeley fasste seine Schlussfolgerung mit den Worten zusammen: »Sein ist, wahrgenommen zu werden (*Esse est percipi!*).«

Daher genügt die Wahrnehmung durch den denkenden Geist, um alles zu erklären, auch ohne das äußere physische Objekt, wenn wir die rein informatorische Natur der beschriebenen Ereignisse würdigen und erkennen, dass ein eher inklusives Substrat als die offensichtliche physische Welt (d.h. das Quantenhologramm) den gesamten Prozess ausreichend unterstützt.

Die Version des metaphysischen Idealismus, die wir in diesem Buch unterstützen, schätzt die Einheit des Universums innerhalb des Bewusstseins übrigens höher als die eher »atomistische« oder »separatistische« Sichtweise, die von Berkeley propagiert wurde (besser bekannt als Solipsismus). Berkeley betrachtete alle Seelen als individuell und von Gott getrennt. Unsere Sichtweise entspricht eher der des deutschen Philosophen Georg Wilhelm Friedrich Hegel (1770–1831), der Platons Beispiel folgend den Willen der Seele würdigte, oder der des niederländischen Philosophen Baruch de Spinoza, der sich ausdrücklich das Wort des Paulus zueigen machte: »Denn in Ihm leben wir, bewegen wir uns und sind wir…«, was besagt, dass all unsere Wahrnehmungen in dem einen Geist eines höheren Wesens stattfinden. Namentlich Spinozas Sichtweise erklärt unsere Erfahrung einer gemeinsamen Konsensrealität am besten.

Demnach ist unser bewusstes Gewahrsein etwas, das dem kollektiven Bewusstsein entspringt, welches das fühlende Bewusstsein des gesamten Universums umfasst. Unser individuelles Bewusstsein ist durch ein Gefühl des Getrenntseins abgespalten, was diesen gewaltigen Tanz aller Elemente in der

Evolution des Bewusstseins ermöglicht. Manche bezeichnen das kollektive Bewusstsein als Gott, als die unbeschreibliche Kraft der reinen Liebe, die so viele bei spirituellen Schlüsselerlebnissen aller Art erfahren haben. Die offenbare Realität einer solchen Gottheit wird allerdings gern vom Unkraut der widerstreitenden religiösen Dogmen verdrängt.

Ein moderneres Argument für den metaphysischen Idealismus kommt von dem Informatiker Bernardo Kastrup, der mich auf einen Blogeintrag aufmerksam machte, den er als Antwort auf den Angriff des Neurowissenschaftlers Sam Harris gegen mein Buch *Blick in die Ewigkeit* geschrieben hatte. Harris hatte meine Behauptung infrage gestellt, Hirnschäden könnten zu einer überraschenden Bereicherung und Erweiterung des bewussten Gewahrseins führen, und Bernardo schlug sich in seinem Blog ebenso auf meine Seite wie in seinem Buch *Brief Peeks Beyond.*[3] In *More than Allegory* geht er darauf ein, wie unsere tief sitzenden kollektiven Überzeugungen tatsächlich physische Materie erschaffen könnten – eine neue und ambitionierte Herangehensweise, die den metaphysischen Idealismus in ihrem Kern anspricht. Der Eifer, mit dem sich Bernardo dem Thema des erweiterten Bewusstseins bei Hirnschädigungen widmete, führte zu seinem Gastbeitrag im *Scientific-American*-Blog,[4] in dem er die Tür zur Filtertheorie und zum metaphysischen Idealismus (oder zumindest einer Form von Dualismus) mit Blick auf die durch eine Gehirnschädigung erweitere Mentalfunktion öffnete. Es ist interessant, dass solche Einsichten in das Körper-Geist-Problem von Leuten stammen, die sich mit Informatik beschäftigen und es daher ständig mit den grundlegenden Prinzipien der Information und ihrer Rolle in der entstehenden Realität zu tun haben.

Erinnern Sie sich daran, dass das bewusste Gewahrsein die einzige Informationsquelle ist, die einem lebenden Menschen zur Verfügung steht. Die objektive physische Welt wird als außerhalb und unabhängig von unserem bewussten Gewahrsein von ihr projiziert, doch unsere Annahme, dass sie so existiert, wie wir sie wahrnehmen, ist nur eine *Interpretation* unserer sinnlichen Erfahrung und keine verbürgte Tatsache. Das tatsächliche Existieren der objektiven physischen Welt ist nicht zwingend notwendig.

Der metaphysische Idealismus passt sehr gut zur Filtertheorie, die heute sowohl in den Neurowissenschaften als auch in der Philosophie des Geistes auftaucht und eine brauchbarere Verbindung zwischen Gehirn und Bewusstsein herstellt. Der Filtertheorie zufolge dient das physische Gehirn als Reduzierventil oder Filter, durch den das universelle oder kollektive Bewusstsein gefiltert wird und so in die eher eingeschränkte menschliche Wahrnehmung unserer Umwelt Eingang findet. Außerdem würde ich sagen, dass die Filterfunktion eng mit dem Neokortex, dem stammesgeschichtlich jüngsten Teil der Großhirnrinde, verbunden ist. Für die Neurowissenschaften ist der Neokortex der leistungsfähigste Rechner im menschlichen Gehirn und eng in alle Details unseres bewussten Gewahrseins eingebunden. Ich gehe davon aus, dass er einen sehr starken Einfluss darauf hat, wie viel vom kollektiven Bewusstsein hereingelassen wird und was genau wir bewusst wahrnehmen. Seine Filterfunktion besteht im Begrenzen und Reduzieren. Das heißt, er lässt nur ein Rinnsal an bewusstem Gewahrsein zu, das zur Wahrnehmung unserer Umwelt wird.

Die Filtertheorie bringt uns ein gutes Stück bei der Erklärung einer großen Vielfalt an exotischen menschlichen Erfahrungen weiter und erklärt auch mein persönliches ultrareales NTE im Koma, als mein Neokortex so umfassend geschädigt war. Ohne einen funktionierenden Filter hatte ich einen viel umfassenderen Kontakt zum universellen Bewusstsein, genau wie Millionen anderer, welche die Ultrarealität derart transzendenter Erfahrungen bewusst erlebt haben.

Quantenphysikalische Versuchsergebnisse liefern eindeutige Beweise dafür, dass das Bewusstsein für die Erschaffung des Universums grundlegend ist, und sind aus rein materialistischer Sicht daher verblüffend. Sie zeigen, dass das gesamte beobachtbare Universum samt übrigem Kosmos, der überall oder jederzeit existiert, offenbar aus dem Bewusstsein hervorgeht. Richard Feynman (1918–1988), der 1965 den Nobelpreis für Physik bekam, sagte bekanntlich: »Wenn Ihnen jemand sagt, dass er die Quantenmechanik versteht, dann wissen Sie nur eins, nämlich dass Sie einem Lügner begegnet sind.« Ein Grund für dieses Gefühl des umfassenden Mysteriums und das ausgesprochen widersinnige Verhalten der Quantenwelt liegt im sogenannten Messproblem. Es betrifft ein Phänomen, das als »Kollaps der Wellenfunktion« bekannt ist. Das heißt, dass der Vorgang des Beobachtens das gemessene Ergebnis eines Versuchs zu beeinflussen scheint.

Als Beleg hierfür wird immer wieder das auf dem Welle-Teilchen-Dualismus des Lichts basierende Doppelspaltexperiment genannt: Ein auf zwei parallel in ein Metallblech geschnittene Schlitze gerichteter Lichtstrahl (ein Photonenstrom) erzeugt ein wellenförmiges Interferenzmuster auf einem dahinter stehenden Bildschirm. Das Interferenzmuster besteht aus dunklen und hellen Bändern, die durch die Berge und Täler zwei einander überschneidender Wellen entstehen. Wenn man Detektoren neben den Schlitzen platziert, um Informationen darüber zu bekommen, welchen Spalt ein Photon durchquert, verhalten sich diese Photonen wie Teilchen. Das Erstaunliche daran ist, dass sich die Photonen wie Teilchen und nicht wie Wellen verhalten, sobald die Verlaufsbahn der Photonen auf *irgendeine Weise* erfasst wird, und sei es nur im Prinzip. Es ist fast so, als seien sich die Photonen dessen bewusst, dass sie beobachtet werden, und sich entsprechend verhalten. Wirklich sehr eigenartig!

Verbesserte Versuchsanordnungen und technologische Fortschritte machen es zunehmend besser möglich, Quantenbeobachtereffekte nachzuweisen. Ab 2012 berichteten Dean Radin und seine Kollegen von faszinierenden Versuchsreihen,[5] in denen die Auswirkungen weit entfernter menschlicher Beobachter auf Doppelspaltexperimente untersucht wurden. Radin ordnete den Versuch so an, dass ein Proband seine ganze Aufmerksamkeit entweder auf den einen oder auf den anderen Spalt richtete, wobei er den jeweiligen Spalt nur vor seinem inneren Auge sah. Bemerkenswerterweise beeinflusste die Aufmerksamkeit der Probanden das Verhalten der Photonen so, dass sich diese eher wie Teilchen verhielten, wenn die Aufmerksamkeit auf einen Spalt gerichtet war, und eher wie Wellen, wenn die Aufmerksamkeit aus dem optischen System abgezogen wurde. Siebzehn Durchläufe dieses Versuchs, bei dem vier verschiedene Doppelspaltsysteme eingesetzt wurden, bestätigten weitgehend die Ergebnisse früherer Versuche. Dies belegt den Einfluss eines kleinen, aber nachweisbaren »Geist-besiegt-Materie-Effekts«.

Die Annahme der klassischen Physik, alles, was objektiv gemessen werden kann, sei vom Beobachter getrennt, erweist sich als falsch, sobald die materielle Welt auf eine umfassendere, quantenphysikalische Art untersucht wird. Damit, dass ein Ergebnis von den Entscheidungen des Versuchsleiters abhängt, der die Messungen vornimmt, rechnet eigentlich niemand. Und die enge Beziehung zwischen Beobachter und Beobachtetem beschränkt sich nicht nur auf quantenmechanische Versuche, die in einem modernen Physiklabor durchgeführt wurden. Es deutet vielmehr einiges darauf hin, dass dies für alle

Interaktionen mit der physischen Welt gilt, die von uns als Beobachter dieser Welt ausgehen.

In der Quantenphysik sagt man, dass subatomare Teilchen, die zusammen generiert wurden, verschränkt sind. Dies macht sich beispielsweise bemerkbar, wenn Photonen durch einen nicht linearen Kristall geleitet werden, was es möglich macht, ihre Polarisierungsmessungen anschließend aufeinander zu beziehen. Andere aufeinander bezogene Eigenschaften verschränkter Teilchen können ihre Position, ihr Impuls und ihr Spin sein. Zu den verschränkten Objekten können nicht nur Photonen, sondern auch Elektronen, Protonen, Neutronen, Neutrinos, Atome, Moleküle und sogar kleine Diamanten gehören. Es heißt, dass die Potenzialwerte für solche Teilchen, bevor eine Messung vorgenommen wird, in einem Überlagerungszustand existieren, wo alle möglichen Messungen mit bestimmten Wahrscheinlichkeiten verbunden sind. Laut dem 1972 veröffentlichten Bericht von Stuart Freedman und John Clauser über verschränkte Photonen beeinflusste das, was ein Beobachter an einem Teil, das mit einem anderen Teil verschränkt war, zu messen beschloss, augenblicklich das Ergebnis, das ein anderer Beobachter bei seinem verschränkten Partner maß, und zwar unabhängig davon, wie weit die beiden Partner des verschränkten Paares voneinander entfernt waren.

Das Experiment von Freedman und Clauser war eine direkte Antwort auf Einstein, der nie davon überzeugt war, dass die Quantenphysik eine vollständige Theorie ist. In einem Aufsatz, den er 1935 zusammen mit seinen Kollegen Boris Podolsky und Nathan Rosen schrieb (bekannt als das »EPR-Paradoxon«), beschwerte er sich darüber, dass die quantenmechanische Beschreibung kein vollständiges Bild der physikalischen Wirklichkeit liefere und es daher »verborgene Variablen« geben müsse, welche die Ergebnisse besser erklären konnten.

Um diese Kritik zu illustrieren, gehen die Autoren auf das paradoxe Verhalten ein, das sich ergibt, wenn man eines der verschränkten Photonen misst. Die Messung des ersten Teilchens zwingt dem zweiten Teilchen praktisch einen entsprechenden Messwert auf, und zwar unabhängig davon, wie weit die beiden zu der Zeit auseinanderliegen. Im Moment der Messung scheinen verschränkte Teilchen eine Regel der speziellen Relativitätstheorie zu verletzen (nach der keine Information schneller sein kann als das Licht). Einstein spottete über diesen augenblicklichen Kollaps der Wellenfunktion, den er »spukhafte Fernwirkung« nannte.

Solche Quantenexperimente legen nahe, dass der Messvorgang im ersten Teilchen augenblicklich bewirkt, dass die Messung auch im zweiten Teilchen stattfindet. Dieses schockierende Ergebnis lässt vermuten, dass die verschränkten Teilchen irgendwie als ein Teilchen agieren, das im Weltraum von sich selbst getrennt zu sein scheint – etwas, das angesichts unserer alltäglichen Vorstellungen von Raum und Zeit unerklärlich scheint und dennoch in den letzten Jahrzehnten vielfach bestätigt wurde.

Doch das ist nur die Spitze des Eisbergs hinsichtlich der Rolle, die das Bewusstsein für die Erschaffung der gesamten entstehenden Realität spielt. Die Quantenphysik, das erfolgreichste und am besten bewährte Gebiet in der vierhundertjährigen Geschichte der wissenschaftlichen Revolution, würde mehr Sinn ergeben, wenn wir uns eingestehen würden, dass der beobachtende Geist für das, was als unsere wahrgenommene Realität in Erscheinung tritt, absolut entscheidend ist.

Der Princeton-Physiker John Wheeler hat viel zu unserer heutigen Wertschätzung von Physik und Kosmologie beigetragen, nicht zuletzt dadurch, dass er die Begriffe *Schwarzes Loch* und *Wurmloch* allgemein bekannt gemacht hat. Gegen Ende seines Lebens beschäftigte er sich mit der Rolle des Lebens und des Bewusstseins im Universum. Er fragte sich, ob sie zufällige Nebenprodukte seien oder von entscheidener Bedeutung für die Existenz des Universums. Sein fundiertes quantenphysikalisches Wissen veranlasste ihn zu der Annahme, dass die Realität von Beobachtern geschaffen wird und dass »kein … Phänomen ein reales Phänomen ist, bis es ein beobachtetes Phänomen geworden ist«. Dieser Gedankengang entwickelte sich zu dem, was er das partizipatorische anthropische Prinzip nannte. Er sah das Universum als ein in Arbeit befindliches Werk, in dem die Vergangenheit nicht existiert, bis sie in der Gegenwart beobachtet wird, und betrachtete den »partizipatorischen« bewussten Beobachter als entscheidend für die gesamte sich entfaltende Realität. Wheeler schlussfolgerte: »Sein ist, wahrgenommen zu werden«, und erklärte sich damit ausdrücklich einverstanden mit dem, was der Idealist George Berkeley mehr als zwei Jahrhunderte früher gesagt hatte. Der stärkste Ausdruck eines solchen Bewusstseins im Zentrum der Wirklichkeit ist wiederum der metaphysische Idealismus.

Wheeler hätte zwar auch eine Existenzart des Universums in Erwägung ziehen können, die ohne den beobachtenden Geist auskommt, aber er erkannte, dass die gesamte sich entwickelnde Wirklichkeit von den Aktionen bewusster Beobachter abhängig ist. Wie sein Delayed-Choice-Quantum-Eraser-Experiment zeigt, kann die Entscheidung eines Beobachters sogar die Vergangenheit der beobachteten Teilchen beeinflussen. Wheeler schlussfolgerte: »Es sieht ganz so aus, als hätten wir selbst durch eine Entscheidung in letzter Minute Einfluss darauf, was ein Photon tun wird, wenn es bereits den größten Teil seiner Arbeit getan hat … Wir müssen sagen, dass wir eine unbestreitbare Rolle in der Gestaltung dessen spielen, was wir immer die Vergangenheit genannt haben. Die Vergangenheit ist nicht wirklich die Vergangenheit, bis sie registriert wurde. Oder anders ausgedrückt: Die Vergangenheit hat keine Bedeutung oder existiert nicht, es sei denn als Aufzeichnung in der Gegenwart.«

Um solchen Kuriositäten wirklich beizukommen, begann ich, den metaphysischen Idealismus als brauchbares Modell zu betrachten, das erklärt, wie mein Bewusstsein trotz der starken Beeinträchtigung meines Neokortex so stabil bleiben konnte. Wenn man das gesamte Spektrum der Geist-Körper-Modelle betrachtet, ist der Materialismus das einzige, in dem der »Geist« absolut keinen Platz hat, außer als etwas ausgesprochen Unwirkliches, nämlich die sehr verwirrende, von der physischen Gehirntätigkeit hervorgebrachte Illusion, die wir »Bewusstsein« nennen (Epiphänomenalismus). Alle dualistischen Haltungen akzeptieren, dass es den Geist gibt und dass er in irgendeiner Beziehung zum Gehirn steht, aber der metaphysische Idealismus behauptet, dass die gesamte Wirklichkeit und alles, was existiert, allein aus dem Reich des Geistes hervorgeht.

Vorsicht ist beim Panpsychismus geboten – der Vorstellung, dass jedem Teilchen der subatomaren Welt von Natur aus Elemente des primitiven Bewusstseins innewohnen. Dies ist und bleibt eine materialistische Einstellung, die versucht, den dualistischen Standpunkt einzunehmen, dass es mehr als nur das Materielle geben muss, um den Geist zu erklären. Der Panpsychismus hat jedoch keine Erklärung für die mächtigeren Ordnungsprinzipien, etwa die größere Struktur des gesamten Lebensteppichs, in dem uns unsere Taten und Gedanken auf sehr bedeutungsvolle Weise mit dem Universum vernetzen, wie in späteren Kapiteln noch näher ausgeführt wird. Und der Vollständigkeit halber muss jede Theorie diesen ergiebigen Aspekt der menschlichen Erfahrung ansprechen.

Jetzt, wo ich mit den Konzepten des metaphysischen Idealismus als nützlichem Ausgangspunkt zufrieden war, blieb meine zweite Frage: Was ist das Wesen jener schöpferischen und liebenden Kraft im Zentrum alles Existierenden, der ich in meinem Koma begegnet bin? Wenn man einmal über alle möglichen Universen nachdenkt, ist es erstaunlich, dass unseres so einfach und wohlgeordnet zu sein scheint. Einstein sagte: »Das Unverständlichste am Universum ist im Grunde, dass wir es verstehen können.« Dass so viel von der offenkundigen Struktur und Funktion des Universums elegant in mathematischen Formeln (wie durch die Linse der Physik offenbart) ausgedrückt werden kann, ist eine verblüffende Erkenntnis, über die nachzudenken sich wirklich lohnt.

Höhere Mathematik, die in der Welt der Physik eine große Rolle spielt, steht für eine abstrakte Welt der Idealvorstellungen. Warum sollte die reale Welt im Rahmen des logischen Formalismus der Mathematik so vollständig definierbar sein? Während sich Mathematikphilosophen vielleicht Gedanken darüber machen, ob die Mathematik entdeckt oder erfunden wurde, würden die Mathematiker wohl weitgehend anerkennen, dass die Mathematik in der zugrunde liegenden Wirklichkeit *entdeckt* wurde. Man kann sich mit Recht fragen, ob sich die Intelligenz, die unserem Universum zugrunde liegt, oder »der Alte«, wie Einstein es formulierte, aus einem idealisierten und sorgfältig ausgewogenen Modell ausformt. Erstaunlicherweise scheint unser physisches Universum tatsächlich einem perfekten mathematischen Formelkanon zu gehorchen.

Abgesehen von der überraschenden mathematischen Nachvollziehbarkeit des Universums ist auch die präzise Abstimmung der physikalischen Konstanten, die das Verhalten aller Komponenten unseres Universums bestimmen, schockierend. Momentan sind 26 solcher Parameter am Standardmodell der

Teilchenphysik beteiligt (plus der kosmologischen Konstanten, welche die beschleunigte Ausdehnung des gesamten Raumes betrifft), darunter die Lichtgeschwindigkeit im Vakuum *c*, die Elementarladung eines Elektrons *e*, die plancksche Konstante *h*, die Feinstrukturkonstante *a* und die Gravitationskonstante *G*. Derzeit wird davon ausgegangen, dass diese grundlegenden Parameter im gesamten Raum des beobachtbaren physischen Universums sowie über die gesamte Zeit hinweg konstant bleiben (dass diese Beständigkeit über Raum und Zeit hinweg besteht, ist jedoch lediglich eine Annahme und keine bewiesene Tatsache).

Würde einer dieser 26 Parameter um auch nur einen winzigen Bruchteil (weit weniger als 1 Prozent) vom gemessenen Wert abweichen, würde das Ergebnis die Bildung von Atomen, Molekülen, Menschen (und anderen Lebewesen), Planeten, Sterne und Galaxien verhindern. Nichts davon würde existieren. Diese »Feinabstimmung«, wie sie aus der Welt der Physik bekannt ist, darf man nicht ignorieren, wenn man versucht, das wahre Wesen der Wirklichkeit zu ergründen. Sowohl die mathematische Präzision des Universums als auch die Feinabstimmung der physikalischen Konstanten stellen eine echte Herausforderung für jeden dar, der versucht, Argumente für ein kaltes, chaotisches, mechanistisches – und sinnloses – Universum zu finden.

Die mathematische Präzision unserer Welt und die Feinabstimmung der physikalischen Parameter, die an ihrem Aufbau beteiligt sind, liefern überzeugende Beweise für ein hochgradig geordnetes Bewusstsein, das der gesamten Existenz zugrunde liegt. Ich glaube, dass diese ordnende Intelligenz, die viele vielleicht als Schöpfergott betrachten, tatsächlich die Quelle unseres bewussten Gewahrseins als fühlende Wesen ist. Es gibt keine Trennung zwischen dieser ultimativen Schöpferkraft und unserem Bewusstsein für alles, was in diesem Universum existiert. Der Beobachter, das Bewusstsein des Universums von sich selbst, das sind auf der tiefsten Ebene *wir*.

Es ist dieser bewusste Beobachter, der auch hinter dem »schwierigen Problem« des Bewusstseins und dem Messproblem der Quantenphysik steckt, zwei der größten Rätsel an den Grenzen der modernen Wissenschaft. Das »schwierige Problem« ist ein unlösbares Problem, wenn man in der beschränkten Gedankenwelt des Materialismus gefangen bleibt. Aber es schrumpft, wenn man die Möglichkeiten betrachtet, die sich beispielsweise durch die Filtertheorie und den metaphysischen Idealismus eröffnen. Zu den weitgefassteren Paradigmen gehören Konzepte wie »Mind-at-large« (etwa: umfassender Geist, ein Begriff von Aldous Huxley) oder das »kollektive Unbewusste« (nach C. G. Jung) als allgegenwärtige Triebfeder des gesamten sich selbst bewussten Universums. Es gibt ein Informationssubstrat (das als Quantenhologramm oder Akashachronik bezeichnet werden kann), in dem die gesamte mögliche bewusste Erfahrung enthalten ist, damit sich das Universum seiner selbst bewusst sein kann.

Der große Psychologe William James (1842–1910) beschrieb etwas, das er »*the More*« nannte, »das Mehr«. Dabei ging es darum, dass man das, was sich in einem menschlichen Leben ereignet, nicht ausschließlich mit materiellen Wechselwirkungen erklären kann. Aus meiner Sicht ist »the More« ein Top-down-Organisationsprinzip, das die Bühne für eine wahre Evolution im großen Maßstab bereitet, nämlich die Entwicklung von Informationen über und Verständnis für das Wesen des Universums im Einklang mit einer Struktur, die auf den Sinn und Zweck der menschlichen Existenz hinweist. In vielerlei Hinsicht ist diese größere Entwicklung des Bewusstseins der Grund für die Existenz des gesamten Universums.

Alles dreht sich um das Bewusstsein – buchstäblich *alles.*

Unter Bewusstsein verstehe ich ein Sich-selbst-bewusst-Sein, das Wissen, dass man in diesem Moment existiert und ein menschliches Wesen ist, das im Hier und Jetzt lebt – als der *beobachtende* Teil des Bewusstseins, als *Kenner* des Wissens.

Dieser Funke des Gewahrseins, der Erfahrungen macht und sich an Erfahrungen erinnert – *das* ist Bewusstsein. Und genau dieses Bewusstsein ist das eigentliche Geheimnis von René Descartes' berühmter Beobachtung: »Ich denke, also bin ich.«

Erinnern Sie sich an das große Rätsel hinsichtlich der Rolle des Beobachters in der Quantenphysik. Solche Mysterien waren früher nur aus der Physik als seltene Kuriositäten bekannt, aber mittlerweile hat sich herausgestellt, dass sie auch in der Chemie und sogar in der Biologie vorkommen. In den letzten Jahrzehnten haben Biologen überzeugende Beweise dafür gefunden, dass die Quantenphysik auch für das Verständnis biologischer Prozesse entscheidend ist, etwa der Photosynthese (die Fähigkeit von Pflanzen, die Energie des Sonnenlichts in lebendige Materie umzuwandeln), des menschlichen Geruchssinns oder den zielsicheren Bahnen der Zugvögel (möglich gemacht durch ihre Fähigkeit, das Magnetfeld der Erde wahrzunehmen). Überall liefert die Quantenphysik zentrale Informationen. Selbst die klassischen (oder newtonschen) Elemente auf der makroskopischen Ebene funktionieren innerhalb eines Quantensystems und folgen Quantengesetzen.

Diese erstaunliche »Achtsamkeit« des Universums, also die Tatsache, dass es sich seiner eigenen Existenz bewusst ist, manifestiert sich auf der kleinsten Ebene im bewussten Gewahrsein einzelner Wesen und steht in enger Verbindung mit dem Sinn und Zweck allen sich entwickelnden Bewusstseins. Dieses Einssein mit dem Universum hat mein Nahtoderlebnis im Zentrum so lebendig gemacht. Es war die prächtigste und elementarste Wirklichkeitserfahrung meiner ganzen Reise, und doch war es natürlich auch die sich von unserem irdischen Alltagsleben am stärksten unterscheidende Erfahrung. Die Schönheit liegt in der perfekten Einheit von allem – darin, dass diese sich so stark voneinander unterscheidenden Perspektiven nur verschiedenartige Facetten ein und desselben perfekten Diamanten sind, des Juwels unserer Existenz.

Dieser allgemeine Verständnisrahmen der Geist-Körper-Diskussion erlaubt eine vernünftigere Erklärung für das riesige Spektrum menschlicher Erfahrungen. Ein taugliches Modell muss den dunkelsten Wahrheiten Rechnung tragen, die in der wissenschaftlichen Gemeinde beleuchtet werden, darf aber kein Sklave falscher Annahmen sein, die dem konzeptionellen Rahmen zugrunde liegen. Wenn wir das grundlegende Wesen der allwaltenden Illusion akzeptieren, das in enger Verbindung mit dem Konzept des metaphysischen Idealismus und der Theorie von den Filtern des Geistes steht, bietet uns die sachgerechte Interpretation der Quantenphysik sinnvolle Möglichkeiten, das Bewusstsein als grundlegend für das Hervorbringen des gesamten physischen Universums zu betrachten.

Damit wir den riesigen Erfahrungsspielraum fühlender Wesen umfassend behandeln können, gehen wir von einem sehr großen Universum aus – von einem Universum mit grenzenlosen Entwicklungsmöglichkeiten für das menschliche Potenzial, weil wir alle Teilnehmer an und Mitgestalter dieser großen Evolution des Bewusstseins sind. Auf einer Reise des Herzens und der Seele machen wir Erfahrungen, die den Schreibtischphilosophen, die sich allein auf ihre akademische Gelehrsamkeit verlassen, nicht zugänglich sind. Wer die allwaltende Illusion hinter sich lassen möchte, muss in erster Linie auf seine eigene Erfahrung achten.

Kapitel 6

Der eigenen Erfahrung vertrauen

Es gibt zwei Möglichkeiten des Irrtums.
Die eine ist zu glauben, was nicht wahr ist.
Die andere ist, nicht zu glauben,
was wahr ist.

Søren Kierkegaard (1813–1855), dänischer Philosoph

Seine Heiligkeit der 14. Dalai Lama lebt seit 1959 nach dem tibetischen Aufstand gegen die Okkupation Tibets durch chinesische Truppen im Exil in Indien. Für seinen friedlichen Einsatz für das tibetische Volk wurde ihm 1989 der Friedensnobelpreis verliehen. Reinkarnation ist im Buddhismus ein akzeptiertes Konzept, und die Reinkarnationen der Dalai Lamas werden seit 1391 aktiv identifiziert. Als Seine Heiligkeit 2011 erklärte, er werde möglicherweise seine spirituellen Aufgaben auf der Erde vollenden und sich entscheiden, *nicht* wieder zu reinkarnieren, forderte die atheistisch und antireligiös auftretende chinesische Regierung unter Drohungen, er müsse sich entscheiden, zu reinkarnieren. Der Grund ist, dass sie darüber bestimmen will, wer als Reinkarnation des

15. Dalai Lama anerkannt wird, um so das tibetische Volk unter Kontrolle zu halten.

Seine Heiligkeit hat zwar keine offizielle Ausbildung in irgendeiner wissenschaftlichen Disziplin absolviert, ist aber dennoch fasziniert von dem, was die Wissenschaft möglicherweise für ein besseres Verständnis des Wesens der Wirklichkeit bieten kann, und sogar bereit, bestimmte buddhistische Behauptungen fallen zu lassen, wenn sie einer wissenschaftlichen Überprüfung nicht standhalten. Nachdem er *Blick in die Ewigkeit* gelesen hatte, lud mich der Dalai Lama 2013 ein, mit ihm an einer Podiumsdiskussion über moderne wissenschaftliche Ansichten zum Thema Reinkarnation teilzunehmen. Diese Diskussion war Teil einer Abschlussfeier am Maitripa College, einer tibetisch-buddhistischen Hochschule mit Meditationszentrum in Portland, Oregon. Das aus Studenten, Dozenten und Community-Mitgliedern bestehende Publikum war ruhig und konzentriert, aber auch begeistert.

Seine Heiligkeit sprach zuletzt, und zwar über die verschiedenen Phänomene, die unsere Ansichten oder unser Weltbild beeinflussen. Er erklärte, dass diese Phänomene in jeweils eine von drei Kategorien fallen: (1) offenkundige Phänomene, die durch direkte Beobachtung erforscht werden können, (2) verborgene Phänomene, über die aufgrund von beobachtbaren Phänomenen Rückschlüsse gezogen werden können, und (3) extrem verborgene Phänomene, zu denen wir nur durch ein persönliches Erleben oder durch vertrauenswürdige Aussagen anderer Zugang bekommen.

Die erste Kategorie (offenkundige Phänomene) ist Forschungsgegenstand und Markenzeichen der materialistischen Wissenschaft und bezieht sich auf Beobachtungen, die durch direkte Wahrnehmung mit den fünf physischen Sinnen verifiziert werden können. Die zweite Kategorie (verborgene

Phänomene) umfasst Theorien oder Schlussfolgerungen, die mittels kognitiver Analyse aus solchen Beobachtungen abgeleitet werden können. Ein bemerkenswertes Beispiel dafür ist der Fall von geistiger Klarheit kurz vor dem Tod, den ich in *Blick in die Ewigkeit* beschrieben habe: Ein guter Freund und Kollege von mir, der eine der angesehensten Forschungsabteilungen für Neurochirurgie leitet, erlebte mit, wie sein Vater kurz vor seinem Tod eine intensive Begegnung mit der Seele seiner Mutter hatte. Der Vater war im Laufe der Monate zunehmend dement geworden und aufgrund des wachsenden Verlusts seiner geistigen Fähigkeiten zu anspruchsvolleren Gedankengängen außerstande. Mein Freund, ein hervorragender Neurowissenschaftler, war schockiert über die unerwartete und unerklärliche Klarheit und Einsicht, die sein Vater Minuten vor seinem Tod plötzlich bewies. Er war sich sicher, dass diese Begegnung für seinen Vater real gewesen war, was seine Ansichten über die Realität der spirituellen Welt für immer veränderte. Das Miterleben der Erfahrung seines Vaters überzeugte ihn davon, dass das Modell »Gehirn bringt Bewusstsein hervor« falsch war.

Mein Nahtoderlebnis fällt meiner Meinung nach in die dritte Kategorie – extrem verborgene Phänomene –, weil ich es persönlich erfahren habe. Andere müssen entscheiden, ob sie meine Aussagen darüber für vertrauenswürdig halten. Wenn Sie die Erfahrung nicht selbst gemacht haben, können Sie nicht mit Sicherheit sagen, dass das entsprechende Ereignis tatsächlich stattgefunden hat.

»Was die dritte Kategorie von Phänomenen angeht, die wirklich extrem verborgen und undurchsichtig sind, so haben andere Menschen derzeit keinen wirklichen Zugang dazu, weder direkt noch durch Rückschlüsse. Die einzige Methode, die übrig bleibt, besteht darin, sich wirklich auf das Zeugnis der

Person selbst zu verlassen, die eine bestimmte Erfahrung gemacht hat«, erklärte Seine Heiligkeit mithilfe eines Übersetzers. »Was die Wissenschaft und ihre Möglichkeiten, Wissen zu erwerben, angeht, müssen wir differenzieren und die Tatsache anerkennen, dass es bestimmte Arten von Phänomenen geben kann, die außerhalb der Reichweite wissenschaftlicher Untersuchungen liegen.« Er zeigte auf mich und schloss mit den Worten: »Auf einer tieferen Ebene gibt es noch weitere mysteriösere Dinge.«

Seine Heiligkeit bestätigte, dass meine und andere ähnliche Erfahrungen mit den traditionellen wissenschaftlichen Methoden nicht vollständig erklärt werden könnten. Aber eigene Erfahrungen seien für unsere persönliche Erkenntnis unerlässlich. Wir könnten uns auf die Erfahrungen anderer verlassen oder unsere eigenen Erfahrungen ausbauen und ihnen vertrauen. Genau das interessiert mich: die Frage, wie das Bewusstsein mit der physischen Welt interagiert und welche Rolle jeder von uns in diesem Prozess spielt. Geheimnisvolle Phänomene gibt es hinter jeder Ecke. Wir müssen nur auf unser eigenes Erleben achten. Das klingt einfach, aber ich habe die Erfahrung gemacht, dass dies leichter gesagt ist als getan.

Michael Shermer, den Herausgeber der Zeitschrift *Skeptic*, lernte ich kennen, als wir beide im Dezember 2013 bei *Larry King Live* zu Gast waren. Shermer gab den »Vorzeigeskeptiker« in einem Gremium, das mein NTE diskutierte. Die spirituelle Aktivistin Marianne Williamson und Rabbi Marvin Hier gehörten ebenfalls zu diesem Gremium. Shermers Hauptaufgabe bestand darin, die materialistische Argumentation zu vertreten. Also behauptete er, ich müsse einen Traum oder eine Halluzination gehabt haben. Am Ende der Diskussion sagte er, er hoffe, ich habe recht, was ein Leben nach dem Tod angehe, doch das änderte nichts an seiner ungläubigen Haltung und daran, dass er die medizinischen Beweise für meinen Fall anzweifle. Bevor wir nach der Aufzeichnung auseinandergingen, gab er mir freundlicherweise ein mit einer persönlichen Widmung versehenes Exemplar seines Buches *The Believing Brain*. Darin versucht er zu erklären, wie das Gehirn Überzeugungen ausbildet, indem es Mustern, die es in der Umgebung wahrnimmt, eine bestimmte Bedeutung zuordnet.

Angesichts dieser Einstellung war ich tief beeindruckt von einer eher ungewöhnlichen und scheinbar unerklärlichen persönlichen Geschichte, die er ein paar Monate später, im Oktober 2014, in seiner Kolumne für *Scientific American* veröffentlichte. Er und seine Frau Jennifer hatten im Juni 2014 geheiratet. Jennifer machte in den Tagen vor der Hochzeit einen etwas traurigen Eindruck, weil sie wünschte, ihr Großvater, der bis zu seinem Tod, als Jennifer 16 Jahre alt war, die Vaterrolle für sie eingenommen hatte, könne an ihrem besonderen Tag ebenfalls dabei sein. Alles, was sie von ihm noch hatte, waren ein paar persönliche Gegenstände, von denen viele im Laufe der Jahre kaputt gegangen waren. Ein paar Monate vor der Hochzeit hatte Michael versucht, ein kaputtes Radio, ein Philips 070 von 1978, das Jennifers Großvater sehr geliebt hatte, mit neuen Batterien, gutem Zureden und einem Schraubenzieher wieder auf Vordermann zu bringen, aber seine Bemühungen waren leider ohne Erfolg geblieben. Das Radio weigerte sich, zu funktionieren, und wurde zusammen mit anderen kaputten Dingen in die hinterste Ecke einer Schreitischschublade verbannt.

Nachdem sich das Brautpaar zu Hause in Gegenwart aller Familienmitglieder das Jawort gegeben hatte, zogen sich die beiden kurz zurück und stellten dabei fest, dass aus ihrem Schlafzimmer ihnen unbekannte Musik kam. Sie folgten den Klängen des romantischen Liebesliedes und fanden zu ihrem

Schrecken heraus, dass die Musik aus dem kaputten Radio in der Schreibtischschublade kam. Sie waren sprachlos, bis Jennifer, die »paranormalen und übernatürlichen« Phänomenen genauso skeptisch gegenüberstand wie Michael, schließlich unter Tränen etwas sagte: »Mein Großvater ist hier bei uns. Ich bin nicht allein.«

Auch andere Familienmitglieder hörten die Musik, die bis in die Nacht hinein spielte. Am nächsten Morgen hörte das Radio auf, zu spielen. Danach gelang es ihnen nie wieder, es in Gang zu bringen. Shermer beendete seine Kolumne mit dem wissenschaftlichen Credo: »Offen sein und Agnostiker bleiben, solange die Beweise unklar sind oder das Rätsel noch nicht gelöst ist.«

Ich bewunderte Michael für seinen Mut, die Geschichte einer möglichen Kommunikation mit einem Verstorbenen in *Scientific American* zu veröffentlichen, einer Bastion des materialistischen Denkens. Ich war sehr gespannt darauf, mit ihm über diese Kolumne zu sprechen. Die Gelegenheit ergab sich bei unserem nächsten Treffen im August 2015, als wir beide in der Fernsehsendung *Ask Dr. Nandi* interviewt wurden. Als er mit Jennifer ankam, begrüßten wir uns, und ich sagte: »Das war sehr mutig und zeigt, dass Sie wirklich ein offener Skeptiker sind.«

»Nun, wir haben letztlich verstanden, dass es eine ganz natürliche Erklärung dafür gibt«, antwortete er, und Jennifer nickte zustimmend.

»Ach wirklich? Die würde ich gern hören«, erwiderte ich. »Was ist passiert?«

»Es war offensichtlich keine echte Kommunikation mit dem Geist ihres Großvaters. Es gibt eine absolut rationale Erklärung.«

»Die da wäre…?«, fragte ich, erstaunt über diese plötzliche Kehrtwende.

»Es kann gar nicht übernatürlich gewesen sein, also muss es eine logische Erklärung geben.«

Ich starrte die beiden an und wartete auf die »wissenschaftliche« Erklärung.

»Wir wissen es nicht wirklich, aber es *muss* irgendeine rationale Erklärung geben.« Damit war die Unterhaltung für Michael beendet.

Hunderte haben mir ähnliche Geschichten erzählt, und viele von ihnen hätten eine Kommunikation mit Verstorbenen vor dem entsprechenden Erlebnis niemals für möglich gehalten. Die meisten von ihnen hat ein solches Ereignis für immer verändert. Es hat ihnen die Augen für die geistige Natur des Universums geöffnet. Wenn sich eine Tür öffnet, erlaubt uns unser freier Wille hindurchzugehen – oder sie wieder zu schließen und zur Tagesordnung überzuwechseln. Aus meiner Sicht wäre die rationale Erklärung für die gerade erzählte Geschichte, dass die Seele von Jennifers Großvater ihr Unterstützung und Liebe »von der anderen Seite« angeboten hat.

Vor meinem Koma hatte ich von meinen Patienten viele Geschichten gehört, die an eine Kommunikation mit Verstorbenen denken ließen, aber ich hatte sie immer als Fantasien oder Wunschdenken abgetan. Ich selbst hatte 1994 eine verblüffende persönliche Begegnung, aber ich habe mir, genau wie Michael und Jennifer, mit der Zeit eingeredet, dass dies nur ein unerklärlicher Zufall gewesen war.

Stuart Massich (Name geändert) war ein guter Freund und Kollege, dessen Lebensweg auf fast unheimliche Weise ähnlich verlaufen war wie meiner. Zu den Gemeinsamkeiten (allerdings immer fünf Jahre nach mir) gehören folgende: Stuart wuchs in Winston-Salem auf, besuchte die University of North Carolina in Chapel Hill und dann die Medizinische Hochschule der Duke University. Er leistete seine Zeit als neurochirurgischer Assistenzarzt an der Duke ab, verbrachte aber zwei Jahre davon im Labor der Harvard Medical School. Dann bekam er eine Anstellung in der Neurochirurgie des Brigham and Women's Hospital, einem der Flaggschiffe unter den Lehrkrankenhäusern der Harvard Medical School. Wir hatten viele ähnliche Erfahrungen gemacht, mehr als die meisten Menschen.

Seit unserem ersten Zusammentreffen im Jahr 1985, als er sein chirurgisches Praktikum begann und in das Assistenzarzt-Programm an der Duke aufgenommen wurde, gehörte Stuart zum Kreis meiner engen Freunde und Vertrauten. Wir waren während unserer Ausbildungszeit mehrmals im selben Team. Als ich Ende 1986 als Oberarzt am Durham VA Hospital arbeitete, war Stuart mein Assistenzarzt.

Ich werde nie vergessen, wie er mir beibrachte, eine Fliege zu binden. Man hatte mir den Erwerb dieser Fähigkeit empfohlen, nachdem ich ein Stellenangebot von der Harvard Medical School bekommen hatte. Ich hatte als Kind zwar manchmal eine Fliege getragen, aber immer fertig gebunden, die man mit einem Clip befestigte. Stuart stand mit den Armen auf meinen Schultern hinter mir, und wir schauten beide in den Spiegel, während er dieses ehrwürdige Wissen an mich weitergab. Und ehrwürdig war es wirklich angesichts der Tatsache, dass Fliegen für viele Ärzte in Harvard eine Art Markenzeichen waren. Mittlerweile trage ich viel lieber Fliegen als Krawatten.

Als Stuart seine zwei Forschungsjahre in Harvard verbrachte, arbeitete er wieder eng mit mir zusammen. Wir untersuchten die Rezeptorpopulationen in den Blutgefäßen, die das Gehirn versorgen, mit dem Ziel, den zerebralen Vasospasmus zu behandeln, eine besonders ernste und meist tödliche Komplikation der Einblutung aus Aneurysmen ins Gehirn (siehe

Kapitel 5). Nachdem er 1992 seine Facharztweiterbildung an der Duke beendet hatte, ging Stuart nach Boston und schloss sich als leitender Wirbelsäulenchirurg unserem neurochirurgischen Team am Brigham and Women's Hospital an.

Stuarts Sohn war etwas älter als mein ältester Sohn Eben IV. Wir sprachen oft über die Freuden der Vaterschaft und erzählten uns gegenseitig von den Streichen unserer Jungs. Dabei führte mir Stuart auch (ganz offensichtlich zugunsten von Eben IV.) ein Computerspiel namens Maelstrom vor, das sein Sohn gern spielte. Der Spieler ist ein kleines Cartoon-Raumschiff, das auf vorbeiziehende Raketen, Asteroiden und Kometen schießt. Der Weltraummüll kommt hauptsächlich einzeln oder zu zweit geflogen, aber wirklich lustig wird es, wenn gelegentlich kleine Gruppen von Kometen über den Bildschirm fliegen und man ganz kurz die Chance hat, viele Punkte zu sammeln, indem man sie aus dem schwarzen Himmel schießt. Wenn das passiert, geben die Sound-Effekte des Spiels ein lautes »Yippie!« von sich. Unsere kleinen Jungs verbrachten Stunden damit, Maelstrom zu spielen, und wir spielten stundenlang mit ihnen und versuchten, uns gegenseitig einzuholen. Ich habe dieses alberne »Yippie!« immer noch im Ohr.

Stuart legte seine mündliche Prüfung vor dem neurochirurgischen Prüfungsausschuss im November 1994 ab. Für Mitte November hatten er und seine Frau Wendy mit den drei kleinen Kindern eine Reise nach Florida geplant, und zwar unmittelbar nach der anstrengenden Feuerprobe (die diese Prüfungen üblicherweise sind).

Hier trennten sich unsere Lebenswege auf tragische Weise.

Am Morgen des 18. November war ich von einem meiner neurochirurgischen Lieblingsfälle vollkommen in Anspruch genommen. Ich nahm eine retromastoidale Kraniotomie zur mikrovaskulären Dekompression des Nervus trigeminus vor.

Das heißt, ich eröffnete den Schädel mit einem Loch, das kleiner als ein 50-Cent-Stück war und hinter dem Ohr der Patientin lag, arbeitete mich dann mithilfe eines Operationsmikroskops sehr vorsichtig bis zu ihrem Hirnstamm vor und korrigierte eine Arterie, um zu verhindern, dass sie gegen einen Kranialnervenstrang pulsierte, der sensorische Informationen aus dem Gesicht weiterleitet. Solche Patienten haben starke Schmerzen im Gesicht oder einen Tic douloureux, also eine Trigeminusneuralgie, die oft so schmerzhaft ist, dass sie in den Selbstmord treiben kann. Daher ist eine so aggressive und umfassende chirurgische Behandlung bei Patienten angezeigt, die nicht auf geeignete Schmerzmittel ansprechen.

Der schwierigste Teil einer solchen Operation findet im Dunkeln statt, weil die OP-Lampen ausgeschaltet sein müssen, wenn der Chirurg das Operationsmikroskop verwendet (das seine eigene helle Lichtquelle hat), ein zwei Meter hohes Ungetüm, das mehr als 360 Kilo wiegt, aber so fein ausbalanciert ist, dass der Chirurg es mit der leichten Berührung eines Fingers in jede gewünschte Position bringen kann.

Während dieses Teils der Operation ist der Raum normalerweise vom leisen Hintergrundgeflüster der etwa zehn Personen erfüllt, die den Chirurgen im OP unterstützen. Ich war voll auf die schwierige Operation konzentriert, als ich im Augenwinkel bemerkte, wie sich die Tür zum OP öffnete, jemand hereinkam und einer der Schwestern etwas zuflüsterte. Das leise Flüstern verbreitete sich im Raum, gefolgt von einer bleiernen Stille. Ich war so auf meine Aufgabe konzentriert, dass ich diese Stille kaum wahrnahm, obwohl ich sie auf einer tieferen Ebene durchaus registrierte.

»Hm, ich frage mich …« Neugier machte sich in meinem Kopf breit, aber ich setzte meine heikle Arbeit unter dem Mikroskop fort, bis die störende Arterie sorgfältig hinter einen

Teflonschwamm geleitet war, was den verletzten Nerv vor weiteren schmerzauslösenden Schäden schützte. Zehn Minuten nachdem sich die Stille wie eine Glocke über den Raum gelegt hatte, war ich zufrieden mit meiner Arbeit, zog das Mikroskop vom Operationssitus weg und sagte: »Licht wieder anschalten. Wir können zumachen.«

Erst jetzt erklärte die Oberschwester die geheimnisvolle Stille: »Wendy Massich ist am Telefon. Sie muss mit Ihnen sprechen.«

Mir war sofort klar, dass es etwas extrem Wichtiges sein musste. In den sechzehn Jahren, die ich in Operationssälen verbracht hatte, war an diesem Ort noch nie jemand mit einer solchen Bitte an mich herangetreten.

»Was um alles in der Welt?«, fragte ich beklommen.

»Es geht um Dr. Massich«, brachte sie gerade noch heraus, während sich ihre Augen mit Tränen füllten. Und als ich mich umschaute, sah ich, dass auch einige andere weinten. Sie hatten die Nachricht gehört, während ich am Mikroskop arbeitete, und weise entschieden, mich nicht zu informieren, bis ich nicht den schwierigsten Teil der Operation hinter mich gebracht hatte.

Ich bat meinen Assistenzarzt, mit dem Schließen der Wunde zu beginnen, zog den OP-Kittel aus und ging ins angrenzende Büro der Oberschwester. Eine andere Schwester – auch sie hatte Tränen in den Augen – reichte mir das Telefon.

»Ich habe ihn verloren«, sagte Wendys Stimme in der Leitung. »Stuart ist weg.«

Mein Kopf fühlte sich an wie Watte, und ich versuchte mir einen Reim aus dem Gesagten zu machen. Sie sprach weiter und erklärte, am Tag zuvor sei die Gegend um Ft. Lauderdale von einem Hurrikan heimgesucht worden, aber das Unwetter habe sich verzogen, und am Morgen seien sie mit dem

Kindern zum Strand gegangen. Das Wasser sei nach dem Sturm noch in Aufruhr gewesen, und rote Fahnen hätten davor gewarnt, in das täuschend ruhige Wasser zu gehen, das noch immer gefährliche Unterströmungen aufwies. Doch ihr achtjähriger Sohn habe sich ein Boogiebrett vom menschenleeren Strand geholt, um damit ins Meer zu springen.

Als Stuart und Wendy ihn bemerkten, war er schon etwa 15 Meter weit entfernt und wurde aufs offene Meer gezogen. Stuart raste zum Strand hinunter und ins Wasser, um ihn herauszuholen. Als er angeschwommen kam, stieß sein Sohn das Boogiebrett weg und schlang seine Arme um Stuarts Kopf.

Wendy stellte bald fest, dass Stuarts Kopf nicht mehr über Wasser war. Sie schrie um Hilfe, und zwei Männer schwammen die etwa 30 Meter bis zu der Stelle, wo der Sohn über der Wasseroberfläche kauerte, gestützt vom auf dem Wasser treibenden Körper seines Vaters. Sie konnten den Sohn unversehrt retten und brachten auch Stuarts leblosen Körper zum Strand zurück. Alle Versuche, ihn wiederzubeleben, blieben erfolglos.

Unsere kleine neurochirurgische Familie war niedergeschmettert von diesem Verlust. Alle hatten Stuart sehr gemocht. Wir sorgten dafür, dass bis auf eine Notfallmannschaft alle Neurochirurgen und Assistenten nach Winston-Salem, North Carolina, zu Stuarts Beerdigung fliegen konnten. Wendy und die Kinder wollten direkt von Florida nach North Carolina fliegen, und sie bat mich, bei ihr zu Hause nahe der Route 9 am Stadtrand von Boston vorbeizufahren, ein paar Sachen zu holen und sie zur Beerdigung mitzubringen.

Tränen standen mir in den Augen, als ich in die Einfahrt einbog und das Haus betrat. Von Trauer überwältigt, sammelte ich die Dinge ein, um die Wendy gebeten hatte, und dachte dabei an die wunderbare Zeit zurück, die ich mit Stuart verbracht hatte. Es war ein höchst tragischer Verlust eines brillanten Chirurgen und Kollegen und eines großartigen Freundes.

Ich wollte gerade gehen, als mir auffiel, dass Stuarts Macintosh-Computer noch an war. Auf dem Bildschirmschoner stand »Willkommen bei Maelstrom«. Das fühlte sich wie eine Einladung an. Ich setzte mich an seinen Schreibtisch. »Okay, Stuart. Ein letztes Spiel. Nur für dich«, murmelte ich leise.

Ich begann zu spielen, schoss auf vorbeifliegende Objekte und sammelte Punkte. Ich war wie in Trance, überwältigt von der hässlichen Endgültigkeit von Stuarts Abwesenheit und der Liste mit all den Aufgaben, die ich erledigen musste, um Wendy zu helfen, die nächsten Tage einigermaßen zu überstehen. Ich spielte einfach gedankenlos vor mich hin und hatte dabei das vage Gefühl, der Erinnerung an ihn und unsere wunderbare gemeinsam verbrachte Zeit die Ehre zu erweisen.

Genau in dem Moment, in dem ich die Tragödie um Stuarts Verlust in seiner ganzen Härte spürte, flog ein stetig wachsender Kometensturm über den Computerbildschirm. Das die Kometen begleitende »Yippie!« weitete sich schnell zu einer Kakophonie aus, die alles in den Schatten stellte, was ich in früheren Spielen erlebt hatte. Die größte Kometengruppe, die ich zuvor jemals erbeutet hatte, bestand aus etwa zehn Kometen, doch was ich jetzt auf dem Bildschirm sah, war ein Blizzard aus Tausenden von Kometen. Ihr »Yippie!« kam wie mit einer einzigen Stimme aus den Lautsprechern und löste einen regelrechten Punktesturm aus, der sich schnell bis zum Zwanzigfachen der höchsten Punktezahl aufbaute, die ich je in einem Spiel gehabt hatte.

Was in aller Welt war da gerade geschehen? Die Software schien all ihre früheren Regeln vollkommen verletzt zu haben. Was hatte sich verändert? Und warum war das in diesem Moment passiert?

Ein Teil von mir – derselbe Teil, der die wortlose Einladung gespürt hatte, sich hinzusetzen und zu spielen – wusste die Antwort. Ich hatte das Gefühl, dass ein so außergewöhnliches Spektakel von Stuarts noch anwesendem Geist ausgelöst worden sein musste. Ich war irgendwie erleichtert, weil ich genau spürte, dass Stuarts Geist mir zeigte, dass er nicht wirklich weg war. Aber der rationale Neurochirurg in mir ließ diese Denkweise nicht zu. Ich tadelte mich selbst in aller Strenge, etwas wie Trost aus dieser Erfahrung zu ziehen, heftete das Ereignis unter »unerklärlich« ab und sprach mit niemandem darüber. Es war zu sonderbar und gab mir das Gefühl, sehr verletzlich zu sein. Meine professionelle Seite war nicht bereit zuzugeben, dass eine Kommunikation mit der Geisterwelt möglich war.

Dies ist ein perfektes Beispiel dafür, wie die »andere Seite« über die Mikroelektronik Kontakt mit uns aufnehmen kann. Für diejenigen, die sich mit dem Thema Kommunikation mit Verstorbenen beschäftigen, ist es normal, von Kontakten zu hören, die über elektronische Geräte zustande gekommen sind. Beispielsweise erzählt Karens Mutter, dass in der Nacht, in der Karens Stiefvater starb, alle Deckenventilatoren im gesamten Haus von selbst angingen. Ich habe viele ähnliche Geschichten über Lampen oder Fernsehgeräte gehört, die an- oder ausgingen, oder sogar über unerklärliche Telefonanrufe und Textnachrichten, die auf eine Kommunikation mit verstorbenen Angehörigen schließen lassen.

Es ist die sehr kurzlebige Natur des bewussten Gewahrseins, das mit der physischen Welt interagiert, die so offensichtliche Beispiele für die physische Wirkung geistiger Ursachen liefert. In ihrem 1987 erschienenen Buch *Margins of Reality* machen Robert Jahn und Brenda Dunne vom PEAR-Labor (Princeton Engineering Anomalies Research) deutlich, wie gängig übernatürliche Einflüsse auf die Mikroelektronik sind. Sie haben eine große Menge an Daten zum menschlichen Einfluss auf einen speziellen mikroelektronischen Zufallszahlengenerator (ein Gerät, das Sequenzen aus Nullen und Einsen erzeugt) gesammelt. In diesen Experimenten hat sich gezeigt, dass der Geist der Probanden einen signifikanten Einfluss darauf hat, welche Zahlen erscheinen. In einer Metaanalyse, die 490 Studien zitiert, fand Dean Radin heraus, dass die Wahrscheinlichkeit für ein solches Ergebnis bei 3,050:1 liegt. Diese Daten sprechen deutlich für eine aktive Beteiligung des Bewusstseins bei der Beeinflussung des Verhaltens physikalischer Systeme. Dies ist zwar ein Beispiel dafür, wie der Geist lebender Menschen die Quantenebene mikroelektronischer Geräte beeinflusst, aber konsequent weitergedacht schließt es auch Interaktionen mit Geistern ein, die nicht mehr an physische Gehirne in unserem irdischen Bereich gebunden sind (d.h. Verstorbene).

Kluge Köpfe, die sich mit den tiefsten Geheimnissen der Wissenschaft auseinandersetzen, sehen sich oft mit unerwarteten Anomalien in ihrem eigenen Leben konfrontiert. Nikola Tesla gilt als einer der brillantesten wissenschaftlichen Denker des 20. Jahrhunderts. Ein großer Teil unserer modernen, elektrisch betriebenen Welt geht auf seine wissenschaftlichen Erkenntnisse zurück, und einige seiner vorausdenkenden Ideen zur Nutzung der freien kosmischen Energie könnten in Zukunft umgesetzt werden.

John J. O'Neills wunderbar geschriebene und mit dem Pulitzer-Preis ausgezeichnete Tesla-Biografie[1] ist wegen der engen persönlichen Beziehung, die O'Neill und Tesla verband, umso wertvoller. In dieser Biografie schreibt O'Neill, Tesla habe ihm erzählt, er versuche, das Rätsel des Todes zu lösen, aber er könne nur ein Ereignis aus seinem eigenen Leben als übernatürliche Erfahrung interpretieren. Dieses Ereignis war zutiefst persönlich und bezog sich auf eine Wahrnehmung, die er in der Zeit gehabt hatte, als sein Mutter starb.

Ein paar Monate vor dem Tod seiner Mutter hatte Tesla seinen Freund Sir William Crookes besucht, dessen »epochales Werk über strahlende Materie« Tesla dazu veranlasst hatte, sich für Elektrizität zu interessieren und einen entsprechenden Berufsweg einzuschlagen. Bei dem eben erwähnten Besuch in London hatte jedoch Crookes' Interesse am Spiritismus im Mittelpunkt ihrer Unterhaltung gestanden. Diese Unterhaltung beschäftigte Tesla noch, als er wegen des schlechten Gesundheitszustandes seiner Mutter zurück nach New York gerufen wurde. In den letzten Tagen ihres Lebens saß er mit Unterbrechungen die ganze Zeit an ihrem Bett, aber irgendwann war er von dem langen Wachsein so erschöpft, dass er zusammenbrach und zu sich nach Hause getragen werden musste. So sehr er sich auch sorgte, möglicherweise in der entscheidenden Phase, in der sie die Welt verließ, von seiner Mutter getrennt zu sein, spürte er doch, dass alles gut werden würde.

Früh am nächsten Morgen hatte er eine fantastische Vision. Er sah »eine Wolke, die Engelsgestalten von wunderbarer Schönheit trug. Und einer dieser Engel schaute liebevoll auf mich herab und nahm nach und nach die Züge meiner Mutter an. Die Erscheinung schwebte langsam durch den Raum und verschwand. Ich wurde vom unbeschreiblich süßen Lied vieler Stimmen geweckt. In diesem Augenblick wusste ich mit einer Gewissheit, für die es keine Worte gibt, dass meine Mutter gerade gestorben war. Und so war es.«

Monate später, nachdem er sich von diesem Verlust erholt hatte, versuchte Tesla, auf seine »rationalen Überzeugungen« zurückzugreifen und sein außergewöhnliches Wissen über den Tod seiner Mutter zu erklären, indem er seine Vision mit einem Gemälde in Verbindung brachte, das er vor ihrem Tod gesehen hatte. Aber sein Biograf stellt ihn wegen seiner unwissenschaftlichsten Versuche, »wissenschaftlich« zu sein, zur Rede und erinnerte an die »Gewissheit«, die Tesla zur fraglichen Zeit gespürt hatte, und an die Tatsache, dass seine außergewöhnliche Vision genau zum Zeitpunkt des Todes seiner Mutter auftrat.

Persönliche Erlebnisse außerhalb des »Normalen« werden oft unter den Teppich gekehrt, wenn sie sich nicht vollständig in unser derzeitiges Erkenntnis- oder Glaubenssystem integrieren lassen. Ich dachte, mein Erlebnis an Stuarts Computer würde in den Ohren anderer einfach verrückt klingen. Also erzählte ich bis nach meinem Koma niemandem davon. Ich bin mittlerweile viel eher bereit, eine solche Kommunikation mit Verstorbenen und andere Phänomene als entscheidende Hinweise auf das Wesen unserer Existenz zu akzeptieren, auch wenn bestimmte Ereignisse nach wie vor schwierig einzuordnen sind.

P.M.H. Atwater ist eine lebhafte und energiegeladene Frau, die seit 1977, als sie innerhalb von drei Monaten drei Nahtoderlebnisse hatte, ihr Leben mit aller Intensität führt. Ihr Lebensrhythmus hat sich seitdem nie verlangsamt. Sie hat das gesamte Spektrum der Nahtoderfahrungen genauestens untersucht, einschließlich der wichtigsten Veränderungen, die sich im Leben von Menschen vollziehen, nachdem sie ein Nahtoderlebnis hatten, und sich vor allem mit den einzigartigen Eigenschaften kindlicher Nahtoderfahrungen beschäftigt. Wir lernten uns drei Jahre nach meinem Koma auf der jährlichen IANDS-Konferenz kennen, wo ich auch Raymond Moody kennengelernt hatte. Ihre Energie und ihr Enthusiasmus waren ansteckend, aber die letzten Worte, die sie am Ende der Konferenz an mich richtete, stießen, im Nachhinein betrachtet, auf ziemlich taube Ohren.

»Eben, Sie sind immer noch in dieser magischen Phase des Integrierens Ihrer Erfahrung, in der alles so wunderbar und aufregend, so verwirrend und durchgeistigt ist. Ich schicke Ihnen ein Schaubild von den vier Phasen der Integration per E-Mail. Bitte nehmen Sie sich das zu Herzen. Es dauert eine Weile, bis Sie landen und Ihr Leben wieder ins Gleichgewicht bringen können... Ich schicke Ihnen auch mein spezielles Mitteilungsblatt zur elektrischen Komponente von Stürmen und Erdbeben. Sie betrifft viele, die eine solche Erfahrung gemacht haben, vielleicht auch Sie. Seien Sie besonders vorsichtig, wenn Sie nach Virginia zurückfahren, und versuchen Sie, sich etwas Zeit für sich zu nehmen. Sie sitzen auf einem Energiestrudel!«

In diesen frühen Tagen und Wochen der Genesung nach meinem Koma spürte ich ständig eine knisternde Energie, ein Hypergefühl meiner Lebendigkeit, meines Gewahrseins – ein brodelndes Körpergefühl. Vielleicht war es das, was mein ältester Sohn Eben IV., der damals Neurologie studierte, spürte, als er mich zwei Tage nach meiner Entlassung aus dem Krankenhaus zum ersten Mal sah.

»Du bist so klar, so konzentriert ... so viel präsenter als je zuvor. Es ist, als ob eine Art von Licht in dir scheint«, gestand er, als er 2008 zum Thanksgiving vom College nach Hause kam und wir uns umarmten.

Da war wirklich etwas. Straßenlaternen fingen an zu blinken, wenn ich unter ihnen durchging, mein Macintosh-Laptop schien plötzlich besonders anfällig für Abstürze zu sein, und ich musste drei Armbanduhren ausprobieren, bevor ich eine fand, die bei mir funktionierte. Anfangs hatte ich keine Ahnung, dass solche Phänomene für Nahtoderfahrene alltäglich sind, und schob sie einfach auf die mangelhafte städtische Infrastruktur, das Apple-Outsourcing nach China und ein sinkendes Qualitätsniveau in bestimmten Segmenten der amerikanischen Produktion. Diese knisternde Energie hatte vielleicht auch etwas mit der Hauptnebenwirkung meiner überstandenen Meningoenzephalitis zu tun, nämlich dass ich große Schwierigkeiten hatte, ein- und durchzuschlafen. Das verringerte Schlafbedürfnis normalisierte sich über die Jahre langsam wieder, hatte aber auch sein Gutes, weil es mir viel Zeit zum Lesen, Forschen und Nachdenken gab.

Diese Nachwirkungen verblassten innerhalb weniger Jahre, obwohl sie ab und zu wieder aufflammten. Ein solches Aufflammen äußerte sich in einem außerordentlichen Energieschub während der IANDS-Konferenz von 2011, wo ich anderen Nahtoderfahrenen und Nahtodforschern begegnete. Wenn man das kollektive Bewusstsein wahrzunehmen beginnt – die Vorstellung, dass unser aller Bewusstsein miteinander in Verbindung steht –, dann trägt der Nachklang gemeinsamer Erfahrungen in einer so stark spirituell geprägten Gruppe zu einem kollektiven Erkennen bei, das weit über die einfache verbale Kommunikation hinausgeht.

Die wirbelnde Energie des Entdeckens, in die ich während dieser Wochenend-Konferenz eingetaucht war, erzeugte eine intensive Phase der Kreativität. Die Gespräche, die ich auf dieser Konferenz mit anderen Nahtoderfahrenen und den wissenschaftlichen Vordenkern auf diesem Gebiet führte, gaben meinen Bemühungen, all meine Gedanken zu diesem Thema aufzuzeichnen und in eine möglichst konkrete Erzählform zu bringen, einen aufregenden und energiegeladenen Schub. Kaum war ich wieder zu Hause, stürzte ich mich auf das Manuskript, das später *Blick in die Ewigkeit* werden sollte, und schrieb und schrieb. Gegen Mitternacht war ich vollkommen in den kreativen Fluss eingetaucht, beruhigt durch das leise Prasseln des sanften Herbstregens vor meinem Fenster …

Krawumm!

Ein ohrenbetäubender Knall, ein Donnerschlag direkt vor meinem Fenster, sorgte dafür, dass ich blitzartig hochfuhr und mir das Herz bis zum Halse schlug. Es kam mir seltsam vor, dass kein Blitz zu sehen war – überhaupt keiner. Ich spähte aus dem Fenster in den Garten, konnte aber angesichts der Tatsache, dass der Regen in der pechschwarzen Dunkelheit kurz vor Mitternacht gegen die Scheibe prasselte, kaum etwas sehen. Schließlich erkannte ich ein paar Einzelheiten. Ich sah Baumblätter und vermutete, ein Ast sei abgebrochen und heruntergefallen. Doch als ich auf die Terrasse trat, traf mich fast der Schlag. Die Hälfte einer fast 25 Meter hohen Sumpfeiche lag entlang der Nordwand unseres Hauses. Sie war umgekippt, und zwar direkt vor dem kleinen Fenster meines Büros im Obergeschoss, wo ich gerade noch fieberhaft getippt hatte. Der gefallene Koloss erstreckte sich durch den gesamten Garten, von der Grenze des einen Nachbargrundstücks zu der des anderen. Ich bat meine Söhne, mir beim Abschneiden einiger Äste zu helfen und so die kleineren Bäume und Büsche zu retten. Wir arbeiteten bis etwa 2:30 Uhr morgens, als ich das Gefühl hatte, dass wir unser Möglichstes getan hatten, um die Bepflanzungen in dem kleinen Garten hinter unserem Haus zu retten.

Als ich den Schauplatz näher in Augenschein nahm, war ich fassungslos, weil ich keinerlei Hinweis darauf entdecken konnte, warum der Baum umgefallen war. Während der Regen sanft und ohne jeden Wind gefallen war, hatte es keinen einzigen Blitz gegeben, auch wenn das schreckliche Knacken, das ich gehört hatte, einen Blitzschlag als Auslöser hätte vermuten lassen. Ich hatte schon Bäume gesehen, die vom Blitz getroffen worden waren, doch immer war mir aufgefallen, dass die Rinde weggesprengt war und dass es Brandflecken gab, die der enormen Hitzeentwicklung entsprachen, einer Temperatur, die fünfmal höher ist als die auf der Sonnenoberfläche. Doch hier – nichts davon. Der fast 25 Meter hohe Stamm verriet nichts über die mögliche Ursache der Katastrophe. »Da brauche ich wohl ein Expertengutachten«, dachte ich.

Der Baum war jedoch noch nicht fertig mit seinen Possen. Am folgenden Nachmittag saß ich wieder in meinem Büro und tippte eifrig an meinem Computer, als ich von noch einem *Krawumm* aufgeschreckt wurde. Ein anderer Hauptast derselben Sumpfeiche fiel im 90-Grad-Winkel zu dem, der zuerst abgefallen war, und rahmte die nordwestliche Hausecke ein, in der auch mein kleines Büro im Obergeschoss lag. Dieser zweite Hauptast, der noch dicker war als der erste, streifte die Westwand des Hauses und fiel in den Vorgarten und auf die Straße. Er war so groß, dass einer seiner Nebenäste sogar noch als er auf dem Boden lag, bis über das Dach des zweigeschossigen Hauses reichte und den Schornstein streifte.

Ich holte mehrere Angebote für die Beseitigung des Baumes ein, bekam aber keine zufriedenstellende Erklärung für sein vorzeitiges Ableben. Die Experten waren alle genauso fassungslos wie ich.

»Ich kann normalerweise erklären, warum ein Baum umgefallen ist«, sagte einer von ihnen, der seit drei Jahrzehnten professioneller Baumpfleger war, »aber dieser hier haut mich um. Keine Ahnung. Das Holz sieht vollkommen gesund aus, keine Anzeichen von Insektenschäden, Fäulnis, Sturm- oder Blitzschäden als Ursache. Aber Sie haben verdammt viel Glück gehabt. Diese beiden Hauptäste sind so schwer, dass sie Ihr Haus bis zum Keller durchgeschnitten hätten wie ein heißes Messer die Butter, wenn sie tatsächlich *auf* das Haus gefallen wären, statt an den Wänden entlang. Witzig, wie beide Ihr Haus gerade so verpasst haben.« Er nahm den Schauplatz noch einmal genau unter die Lupe. »Ein verdammtes Wunder!«, sagte er abschließend und ging kopfschüttelnd zurück zu seinem Kleinlaster.

»Vielleicht hätte ich P.M.H.s Warnung etwas ernster nehmen sollen«, schoss es mir durch den Kopf.

Für mich ist das letzte Wort in dieser Angelegenheit noch nicht gesprochen. Psychokinese (PK) ist die allgemeine Bezeichnung für den Einfluss des Geistes auf die physische Materie, und die Rolle, die sie in der Welt der Mikroelektronik spielt, wurde bereits diskutiert. Es konnte aber gezeigt werden, dass auch größere Objekte von diesen Aktionen des Geistes betroffen sind (Makro-PK). Natürlich zögerte mein rationaler Verstand, irgendeine Verbindung zwischen der Energiesteigerung, die ich nach der Konferenz gespürt hatte, und dem Untergang einer jahrhundertealten Sumpfeiche herzustellen. Doch dann bin ich auf andere Geschichten gestoßen, die meiner glichen, insbesondere auf das reiche Repertoire an Synchronizitäten, von denen viele andere berichtet haben, und habe erkannt, wie weise es ist, diese potenziellen Verbindungen nicht einfach abzutun. Spirituelle Erfahrungen (oder extrem verborgene Phänomene), die in unserer modernen Kultur so unwirklich erscheinen, sind ein Segen für unser Dasein. Wenn wir die Vorherrschaft des Bewusstseins anerkennen und die Kraft einsetzen, die dem voll entwickelten metaphysischen Idealismus innewohnt, werden sich viele Einschränkungen in Luft auflösen. Die Möglichkeiten der Entfaltung außergewöhnlicher menschlicher Potenziale sind beglückend!

Kapitel 7

Die Macht des Gebets

Dankbarkeit ist nicht nur die größte, sondern zugleich die Mutter aller Tugenden.

Marcus Tullius Cicero (106–43 v. Chr.), römischer Staatsmann

Wenn sich unser Weltbild entwickelt und der Wahrheit allen Seins näherkommt, bietet es eine wohltuende Befreiung und Einsicht – nicht nur für die gesamte Menschheit, sondern für jede einzelne Seele, die an dieser gemeinsamen Entdeckungsreise beteiligt ist. Wenn wir uns von den Schlussfolgerungen des wissenschaftlichen Materialismus lösen und zu einem erweiterten Verständnis der Rolle gelangen, die das Bewusstsein beim Manifestieren der Wirklichkeit spielt, bekommen wir eine Ahnung davon, dass ein bewussteres Gewahrsein unserer inneren Welt, sei es durch Meditation, inniges Gebet oder durch andere Mittel und Wege, der einzelnen Seele außerordentliche Möglichkeiten bietet, Verantwortung für ihr Leben zu übernehmen, indem sie die Macht der Liebe und des Mitgefühls auf der geistigen Ebene nutzt.

Als Arzt war ich es gewohnt, zur Symptomlinderung oder Behandlung von Beschwerden Medikamente zu verschreiben oder Verhaltensänderungen zu empfehlen. Da Gehirn- und

Rückenmarksoperationen mein Spezialgebiet waren, zog ich bei meiner Einschätzung des jeweiligen Falls natürlich auch stets die Möglichkeit einer Operation in Betracht. Aber weil jeder chirurgische Eingriff gerade bei Gehirn- und Rückenmarksoperationen Risiken mit sich bringt, bedarf es dafür stets einer sehr genauen Abwägung. Einer meiner Hauptmentoren warnte immer wieder: »Sie können jederzeit eine Operation machen, aber zurücknehmen können Sie sie nie.«

Ein großer Teil meiner Arbeit bestand darin, nach neuen Behandlungsmethoden zu suchen, die für die Patienten sicherer und wirksamer waren. Beispielsweise habe ich mitgeholfen, die MRT-Technologie komplett neu zu konzipieren, um ihren Einsatz während einer Operation zu ermöglichen, was minimalinvasive und zugleich wirkungsvollere neurochirurgische Verfahren erlaubt. Eine verbesserte Bildgebung in Kombination mit einem geringeren Eingriff in den physischen Körper bedeutet in der Regel eine Reduktion der Risiken.

Ausgelöst durch eine Erfahrung, die ich im Januar 2011 machte, begann ich nach meinem Koma, mich für subtilere Heilweisen zu öffnen. Auf eine Anfrage, welche die Virginia Beach International Association for Near Death Studies an die Edgar Cayce's Association for Research and Enlightenment gerichtet hatte, war ich eingeladen worden, auf einer Veranstaltung mit Vorträgen und Workshops zum Thema »Scientific Reconciliation of Near-Death Experience« (Aussöhnung zwischen Wissenschaft und Nahtod-Erfahrung) zu sprechen. Ich hatte mir in der Woche vor meinem Vortrag einen unangenehmen Atemwegsvirus eingefangen, und als ich nach Virginia Beach fuhr, hoffte ich, die Infektion inzwischen hinreichend überwunden zu haben. Doch während eines der Nachmittagsworkshops spürte ich schon nach kurzer Zeit die Symptome einer schnell fortschreitenden Nebenhöhlenentzündung sowie Hals- und Muskelschmerzen.

Unter den 125 Workshopteilnehmern waren viele, die alternative Heilmethoden praktizierten, ganz zu schweigen von einer umfangreichen Gruppe von Hospizmitarbeitern, die aufgrund ihrer täglichen Arbeit mit Sterbenden meist fortgeschrittene Erfahrungen mit den geistigen Aspekten der menschlichen Gesundheit gemacht hatten. Als ich ein paar Mal hustete und versuchte, mich von dem sich schnell ansammelnden Schleim zu befreien, hob eine freundliche dunkelhaarige Frau um die fünfzig, die in der zweiten Reihe saß, die Hand.

»Dr. Alexander, geht es Ihnen gut?«, fragte sie sanft.

»Ich glaube, ich bekomme die Grippe«, antwortete ich, wobei ich wieder hustete und versuchte, mich zu räuspern.

Die Anwesenden reagierten effizient. Wie ein gut ausgebildetes Team baten sie mich umgehend, mich auf vier Stühle zu legen, die sie in aller Eile zusammengeschoben hatten. Zunächst war es mir ein wenig peinlich. Ich war als Arzt hierhergekommen, um über eine außergewöhnliche spirituelle Reise und ihre Bedeutung für die Heilung zu sprechen. Und jetzt war ich der Patient.

»Legen Sie sich hier hin«, sagte die Frau, die sich ursprünglich nach meinem Befinden erkundigt hatte. »Schließen Sie die Augen, und atmen Sie tief durch«, fuhr sie fort.

Ich schloss die Augen, atmete nach ihrer Anweisung langsam ein und aus und spürte, dass mindestens zwanzig Workshopteilnehmer um mich herum standen, einige mit erhobenen Händen und mir zugewandten Handflächen – bereit, mir heilende Energie zu schicken. Einer von ihnen schlug einen sanften, gleichmäßigen Rhythmus auf einer kleinen Trommel, andere sangen leise, und ich hörte ein Gemurmel, das wie Gebete klang, wobei ich kein einziges Wort verstand. Ich ließ mich in den weichen, einladenden Tagtraum aus Energie sinken, die ich um mich herum spürte.

Die folgenden Minuten nahm ich nur verschwommen wahr. Ich war mir der wohlmeinenden Wesen um mich herum sehr stark gewahr und spürte, dass wir alle ein gemeinsames Ziel hatten. Sie machten etwa 15 Minuten lang so weiter. Bald spürte ich, dass meine Kehle frei von Schleim war und der starke Halsschmerz, der während des Workshops begonnen hatte, allmählich nachließ. Auch die Muskelschmerzen, die kurz vor unserer Mittagspause begonnen hatten, verschwanden. Ehe ich michs versah, fühlte ich mich wieder ganz gesund, ohne nachklingende virale Symptome.

Die Gruppe schien sich nicht besonders über meine schnelle Genesung zu wundern, aber ich war erstaunt über diese Erfahrung. Ich brachte die folgenden Stunden des Workshops bei bester Gesundheit hinter mich. Dieser spezielle Virus plagte mich nie wieder. Irgendwie hatte die Gruppe mit unsichtbaren Mächten zusammengearbeitet, um eine Veränderung in meinem physischen Körper zu bewirken, die den Auswirkungen von Gebeten ähnlich waren. Ich musste noch viel über Heilung lernen und besonders über die Macht der Liebe und der Verbundenheit zur Förderung unseres Wohlergehens.

Zweifellos hätte ich ein solches Erlebnis vor meinem Koma als reinen Zufall abgetan. Das, was ich persönlich über die Möglichkeiten der komplementären Heilung weiß und erkannt habe, ist immer noch recht rudimentär, aber ich lerne manche Vorteile, die eine entsprechende Ausbildung hat, durch meinen ältesten Sohn Eben IV. kennen, der derzeit Osteopathie studiert. Die osteopathische Medizin umfasst nicht nur die traditionelle medizinische Diagnose und Behandlung, die ich beherrschen musste, als ich 1980 meinen MD-Abschluss an der Duke University School of Medicine machte, sondern auch die manuelle Diagnose und Behandlung auf der Basis eines ganzheitlicheren Ansatzes. Sie hat mir die Augen für völlig neue Einsatzmöglichkeiten solcher nicht invasiver Techniken geöffnet.

Während mein Sohn für mich eine Inspiration ist, hatte mein Vater mein ganzes Leben lang großen Einfluss auf mich und war das perfekte Vorbild. Er war ein vollkommener Wissenschaftler, der über wichtige Entwicklungen in der Physik, der Chemie, der Biologie und vor allem in den Neurowissenschaften stets auf dem Laufenden war. Er leitete das neurochirurgische Ausbildungsprogramm am damaligen Baptist Hospital und der Wake Forest University Medical School in Winston-Salem, North Carolina. Wie andere führende Neurochirurgen der 1950er- und 1960er-Jahre auch hatte mein Vater sein Handwerk auf den Schlachtfeldern des Zweiten Weltkrieges vervollkommnet. Er war sehr selbstbewusst und äußerst kompetent. Für mich war er nicht nur mein Vater, sondern auch mein Mentor. In meiner Kindheit gingen einige der besten Neurochirurgen der Welt – enge Freunde von ihm – bei uns zu Hause ein und aus. Sie blieben oft länger zu Besuch und erzählten spannende Geschichten aus ihrem Leben.

Mein Vater war auch sehr religiös oder, besser gesagt, spirituell. Seine zutiefst reflektierte Beschäftigung mit wissenschaftlichen Fragen sowie sein täglicher Umgang mit seinen Patienten und den neurochirurgischen Assistenzärzten, die später alle führend auf ihrem Gebiet wurden, verschmolz nahtlos mit seinen hochspirituellen Überzeugungen. Er glaubte, dass er selbst für die Heilung eines Patienten nur eine ganz kleine Rolle spielte, und vertraute darauf, dass die Macht des Gebets und eines allmächtigen und allwissenden Gottes den entscheidenden Ausschlag für die Heilung geben würde. Auch seinen außergewöhnlichen Sinn für Moral und Anstand habe ich immer bewundert. Er war der Polarstern, der mein Schiff durch das Meer des Lebens leitete.

Unter dem Einfluss meines Vaters und der methodistischen sowie später der episkopalen Kirche hatte ich mir angewöhnt, in traditioneller Weise zu beten. Manchmal verknüpfte ich meine Gebete mit Heilungsbemühungen und bat zum Beispiel, die Grippe eines Freundes möge schnell vorbeigehen oder eine schwierige Operation, die ich durchführen musste, möge gut verlaufen. Oder ich bat um Hilfe für meinen Sohn bei einem wichtigen Test in der Schule. Mit meinen Söhnen sprach ich die üblichen Tisch- und Gutenachtgebete. Diese Gebetsform war die einzige, die mir in den Sinn kam. Also nahm ich an, dass sie funktionierte. *Bittet, so wird euch gegeben.*

Ich bekam nie direkte Antworten, auch wenn ich merkte, dass meine Gebete offenbar manchmal die gewünschten Ziele erreichten. Aber hatte mein Sohn die Prüfung bestanden, weil Gott ihm geholfen oder nur, weil er gelernt hatte? Noch während ich betete, fragte sich ein Teil von mir, ob das Gebet wirklich etwas bewirken könne. Ich hatte keine Ahnung, ob es tatsächlich funktionierte, aber es hatte etwas Tröstliches. Im Jahr 2000 machte ich eine persönliche Krise durch und wies jeden Gedanken an einen liebenden Gott weit von mir. Und in den acht Jahren vor meinem Koma betete ich überhaupt nicht mehr.

Nach meinem Koma fühlte sich das Beten ganz anders an. In den ersten Monaten, als sich mein Gehirn noch von den durch die Meningitis verursachten Schäden erholte, gelang es mir fast mühelos, mich mit dem überwältigenden Gefühl der Liebe und des Geliebtseins zu verbinden, das ich während meiner inneren Reise empfunden hatte. Im krassen Gegensatz zu meinen Gebeten vor dem Koma spürte ich einen permanenten Strom der Bestätigung und war mir der allgegenwärtigen liebenden Kraft wirklich bewusst, sodass das Gebet ganz natürlich aus mir herausfloss. Ich schien eine ständige Verbindung mit dem anderen Bereich zu haben, insbesondere mit diesem liebevollen Gefühl der Einheit im Zentrum.

Dies veränderte meine Art zu beten von Grund auf. Ich lernte das »zentrierte Beten« kennen, das seit den 1960er-Jahren verbreitet wurde, und zwar von spirituellen Persönlichkeiten wie Father Thomas Keating oder Thomas Merton, der den dadurch ausgelösten Prozess als »Rückkehr zum Herzen, Finden des inneren Zentrums, Erwecken der tiefsten Tiefen unseres Seins« beschreibt. Bei einer solchen Art zu beten konzentriert man sich ganz auf die Stille, auf die zeitweilige Befreiung von dem Geschnatter des denkenden Gehirns. Zum ersten Mal waren meine Gebete ein einfacher, aber kraftvoller Ausdruck der Dankbarkeit für Segnungen, die ich auf Schritt und Tritt zu empfangen schien. Sie waren weniger eine Aufforderung zum Eingreifen oder zur Unterstützung bei einem bestimmten Ereignis als vielmehr Ausdruck des Vertrauens und der Gewissheit, dass »alles gut ist«.

Eine der bemerkenswertesten Erinnerungen, die ich an mein Koma-Erlebnis im November 2008 habe, betrifft die Vielzahl von Wesen, die ich um mich herum spürte, als ich mich dem Ende meiner Odyssee näherte. Diese zahllosen Gestalten umringten mich mit teilweise kreisenden Bewegungen und verschwanden dann wieder im Nebel. Die meisten knieten, viele trugen Kapuzen, andere hielten etwas, das wie Kerzen aussah, und alle hatten die Hände über der Brust gefaltet und hielten den Kopf gesenkt. Mir war sehr bewusst, dass sie etwas ausstrahlten, das am besten als liebevolle und heilende Energie beschrieben werden kann. Und sie murmelten leise und unverständlich. Was mir an dem ganzen Erlebnis am meisten auffiel und sich mir am meisten einprägte, war ein überwältigendes Gefühl der Erleichterung, das dieses Gemurmel in mir auslöste; ein Glücksgefühl, das ich empfand, als ich regelrecht in dieser Energie badete, die der transzendentalen und höchsten Glückseligkeit und Einheit entsprach, die ich im Tal des Übergangs und im Zentrum erfahren hatte. All das werde ich nie vergessen. Ich habe mich oft gefragt, ob solche Gebete zu meiner bemerkenswerten Heilung beigetragen haben.

Wissenschaftlich untersucht wurde die Wirkung von Gebeten erstmals 1872, als Sir Francis Galton – ein bahnbrechender Wissenschaftler auf so unterschiedlichen Gebieten wie Meteorologie, Genetik und Psychologie – die Lebenserwartung von Menschen in religiösen mit der von Menschen in nicht religiösen Berufen verglich. Man könnte meinen, der Klerus bete öfter als andere Berufsgruppen und lebe daher länger. Die Ergebnisse waren jedoch nicht überzeugend, ähnlich wie die anderer Studien, die in den folgenden Jahren durchgeführt wurden. Das lag möglicherweise auch daran, dass die Probleme mit der richtigen Versuchsanordnung kaum zu lösen waren. Wie genau beweist man schlüssig, dass ein göttliches Wesen für jemanden eingegriffen hat? Die Laborbedingungen einer wissenschaftlichen Beurteilung des Gebets unter kontrollierten Bedingungen nimmt dem Ganzen einen Großteil der spirituellen Energie. Man fragt sich, ob eine so künstliche Form des Gebets überhaupt aussagekräftig ist, wenn man sie beispielsweise mit den spontanen, von Herzen kommenden Gebeten für einen geliebten Menschen vergleicht. Es ist daher schwer, den Wert von Gebeten zweifelsfrei zu beweisen, aber es gibt eine Menge empirische Belege, die dafür sprechen, dass sie sehr wohl von Nutzen sind.

Am 25. April 1999 brachte Alison Leigh Sugg (eine Leserin meiner Bücher, die mir diese Geschichte erzählte) in einem Geburtshaus mithilfe einer Hebamme in Dallas, Texas, ihr zweites Kind zur Welt. Die Schwangerschaft war ausgesprochen problemlos verlaufen, was sie darin bestärkt hatte, sich für eine vollkommen natürliche Geburt zu entscheiden. Unmittelbar nach der Geburt von Alisons Tochter legte ihr die Hebamme das Baby nicht auf die Brust, damit es sich anschmiegen und die Brust zum Saugen finden konnte, wie sie es mit ihrem Sohn getan hatte. Stattdessen eilte sie sofort mit dem Neugeborenen weg, um es mit Sauerstoff zu versorgen. Alison war verwirrt und fragte sich, warum sie keine große Welle der Erleichterung verspürt hatte, nachdem das Baby geboren war. Sie hatte immer noch genauso große Schmerzen wie während dieser verkürzten Wehen – ganz anders als bei ihrer ersten Entbindung, wo der Geburtsschmerz in dem Moment, in dem ihr Sohn auftauchte, von der Freude über seine Geburt verdrängt wurde.

Während sie unkontrolliert blutend mit einem großen Riss in der Gebärmutter auf dem Entbindungsbett lag, wusste sie, dass etwas gründlich schiefgegangen war. Ihre Gebärmutter zog sich nicht zusammen, wie sie es hätten tun sollen, um den starken Blutfluss zu stoppen, der durch eine abnormale, starrkrampfähnliche Kontraktion während der Wehentätigkeit ausgelöst worden war. Außerdem war ihr peripheres Sehen in Mitleidenschaft gezogen, sodass sie ihren Mann und die Geburtsbegleiterin, die gerade gekommen waren, nur wie durch einen Strohhalm sah. Sie konnte den Kopf nicht heben und spürte, wie sie wegdriftete und mit der Atmosphäre um sie herum verschmolz. Die Hebamme rollte den Tropf, der helfen sollte, die Blutung zu stillen, an Alisons Bettkante, aber es gelang ihr nicht, die Infusionsnadel zu setzen – Alisons Venen waren alle kollabiert. Die Hebamme wies die Geburtsbegleiterin an, einen Krankenwagen zu holen.

Als die Sanitäter den Raum betraten, wurde Alison geradezu überschwemmt von einer Welle der mitfühlenden Liebe für den Jüngsten von ihnen, dem es offenbar Angst machte, eine

Frau zu sehen, die dem Tod so nahe war. Er sagte zu ihr: »Alles wird gut. Wir sind hier und passen auf Sie auf.« Sie wusste, dass er log, damit sie sich besser fühlte, und das verstärkte die Woge der Liebe für ihn als Mitmensch. Sie hatte das Gefühl, als käme diese Liebe nicht von ihr, sondern von einer anderen Präsenz, die von unten durch sie hindurchstrahlte. Diese Präsenz schimmerte knapp unter der Oberfläche von allem, was Materie war, und hob die Trage an, auf der sie lag, selbst als sie in den Krankenwagen geladen wurde.

Dr. Margaret Christensen war die beratende Frauenärztin für das Geburtshaus und hatte Bereitschaftsdienst für Notfälle. Als Alison eingeliefert wurde, hatte sie bereits sehr viel Blut verloren, war aber noch bei Bewusstsein und konnte sich artikulieren. Dr. Christensen versuchte, alles in ihrer Macht Stehende zu tun, um die Blutung zu stillen, aber nichts funktionierte, und sie musste mit ansehen, wie das Blut durch die ganze Tamponade sickerte. Sie erklärte Alison und ihrem Mann, dass man sie in den OP bringen und möglicherweise die Gebärmutter entfernen müsse.

Alison bemerkte, dass die »andere Präsenz« ihren Part übernahm und ihr half, mit den Menschen in ihrer unmittelbaren Umgebung zu kommunizieren. Sie konnte nicht mehr sprechen, spürte aber, dass die Präsenz Worte aus einem sehr tiefen Brunnen an einem weit entfernten inneren Ort hervorholte, um sie an den Chirurgen zu richten.

»Intubieren Sie mich schnell, sonst sterbe ich vielleicht«, hörte Alison sich sagen, als sie in den Operationsraum gebracht wurde.

Als das medizinische Personal sie auf den OP-Tisch legte, kollabierte sie. Ihr Blutdruck sank drastisch, sie war bewusstlos, blutete immer noch stark, und ihr Puls verlangsamte sich, bis ihr EKG nur noch eine Nulllinie anzeigte.

»O mein Gott, sie stirbt«, stieß Dr. Christensen hervor. »Alison, Sie können nicht gehen. Sie haben zwei Babys, die Sie brauchen«, sagte sie zu der bewusstlosen Alison, während sie deren Kopf in beiden Händen hielt. Sie schätzte Alisons Überlebenschancen auf etwa zehn Prozent.

Endlich kamen die Blutkonserven, und man hoffte. damit ihren Kreislauf wieder in Schwung zu bringen und so weit zu stabilisieren, dass ein chirurgischer Eingriff möglich war. Das chirurgische Team wartete.

Dr. Christensen war in einem katholischen Elternhaus aufgewachsen, hatte sich aber schon als Teenager von allem, was mit Religion zu tun hatte, losgesagt, weil es sie abstieß, dass Kriege darüber geführt wurden, wer den besseren Gott hatte. Die Rice University in Houston hatte sie sehr wissenschaftlich und analytisch als eine der zehn Besten ihres Jahrgangs absolviert, ganz die getriebene Typ-A-Persönlichkeit. Sie war fasziniert von der Quantenphysik und las *Das Tao der Physik* von Fritjof Capra. Daraufhin entwickelte sie ein Interesse an Philosophie, alten Mystikern und der Verbindung zwischen Buddhismus und Quantenphysik. Ihr wurde klar, dass sie in ihrer Kindheit mehrere mystische Erfahrungen gemacht, diese aber abgetan hatte, weil sie über keinen Interpretationsrahmen dafür verfügte. In ihrem dritten Jahr an der medizinischen Hochschule hatte sie ein kraftvolles Erleuchtungserlebnis während der starken Wehen bei der Geburt ihres ersten Kindes. Dieses Ereignis beeinflusste ihre gesamte Karriere. Sie fühlte sich mit den Frauen aller Zeiten verbunden, die jemals ein Kind geboren hatten, und mit allen Frauen auf der ganzen Welt, die gleichzeitig mit ihr in den Wehen lagen.

Etwa zu dieser Zeit lief der Film *Krieg der Sterne* an. Das darin thematisierte Konzept der »Kraft«, der Gedanke, dass es etwas gab, das größer war als sie selbst, dieses göttliche Etwas, das sie mit ihrem Gehirn nicht erfassen konnte, ließ etwas in ihr anklingen. Nach Abschluss des Medizinstudiums eröffnete sie ihre eigene Praxis. Christiane Northrup, Autorin von *Frauenkörper – Frauenweisheit,* und Jean Shinoda Bolen, Autorin von *Göttinnen in jeder Frau,* hatten großen Einfluss auf ihre Arbeit.

Dr. Christensen fühlte sich von der Idee des Göttlich-Weiblichen angezogen und zog sogar in Betracht, wieder in die Kirche einzutreten. Manchmal hörte sie sich die Sonntagsübertragung der Unity Church an, wenn sie zur Visite ins Krankenhaus fuhr. Sie identifizierte sich mit diesen Lehren, weil es keine strengen Dogmen gab und Schuld kein Thema war. Gott wurde als liebende Präsenz betrachtet, und der verwendete Begriff »Mutter-Vater-Gott« fühlte sich richtig für sie an. Sich um weibliche Körper zu kümmern, war eine heilige Tätigkeit, und das Gebet wurde ein Teil ihrer medizinischen Praxis. Sie betete mit ihren Patientinnen, wenn sie eingeliefert wurden, was immer sie beten wollten und zu wem auch immer; es machte keinen Unterschied.

»Wir müssen kurz aufhören, nur zwei Minuten, und wir sprechen alle ein Gebet, in dem wir Alison zurückholen«, sagte Dr. Christensen zu ihrem Team. Dann begann sie zu beten: »Bitte leite uns an, Alisons Körper zu heilen«, sagte sie und bat alle im OP mitzubeten. »Bitte führe ihren Geist zurück in ihren Körper.«

Mittlerweile war Alison bewusst geworden, dass die Lebensenergie ihren Körper durch zwei Bereiche gleichzeitig verließ, nämlich durch Nase, Mund und Rachen sowie durch den Bereich zwischen den Augenbrauen, und dass diese Lebensenergie irgendwo über ihrem Körper wieder zusammenfloss. Sie schaute auf ihren Körper herab, empfand etwas wie Gleichgültigkeit und etwas Mitgefühl, verbrachte aber nur sehr wenig Zeit damit, sich Gedanken darüber zu machen. Sie erkannte vertraute Energien, die um sie herumwirbelten und eine Lichtspirale bildeten, die sie höher und immer höher trug. Sie war ganz entrückt in dieser Freude, doch dann driftete Alison plötzlich in eine pech- oder tintenartige Schwärze, die alle anderen Farben verschluckte, und stieg zu einer weiten Ebene auf. Dort erschien ihr ein wundersames Wesen aus Licht und Klang, das die reinste, tiefgründigste, heiligste und liebevollste Präsenz ausstrahlte, der sie je begegnet war. Dies war etwas Unbenennbares, doch klar Erkenn- oder eher Spürbares. Sie hatte keine Sprache, keine Worte, keinen anderen Bezugspunkt im Kosmos.

Dann gab die zutiefst heilige und herrliche Präsenz Alison einen »Gedanken« ein, eine Mitteilung: »Du hast die Wahl.«

Sie war zunächst verwirrt und dann tief bestürzt, als ihr klar wurde, was das bedeutete. Wenn sie die Wahl hatte, musste es noch ein Anderswo geben. Die Gewissheit, diesen ruhigen und heiteren Ort verlassen zu müssen, machte sie tief betrübt. Als sie zu begreifen versuchte, was dieses »Anderswo« bedeuten konnte, wurde sie sich der Gebete bewusst, die um sie herum und weit hinter ihr schwebten. Es waren die Gebete der Menschen in jenem Operationssaal in Dallas an einem Raum-Zeit-Tag namens 25. April 1999. In diesen Gebeten ging es um Alison. Die eigentlichen Worte, die diese freundlichen Menschen in jenem OP (in Gedanken) sprachen, konnte sie zwar nicht hören, aber sie spürte die von Herzen kommenden Gefühle und die bewusste Absicht hinter der Erwartung, dass sie leben würde – leben, um ihr neugeborenes Mädchen kennenzulernen, sich um ihren Sohn zu kümmern und zu ihrer Familie zurückzukehren. Es war, als habe die bewusste Konzentration dieser Menschen auf sie und ihre Kinder, die sie mit Liebe durch Zeit und Raum schickten, ein Bewusstsein in ihr geschaffen, das sie daran erinnerte, dass sie ein Leben in einem

Körper auf dem Planeten Erde führte und eine lineare Sprache sprach. Sie wurde aufmerksam. Der Abschied von diesem herrlichen, unbenennbaren Wesen zerriss ihr das Herz. Alison schlug hart im Raum auf. Sie schwebte um die Ohren der betenden Menschen. Diese Menschen beteten nicht laut, sondern in Gedanken, aber sie konnte sie in ihrem Geist hören, noch außerhalb ihres Körpers. Allmählich erinnerte sie sich, dass sie einen Körper hatte, eine Sprache, Kinder, ein Baby – und sie wusste, was sie tun musste. Also kehrte sie unter quälenden Schmerzen nach unten zurück, in die Dunkelheit, ins Nichts.

Nachdem Alison etwa elf Minuten lang keinerlei Lebenszeichen von sich gegeben hatte, kehrte ihr Puls zurück, und ihr Blutdruck stieg ein wenig an. Jetzt konnte Dr. Christensen mit der Hysterektomie beginnen und sie erfolgreich abschließen. Alison lag nach der OP noch fünf Tage auf der Intensivstation im Koma und wurde künstlich beatmet. Als sie aus dem Koma erwachte, hatte sie noch einige Zeit mit den unterschiedlichen Folgen ihres Blutverlustes und des damit verbundenen Herzstillstandes zu kämpfen, aber schließlich erholte sie sich und ihr Baby auch. Alison spricht oft über ihre Erfahrung und hilft damit anderen, ihre Angst vor dem Tod zu überwinden. Sie ist sehr an der Erforschung des heilenden Potenzials der spirituellen Transformation interessiert.

Dieser Nahtodbericht hörte sich für mich sehr echt an, und einige Schlüsselmerkmale erinnern mich an meine eigene Reise im Koma. Er deckt sich mit meiner eigenen Wahrnehmung der Gebetsenergie, dass sie sich so wunderbar mit der heilenden Energie der Liebe verbündet, von der im Zusammenhang mit solchen Erlebnissen oft die Rede ist, und dass von der anderen Seite des Filters aus gesehen Vertrauten und Liebe so gute Dienste dabei leisten, dass »alles gut wird«.

Alisons Erinnerung daran, wie schwierig es war, dieses Reich wieder zu verlassen, weckte in mir die Erinnerung an meine eigenen überwältigend starken Gefühle am Ende meines NTE. Mein Verlassen dieses geistigen Bereichs war einer der emotional qualvollsten und schwierigsten Momente der ganzen Reise. Weil ich während meines gesamten NTE keine Erinnerung an mein früheres Leben hatte, erinnerte ich mich auch nicht an irgendwelche Anhaftungen an andere Seelen oder an Verpflichtungen ihnen gegenüber.

Aber an jenem siebten Tag im Koma, nachdem ich meine Ärzte hatte sagen hören, es sei Zeit, mich gehen zu lassen, kam mein damals zehnjähriger Sohn Bond in mein Zimmer gerannt, zog meine Augenlider hoch und flehte mich an: »Papa, sei bald wieder okay«, immer und immer wieder. In den Weiten des spirituellen Reichs spürte ich seine Anwesenheit sehr deutlich, obwohl ich keine Ahnung hatte, wer dieses Wesen war, und seine Worte sicherlich nicht verstand. Sein flehender Tonfall verlangte meine volle Aufmerksamkeit, und als ich das starke Band zwischen uns spürte, wusste ich, dass ich irgendwie anfangen musste, die Regeln dieses Reichs (und die des irdischen Reichs) zu verstehen, denn ich musste alles in meiner Macht Stehende tun, um irgendwie zu ihm zu gelangen. Und das bedeutete, in ein Reich zurückzukehren, das mir zu dieser Zeit noch ein vollkommenes Rätsel war.

Am Ende habe ich überlebt und bin wieder ganz gesund geworden, doch so etwas ist nicht immer der Fall. Für mich als Neurochirurg ist der Tod kein Fremder. Es war eine meiner Stärken, bösartige Hirntumoren zu behandeln, oft bei Patienten, denen gesagt wurde, man könne ihnen nicht mehr helfen, und sie hätten nur noch weniger Wochen oder Monate zu leben. Ich kann zwar auf viele Erfolge zurückblicken, aber langfristige Heilerfolge sind sehr selten – Misserfolg und Tod lauern hinter jeder Ecke. Der Tod ist die Regel, aber man versucht natürlich, den Patienten und ihren Familien in allen Krankheitsphasen so gut wie möglich zu helfen. Wenn ich Patienten an ihre Krankheit verlor und nach ihrem Tod Kontakt zu ihren Angehörigen hatte, tröstete ich sie, so gut es ging. »Wir haben alles in unserer Macht Stehende getan. Ich weiß, Sie haben an einen besseren Ausgang geglaubt und dafür gebetet. Es tut mir sehr leid, dass wir nicht mehr tun konnten. Zumindest haben wir die letzten Stunden so angenehm wie möglich gemacht.« Das war das Beste, was ich tun konnte. Es ist für Familien tröstlich zu wissen, dass ein Angehöriger so wenig wie möglich gelitten hat.

Wenn ein Familienangehöriger mit Fragen zum potenziellen Weiterleben des geliebten Menschen zu mir kam, zur Möglichkeit, dass es eine unsterbliche Seele gab, antwortete ich: »Ja, das könnte sein.« So wahrte ich meine Distanz zu dieser Vorstellung, ohne den Glauben des Betreffenden anzutasten. Tatsache ist, dass ich damals noch keine Ahnung davon hatte, wie viele Beweise es für ein Leben nach dem Tod gab.

1980, kurz nachdem ich in das neurochirurgische Assistenzarztprogramm am Duke University Medical Center aufgenommen worden war, hatte ich ein denkwürdiges Gespräch mit meinem Vater. Ich fragte ihn, was seiner Meinung nach sein größtes berufliches Verdienst sei, und erwartete als Antwort die Beschreibung einer extrem schwierigen Operation. Womit ich nicht gerechnet hatte, war dies: »Dass ich für meine Patienten und ihre Angehörigen da bin, wenn es nichts mehr gibt, was ich als Neurochirurg noch für sie tun kann.«

Seine Antwort traf mich völlig unvorbereitet. Sie wirkte wie ein bereitwilliges Eingeständnis einer stets drohenden Niederlage angesichts der neurochirurgischen Risiken. Dabei war er mit Recht stolz darauf, dass er seine Patienten unterstützen konnte, wenn sie ihn am meisten brauchten, nämlich dann, wenn sie direkt mit dem Tod und ihrer eigenen Sterblichkeit konfrontiert wurden. Er betrachtete es als ein großes Geschenk, dass er da sein und ihnen angesichts der größten Herausforderung ihres Lebens Trost und Sicherheit bieten konnte. Es hat Jahre gedauert, bis ich endlich auf einer tieferen Ebene erkannte, warum er das für einen so attraktiven Aspekt seiner Arbeit hielt.

Diejenigen, die mit der schweren Prüfung vertraut sind, die mein Koma für mich darstellte, schreiben mir oft und fragen, was sie für jemanden tun können, der durch einen Unfall, eine Krankheit oder aus anderen Gründen im Koma liegt. Die Vorstellung, den geliebten Menschen verlieren zu können, erfüllt sie mit Verzweiflung, und sie wollen das auf jeden Fall verhindern. Sie sind in der Regel von meiner unerklärlichen Genesung inspiriert und möchten unbedingt wissen, ob Gebete dem von ihnen geliebten Menschen helfen können, zu überleben und wieder gesund zu werden.

Das Entscheidende, was man sich in diesem Zusammenhang vor Augen führen muss, ist, dass unser Sein nicht mit dem Tod des physischen Körpers endet. Gebete können eine gewaltige Kraft haben. Machen Sie sich klar, dass Ihre Gebete zur Seele des geliebten Menschen durchdringen und ihr Trost und Liebe schenken können. Ob sich der physische Körper wieder erholt oder nicht, ist nicht die entscheidende Frage. Doch wenn eine solche Erholung dazu führt, dass wir unsere Beziehung zum Universum besser verstehen und die Lektionen lernen, die das Leben für uns vorgesehen hat, kann sie stattfinden.

Gleichgültig, wie tief das Koma auch sein mag, in dem ein geliebter Mensch liegt – gehen Sie davon aus, dass die liebevolle Energie Ihrer Gebete Ihnen helfen wird, sich mit seiner Seele zu verbinden. Nutzen Sie die Energie dieser liebevollen

Verbindung, um das Höchste und Beste für alle Beteiligten zu erreichen. Das bedeutet, dass Sie sich von einem bestimmten Ergebnis lösen und stattdessen einfach darum bitten, dass »dein Wille geschehe«. Das Ziel sollte sein, eine Verbindung zu der geliebten Person herzustellen und sie wissen zu lassen, dass sie geliebt und wertgeschätzt wird. Ob der geliebte Mensch in seinen Körper zurückkehrt oder ihn verlässt, sagt nichts über den Wert Ihrer Gebete oder seiner Wahl aus. Entscheidend ist die Erkenntnis, dass der Tod nicht das Ende unserer Seelenverbindung mit einem geliebten Menschen ist. Das Gebet öffnet uns oft eine Tür, um uns durch unser Gefühl zu zeigen, dass diese Verbindung fortbesteht, selbst nachdem der geliebte Mensch seinen physischen Körper ein und für allemal hinter sich gelassen hat.

In der Regel rate ich Menschen, die sich um ihre im Sterben liegenden Angehörigen sorgen, dem behandelnden Arzt zu vertrauen. Er oder sie sollte in der Lage sein, die Prognose des jeweiligen Patienten richtig einzuschätzen. Das Klinikpersonal kann auch bei der Entscheidung helfen, ob lebenserhaltende Maßnahmen weiterhin sinnvoll sind oder nicht. Ich persönlich bin Organspender und befürworte das Einstellen lebensverlängernder Maßnahmen, wenn die Aussicht auf eine funktionelle Genesung gleich null ist und solche Maßnahmen nichts weiter bewirken, als das Herz weiter schlagen zu lassen.

Manche Ärzte bewerten den Tod eines Patienten als persönliches Versagen. Aber viele Menschen haben berichtet, dass das größte Geschenk, das sie von einem geliebten Menschen auf dem Sterbebett bekommen haben, der Hinweis darauf war, dass ihre gegenseitige Seelenverbindung den Tod des Körpers überlebt.

Patricia (Name geändert) erzählte folgende Geschichte: Ihr Vater war nach einer missglückten Operation an Wundbrand und einer Sepsis gestorben. Drei Wochen nach seiner Verlegung auf die Intensivstation hatte sein Körper nach und nach alle Funktionen eingestellt, und ihr Vater war sich seiner Umgebung nur noch sporadisch bewusst. Einmal öffnete er seine Augen drei Tage lang gar nicht und erwiderte auch den Händedruck seiner Angehörigen nicht, wenn diese ihn ansprachen. Doch dann, nachdem Patricia stundenlang seine Hand gehalten hatte, machte er plötzlich die Augen auf und stützte sich ein wenig auf die Ellbogen. Er lächelte, konzentrierte sich auf sie und stellte einen intensiven, liebevollen Blickkontakt her, der sie in der Seele berührte.

»Sieh mal an, du bist wieder da!«, rief sie.

Sein Gesichtsausdruck und seine Energie waren tiefgründig, nicht von dieser Welt. Dann empfing sie folgende Worte, die sie als eine klare telepathische Botschaft bezeichnete: »Alles ist gut.« Er fiel zurück auf sein Kissen, die Augen schlossen sich, und man konnte ihn nicht mehr ansprechen. Am nächsten Tag starb er.

Sie konnte sich nicht erklären, wie er ihr telepathisch einen Satz hatte übermitteln können, aber genau so war es. Sie hatte ihn zusammen mit einer Menge an Informationen in einem kurzen Augenblick empfangen; es war so etwas wie eine Erkenntnis. Die Schwester kam herein und sagte, sie habe ein warmes helles Licht aus dem kleinen Raum kommen sehen und sei hereingekommen um festzustellen, was es war. Auch Patricia hatte dieses Licht wahrgenommen, und so seltsam es klingen mag, in diesem Moment ergab alles einen Sinn. Es hatte sie verändert. Von diesem Moment an zweifelte sie nicht mehr an einem Leben nach dem physischen Tod und daran, dass alles Liebe ist. Ihr Vater wollte, dass sie das wusste, und das scheinbar einfache und kurze persönliche Erlebnis des Empfangens dieser Botschaft wird sie nie vergessen.

Ich habe schon Hunderte Varianten dieser Geschichte gehört. Hospiz-Krankenschwestern und andere Pflegekräfte, die häufig Kontakt mit Sterbenden haben, sind sich dieser Tatsache in der Regel bewusst, weil sie immer wieder Beispiele dafür gesehen haben. Erinnern wir uns daran, dass Heilung heil oder *ganz* machen bedeutet. Die Wiedervereinigung mit der unendlich liebenden schöpferischen Kraft beim Tod des Körpers ist eine der schönsten Lehren über die wahre Einheit, die unserer Existenz, der Ewigkeit des Geistes und der Verbundenheit aller Seelen zugrunde liegt.

Unsere Aufgabe als Betreuende und Angehörige von Sterbenden besteht darin, allen Beteiligten Wertschätzung, Akzeptanz und Vergebung zu schenken sowie den Sterbenden zu trösten und aufzumuntern. Sterben ist ein natürlicher Aspekt im Kreislauf des Lebens. Einem sterbenden Menschen zu sagen, dass alles gut ist und dass auch Sie eins mit sich sind, ist für alle heilsam. Achten Sie auf das, was Ihnen Ihr Herz sagt, nicht Ihr Kopf. Bleiben Sie während des gesamten Sterbeprozesses aufmerksam.

In seinem Buch *Zusammen im Licht* beschreibt Raymond Moody »geteilte Todeserfahrungen«, die sich ereignen, wenn die Seele eines vollkommen gesunden Zuschauers, der sich entweder direkt am Bett oder in einiger Entfernung von einem sterbenden Freund oder Familienmitglied aufhält, die scheidende Seele des Sterbenden begleitet, sogar bis zu dem Punkt, an dem eine vollständige Lebensrückschau stattfindet. Solche Erfahrungen sind oft nicht von der intensiven Ultrarealität von Nahtoderfahrungen zu unterscheiden, außer dass sie von Menschen gemacht werden, die in der Regel gesund sind. Derartige Erfahrungungen helfen oft, die Trauer zu bewältigen, die Angst vor dem Tod zu vermindern und die Gewissheit zu gewinnen, dass der geliebte Mensch seine Reise über den Tod hinaus fortsetzt, die immer noch stark mit unser aller Seelenreise verknüpft ist.

Während in den meisten dieser Berichte von spontanen Erfahrungen die Rede ist, geht das Shared Crossing Project, das von William Peters im kalifornischen Santa Barbara gegründet wurde, noch einen Schritt weiter. Als ehrenamtlicher Helfer in einem Hospiz hatte Peters zahlreiche mystische Erfahrungen mit Menschen gemacht, die sich auf ihre letzte Reise begaben. 2010 wurde er von Moodys Buch inspiriert und entwickelte Methoden, um Menschen beizubringen, wie man ein solches Erlebnis zum Wohl der Sterbenden und ihrer überlebenden Angehörigen ganz bewusst erzeugen kann. Über das Pathway-Programm des Shared Crossing Project entwickelte er Protokolle, die anderen helfen sollen, den Tod als natürlichen Prozess zu akzeptieren, und spezielle Übungen, um Verbindungen zwischen Sterbenden und ihren Lieben herzustellen.

Eine einleitende Übung, die das Herstellen solch einer Verbindung erleichtern soll, lautet: »Nehmen Sie sich einen Moment Zeit, um sich in einen entspannten, kontemplativen Zustand zu versetzen, und konzentrieren Sie sich ganz auf eine bestimmte enge Beziehung. Denken Sie an ein spezielles Ereignis, das Gefühle der Dankbarkeit gegenüber diesem geliebten Menschen weckt. Vielleicht geschah es zu einer Zeit der großen Freude in Ihrem Leben oder zu einer Zeit, in der Sie dringend Trost brauchten. Erlauben Sie es diesen Gefühlen der Wertschätzung, eine Verbindung über Zeit und Raum hinweg zwischen Ihnen und dem geliebten Menschen herzustellen. Lassen Sie es zu, dass Sie die Anwesenheit dieses Wesens an Ihrer Seite spüren, und zwar jetzt.«

Wenn diese Visualisierungsübung über längere Zeit mit gewisser Regelmäßigkeit praktiziert wird, stellt sie eine Verbindung zwischen diesem Leben und dem her, was vor uns liegt.

In einer Reihe zunehmend aufwendiger Übungen lernen die Teilnehmer dann die Landschaft kennen, die sich von diesem menschlichen Leben bis ins Jenseits erstreckt, und entwerfen die Choreografie für ihre Übergänge mit geliebten Menschen. Teilnehmer, die sich an solchen Protokollen orientierten, haben eine sinnvollere Beziehung zum Tod aufgebaut, was ihnen auf Dauer zahlreiche Vorteile gebracht hat, darunter eine höhere Wertschätzung des Lebens, weniger Angst vor dem Tod, die Fähigkeit, Trauer besser zu bewältigen, und ein tieferes Verständnis für den Sinn ihres eigenen Lebens.

Untersuchungen haben gezeigt, dass diese Übungen eine Vielzahl von tief greifenden und heilsamen Phänomenen am Ende eines Lebens möglich machen, die Peters als »gemeinsame Übergänge« identifiziert und dokumentiert hat. Sie beziehen sich auf eine Art Kommunikation über den Schleier hinweg, aus der sich ein transformierendes Geschenk ergibt. Es besteht aus vor dem Tod erfolgenden Träumen oder Visionen, in denen die Sterbenden mitteilen, dass sie von einem verstorbenen Angehörigen besucht wurden, der ihnen Trost und Anleitung gibt; aus einer gemeinsamen Todeserfahrung, über die Angehörige berichten, dass sie mit dem Sterbenden durch die ersten Stadien des Lebens nach dem Tod gegangen sind und Phänomene wie außerkörperliche Erfahrungen, den Anblick wohlwollender Lichtwesen oder den Besuch in himmlischen Gefilden erlebt haben, um schließlich zu erkennen, dass der geliebte Verstorbene hier sicher, glücklich und gut aufgehoben ist; Koinzidenzen nach dem Tod, bei denen ein Individuum eine tiefgründige energetische Erfahrung macht und plötzlich weiß, dass ein geliebter Mensch zwar gestorben ist, aber doch lebendig und wohlauf ist, und vielem mehr.

Als Arzt, dem die Großartigkeit und das Ausmaß von Phänomenen am Ende des Lebens vor Augen geführt wurden, bin ich überzeugt davon, dass ein Wandel für die in unserer modernen Welt vorherrschende Hospizarbeit an der Zeit wäre. Wenn man den Tod – ähnlich wie die Geburt – als natürlichen Übergang im großen Kreislauf des Lebens akzeptiert und *nicht* als Ende des Bewusstseins betrachtet, trägt dies zu einer Atmosphäre bei, in der man das Leben feiern und dafür dankbar sein kann. Alle Familienmitglieder einschließlich der Kinder sowie Freunde können liebevoll am Übergang einer Seele von dieser Welt in die nächste teilhaben, und zwar auf eine Art und Weise, welche die Realität der fortwährenden Verbindung zwischen geliebten Menschen anerkennt.

Wir sind geistige Wesen, die in einem geistigen Universum leben. Grundsätzlich bedeutet dies, dass wir alle durch ein kollektives Bewusstsein miteinander verbunden sind und dass die emotionale Kraft hinter unseren Hoffnungen und Träumen ein Grundlage in der Realität hat, welche die Entfaltung bestimmter Ereignisse in unserem Leben lenkt. Der Treibstoff dieser Spiritualität ist die Liebe. Je mehr bedingungslose Liebe wir für uns selbst und andere aufbringen, desto mehr Heilung oder Ganzwerdung wird uns zuteil. Die beste Möglichkeit, dies zu entdecken, liegt darin, den Gebrauch eines oft als Meditation oder Gebet bezeichneten Instrumentariums zu erlernen, das uns nach innen führt. Jede physische, mentale oder emotionale Gesundheit muss fest in der spirituellen Gesundheit verwurzelt sein, und Gebete sind ein höchst natürliches Mittel, um ein allgemeines Wohlbefinden hervorzurufen. Wie mir Hunderte von Menschen erzählt haben, verändert dieses Gefühl des ewigen Verbundenseins das Leben wirklich von Grund auf. Wir müssen nur offen dafür sein.

Kapitel 8

Nach innen gehen

Es ist der stetig fortgesetzte, nie erlahmende Kampf gegen Skeptizismus und Dogmatismus, gegen Unglaube und Aberglaube, den Religion und Naturwissenschaft gemeinsam führen. Und das richtungweisende Losungswort in diesem Kampf lautet von jeher und in alle Zukunft: hin zu Gott!

Max Planck (1858–1947), Nobelpreisträger für Physik 1918

Aufgrund seiner Wertschätzung für die moderne Wissenschaft initiierte Seine Heiligkeit der 14. Dalai Lama in den 1980er-Jahren einen Dialog zwischen Buddhisten und westlichen Wissenschaftlern. Daraus entwickelten sich regelmäßig stattfindende Treffen und Diskussionen in akademischen Einrichtungen der gesamten westlichen Welt. Über seine Organisation *Mind and Life Institute* lud Seine Heiligkeit verschiedene Wissenschaftler ein, die Gehirne gut ausgebildeter buddhistischer Meditierender zu erforschen. So etablierte sich schließlich eine Disziplin, die mittlerweile als »kontemplative Neurowissenschaft« bekannt ist. Bisher war das Gehirn wissenschaftlich untersucht worden, um die dortigen Prozesse bei krankhaften Zuständen wie Depressionen und Angststörungen zu erforschen, doch Seine Heiligkeit schlug einen völlig neuen Ansatz vor. Ihn interessierte besonders, was im Gehirn eines glücklichen Menschen vor sich geht.

Zum Buddhismus gehört die Vorstellung, dass Glück durch Wissen und durch eine persönliche Praxis erlangt werden kann, die zu innerem Frieden und zur Befreiung von Leid führt. Entsprechende Übungen werden seit Tausenden von Jahren durchgeführt. Die Buddhisten haben ihr Wissen über die verschiedenen Techniken über Hunderte von Generationen weitergegeben. Eine dieser Techniken ist Achtsamkeit, eine Form von Meditation, die in jedem beliebigen Moment praktiziert werden kann, indem man einfach seine ganze Aufmerksamkeit auf das richtet, was man gerade tut, sei es eine Tasse Kaffee trinken, ruhig dasitzen oder durch den Wald spazieren. Dazu gehört auch das ständige Gewahrsein des Atems, des Körpers, eines Objekts oder einer Aktivität mit dem Ziel, die Aufmerksamkeit des denkenden Geistes von negativen oder ablenkenden Gedanken abzuziehen. Weil unsere Aufmerksamkeit ausschließlich auf den gegenwärtigen Moment gerichtet bleibt, wird der Geist schließlich frei von allen anderen Ablenkungen. Sobald der Praktizierende von seinem mentalen Geschwätz befreit ist, erlangt er Zufriedenheit oder Glückseligkeit und Freiheit von Leid.

Dieses Konzept ist zwar einfach zu erklären, aber nicht einfach umzusetzen. Nach rund 10.000 Stunden Übungspraxis gelten buddhistische Mönche als Meditationsexperten. Sie sind daher ausgezeichnete Probanden, um zu messen, ob und wie das Gehirn durch eine solche geistige Aktivität beeinflusst wird.

Die Messergebnisse zeigen, dass in den Gehirnen von langjährig Meditierenden eine im Vergleich zu denen von Novizen erhöhte Aktivität in den Regionen auftritt, die mit einem konzentrierten oder fokussierten Zustand in Verbindung gebracht werden. Es gibt eine Zone hinter der Stirn (die Brodmann-Areale 9 und 10 im präfrontalen Kortex), die bei erfahrenen Praktizierenden eine größere Menge an Hirngewebe enthält als bei nicht meditationserfahrenen Kontrollpersonen. Achtsamkeitstraining korreliert mit einem verminderten Gewebevolumen in der Amygdala, die mit Angstreaktionen in Verbindung gebracht wird. Buddhistische Meditierende zeigen ein anhaltendes EEG-Muster aus synchronen Gamma-Gehirnwellen mit hoher Amplitude, was eine bessere Koordination neuronaler Netzwerke kennzeichnet. Langjähriges Meditieren scheint die physischen Strukturen des Gehirns zu beeinflussen, und zwar durch einen als Neuroplastizität bekannten Prozess.

Noch bis in die 1970er-Jahre vertrat die Neurologie die Auffassung, dass die Struktur des menschlichen Gehirns nach Beendigung der Kindheit relativ unveränderbar ist und dass später keine Neuronen mehr gebildet werden können. Es wurde daher postuliert, dass die Fähigkeit menschlicher Gehirne, ihre Funktionsfähigkeit nach einer Schädigung ganz wiederherzustellen, minimal ist. Klinische Erfahrungen, die man im späten 20. Jahrhundert gemacht hat, schienen dieser Ansicht zu widersprechen. Und in den letzten Jahrzehnten fand man bei einer Vielzahl von Fällen bemerkenswerte Beweise für eine Regeneration geschädigter menschlicher Gehirne.

Neuroplastizität bezeichnet die Fähigkeit des Gehirns, sich von einer Verletzung zu erholen und unter normaleren Umständen bestimmten Gegebenheiten anzupassen (»aktivitätsabhängige Plastizität«), einschließlich der Fähigkeit, neue Neuronen zu bilden und diese funktional effektiv mit dem Rest des Gehirns zu verbinden. Eingehende Untersuchungen von unerwarteten Genesungen haben ergeben, dass sich das

Gehirn nicht nur von einem signifikanten physischen Schaden erholen kann, sondern auch eine bemerkenswerte Fähigkeit hat, sich in einem normalen Lebens- und Lernumfeld neu zu verkabeln und wieder aufzubauen. Eine derart robuste Neuroplastizität scheint auf die Rolle des Geistes oder Bewusstseins als Vorlage zu verweisen, der entsprechend sich unser physisches Gehirn verändert, um unsere Absichten und Wahrnehmungen widerzuspiegeln.

Die neurowissenschaftliche Erforschung der Meditation eröffnet eine breite Palette von emotionalen und verhaltensbezogenen Vorteilen, unter anderen Stressabbau, Abnahme von Angstzuständen und Depressionen, gestärkte Immunabwehr, gesteigerte Kreativität, erhöhte Intuition und Senkung des Blutdrucks. Meditationstechniken bieten die Möglichkeit, den Geist gezielt zu beruhigen und die Stille im eigenen Innern zu entdecken. Dies macht es der oder dem Meditierenden möglich, einen Zustand der tiefen und doch konzentrierten Entspannung zu erreichen, und verschafft ihr vermutlich verschiedene Vorteile durch Neuroplastizität. Meditierende berichten von einem großen Spektrum an Erfahrungen, und einige von ihnen sind in der Lage, sich regelmäßig – absichtlich oder eher unerwartet – mit dem Reich der liebenden Einheit zu verbinden, das ich in meinem Koma kennengelernt habe. Es wundert einen nicht, dass es Menschen, die regelmäßig meditieren, leichter fällt, konzentriert und aufmerksam zu bleiben.

In den 1970er-Jahren nahm ich im Rahmen meiner Fallschirmspringerzeit an der University of North Carolina (UNC), Chapel Hill, an einem speziellen Trainingsprogramm zur Verbesserung meiner Konzentrationsfähigkeit teil. In meiner Zeit an der UNC (1972 bis 1976) trainierte unser Sportfallschirmspringerclub mehr als 400 Studenten, die mindestens einen Fallschirmsprung machten. Als Mitglied des UNC-

Sport-Parachuting-Teams habe ich 365 Fallschirmsprünge absolviert. Bei den meisten davon ging es um Relative Work (RW) oder Formspringen, Gruppenformationen im freien Fall mit zwei bis zwanzig oder mehr Springern.

Mit Teamkollegen, die auch daran interessiert waren, unsere gemeinsame Leistung zu verbessern, nahm ich an einem Kurs teil, der wie folgt angekündigt worden war: Silva Mind Control, eine Methode der Anwendung konzentrierter Aufmerksamkeit zur Verbesserung anspruchsvoller motorischer Fertigkeiten, etwa der, die man braucht, um im freien Fall sicher und effizient Formationen mit anderen Fallschirmspringern zu bilden. Unsere Standard-Übungspraxis bestand darin, die gewünschte Formation vor dem Sprung gehend auf dem Boden zu proben. Der zusätzliche Vorteil von José Silvas Gedankenkontrolle war, dass wir uns vor dem Einsteigen in das Sprungflugzeug durch sie in einen meditativen Zustand versetzen und die verschiedenen Manöver im Kopf durchspielen konnten.

Unsere Springerleistung verbesserte sich nach diesen mentalen Proben zwar deutlich, aber wir führten nie eine kontrollierte wissenschaftliche Untersuchung durch, um unsere Leistung vor und nach dem Einsatz dieser Techniken zu vergleichen. Ich weiß, dass unsere Fallschirmspringermannschaft besser war als ein anderes mir bekanntes Collegeteam. Das UNC-Fallschirmteam, also wir, konnte damals einen Stern aus acht Mann bilden, während die Fallschirmspringerteams bei den US-Collegewettkämpfen aus nur drei Leuten bestanden. Dies war der Tatsache geschuldet, dass die meisten Colleges froh waren, überhaupt drei Sportfallschirmspringer zu haben, die eine RW-Formation sicher durchführen konnten. Ob diese augenscheinlichen Erfolge auf unsere Silva-Mind-Control-Übungen vor den Sprüngen zurückzuführen waren, bleibt offen. Ich glaube zwar, dass mir die Silva-Methode geholfen hat, ein besserer RW-Teilnehmer zu werden, aber ich habe anschließend nicht versucht, diese Praxis in anderen Lebensbereichen anzuwenden. Inzwischen jedoch hat sie eine größere Relevanz für mein Leben.

In meinen fast dreißig Jahren als Neurochirurg habe ich häufig die Erfahrung sehr intensiver Konzentration gemacht, und zwar während der chirurgischen Eingriffe, die ich vornahm. Das brachte mich dazu, den Operationssaal als eine Art Heiligtum zu betrachten, einen heiligen Raum, in dem ich mich ganz auf die anstehende Aufgabe konzentrieren und in einen erhabenen Zustand sinken lassen konnte, der es mir erlaubte, in diesem OP meine höchsten Ziele zu erreichen. Ich hatte hier oft eine veränderte Wahrnehmung von Zeit, wenn es mir vorkam, als dauere eine stundenlange, besonders mühsame Operation nur ein paar Minuten. Ich bin den Krankenschwestern, Assistenzärzten und allen anderen Mitarbeitern unendlich dankbar dafür, dass sie alles von mir fernhielten, was meinen Kokon in Form unzähliger Patientenprobleme außerhalb des OPs gefährdete und mich von meiner intensiven Konzentration auf die Operation abzulenken drohte. Ruhig und intensiv konzentriert – das ist wahrlich eine erhabene Form der Achtsamkeit.

Der ungarische Psychologe Mihaly Csikszentmihalyi prägte den Ausdruck »Flow« für diesen Geisteszustand, der auch häufig von Sportlern, bildenden Künstlern und Musikern erfahren wird, wenn sie sich intensiv und mit großer Befriedigung auf eine bestimmte Aufgabe konzentrieren. Er behauptete, dass dieser Glückszustand bewusst von innen heraus aufgebaut werden kann. Im Alltagsleben lässt sich ein Flow allerdings kaum nach Belieben erreichen. Er stellt sich vielmehr ein, wenn wir ganz in einer Aktivität aufgehen und uns nichts mehr ablenken kann, auch nicht das Gefühl für die objektive

Zeit. Wir denken nicht bewusst, wenn wir in die Flow-Zone eintreten. Es fühlt sich in der Tat so an, als mache der denkende Geist eine Pause.

Untersuchungen von Gehirnwellen offenbaren Erstaunliches zu diesem Phänomen. Im Flow-Zustand ist eine verminderte Aktivität im präfrontalen Kortex zu beobachten. Diese Region wird mit der Analyse und Überwachung unseres Verhaltens in Verbindung gebracht. In der Regel müssen Entscheidungen von diesem Teil des Gehirns überprüft werden, was uns oft langsamer macht, weil wir »überdenken«, was wir tun. Die Forschung zeigt auch, dass buddhistische Meditierende mit dem höchsten Ausbildungsgrad eine *verminderte* Gehirnaktivität in dieser Region aufweisen.

In verwandten Studien wurde die Wirkung verschiedener psychedelischer Drogen auf das Gehirn wissenschaftlich untersucht (insbesondere der Drogen, die die Serotoninrezeptoren beeinflussen) – mit ähnlichen Ergebnissen. Ein Beispiel hierfür ist ein Bericht des Imperial College London aus dem Jahr 2012, demzufolge verschiedene Hirnregionen von Patienten unter dem Einfluss von Psilocybin, dem Wirkstoff in psychedelischen Pilzen, mit einem funktionalen MRT (fMRT) untersucht wurden.[1] Die mentalen Erfahrungen der Versuchspersonen wurden mithilfe einer Visuellen Analogskala (VAS) beurteilt, in der Merkmale wie Glückszustand, Einheitserfahrung, Bedeutungsgehalt, Einsicht und Entkörperlichung abgefragt wurden, mit höchst tief gehenden Ergebnissen wie elementares und komplexes Vorstellungsvermögen oder audiovisuelle Synästhesie (Überlappung von normalerweise getrennten Sinnesmodalitäten, etwa »Riechen von Farben« oder »Sehen von Klang«).

Das bemerkenswerteste Ergebnis dieser Studie war, dass bei Versuchspersonen mit intensiven psychedelischen Erlebnissen die Aktivität in den Hauptverbindungsregionen des Gehirns stark vermindert war. Dies stand im Gegensatz zu dem ursprünglich von den Forschern erwarteten Anstieg der Gehirnaktivität. In einem sehr realen Sinne scheinen wir ein umfassenderes Bewusstsein zu haben, je weniger bestimmte Teile unseres Gehirns aktiv sind.

Dieses Ergebnis war für diejenigen, die glaubten, dass das Gehirn Bewusstsein schafft, so überraschend, dass es Christof Koch, den leitenden Wissenschaftler am Allen Institute for Brain Science in Seattle, veranlasste, eine Kolumne mit dem Titel »This Is Your Brain on Drugs: To the Great Surprise of Many, Psilocybin, a Potent Psychedelic, Reduces Brain Activity« (So ist Ihr Gehirn unter Drogen: Zur großen Überraschung vieler vermindert Psilocybin, ein starkes Psychedelikum, die Aktivität des Gehirns) in *Scientific American* zu schreiben. In dieser Kolumne schilderte er die dramatische Verringerung der Aktivität in den höchst komplexen junktionalen Regionen des Gehirns und die Tatsache, dass unter Psilocybin in *keiner* Hirnregion eine Zunahme der Aktivitäten zu beobachten waren. Vielmehr zeigte sich eine großflächige Unterdrückung der Aktivität, und ihr Grad korrelierte mit der Intensität der psychedelischen Erfahrung.

Bestätigt wurden diese Ergebnisse durch eine im Februar 2015 veröffentlichte brasilianische Studie, in deren Verlauf die Gehirnaktivität ebenfalls mithilfe eines fMRT beurteilt wurde. Dieses Mal standen die Versuchspersonen unter dem Einfluss von Ayahuasca (es enthält die bewusstseinserweiternde Wirkstoffverbindung N,N-Dimethyltryptamin oder DMT, die von Natur aus in unserem Gehirn vorhanden ist, allerdings in sehr geringen Mengen).[2] Ayahuasca bewirkte einen signifikanten Rückgang der Aktivität im Standard-Modus-Netzwerk des Gehirns. Eine Forschungsgruppe am Imperial College kam zu ähnlichen Ergebnissen, als sie die Auswirkungen der kraftvollsten bewusstseinsverändernden Droge, LSD (Lysergsäurediethylamid-25), auf das Gehirn untersuchte. Wieder berichteten die Probanden von den außergewöhnlichsten Erfahrungen, bei denen mittels fMRT und Magnetenzephalografie die geringste Aktivität des Standard-Modus-Netzwerks gemessen worden war. Wenn das Gehirn weniger aktiv ist, wird das geistige Erleben aktiver.

Diese schockierende Entdeckung stimmt mit den Erfahrungen, die ich im tiefen Koma gemacht habe, überein. Während mein Neokortex von den eindringenden Bakterien zersetzt wurde, erweiterte sich meine bewusste Wahrnehmung und gelangte auf Ebenen, die ich mit meinem normalen Wachbewusstsein bisher nie erreicht hatte. Das machte es mir möglich, mich mit der tiefgründigen Präsenz der bedingungslosen Liebe im Zentrum aller Existenz zu verbinden. Da mein Gehirn wegen seiner vollständigen neokortikalen Funktionsunfähigkeit keine Halluzinationen hervorbringen konnte, war es offensichtlich, dass ich diese Ultrarealität erlebte, weil die Erfahrung real war, obwohl sie nirgendwo in unserer vierdimensionalen Raumzeit des beobachtbaren physischen Universums stattfand.

Auch wenn die psychedelische Forschung für die Weiterentwicklung unserer Vorstellungen von Bewusstsein und ein besseres Verständnis des Wesens der Wirklichkeit sehr wichtig ist, rate ich dringend vom sorglosen Gebrauch solcher Substanzen zu Freizeitzwecken ab. Im Rahmen experimenteller Studien können Qualität und Quantität der verabreichten Droge streng kontrolliert und die Versuchspersonen kontinuierlich überwacht werden. Ohne ärztliche Kontrolle können Psychedelika nicht nur die physische, sondern auch die mentale Gesundheit derer, die sie konsumieren, gefährden.

Andere Möglichkeiten, sich mit den feineren Aspekten des Bewusstseins zu verbinden, bieten Techniken, die den stetigen

Strom sensorischer Informationen, der uns an die allwaltende Illusion bindet, so weit wie möglich reduzieren. Verschiedene Formen der Reizabschirmung führen zu faszinierenden Veränderungen des wahrnehmenden Bewusstseins. Wenn wir die visuellen, auditiven und taktilen Reize reduzieren, mit denen wir in jeder wachen Minute bombardiert werden, können wir uns besser mit dem kollektiven Bewusstsein verbinden. Was bleibt von unserer bewussten Wahrnehmung, wenn wir uns weitgehend von Reizen abschirmen? Indem wir den »Lärm« aus auf uns einprasselnden Reizen aussperren, isolieren wir einen zentralen Aspekt der bewussten Wahrnehmung.

Regelmäßiges Meditieren schult die Praktizierenden darin, sich weniger von äußeren Reizen stören zu lassen, aber Anfänger nutzen oft Augenmasken, Jalousien zum Abdunkeln des Raumes, Kapselgehörschutz oder Geräte, die ein Weißes Rauschen zur Überdeckung von Lärm erzeugen, um mögliche Ablenkungsfaktoren zu reduzieren. In den vergangenen Jahren sind Floating Tanks beliebt geworden, deren stundenweise Nutzung zur Reizabschirmung inzwischen überall angeboten wird. Weitere Methoden und Mittel wurden speziell zu Forschungszwecken entwickelt.

In den 1930er-Jahren machte der deutsche Psychologe Wolfgang Metzger die Entdeckung, dass man durch ein mehrere Minuten langes Blicken in ein strukturloses Feld veränderte Bewusstseinszustände einschließlich Halluzinationen erzeugen kann, die mit entsprechenden Veränderungen im EEG des Probanden einhergehen. Berichte von Minenarbeitern, die in einer pechschwarzen Umgebung gefangen waren, sowie von Polarforschern, die sich einem Meer aus Weiß ausgesetzt sahen, deuten ebenfalls darauf hin, dass ein längerer Aufenthalt in einem als strukturlos empfundenen Umfeld ein wirkungsvoller Auslöser für Bewusstseinsveränderungen ist.

Diese gehen vereinzelt mit reichhaltigen visuellen Erfahrungen einher, die chaotisch wirken und offensichtlich keinen Bezug zu den lokalen Stimuli in der Umgebung des Probanden haben – ein Phänomen, das als *Ganzfeld-Effekt* bezeichnet wird.

In den späten 1960er- und frühen 1970er-Jahren machte man sich den Ganzfeld-Effekt in Experimenten zunutze, die am Maimonides Medical Center in Brooklyn durchgeführt wurden, um Psi-Effekte in Träumen (insbesondere die telepathische Kommunikation zwischen einem Sender und einem träumenden Empfänger) zu untersuchen.[3] Diese Studien wurden später erweitert, um die telepathische Kommunikation zwischen wachbewussten Probanden zu erkunden, wobei man davon ausging, dass der Ganzfeld-Effekt die neuronale Aktivität in den Netzwerken des Gehirns dadurch vermindert, dass er den Fluss der sensorischen Reize, dem wir in der Welt normalerweise ausgesetzt sind, weitgehend zum Erliegen bringt. Dadurch, dass man die Probanden einem leeren, unveränderlichen Gesichtsfeld in Kombination mit weißem Rauschen aussetzte, während sie eine bequeme Körperhaltung einnahmen, wollte man die Gehirnaktivität in Bezug auf alle Sinneswahrnehmungen in der Hoffnung reduzieren, so die telepathische Übermittlung von Informationen zu erleichtern.

Der allgemeine Ganzfeld-Versuchsaufbau bestand aus einem Sender, der sich etwa 30 Minuten lang auf das Ziel (einen zufällig ausgewählten Videoclip oder ein Bild) konzentrierte und in einem kontinuierlichen Strom aktiv und laut über alles nachdachte, was ihm bezüglich dieses Ziels durch den Kopf ging. Währenddessen lag der Empfänger im Ganzfeld-Zustand weitgehend isoliert von sensorischem Input in einem anderen Raum. Nachdem die 30 Minuten vergangen waren, wurden dem Empfänger vier separate Stimuli angeboten, von denen nur einer tatsächlich mit dem Ziel des Senders übereinstimmte.

Zwei Ausgaben des *Journal of Parapsychology* waren Mitte der 1980er-Jahre der Analyse des Ganzfeld-Effekts gewidmet. Sie enthielten Kommentare sowohl von Ray Hyman, einem skeptischen, aber kenntnisreichen Kognitionspsychologen, als auch von Charles Honorton, einem erfahrenen Forscher auf dem Gebiet der Ganzfeld-Technik. Die umfassende Überprüfung des Themas schloss 42 Einzelstudien ein, die in zehn Laboratorien auf der ganzen Welt durchgeführt wurden. Die Analyse dieser kombinierten Studien ergab eine Gesamttrefferquote von 35 Prozent, zehn Prozent mehr als die zufällige Trefferquote von 25 Prozent, mit der man gerechnet hatte. Die Wahrscheinlichkeit, dass solch eine Trefferquote zufällig zustande kam, liegt bei weniger als eins zu einer Milliarde. Das Ergebnis verwies also auf einen echten und fundierten Effekt. Selbst ein skeptischer Wissenschaftler wie Carl Sagan merkte an, dass es sich lohnen würde, solche Phänomene auf der Grundlage vorläufiger Beweise weiter zu untersuchen.

1986 einigten sich Hyman und Honorton auf eine stringentere Methodik zur Verbesserung der Leistungsfähigkeit von Ganzfeld-Versuchen und entwickelten ein Verfahren namens *Autoganzfeld*. Es wurden sorgfältig programmierte Computer zur Durchführung der Experimente eingesetzt. Sie wählten die Bilder oder Videosequenzen aus und zeichneten die Bewertungen der Empfänger auf. Honorton führte 354 experimentelle Treffen mit elf separaten Experimenten und 240 Probanden durch. Trotz der strengeren Kriterien blieb die Trefferquote bei erstaunlichen 35 Prozent. Bemerkenswerterweise fanden sie heraus, dass sich verändernde Ziele wie Videos im Vergleich zu stehenden Bildern zu einer wesentlich höheren Trefferquote führten.

Honorton berichtete auch von interessanten Eigenschaften, die die Trefferquote des Empfängers steigerte, etwa Meditationserfahrungen oder eine kreativ-künstlerische Begabung. 20 Musik- und Tanzstudenten von der Juilliard School in New York erreichten eine Trefferquote von 50 Prozent, und die getesteten Musiker erreichten einen Rekord von insgesamt 75 Prozent. Es wurde vermutet, dass eine ausgeprägte Kreativität möglicherweise einen natürlicheren und leichteren Zugang zum allumfassenden Bewusstsein ermöglicht. Dann wäre ihre gesteigerte Fähigkeit, auf telepathischem Wege Informationen von anderen zu empfangen, einfach nur ein weiterer Aspekt ihres breiteren Verbindungskanals zu diesem Bereich.

Viele Menschen, denen wir große Kunstwerke, wissenschaftliche Durchbrüche und Einsichten über die Zusammenhänge und Strukturen unserer Welt verdanken, haben ausgesagt, dass ihre größten kreativen Visionen von außerhalb ihrer selbst zu kommen schienen. Albert Einstein, Thomas Edison, Ludwig van Beethoven, Salvador Dalí oder Robert Louis Stevenson – sie alle berichteten, dass ihre größten Inspirationen nicht das Ergebnis längeren intellektuellen Hinterfragens oder »Nachdenkens« über etwas gewesen sind. Vielmehr schienen ihre kreativen Offenbarungen plötzlich in ihrem Kopf aufzublitzen, als sei dies vom »Universum« oder von einer Kraft außerhalb ihrer selbst so gewollt.

Einstein ließ sich beispielsweise in einem kleinen Segelboot treiben und starrte stundenlang in den Himmel, während er seine Fantasie wandern ließ. Dabei tauchten neue Möglichkeiten zur Erklärung der Realität vor ihm auf, die er dann in seine revolutionären physikalischen Theorien einarbeitete. Edison gewöhnte sich an, tagelang bei wenig Schlaf durchzuarbeiten. Wenn er einzuschlafen drohte, nahm er Gewichte in die Hände, die herunterfielen, sobald er einnickte, und ihn dadurch weckten. Durch diese Technik gewann er kreative Einsichten. Ähnlich machte es Stevenson, um auf seine Ideen für seine Romane, Gedichte und Musikstücke zu kommen. Diese kreativen Genies waren offenbar alle in der Lage, einige ihrer außergewöhnlicheren Einsichten in transzendenten Bewusstseinszuständen zu erlangen, für die sie selbst die idealen Bedingungen schufen.

Ihnen war bewusst, dass sie aktiv an diesem Prozess beteiligt waren, oft einfach nur, indem sie ihren Geist öffneten und sich einem Prozess der geistigen Befreiung hingaben, der den Boden für eine Form des frei fließenden Tagträumens zu bereiten schien. Dieser Bewusstseinszustand ist als Hypnagogie bekannt und bildet den Grenzbereich zwischen Wach- und Schlafzustand. Wir alle durchlaufen diesen hypnagogischen Zustand beim Einschlafen und kurz vor dem Aufwachen. Achten Sie jeden Tag auf diese Momente und darauf, wie sich Ihre sensorische Wahrnehmung in diesem Zustand von der unterscheidet, die Sie erleben, wenn Sie ganz wach sind. Oft erinnern wir uns in diesen Phasen an Traumfragmente und bekommen neue Einsichten oder finden kreative Lösungen für Probleme. Derartige Inspirationen können jedoch sehr flüchtig sein. Daher empfiehlt es sich, Notizblock und Stift griffbereit zu halten und sie sofort aufzuschreiben.

Letztlich können wir uns dadurch, dass wir das Gehirn weitgehend stumm schalten – sei es durch Meditation, indem wir einen Flow-Zustand erreichen oder durch Reizabschirmung – über die allwaltende Illusion unserer irdischen Raumzeit erheben. Die einzige Möglichkeit, das Wesen der zugrunde liegenden Realität wirklich zu verstehen, besteht darin, sie von außen umfassender wahrzunehmen, um so seine Perspektive so stark wie möglich zu erweitern. Die Erweiterung unseres Bewusstseins und unseres Blickwinkels gelingt uns, indem wir absichtlich nach innen gehen, um die unendliche Welt des universellen Bewusstseins zu erforschen. Das ist es, was fortgeschrittene Meditierende und spirituelle Sucher einschließlich der großen Propheten und Mystiker, welche die Grundlagen all unserer religiösen Überzeugungen legten, seit Urzeiten getan haben. Man muss nur regelmäßig üben, was in unserer geschäftigen modernen Welt eine große Herausforderung sein kann. Aber es lohnt sich.

Wie in Kapitel 3 erwähnt, hatte sich Karen Newell auf ihre persönliche Suche nach spirituellen Erfahrungen begeben und erfahren, dass die Meditation ein wertvolles Mittel für den Erwerb höheren Wissens außerhalb ihrer selbst sei. Aber zunächst war es nicht so einfach. Sie zögerte, an einem Meditationskurs teilzunehmen, da viele ein dogmatisches Glaubenssystem zu vertreten oder das Akzeptieren bestimmter Erkenntnisse zu verlangen schienen, etwa die Verehrung einer bestimmten Gottheit. Also beschloss sie, es selbst zu versuchen, indem sie sich ruhig auf einen Stuhl setzte und sich vornahm, ihren Geist zu leeren. Sie hatte gelesen, dass die Konzentration auf den eigenen Atem oder einen einfach Begriff dazu beitragen konnte, ihren Gedankenfluss zu stoppen, aber die Gedanken hielten sich hartnäckig. Als versierte IT- und Projektmanagerin war sie ständig damit beschäftigt, etwas zu planen und ihre Ideen neu zu organisieren. Es schien ihr unmöglich, diese ansonsten nützliche und produktive Aktivität plötzlich einzustellen. Zehn Minuten schienen eine angemessene Zeit, um die Augen geschlossen zu halten und still dazusitzen, aber selbst die kamen ihr vor wie eine Ewigkeit. Schließlich gelangte sie zu der Überzeugung, unfähig zur Meditation zu sein.

Damit war Karen nicht allein. Es ist für jeden Anfänger schwer, den scheinbar nie versiegenden Gedankenstrom zum

Schweigen zu bringen. Diese innere Stimme entspricht dem sprachverarbeitenden Teil des Gehirns, der eng mit dem Ego und dem Selbstgefühl verbunden ist. Es bildet die Grundlage des rationalen Denkens, der logischen Folgerungen und der menschlichen Kommunikation, aber beim Meditieren stört es.

Karen machte sich auf die Suche nach verschiedenen geführten Meditationsansätzen zur Beruhigung des Geistes. Schließlich besuchte sie einen Workshop von Puran und Susanna Bair. Sie lehren eine Form der Herz-Rhythmus-Meditation, die ihre Wurzeln im Sufismus hat. Karen fühlte sich von diesem Ansatz angezogen, weil er allen Menschen offensteht, unabhängig von ihrem Glaubenshintergrund. Die Herz-Rhythmus-Meditation beinhaltet die Koordination von Atem und Herzschlag in verschiedenen sich wiederholenden Mustern. Beispielsweise atmet man so aus und ein, dass man jeweils acht Herzschläge zählt. Die Meditationstechniken wurden in Zusammenhang mit wissenschaftlichen Untersuchungen des HeartMath Institute vorgeführt, einer Organisation, welche den Zusammenhang zwischen Herz und Gehirn und ihren Einfluss auf Stress und Stimmung beim Menschen erforscht.

Unter anderem überprüft das Institut Theorien zum elektromagnetischen Feld des menschlichen Herzens und verwendet dafür Geräte, die schwache Magnetfelder messen können und oft bei der Magnetresonanztomografie (MRT) und kardiologischen Tests zum Einsatz kommen. Bemerkenswerterweise ist das torusförmige elektrische Feld des Herzens sechzigmal größer als das des Gehirns. Und sein Magnetfeld ist fünftausendmal größer als das des Gehirns. Das Herz generiert das stärkste elektromagnetische Feld im ganzen Körper und übermittelt, wenn es schlägt, starke rhythmische Informationsmuster, die aus neurologischen, hormonellen und elektromagnetischen Daten bestehen, an das Gehirn und den gesamten restlichen Körper. Das Herz sendet mehr Informationen an das Gehirn, als das Gehirn ans Herzen sendet. Mit anderen Worten, das Herz hat seinen eigenen Kopf. Studien belegen, dass dieses elektromagnetische Feld offenbar Informationen aus der Umgebung aufnimmt und andererseits den emotionalen Zustand des betreffenden Menschen nach außen überträgt. Messungen zeigen, dass das Feld groß genug ist, um sich einen Meter (oder noch weiter) über unseren Körper hinaus zu erstrecken. Positive Stimmungen wie Dankbarkeit, Freude und Glück korrelieren mit einem größeren, stärker erweiterten Herzfeld, während Emotionen wie Gier, Wut oder Traurigkeit mit einem verengten Herzfeld korrelieren.

In dem Seminar, bei dem ich Karen kennenlernte, machten wir eine Paarübung, in der wir die Energie des jeweils anderen wahrnehmen oder »fühlen« sollten. Wir bekamen die Anweisung, abwechselnd still dazustehen, während sich der andere wiederholt aus einem Abstand von 60 Zentimetern bis sechs Metern näherte, um sich dann wieder zu entfernen. Dabei sollten wir darauf achten, ob wir dabei etwas wahrnahmen. Als ich mit erhobenen Händen auf Karen zuging, nahm ich eine feine, aber spürbare Energiegrenze um sie herum wahr. Das war eine völlig neue Wahrnehmung für mich. Sie erinnerte mich an das Empfinden einer leichten Veränderung der Temperatur oder der Luftdichte. Als ich still dastand, während Karen auf mich zuging, spürte ich, wie mein Herz mit einer warmen Verbundenheit reagierte, als habe es seinen Ursprung in ihr, aber ich spürte es in mir – ein für mich völlig neues Phänomen. Damals beschrieb ich es ihr als die Vermischung unserer Herzensenergien zu einer einzigen. Vielleicht erklären die erwähnten Erkenntnisse einen Teil dessen, was ich damals gespürt habe.

Faszinierende Forschungsergebnisse lassen darauf schließen, dass sich unsere Herzen miteinander verbinden und

Informationen austauschen. Im Rahmen von Studien werden die Probanden darauf trainiert, spezifische Herzkohärenztechniken anzuwenden, etwa das Fokussieren auf die unmittelbare Umgebung des Herzens und das Hervorrufen eines Gefühls der Wertschätzung. Kohärenz spiegelt einen höheren Zustand des Gleichgewichts und der Synchronisation der kognitiven, emotionalen und physiologischen Prozesse des Körpers wider, was zu verminderten Stressreaktionen und einer effizienteren Funktion führt. Positive Emotionen korrelieren mit höheren Kohärenzgraden. Daher kann allein das Erzeugen von Wertschätzung im Herzen die physiologischen Funktionen der betreffenden Person positiv beeinflussen – auch die ihres autonomen und parasympathischen Nervensystems.

Bei Probanden, die solche Techniken einsetzten, zeigte sich sogar, dass sie einen messbaren Einfluss auf die ihnen jeweils gegenübersitzende Person ausübten, auch wenn diese keine derartige Technik verwendete. Ein ähnliches Ergebnis kam zustande, wenn sich zwei Probanden an der Hand hielten. Wenn jemand in einem kohärenten Zustand ist, ist er empfänglicher für Informationen, die von Herzfeldern im näheren Umfeld erzeugt werden. Ständiges Gewahrsein des Herzens und eine wertschätzende Einstellung, während man einer anderen Person zuhört, führt oft zu mehr Klarheit und entsprechender Achtsamkeit für die nonverbalen Aspekte dessen, was kommuniziert wird. Das wird oft als erhöhte Sensibilität gegenüber dem anderen bezeichnet. Paare, die im selben Bett schlafen, weisen nachts oft eine bemerkenswerte Kohärenz ihrer Herzen auf. Es scheint, als kommunizierten wir mehr mit der Energie unseres Herzens als mit Sprache, Gesten und anderen nonverbalen Signalen.

Karen war von den Forschungsergebnissen beeindruckt, die den Wert kohärenter Zustände demonstrierten, und machte sich in einem Workshop über Herz-Rhythmus-Meditation mit den entsprechenden Techniken vertraut. Puran und Susanna zeigten ihr ein nützliches, besonders für Anfänger geeignetes Biofeedback-Tool, ein von HeartMath entwickeltes em-Wellen-Gerät zur Messung elektromagnetischer Wellen, mit dem man die Ergebnisse der Meditation direkt überwachen kann. Am Finger oder am Ohr wird ein Clip befestigt, der über eine Leitung mit einem Computer verbunden ist, der Informationen anzeigt, die auf der gemessenen Herzfrequenzvariabilität der Person basieren. Die Meditierenden können auf diese Weise den Grad ihres Meditationserfolgs sehen, etwa als Bild, das eine Naturszene mit Blumen und Bäumen zeigt, oder sie hören einen speziellen Ton, wenn höhere Kohärenzraten erreicht werden. Dieses direkte Feedback war sehr hilfreich für Karen, denn es zeigte ihr, wann sie den gewünschten Zustand erreicht hatte, was oft nur einen kleinen, aber wahrnehmbaren Unterschied machte.

Die Ergebnisse waren zwar ermutigend, aber das beharrliche Geplapper in ihrem Kopf hielt sie dennoch immer wieder vom Erreichen tieferer meditativer Zustände ab. Inspiriert durch den Workshop und eigene Versuche mit dem emWave®-Gerät schrieb sich Karen für einen fünfwöchigen Online-Anfängerkurs ein. Betreut wurde dieser Kurs von einem Mentor, der am Institute of Applied Meditation on the Heart von Puran und Susanna ausgebildet worden war. Karen konnte in der Vertrautheit ihrer eigenen vier Wände meditieren und dem Mentor sowie den anderen Schülern darüber Bericht erstatten, indem sie ihre Erfahrungen in einem privaten Onlineforum postete.

Die Teilnehmer bekamen für jede Kurswoche neue Anweisungen. Sie begannen damit, auf einem Stuhl sitzend eine aufrechte Körperhaltung beizubehalten, und zwar zweimal am

Tag jeweils 20 Minuten lang. Dabei sollten die Teilnehmer in dieser Zeit zunächst genau auf das eigene Atemmuster achten. Dadurch beginnt der beobachtende Geist eine wichtige Rolle zu spielen.

»Kurz nachdem ich mich still hingesetzt und angefangen hatte, meinen Atem zu beobachten, bekam ich Schmerzen im mittleren Rücken, die sich schließlich auf der linken Seite niederließen und bis in die linke Schulter ausstrahlten. Das war sehr störend für den Prozess des Stillsitzens und hatte mir in der Vergangenheit als willkommene Ausrede gedient, um innezuhalten und mich anders hinzusetzen oder zu strecken. Diesmal blieb ich reglos sitzen, war aber sehr erleichtert, als ich mich nach Ablauf der 20 Minuten wieder bewegen konnte«, schrieb Karen im Forum.

»Der linksseitige Schmerz, den du heute und auch zuvor schon beim Meditieren gespürt hast, könnte mehr als nur haltungsbedingt sein. Die linke Körperseite steht typischerweise eher für Empfänglichkeit als für Ausdruckskraft, und manchmal spiegelt ein Schmerz auf der einen oder anderen Körperseite ein Ungleichgewicht wider, das nach einer Korrektur verlangt«, erwiderte der Mentor.

Karen bekam die Anweisung, sich vorzustellen, dass sich ihr Atem in die schmerzende Stelle hinein und wieder aus ihr heraus bewegt. Sie versuchte es und stellte fest, dass der Schmerz ein wenig nachließ oder sich manchmal auch an eine andere Stelle bewegte. Was auch immer die Ursache des Schmerzes sein mochte, es war nützlich, eine Methode zu seiner Linderung zu haben. Sie konnte etwas tun, um sich davon abzulenken.

Leider konnte die Konzentration auf den Atem das ständige Geplapper in ihrem Kopf nicht sofort vermindern, und auch der Schmerz kam und ging nach wie vor. »Ich verbringe die Zeit damit, mir zu überlegen, was ich später über meine

Erfahrung in dieses Forum schreiben soll. Ich versuche, mich an verschiedene Empfindungen zu erinnern, damit ich sie genau beschreiben kann und etwas zu sagen habe. Ich mache mir Gedanken über die Planung künftiger Aktivitäten, statt über vergangene Ereignisse nachzudenken. Ich schaffe den Multitasking-Spagat und bleibe bei all dem auf meine Atmung konzentriert und auf meinen Herzschlag. Ich spüre, wie sie kommen und gehen«, berichtete Karen.

»Manchmal müssen wir den denkenden Geist im Hintergrund einfach weiterplappern lassen und die Energie auf andere Weise in Bewegung bringen! Wir wissen dann vielleicht nicht warum, wohl aber, *dass* wir uns besser fühlen!«, antwortete der Mentor.

Diese Erfahrung machen Meditierende sehr oft, besonders am Anfang. Jede Person wird eigene Hindernisse überwinden und eigene Erfahrungen machen müssen, aber es ist wichtig, nicht aufzugeben, wenn sich die gewünschten Ergebnisse nicht sofort einstellen. Karen hatte erwartet, dass sich ihre Gedanken vollständig auflösen würden, aber allmählich sah sie ein, dass es in Ordnung war, wenn ihre Gedanken im Hintergrund weiterliefen, während sie ihre Aufmerksamkeit auf etwas anderes richtete, nämlich ihren Atem, ihren Herzschlag oder ihre Schulter- und Rückenschmerzen. Dies machte es ihr möglich, ihren entscheidenden, allgegenwärtigen inneren Beobachter zu entwickeln, jenen Teil von ihr, der ihre Aufmerksamkeit entschlossen auf verschiedene Aufgaben lenken konnte. Ein wichtiger Schritt bestand darin, sich ihres Herzschlags bewusst zu werden. Manchmal spürte sie ihn, und wenn nicht, riet man ihr, in der Meditationshaltung die Hand auf ihr Herz zu legen. Nach ein paar Wochen stellte sie fest, dass sie, während sie ihre täglichen Routinearbeiten erledigte, Atmung und Herzschlag in Einklang brachte, ohne darüber nachzudenken.

Im weiteren Verlauf des Kurses merkte Karen, dass jeder Teilnehmer die Durchführung der jeweils gleichen Aufgabenstellung auf seine eigene Weise erlebte. Manche Teilnehmer berichteten von tiefen emotionalen Verbindungen, doch Karin passierte nichts dergleichen. Sie fragte sich, ob mit ihr vielleicht irgendetwas nicht in Ordnung war.

»Du bist sicher nicht die einzige Person, bei der das so ist. Bei vielen Menschen sind Emotionen nicht die vorherrschende Reaktion auf die Meditation. Sie reagieren eher mit körperlichen oder energetischen Empfindungen oder mit Bildern«, schrieb der Mentor.

Wie es scheint, sind wir alle einzigartig und reagieren unterschiedlich. Es war für Karen interessant, die eigenen Erfahrungen mit den Erfahrungen anderer Kursteilnehmer zu vergleichen. Aber als sie las, dass die anderen tiefe Einsichten erlangt und detaillierte Visualisierungen gehabt hatten, verursachte das bei ihr ein gewisses Maß an Stress, weil ihre eigenen Erlebnisse im Vergleich dazu eher langweilig wirkten.

»Wenn ich mich hinsetze, fühlt es sich manchmal an, als sei es sehr mühsam, das durchzustehen. Ich wünsche mir, dass es mir Spaß macht, mir diese Zeit für mich zu nehmen. Ich sehne mich nach einem tiefen spirituellen Moment. Es scheint, als sei ich zutiefst neidisch auf tief gehende Momente«, teilte Karen ihrer Gruppe mit.

»Man wird leicht ungeduldig oder verliert den Mut, wenn etwas, das man erreichen will, nicht so schnell kommt, wie man es sich wünscht oder vorstellt. Und dann verpasst man manchmal das Juwel, hinter dem man eigentlich her ist. Es ist im Innern versteckt und erfordert eine Selbstkultivierung, die sich entwickelt, wenn man immer nur ein Körnchen Erde oder nur einen winzigen Kieselstein auf einmal umdreht. Und vielleicht übersieht man auch das Juwel, das offen vor aller Augen liegt, auch vor den eigenen Augen, aber in einer anderen als der erwarteten Form«, gab der Mentor zu bedenken.

Karen erkannte, dass der Erwerb einer spirituellen Bewusstheit ein fortlaufender Prozess ist, der einiges an Anstrengung erfordert. Sie erlernte im weiteren Verlauf von Dutzenden von Lehrern verschiedene Methoden zur Erlangung eines ruhigen Geistes. Und sie entdeckte noch andere Möglichkeiten, ihr Innerstes zu erforschen und ihr Bewusstsein zu erweitern. Meditation war erst der Anfang. Still auf einem Stuhl zu sitzen und sich auf Atem und Herzschlag zu konzentrieren, war nicht die einzige Möglichkeit, erweiterte Bewusstseinszustände zu erleben, aber den Geist beruhigen zu lernen, war eine gute Grundlage für darüber hinausgehende Übungen.

Mehrere Jahre lang begab sie sich in ein spirituelles Trainingslager, wie sie es nannte. Sie bemühte sich zu lernen, wie man Energie spürt und das Bewusstsein durch Praktiken wie Klarträumen oder Selbsthypnose erweitert. Sie belegte Kurse in energetischen Heilmethoden wie Reiki, erforschte die spirituellen Eigenschaften von Kristallen und lernte, mit Tieren und Pflanzen zu kommunizieren. Sie beschäftigte sich mit Astrologie und Feng-Shui und übte sich in der Interpretation von Tarotkarten. Manches kam ihr sinnvoller vor als anderes, aber indem sie ihre eigene Tür zu den »extrem verborgenen Phänomenen« öffnete, war Karen nicht länger auf das Zeugnis anderer als Beweis für ein unsichtbares Reich angewiesen. Ihre persönlichen Erkenntnisse und Beobachtungen boten zahlreiche Beweise. In gewissem Sinne waren ihre Erkundungen ein moderner Initiationsweg zur Einweihung in die spirituellen Künste. Und das erinnerte sie an die alten Mysterienschulen, die sie so gern besucht hätte.

Das Gewahrsein des Herzens war zwar weiterhin ein wichtiges Werkzeug für sie, aber sie fand auch heraus, dass die von

Stimmgabeln, Kristallschalen, Didgeridoos und tibetischen Klangschalen erzeugten Klänge besonders gut geeignet waren, um das unaufhörliche Geschnatter in ihrem Kopf zum Schweigen zu bringen. Bestimmte Tonfrequenzen, die zur Gehirnwellensynchronisation eingesetzt werden (bekannt als binaurale Beats), empfand sie als besonders hilfreich. Als ich Karen kennenlernte, arbeitete sie bereits damit. Ich hatte gerade erst erfahren, wie wichtig es ist, nach innen zu gehen, und bewunderte sie für ihre Beharrlichkeit und ihre Bereitschaft, zahlreiche Techniken auszuprobieren. Ich identifizierte mich mit ihrer aufgeschlossenen und neugierigen Herangehensweise, einer Haltung, die ich mir im Prozess der Auflösung meiner früheren Überzeugung, dass es nur die materielle Welt gibt, selbst angeeignet hatte. Bisherige Meinungen beiseitezuschieben und neugierig zu bleiben, ist eine wertvolle Ausgangsbasis zur Erforschung des Bewusstseins. Hier begann die nächste Phase meiner Reise.

Kapitel 9

Die Welle des Bewusstseins reiten

Wenn du den Geheimnissen des Universums auf die Spur kommen willst, dann denke in Begriffen wie Energie, Frequenz und Schwingung.

Nikola Tesla (185–1943), Erfinder

Als auch in der Forschung arbeitender Neurochirurg war ich daran gewöhnt, mich *denkend* auf die Suche nach Antworten zu machen. Dieses hartnäckige Streben nach Verständnis in einem rationalen, linear-logischen Prozess, wie es unter Akademikern üblich ist, macht zwar einen Großteil des menschlichen Denkens in unserer Kultur aus, aber mir wurde allmählich klar, dass die unmittelbare Erfahrung, die ich auf meiner Komareise gemacht hatte, mir eine viel fundamentalere Art von Wissen vermittelt hatte. Ich sehnte mich danach, diesen Seinszustand wiederzuerlangen, und hoffte, eine dauerhafte Verbindung zu diesem Bereich herstellen zu können.

Zwei Jahre nach meinem Koma wurde ich auf Tonaufnahmen mit binauralen Beats aufmerksam, die zur Veränderung der bewussten Wahrnehmung eingesetzt werden können. Zunächst betrachtete ich das Anhören dieser Aufnahmen nicht als eine Form der Meditation. Mein ursprüngliches Interesse an den binauralen Beats begründete sich mit meiner Suche nach Möglichkeiten, den zunehmenden Abbau des Neokortex zu reproduzieren, der während meiner Koma-Reise stattgefunden hatte, aber ohne dass ich dabei fast starb. Binaurale Beats sind in der Lage, die Informationsverarbeitungsaktivität des Neokortex, des analytischen Teils des Gehirns, zu unterbinden. Ich vermutete, dass dies eine starke Bewusstseinserweiterung bewirken könne, ähnlich dem transzendenten Zustand, den ich im Koma erlebt hatte. Wie im Flow-Zustand könnte, so nahm ich an, eine Verringerung der Informationsverarbeitung im Gehirn dessen Filterfunktion vermindern, mir einen umfassenderen Kontakt mit dem kollektiven Bewusstsein über den Schleier hinweg ermöglichen und mein Bewusstsein befreien.

Es schien mir ganz natürlich, dass der Klang es mir erlauben konnte, über unsere materielle Welt hinauszugehen. Wie in *Blick in die Ewigkeit* beschrieben, waren Musik, Klang und Schwingung entscheidend für den Zugang, den ich während meines Nahtoderlebnisses zum gesamten Spektrum der geistigen Bereiche bekam. Die kreisende Melodie aus reinweißem Licht, die mich aus dem Reich der Regenwurmperspektive rettete, diente als Portal zum ultrarealen Tal des Übergangs. Dort hörte ich die Gesänge und Hymnen von Engelchören, die meinen Aufstieg über dieses idyllische Tal hinaus und durch höhere Dimensionen unterstützten. Mein endgültiges Ziel war das Zentrum weit jenseits von Raum und Zeit, die Grenze zwischen der unendlichen, ewigen Einheit, die ich spürte, und dem gesamten aufstrebenden Universum. In diesem Zentrum spürte ich den donnernden Schauer des Om, jenes Klanges, der so innig mit dem unendlich mächtigen, allwissenden und liebevollen Wesen verbunden ist, das manche als Gott bezeichnen, der Gottheit jenseits aller Namen und Beschreibungen.

Aufnahmen mit binauralen Beats sollen denjenigen, der sie hört, beim Erreichen von Bewusstseinszuständen unterstützen, die mit den durch ein EEG messbaren Gehirnwellen korreliert sind. Die Gehirnwellenzustände sind in fünf Kategorien zunehmend höherer Frequenzen unterteilt (ausgedrückt in Hertz Hz): Delta (0–4 Hz), Theta (4–8 Hz), Alpha (8–12 Hz), Beta (12–25 Hz) und Gamma (25–100+ Hz).

Einige oder alle diese Frequenzbereiche können zu jeder Zeit an der Oberfläche des gesamten Gehirns vorhanden sein. Aber konsistente Muster aus solchen Reihen von Frequenzen in spezifischen Gehirnregionen, insbesondere solche, die bei irgendeiner Aktivität dominieren, korrelieren mit verschiedenen mentalen Aktivitäten. Beta wird allgemein mit Aktivitäten wie Unterhaltungen sowie der Analyse und Verarbeitung von Informationen in Verbindung gebracht, während die niedrigsten Deltawellen im tiefen traumlosen Schlaf und im Koma vorhanden sind. Frequenzen der höchsten Gamma-Ebene zeigen sich in Momenten tiefer Einsicht und beim Vollbringen körperlicher Spitzenleistungen. Alpha spiegelt einen entspannten, ruhigen und konzentrierten Geist wider, der oft im Traumschlaf (REM-Schlaf) hervortritt. Gehirnwellen im Theta-Bereich treten bei einem Zustand der Meditation sowie erhöhter Intuition und Kreativität auf. Kleine Kinder befinden sich während ihres normalen, wachen Lebens auf natürliche Weise in diesem ursprünglichen Zustand, in dem sie ihre Umgebung am ehesten absorbieren und von ihr lernen können.

Bei Tonaufnahmen mit binauralen Beats wird den beiden einzelnen Ohren Schall mit leicht unterschiedlicher Frequenz zugeführt. Die arithmetische Differenz zwischen den beiden Frequenzen bestimmt den resultierenden Gehirnwellenzustand. Beispielsweise wird bei einer Beschallung des linken Ohrs mit 100 Hz und des rechten Ohrs mit 104 Hz ein

Signal von 4 Hz an den Hirnstamm gesendet. Unsere Ohren können Frequenzen unter 20 Hz nicht hören. Allerdings erzeugt ein Zeitgeber im unteren Hirnstamm (der obere Olivenkernkomplex oder *Nucleus olivaris superior*) ein starkes Signal, das der arithmetischen Differenz zwischen den beiden Eingangssignalen (dem linken und dem rechten) entspricht. Durch Interaktion mit einer Region im Hirnstamm, die als wichtiges Zündungs- oder Bindungssystem für das Bewusstsein dient (das aufsteigende retikuläre Aktivierungssystem), scheint dies dann die dominanten Gehirnwellen des Neokortex zu regulieren.

Erinnern wir uns daran, dass der hypnagogische Zustand, in dem unser Bewusstsein zwischen wach und schlafend schwebt, von vielen Wissenschaftlern und Künstlern als Quelle der Kreativität und Einsicht genutzt wurde. In diesem Zustand liegt die Gehirnwellenaktivität wahrscheinlich um den Theta-Bereich von 4–8 Hz, ideal für das Erreichen eines ruhigen, aber konzentrierten Geistes. Hersteller von Brainwave-Entrainment-Aufnahmen verwenden unterschiedliche Kombinationen von binauralen Beats. Manche beziehen auch isochrone Töne ein. Dabei handelt es sich um regelmäßige Töne/Schläge mit derselben Frequenz – wie Trommelschläge, nur viel schneller. Verschiedene Kombinationen, die alle Gehirnwellenzustände einschließen können, scheinen verschiedene Bewusstseinszustände zu unterstützen.

Zunächst hörte ich solche Aufnahmen über Kopfhörer, während ich ruhig in einem abgedunkelten Raum dalag und eine Augenmaske trug, um jegliches Umgebungslicht zu eliminieren. Das war vollkommen neu für mich. Die Geräusche, die ich hörte, unterschieden sich in bemerkenswerter Weise von normaler Musik. Sie klangen eher wie die Vibration eines Motors, aber mit einem stetigen, pochenden Schwanken. Die ersten paar Mal dachte ich, ich sei vielleicht eingeschlafen. Doch anders als bei einem typischen Nickerchen hatte ich hinterher nicht das Gefühl, geschlafen zu haben, sondern vielmehr ziemlich aktiv gewesen zu sein. Ich fragte mich, warum ich mich nicht an mehr davon erinnern konnte. Als ich nach ein paar Hörsessions so dalag und mich fragte, was wohl als Nächstes kommen würde, wurde ich mir plötzlich eines traumartigen, schwebenden Gefühls bewusst. Ich wusste zwar, dass ich in meinem Bett lag, aber mein Bewusstsein schien von meinem physischen Körper getrennt zu sein.

Die ätherische Fremdheit des hypnagogischen Zustands war ein Teil davon, aber gleichzeitig hatte ich das Gefühl, jenseits der Illusion der materiellen Welt zu schweben. Zuerst war es nur unterschwellig, aber was mich wirklich schockierte, war eine gewisse Losgelöstheit vom Zeitfluss. Ich wurde mir eines Bereichs bewusst, der buchstäblich außerhalb der Blase des scheinbaren Hier und Jetzt lag, einer so wichtigen Klammer unserer menschlichen Existenz. Ich nahm einen größeren Aspekt meines Bewusstseins aus einer Perspektive wahr, die umfassender war als alles, was ich je gesehen hatte – außer auf meiner Reise im Koma. Ich empfand einen starken Frieden und eine Akzeptanz der Erfahrung, hatte aber auch das Gefühl, Zugang zu viel vollständigeren und höheren Ebenen des Verstehens zu haben.

Entscheidend für den Prozess war, nicht an einem Ergebnis und Ausgang festzuhalten. Durch wiederholtes Üben konnte ich schließlich der Versuchung widerstehen, die Leere mit dem Geschwätz meines egoistischen linguistischen Gehirns zu füllen. Die binauralen Beats schienen mir dabei zu helfen, meine Gedanken zu beruhigen, aber im Zustand der Reizabschirmung tauchten verschiedene Bilder und komplexe Visionen auf, die zunächst völlig ungebeten wirkten. Indem ich mich in einen Zustand der Gelassenheit und des erweiterten

Bewusstseins hinein entspannte, fand ich heraus, dass das Universum offenbar Informationen zu bieten hatte, die mir helfen konnten, eine Facette meines Lebens besser zu verstehen.

Ich lernte, dass ich eine intensivere Erfahrung hervorrufen konnte, indem ich Dankbarkeit (für jede kleine Segnung in meinem Leben) und Vertrauen (dass ein höheres Bewusstsein mehr Erkenntnis bewirkt) aufbrachte und dann einfach losließ, um zu sehen, was das Universum (und meine höhere Seele?) auf dem Weg des Wissens zu bieten hatte. Ich lernte, eine Frage zu stellen, und manchmal wurden mir in diesem erweiterten Bewusstseinszustand Antworten offenbart. All diese Schritte haben mir eine lohnende Erfahrung ermöglicht. Später wurde mir klar, dass diese Form des Eintritts in das Reich des Bewusstseins eine Art Meditation war, die es mir erlaubte, eine vollständigere Verbindung mit meiner inneren Welt (und dem äußeren Universum) einzugehen.

Während ich gerade erst anfing, mit Methoden zur Erforschung des Bewusstseins zu experimentieren, arbeitete Karen schon seit einigen Jahren mit Brainwave-Entrainment-Aufnahmen. Sie hatte herausgefunden, dass Tonaufnahmen mit binauralen Beats besonders kraftvoll waren und sich neben vielen anderen Praktiken als sehr nützlich für ihre persönlichen Erkundungen erwiesen. Anfangs war Karen beim Hören binauraler Beats oft eingeschlafen, aber ihre Beharrlichkeit zahlte sich aus. Nachdem sie ihr Gehirn in regelmäßigen Hörsessions daran gewöhnt hatte, trainierte sie ihre Fähigkeit, ihr Wachbewusstsein längere Zeit aufrechtzuerhalten. Sie nahm ihre persönliche Erkundungsroutine sehr ernst, und ich war besonders fasziniert, als sie mir erzählte, dass sie solche Tonaufnahmen auch regelmäßig mit ihrem Freund und Kollegen Kevin Kossi hörte, der wie ich ein Nahtoderlebnis gehabt und seit seiner Kindheit außerkörperliche Erfahrungen gemacht hatte.

Die beiden hatten sich auf einem Klangworkshop kennengelernt. Nachdem sie eine geführte Klangreise gemacht hatten, waren sie in der Gruppe zusammengekommen und hatten ihre Erfahrungen ausgetauscht. Mehrere Teilnehmer berichteten nacheinander, was sie gefühlt, gehört oder gesehen hatten – Farben, persönliche Botschaften oder körperliche Empfindungen. Und dann war Kevin an der Reihe. Karen wusste schon um Kevins bemerkenswerte Fähigkeit, Dinge zu beschreiben, die er im Rahmen von außerkörperlichen Erfahrungen erlebt hatte.

Von außerkörperlicher Erfahrung spricht man, wenn jemand beispielsweise im Schlaf oder unter Narkose von weit oben auf den eigenen Körper hinabblickt und bemerkt, dass sein Bewusstsein an der Zimmerdecke schwebt. Manche, die eine außerkörperliche Erfahrung machen, finden sich an einem vertrauten Ort in ihrem Zuhause wieder. Andere haben das Gefühl, dass ihr Astralkörper Wände durchdringt und sie auch weiter entfernte Regionen erforschen können. Versuche, solche Phänomene unter Laborbedingungen zu reproduzieren, waren bisher nicht von Erfolg gekrönt, doch das macht sie nicht weniger real für diejenigen, die sie erleben.

»Als ich mich von meinem Körper löste und allmählich über ihm nach oben stieg, spürte ich, dass mich etwas Faszinierendes in Karens Zimmer zog. An der Wand bemerkte ich mehrere Reihen von Bildern mit bunten geometrischen Formen, die wie Portale aussahen. Mit meinem ätherischen Körper tauchte ich in die Portale ein, um zu sehen, was sich dort verbarg«, berichtete Kevin.

Als er das in der Gruppe erzählte, konnte sich Karen nicht daran erinnern, während ihrer eigenen, ganz anderen Erfahrung etwas von Kevin mitbekommen zu haben. Allerdings erinnerte sie sich an die Postkarten, die sie von zu Hause mitgebracht hatte. Sie befanden sich in einer noch ungeöffneten Schachtel, die Dutzende von Karten enthielt. Sie zeigten die Bilder von einem Künstler, der Symbole aus Kornkreisen in bunte geometrische Muster übertragen hatte. Als Karen sie Kevin später zeigte, sagte er: »Jap, das waren sie.«

Karen begann mit Kevin zusammenzuarbeiten. Sie hatten beide das Ziel, ihre jeweiligen persönlichen Erkundungen auszuweiten. Etwa ein Jahr, bevor ich die beiden kennenlernte, hatten sie experimentelle Sounddateien erstellt, die binaurale Beats und andere Brainwave-Entrainment-Techniken enthielten. Sie hatten Karens umfangreiche Tonträger-Bibliothek analysiert und verschiedene Arten von Frequenzen auf alle möglichen Arten und Weisen auseinander- und wieder zusammengeschnitten. Durch Versuch und Irrtum fanden sie neuartige Techniken, die sich für das Erreichen ihrer Ziele als besonders effektiv erwiesen. Besonders faszinierend war, dass dieser Prozess häufig den Austausch über gleichzeitige Reisen in erweiterte Bewusstseinszustände von unterschiedlichen Orten aus einschloss. Nachdem sie sich zur selben Zeit eine Aufnahme angehört hatten, sprachen sie von ihren jeweiligen Standorten in New York City und Baltimore am Telefon miteinander und schilderten einander ihre Erfahrungen und verglichen sie, was Karen als besonders wertvoll empfand. Anfang 2012 boten mir Karen und Kevin an, ihre Tonaufnahmen auszuprobieren. Sie hatten diese Aufnahmen bisher noch niemanden anhören lassen. Ich willigte bereitwillig ein. Kevin hatte ein tragbares EEG-Gerät in seinem Rucksack, als er in meinem Hotelzimmer in New York City ankam.

»Ich befestige jetzt die drei elektrischen Elektroden an deiner Stirn, um sowohl den rechten als auch den linken Frontallappen zu messen«, erklärte Kevin. »Wir können in Echtzeit sehen, welche Gehirnwellen allgemein vorherrschen und auch genau, wann Veränderungen auftreten, während die Aufzeichnung gemacht wird.«

Der *Interactive Brainwave Visual Analyzer* (IBVA) war im Vergleich zu den EEG-Geräten, die ich aus der klinischen Praxis kannte, recht einfach konstruiert, aber er hatte eine stabile grafische Anzeige, die es uns ermöglichte, den Grad der Synchronität und die dominante Frequenz in den Frontallappen in Echtzeit zu analysieren, und erwies sich für unsere Zwecke als ausreichend. Seine einfache Bauweise beschränkte uns zwar darauf, die Aktivität in den präfrontalen Regionen zu untersuchen (denen die Ausführungsfunktion und die Entscheidungsfindung zugeschrieben wird), aber an diesen Regionen lassen sich, wie Studien zum Flow-Zustand und zur Meditation zeigen, mit die wichtigsten Beobachtungen machen. Für einen Großteil unserer neueren Arbeiten setzen wir allerdings ein 10-20-EEG-System ein, das einen umfassenderen Blick auf die Aktivitäten des Neokortex bietet.

Wie gewohnt hörte Karen die gleiche Aufnahme an ihrem Standort und drückte den Play-Knopf, nachdem sie sich per Textnachricht mit uns abgestimmt hatte. Die Aufnahme, die wir ausgewählt hatten, war die neueste Kreation der beiden.

»Wir merken uns einfach, was passiert, und erzählen es uns später gegenseitig«, schlug Karen vor, während wir uns aufeinander abstimmten.

»Einverstanden«, sagten Kevin und ich.

Als ich meine Kopfhörer aufsetzte und es mir auf dem Hotelsofa bequem machte, bereitete sich auch Kevin mit seinen Kopfhörern auf das Hörerlebnis vor. Die Klangreise begann, und ich ließ mich darauf ein. Zunächst war ich überwältigt von der Kraft des Klangs. Er war mächtiger und satter als alles, was ich bis dahin gehört hatte. Ich hatte mir zwar vorgenommen, keine übertriebenen Erwartungen zu hegen, aber ich fand mich schnell im dem vertrauten Seinszustand wieder, an den ich mich in den vergangenen Monaten gewöhnt hatte. Ich ließ mich in der Klanglandschaft nieder und ließ es zu, dass sich mein Erleben entfaltete. Die kraftvollen Töne bewirkten schnell, dass sich mein Bewusstsein über die Illusion des Hier und Jetzt hinaus erweiterte.

Nachdem ich meine Kopfhörer wieder abgesetzt hatte, nahm Kevin Karens Anruf entgegen und stellte die Freisprechanlage ein. Karen und Kevin waren geübt darin, ihre Erfahrungen auszutauschen, aber diesmal waren sie besonders gespannt auf meine.

»Wow«, war alles, was ich zunächst herausbrachte, immer noch ein wenig schwindelig von den transzendentalen Wahrnehmungen während der von diesen Klängen angestoßenen inneren Erforschung.

Ich war erstaunt über die erlebte Intensität. Offensichtlich waren Kevin und Karen etwas Großem auf der Spur, und ich fühlte mich unmittelbar mit ihnen verbunden. Ich hatte auch vorher schon eine kraftvolle kreative Synergie zwischen Kevin und Karen gespürt, aber jetzt sah ich sie auf einer völlig neuen Ebene. Die Chemie zwischen ihnen lieferte eine hervorragende Basis für die gemeinsame Entwicklung technisch anspruchsvoller Brainwave-Entrainment-Aufnahmen, die tief greifende transzendentale Erkundungen anderer Bewusstseinsbereiche ermöglichen können. Und ich fing an zu erkennen, wie meine Beteiligung ihre Zusammenarbeit noch verbessern konnte.

Kevin war besonders geschickt darin, seine Bewusstseinsreisen aus einer visuellen Perspektive zu beschreiben. Er schilderte einzelne Szenen in allen Details und berichtete minutiös von komplexen Interaktionen mit Energiewesen. Im Gegensatz dazu war Karens Erleben eher konzeptionell. Aber aus einem inneren Wissen heraus beschrieb sie die gleichen Dinge, die Kevin sehen konnte, obwohl sie behauptete, längst nicht so visuell zu sein wie Kevin. Sie spürte Objekte und Geschehnisse und hatte oft unerwartete Einsichten und emotionale Reaktionen. Dies erinnerte mich daran, dass auch Nahtoderlebnisse auf ganz unterschiedliche Weise beschrieben werden, auch wenn die gelernten Lektionen sehr ähnlich sind.

Diese beiden unerschrockenen Psychonauten baten mich nun, sie zu unterstützen, indem ich mir ihre experimentellen Tonaufnahmen anhörte und mich mit ihnen über die dabei gemachten Erfahrungen austauschte. Wir begaben uns also auf eine Reihe gemeinsamer Klangreisen. Und ich war dabei, wo auch immer ich mich gerade aufhielt. Ich war hocherfreut, an diesen Unternehmungen teilhaben zu können, und betrachtete sie als gute Gelegenheit, regelmäßig in einen Zustand des erweiterten Bewusstseins zu gelangen. Mehrmals in der Woche koordinierten wir drei unsere Termine, hörten die gleiche Aufzeichnung an und unterhielten uns anschließend per Telefonkonferenz.

In den ersten Wochen unserer gemeinsamen Hörerlebnisse driftete ich in einen bewussten Zustand hinein und wieder aus ihm hinaus und nahm beispielsweise Bilder und das Gefühl der Verbundenheit mit etwas wahr. Aber es war nicht immer einfach, meine Erlebnisse in Worte zu fassen. Wir hörten die Aufnahmen oft erst sehr spät in der Nacht, weil wir unsere Termine anders nicht koordinieren konnten, und mir fiel es manchmal schwer, wach zu bleiben. Ich war daran gewöhnt, in meinem eigenen Gewahrsein zu schweben, alle Ablenkungen hinter mir zu lassen und mich als reine Energie zu erleben. Allerdings war es für mich oft schwierig, unmittelbar nach der Rückkehr aus solchen Meditationen den sprachlichen Teil meines Gehirns einzusetzen. Anfangs konnte ich nicht viel zu unseren Gesprächen beitragen, doch nachdem ich die

Aufnahmen häufiger gehört hatte, blieb ich aufmerksam und stellte fest, dass ich meine Erfahrungen immer besser beschreiben konnte.

Ich achtete auf meinen Atem, konzentrierte mich ganz auf seinen Rhythmus und stellte ihn mir als eine natürliche Schwingung vor, die mit den Obertönen jedes beliebigen Aspekts meines Lebens, den ich (mit einer bestimmten Frage oder Absicht) untersuchen wollte, im Einklang stand. Nach jahrelanger Übung ist dies mittlerweile zu einem sehr effizienten Prozess der Loslösung von der Alltagsexistenz geworden. Jenseits dieses Punktes ist mir nur selten bewusst, dass irgendwelche Gedanken in Form von Worten in mein Bewusstsein dringen. Ich habe dann einen nicht sprachlichen Bereich betreten, der den gewaltigen Regionen des erweiterten Bewusstseins entspricht, das ich als Neuausrichtung an meiner höheren Seele erlebe.

Einfach nur in der Fülle der hörbaren Töne zu existieren, in ihren rhythmischen Schwingungen zu schweben, lässt mich in einen beruhigenden Ozean des Gewahrseins sinken, einen Ozean, der nicht durch die sinnlichen Wahrnehmungsgrenzen der normalen, wachen Welt eingeschränkt ist. Dieser Ozean besteht aus der tröstlichen Liebe, die ich als deckungsgleich mit dem spirituellen Bereich des bewussten Einflusses und des unendlichen Potenzials identifiziert habe, dem Bereich der höheren Seele. In diesem Zustand lasse ich mein sprachliches (und ego-bezogenes) Gehirn weit hinter mir und stelle fest, dass das Wechselspiel von Gedanke und Emotionalität einen fruchtbaren Boden für meine meditative Erfahrung bereitet. Das ist der Bereich, in dem ich nach und nach das kollektive Bewusstsein spürte, von dem alle fühlenden Wesen ein Teil sind.

Zwar genoss ich diese gemeinsamen Reisen sehr, aber ich verfolgte auch ein eigenes Interesse. Ich wollte zu meinem

Nahtoderlebnis zurückkehren – also in den Zustand, in dem ich während meines Komas gewesen war. Es schien, als könne Kevin jede vorstellbare Frequenzreihe erzeugen, und ich nutzte die Gelegenheit und bat ihn um eine Aufnahme, die mich in meinen Komazustand zurückbringen würde. Wir haben etwa zwei Wochen lang mit Aufnahmen aus der »Komareihe« experimentiert, also mit starken Delta-Signalen, die den Gehirnwellenzustand erzeugen, der bei Komazuständen gemessen werden kann. Diese speziellen Versuche haben meist dazu geführt, dass wir eingeschlafen sind. Wir haben es geschafft, den einen oder anderen Tiefschlafzustand zu erreichen, aber zum Glück kein echtes Koma ausgelöst. In der Regel sind diese Aufnahmen sicher. Die Töne lösen eine tiefe Entspannung aus, aber der Hörende bleibt in der Lage, die Situation zu steuern, und kann, wenn er möchte, jederzeit aufhören oder einfach einschlafen und auf natürliche Weise wieder aufwachen.

Wie Kevin und Karen bereits herausgefunden hatten, konnte eine Mischung aus Klängen, die verschiedene Kombinationen aus Delta, Theta und Alpha enthielten, unsere Ziele am effektivsten unterstützen. Dabei war einiges an Versuch und Irrtum erforderlich, um die gewünschten Ergebnisse zu erzielen, zumal wir drei auf ganz unterschiedliche Weise reagierten. Ein universaler Ansatz, der vorhersehbare Ergebnisse für jeden Zuhörer garantieren konnte, war nicht in Sicht. Karen beispielsweise bevorzugte generell niedrigere Frequenzen, während mir die höheren lieber waren. Es war also nicht immer einfach, die idealen Kombinationen zu finden.

Kevin und Karen sammelten gewohnheitsmäßig Originalaufnahmen verschiedener Geräusche, etwa die der Meeresbrandung, von Wasserfällen und Vogelstimmen, um ihr Repertoire an Audioeffekten damit zu ergänzen. Sie nahmen an einer Konferenz in Sedona teil, bei der es um ur- und frühgeschichtliche Themen ging, etwa um die astronomische Ausrichtung megalithischer Bauwerke, die archäologischen Überreste frühgeschichtlicher Technologien oder um die Berechnung riesiger Zeitzyklen, die auf der Basis der Bewegung von Planeten und Sternbildern erstellt worden waren. Die Präsentationen waren faszinierend, aber die beiden hatten ein anderes Ziel. Ihnen ging es darum, ein angrenzendes Gebiet zu erforschen.

Während eines Aufenthalts an einem abgelegenen Ort in der Nähe nahmen sie ein dramatisches Donnergrollen von einem sich zusammenbrauenden Wüstensturm auf. Diese Aufnahme war das letzte Teilchen einer Klangsammlung, die wir »Tor zum Unbekannten« nannten. Darin war auch ein spiraliger Klangeffekt enthalten. Er führte uns durch eine Vielzahl von experimentellen Frequenzreihen, die uns monatelang beschäftigten. Das tiefe Donnergrollen schwoll langsam zu einem Crescendo an. Das Klingeln einer tibetischen Glocke und andere Geräusche bauten sich intensiv auf und gipfelte in einem spiraligen Gefühl, das unser Bewusstsein in tiefere Bereiche trieb.

Von dort traten wir in ein breites Spektrum von experimentellen Frequenzreihen ein. Kevin stellte uns regelmäßig neue Aufnahmen zur Verfügung, die er auf der Basis unseres Feedbacks ständig akribisch überarbeitete. Wir haben diejenigen als die erfolgreichsten Frequenzreihen definiert, in denen wir ähnliche Szenen oder Muster wahrnahmen. Sie bildeten die Grundlage für künftige Tonaufnahmen. Üblicherweise versuchen wir, einander in unseren gemeinsamen Klangreisen zu finden, um unsere eigenen Erfahrungen damit zu vergleichen, wie die beiden anderen uns jeweils wahrgenommen hatten. Je ähnlicher sich diese Beschreibungen waren, desto mehr hatten wir das Gefühl, erfolgreich gewesen zu sein. Die Konstante in der Reihe »Tor zum Unbekannten« war der Spiraleffekt. Jeder von uns entwickelte eine einzigartige, wenn auch durchaus ähnliche Art, davon zu erzählen.

Als der Spiralklang begann, hatte ich das Gefühl, dass wir drei, in identische, reflektierende silberfarbene Anzüge gekleidet, auf einer erhöhten Metallplattform inmitten einer aufgewühlten, stürmischen See standen. Dunkelgraue Wolken mit leuchtenden Konturen wirbelten über die Plattform, während riesige Wellen gegen die Pylone schwappten und uns mit salziger Gischt besprühten. Dabei wurde der Spiralklang immer intensiver. Die Wolken über uns bewegten sich mit zunehmender Geschwindigkeit. Dunkelviolette Blitze durchzuckten die Wolken und zerrissen den Himmel unter heftigen Donnerschlägen. Wir standen in einer Dreiecksformation auf der Plattform und schwebten nach oben, der Schwerkraft trotzend. Die Wolkenfetzen zogen sich zu einem hochgradig energiegeladenen Strudel zusammen, und die gesamte Sinneserfahrung wurde von diesem sich exponentiell ausdehnenden Strudel mitgerissen. Wir sausten nach oben durch ein Wurmloch des endlosen Raum-Zeit-Gefüges und stürzten uns in eine höherdimensionale Existenz.

Kevin beschrieb in der Regel in allen ausführlichen Details, wie wir drei uns auf einer Insel versammelten und dann senkrecht in die Luft geschraubt wurden. Karens Erleben war weniger visuell, aber sie spürte, wie wir drei energetisch zusammenkamen und dann in einem Strudel nach oben flogen. Wir beschrieben dies jeweils ein wenig anders, aber wir haben alle gespürt, wie wir zusammenkamen, und das gab uns einen konstanten Erdungspunkt. Für das Erreichen einer solchen Ebene der Verbundenheit war ein intensives Üben als Gruppe erforderlich. Während ein Teil des von uns Geschilderten aus unserer Vorstellung zu kommen schien, zogen die gemeinsamen Aspekte dieser Erfahrungen unsere Aufmerksamkeit auf sich. Wir sollten dies nicht einfach als chaotische Produkte einer überaktiven Fantasie abtun. Nachdem wir den Spiraleffekt hinter uns gebracht hatten, folgten verschiedene andere Szenen und Empfindungen. In einer Hörsession, in der es uns gelang, einander zu finden, identifizierten wir auch jeweils drei andere Wesen, die als unsere Geistführer fungierten. Wir beschrieben sie auf ganz ähnliche Weise, wobei zwei größer waren als der dritte. Jeder dieser drei Geistführer tat sich mit einem von uns zusammen und bot uns eine maßgeschneiderte Tour auf der Grundlage unserer jeweiligen Interessen. Bemerkenswerterweise waren die Beschreibungen unserer Erfahrungen sehr ähnlich, bis wir uns trennten und uns mit unserem jeweiligen Geistführer auf den Weg machten. Bei anderen Gelegenheiten beschrieben wir uns gegenseitig, wie wir uns durch die Zeit bewegten und Momentaufnahmen von Szenen auf der Erde wahrnahmen, die in der Vergangenheit stattgefunden hatten, oder wie wir gemeinsam eine Dschungelszene erlebten. Der Spiraleffekt wurde bei all dem zu einem nützlichen Klangelement, einem Mechanismus, um in erweiterte Bewusstseinszustände zu gelangen.

Karens Faszination für Spiralen entsprang einer lebenslangen Neugier auf bestimmte heilige Stätten, die geweckt worden war, als sie in der Schule gelernt hatte, dass die drei Pyramiden auf der Hochebene von Giseh von Zehntausenden von Arbeitern in zwei Jahrzehnten erbaut worden waren, um als Grabstätten für Pharaonen zu dienen. Zu der Zeit fragten sich viele Wissenschaftler, wie die unglaublichen technischen Meisterleistungen bei Bau der Großen Pyramide überhaupt vollbracht werden konnten, etwa die äußerst präzise Ausrichtung auf die vier Himmelsrichtungen, die perfekten 90-Grad-

Winkel an einem Gebäude von so gewaltiger Größe, und auch, wie die riesigen Steine in Form gebracht und an Ort und Stelle gehoben worden waren. Es gibt viele solche Beispiele. An heiligen Stätten auf der ganzen Welt wurden Hinweise darauf gefunden, dass wir vieles über die wahre Geschichte der Menschheit nicht mehr wissen, unter anderem auch sich häufig wiederholende, rätselhafte Symbole. Die Spirale ist ein solches Symbol, etwa die dreifache Spirale, die in einer prähistorischen Anlage in Newgrange in Irland entdeckt wurde.

Das ist zwar faszinierend, aber es herrscht keine Einigkeit darüber, was die Spirale für diejenigen bedeutet hat, die sie in Stein gemeißelt haben. Manche glauben, dass sie ein Tor zu veränderten Bewusstseinszuständen darstellt. Karen hatte einer Zeremonie beigewohnt, die von Sufi-Mystikern durchgeführt wurde. Die tanzenden Derwische wirbeln kontinuierlich mit ausgestreckten Armen um die eigene Achse, wobei die rechte Hand nach oben und die linke nach unten zeigt. Die Tänzer bewegen sich in Spiralen über den Boden und repräsentieren unser Sonnensystem und die Planeten, die um die Sonne kreisen. In gewissem Sinne schließen sie sich der Bewegung des Kosmos an, um ihn unmittelbarer zu erfahren und eine transzendentale Bewusstseinsveränderung zu ermöglichen. Auch Kevin war der Meinung, dass es interessant sei, die Spirale als potenziellen Impuls zum Erreichen eines erweiterten Bewusstseinszustands zu erforschen.

Eine bestimmte Art von Spirale spiegelt sich in der Fibonacci-Folge wider, einer bestimmten Zahlenreihe, die mit dem Goldenen Schnitt in Verbindung gebracht wird. Der Goldene Schnitt (oder Phi, die goldene Zahl) war von dem berühmten griechischen Geometer und Mathematiker Euklid in seinem zweiten Buch der *Elemente* (ca. 300 v. Chr.) als dasjenige Verhältnis definiert worden, das eine Mitte und zwei Extreme hat.

Der italienische Mathematiker Fibonacci (eigentlich Leonardo von Pisa, 1175–1250) erläuterte dieses proportionale Verhältnis in seinem 1202 veröffentlichten *Liber Abaci*. Dieses Buch machte die westliche Welt mit dem indisch-arabischen Zahlensystem (dessen Ursprung vor dem 4. Jh. in Indien liegt) vertraut und ermöglichte dadurch die Befreiung von den Fesseln des schwerfälligen römischen Zahlensystems. Fibonaccis Beitrag beinhaltete auch die Weitergabe mehrerer Schlüsselbegriffe aus dem indisch-arabischen System (darunter nicht nur die neun Ziffern, sondern auch das Konzept der Null und das System der Dezimalstellen), die eine starke Erweiterung der Mathematik in Europa ermöglichte.

Fibonacci-Folgen und der Goldene Schnitt zeigen sich auch häufig in der Natur, etwa in der Spiralstruktur von Galaxien und Planetenumlaufbahnen; in der Struktur von Kristallen, Tannenzapfen und Ananasfrüchten; in der schönen Kurve der Nautilusschale, in der Anlage eines Wildbienennests. Es gibt noch unzählige weitere Beispiele, auch im menschlichen Körper. Beim Menschen sind Mund und Nase jeweils gemäß dem Verhältnis des Goldenen Schnitts zwischen den Augen und der Unterkante des Kinns positioniert. Wenn man die Fingergelenke (von der Spitze des jeweiligen Fingers in Richtung Handgelenk) misst, dann ist jeder Abschnitt gemäß dem Verhältnis des Goldenen Schnitts länger als der vorhergehende. Der Goldene Schnitt taucht auch in der Helixstruktur der DNA auf. Die Dimensionen ihrer molekularen Spirale entsprechen genau dem Teilungsverhältnis des Goldenen Schnitts. Sogar die Hörschnecke im Innenohr hat die Form einer Spirale, und auch wenn die Anatomie jedes Menschen etwas anders ist, kommen die Proportionen der Hörschnecke denen der Fibonacci-Spirale sehr nah. Unsere menschliche Art, Schall wahrzunehmen, hängt von dieser Spiralform ab, da jeder

Punkt der Hörschnecke mit einer anderen Frequenz in Verbindung steht.

»Es ist wohl nicht übertrieben zu sagen, dass der Goldene Schnitt Denker aller Disziplinen inspiriert hat wie keine andere Zahl in der Geschichte der Mathematik«, sagte der israelische Astrophysiker Mario Livio. Einige der größten mathematischen Denker aller Zeiten, von Pythagoras und Euklid im alten Griechenland über den mittelalterlichen italienischen Mathematiker Leonardo von Pisa und den Renaissance-Astronomen Johannes Kepler bis hin zu zeitgenössischen Wissenschaftlern wie dem Oxford-Physiker Roger Penrose hätten sich eingehend mit diesem einfachen Verhältnis und seinen Eigenschaften beschäftigt. Doch nicht nur Mathematiker habe der Goldene Schnitt fasziniert. Auch Biologen, bildende Künstler, Musiker, Historiker, Architekten, Psychologen und sogar Mystiker hätten sich damit befasst und über seine Allgegenwart debattiert.

Auch Karen und Kevin suchten nach Möglichkeiten, den Goldenen Schnitt zusammen mit anderen Harmonien aus der Natur in ihre Tonaufnahmen zu integrieren. Sie fanden heraus, dass Töne, die verschiedene harmonische Prinzipien in sich vereinen, angenehmer und/oder wirksamer waren als andere. Ich war fasziniert von diesem Ansatz, weil Klang ein so grundlegender Bestandteil meiner Durchquerung der geistigen Reiche gewesen war. Und Musik ist ja eigentlich Klang, der in einer mathematischen Form zum Ausdruck gebracht wird. Überall in der Natur findet sich mathematische Präzision. Wenn unsere Welt durch mathematisch berechenbare Verhältnisse strukturiert ist, ist es durchaus nachvollziehbar, dass eine Klangkomposition, die diese Verhältnisse widerspiegelt, für die Erforschung des Bewusstseins hilfreich sein kann.

Ich kann mir ein Leben ohne regelmäßige spirituelle Erkundungen nicht vorstellen zu bewältigen, und ich liebe es, die entsprechenden Instrumentarien zu teilen. Daher ermutigte ich Karen und Kevin, diese Tonaufnahmen auch anderen zugänglich zu machen, was zur Gründung ihrer Firma *Sacred Acoustics* führte. Das Hören dieser Audioaufnahmen hilft mir, mich vor einer Präsentation zu entspannen und zu konzentrieren, kreative Inspirationen zu bekommen oder ein bestimmtes Problem zu lösen. Ich arbeite nach wie vor mit Kevin und Karen an der Entwicklung von Tonaufnahmen und versuche, mir mindestens eine Stunde (manchmal auch zwei bis drei Stunden) am Tag zum Anhören der Aufnahmen freizuhalten. Diese regelmäßige Praxis ist zu meiner bevorzugten Form der Meditation geworden. Es geht mir dabei vor allem um die Erforschung unermesslich großer unbekannter Regionen des bewussten Gewahrseins und um die Rückkehr zu den Bereichen, den Geistwesen und dem göttlichen Wesen, denen ich in meinem Koma begegnet war.

Es ist mir zwar gelungen, mich erneut mit dem geistigen Bereich zu verbinden, aber ich muss zugeben, dass ich den Zustand der Hyperrealität, den ich während meines Komas erfahren hatte, nie wieder ganz erreichte. Es ist uns auch nicht gelungen, die Töne, die ich auf dieser siebentägigen spirituellen Reise gehört habe, genau zu kopieren, obwohl wir viele entsprechende Versuche unternommen haben. Um diese Töne noch einmal hören zu können, muss ich vermutlich warten, bis mein physischer Körper nicht mehr als Haus für mein Bewusstsein zur Verfügung steht. Der Schleier, der uns von der spirituellen Welt trennt, ist mächtig, und es hat einen Sinn, dass er da ist. Er sorgt dafür, dass wir uns ganz auf unser irdisches Leben konzentrieren können.

Diese »Klangreisen« gehen weit über die Erinnerungen an mein Nahtoderlebnis hinaus. Sie beinhalten eine stabile und ständig zunehmende Interaktion mit allen Aspekten dieser

Bereiche und führen zu einer umfassenden Erweiterung meiner Einsicht, meines Verständnisses, meiner Kreativität, meiner Beziehungen etc. Dadurch, dass ich diese Tür zum Kosmos schon seit Jahren täglich öffne, konnte ich mich im Laufe der Zeit immer stärker an meiner höheren Seele und dem Universum als Ganzem ausrichten. »Ich« bin nicht mehr nur ein »Teil« des Universums. Vielmehr fügt sich mein mentales/spirituelles Wesen auf holografische Weise perfekt in den Kosmos ein. Das ist eine Form, jene Einheit zum Ausdruck zu bringen, nach der so viele Suchende in der Menschheitsgeschichte strebten und streben.

Kapitel 10

Sei die Liebe, die du bist

Eines Tages, nachdem wir es geschafft haben, den Wind, die Wellen, die Gezeiten und die Schwerkraft zu beherrschen, werden wir uns die Energien der Liebe nutzbar machen, und dann wird der Mensch zum zweiten Mal in seiner Geschichte das Feuer entdeckt haben.

Pierre Teilhard de Chardin (1881–1955), französischer Philosoph und Paläontologe

Eine der tiefgründigsten Erkenntnisse, die ich im Verlauf meines spirituellen Erwachens hatte, war, dass Emotionen »das Salz in der Suppe« sind, die den Lektionen, die wir im Leben lernen, Wert und Bedeutung geben. Diese Erkenntnis kam einem Paradigmenwechsel gleich. Wie viele andere bin ich mit der Auffassung erzogen worden, dass das Bekunden von Emotionen nicht unbedingt eine bewundernswerte Eigenschaft sei. Mit anderen Worten: Mir wurde beigebracht, »alles runterzuschlucken« und andere nicht mit meinen emotionalen Reaktionen auf die Herausforderungen des Lebens zu belästigen. Unter allen Umständen Haltung zu bewahren und weiterzumachen, war etwas, das ich von meiner Mutter und meinem Vater, zwei fleißigen und liebenswerten Seelen, gelernt hatte.

Sie waren während der Weltwirtschaftskrise aufgewachsen und hatten als junge Erwachsene mit der schrecklichen Existenzkrise umgehen müssen, die der Zweite Weltkrieg ausgelöst hatte. Viele, die Krisen durchstehen mussten, üben sich in emotionaler Zurückhaltung. Aber das hilft uns nicht wirklich weiter.

Auf einer Konferenz in Chicago traf ich den spirituellen Lehrer Gary Zukav und seine Frau Linda Francis. Gary ist Harvard-Absolvent und gehörte im Vietnamkrieg zu den Green Berets, einer berühmten Spezialeinheit der United States Army. Er war fasziniert von den Enthüllungen der Quantenmechanik und schrieb 1979 *Die tanzenden Wu Li Meister. Der östliche Pfad zum Verständnis der modernen Physik*, ein für Laien sehr hilfreiches Buch. Zehn Jahre später schrieb Gary *The Seat of the Soul*, ein Buch, in dem es um das menschliche Bewusstsein aus spiritueller Sicht geht. Nachdem wir einen Workshop in Seattle geleitet hatten, reisten Karen und ich mit meinem Sohn Bond durch Oregon und nahmen Garys und Lindas Einladung, sie für ein paar Tage in Ashland zu besuchen, gern an.

Gary und ich führten ein anregendes Gespräch über einige der großartigen Erkenntnisse, die Einstein gewonnen hatte, als er über die Äquivalenz von schwerer und träger Masse nachdachte. Diese Tatsache war unter Physikern zwar schon seit drei Jahrhunderten bekannt gewesen, aber immer als merkwürdige Korrelation abgetan worden. Einsteins Brillanz bestand darin, dass er sich viel eingehender mit solchen Beobachtungen beschäftigte als andere Physiker. Ich empfand eine tiefe Wertschätzung für Einsteins Gedankenexperimente und dafür, wie er sein eigenes Bewusstsein einsetzte, um gewaltige Einsichten über das Universum zu gewinnen. Dadurch demonstrierte er die fundamentale Macht des Beobachters und ihre Verbindung zum kollektiven Bewusstsein.

Ich genoss diese wissenschaftlichen Diskussionen, aber Gary war viel mehr daran interessiert, von mir zu erfahren, was sich seit meiner Nahtoderfahrung in meinem persönlichen Leben deutlich verändert hatte. Meine Abkehr vom wissenschaftlichen Materialismus schien jeden Aspekt meines Lebens zu durchdringen, aber Gary meinte etwas Tieferes und Persönlicheres.

»Wir haben viel darüber gesprochen, wie diese Erfahrung deine Auffassungen verändert hat, deine Gedanken, deine aktuelle Art, die Welt zu betrachten. Was mich jetzt interessiert ist, wie sie *dich* verändert hat. Wenn du eine solche Veränderung spürst, wie hat sie dich hinsichtlich deiner Beziehung zu den dich umgebenden Menschen verändert?«, fragte Gary.

Ich musste eine Weile über diese Frage nachdenken.

»Meine Veränderung ist in allen Beziehungen sehr offensichtlich. Ich begreife uns jetzt alle als ewige Seelen und habe auf einer tieferen Ebene erkannt, dass jene Grenzen des Selbst, die mich vor meinem Koma oft so stark eingeschränkt haben, in vielerlei Hinsicht künstlich sind«, antwortete ich.

»Kannst du mir ein Beispiel für ›Grenzen des Selbst‹ nennen? Wie hätte das für mich als Außenstehender damals ausgesehen, wenn ich vorbeigekommen wäre und mitbekommen hätte, wie du mit jemandem interagierst? Und in welcher Weise würde es sich davon unterscheiden, wie du dich jetzt jemandem gegenüber verhältst oder mit ihm oder ihr sprichst?«

»Es ist eher meine Wahrnehmung des Selbst als Teil jenes größeren Selbst, die sich dem außenstehenden Beobachter als viel weichere, reifere, authentischere Anerkennung dieses Einsseins zeigt – eine Anerkennung der Liebe und des Umstands, dass wir alle Teil von etwas sind, das sich auf ein Verstehen zubewegt. Es ist sehr schwierig …«, versuchte ich zu erklären.

»Das verstehe ich, denn jetzt sprechen wir über Emotionen, über Gefühle. Kannst du dich an Gefühle erinnern, die du vor deinem Koma hattest? Vor allem an schmerzliche Gefühle wie Ungeduld oder Eifersucht oder Wut oder Groll oder Beschämung oder Machtlosigkeit? Führen einige Interaktionen immer noch dazu, dass diese schmerzlichen Gefühle in dir hochkommen? Und, wenn ja, was ist der Unterschied zwischen der Art, wie du dich jetzt verhältst, wenn dich diese schmerzlichen Gefühle innerlich erschüttern (falls sie es tun), und der Art, wie du früher darauf reagiert hast?«

Es fiel mir schwer, ein konkretes Beispiel zu finden. Ich hatte keine Übung darin, meine persönlichen Gefühle anzuerkennen – weder vor noch nach dem Koma.

Gary spricht von »authentischer Kraft« als einem Prozess, in dessen Verlauf wir unsere Gedanken, Gefühle und Taten (Persönlichkeit) mit unserer höheren Natur (Seele) in Einklang bringen und erkennen, dass unsere Kraft wirklich in uns liegt. Die Logik und das entsprechende Verständnis der Persönlichkeit ist eine Kopfsache, aber wenn wir die Seele wirklich sinnvoll einbeziehen wollen, müssen wir uns unserem Herzen zuwenden und unseren Gefühlen Aufmerksamkeit schenken. Gary behauptet, dass wir in unserem Bemühen zu überleben alles tun, um unsere Umgebung unter unsere Kontrolle zu bringen. Der Erwerb von Geld oder Wissen, Kriege um wertvolle Ressourcen, das Streben nach einem bestimmten Status, nach Liebesbeziehungen oder nach einem attraktiven Körper – das sind alles Zurschaustellungen »äußerer Macht«. Der Versuch, diese äußeren Umstände zu verändern, ist ein gängiger Lösungsansatz. »Wenn mein Chef nur netter zu mir wäre, wäre mein Leben viel besser«, reden wir uns vielleicht ein. Wenn wir nach äußerer Macht streben, suchen wir außerhalb von uns selbst nach Lösungen für unsere Probleme, statt den Blick auf der Suche nach dem Ursprung unseres emotionalen Elends nach innen zu richten. Zur Überwindung des Strebens nach Kontrolle über die Außenwelt und zum Erlangen authentischer Kraft ist ein tieferes Verständnis unseres inneren spirituellen Wesens jenseits unserer fünf physischen Sinne hilfreich – und unsere Emotionen sind dafür unerlässlich.

Als wir über diese emotionale Achtsamkeit sprachen, nannte Gary als Beispiel den Konflikt mit einer schwierigen Person. Vielleicht tut die betreffende Person etwas, wovon man denkt, es könne sich negativ auf die eigene Zukunft auswirken. Vielleicht kritisiert sie einen ständig. Möglicherweise findet man heraus, dass man, statt nach äußerer Macht zu streben, um die betreffende Person zu einer Änderung ihres Verhaltens zu veranlassen, etwas in sich selbst verändern muss, eventuell dahingehend, dass man in Zukunft mit weniger Wut und mehr Mitgefühl reagiert. Das macht es einem möglich, sein ganzes Potenzial auszuleben und nicht länger an Erfahrungen der Angst, des Grolls und der Negativität gebunden zu sein.

»Musstest du dich jemals willentlich davon abhalten, so zu handeln, wie du es vor deinem Koma getan hättest?«, fragte Gary.

»Ich befinde mich immer noch in einem entsprechenden Wachstumsprozess. Also ja, ich muss bewusst sein und eine willentliche Entscheidung treffen, um mit meiner sich entwickelnden Weltanschauung von heute in Übereinstimmung zu leben, weil einige dieser automatischen Antworten immer noch in meinem System verkabelt sind. Aber ich muss mich nicht von ihnen kontrollieren lassen, und es ist sehr befreiend, es so zu sehen. Mir ist klar, dass es jetzt darum geht, mein Verhalten so zu verändern, dass meine Veränderung tatsächlich Auswirkungen auf all meinen Mitmenschen hat.«

»Das ist eine wahrhaft verantwortungsvolle Entscheidung. Am Zustandekommen einer Erfahrung ist entweder ein Aspekt der Liebe oder der Angst beteiligt. Wenn Angst beteiligt ist, ist die Erfahrung schmerzhaft – verbunden mit Wut, Eifersucht oder Groll. Wenn Liebe beteiligt ist, ist es eine Erfahrung der Geduld, Fürsorge, Zufriedenheit und Wertschätzung für alles Leben. Eine verantwortungsvolle Entscheidung hat Konsequenzen, für die ich die Verantwortung übernehme, statt den Konflikt eskalieren zu lassen. Der Moment, in dem ich mich entscheide, nicht als ein verängstigter Teil meiner Persönlichkeit zu handeln, ist der Moment, in dem ich geistig wachse«, erklärte Gary.

Ich war zwar nicht in der Lage, mein emotionales Bewusstsein zum Ausdruck zu bringen, merkte aber, dass ich sehr wohl begonnen hatte, wesentliche Veränderungen in meinem Leben vorzunehmen. Jetzt betrachte ich alle Seelen als ewige Wesen mit einzigartigen Eigenschaften und Aufgaben. Ihre Art zu handeln ist oft das Ergebnis von Problemen, die sie in ihrem eigenen Leben haben, und wahrscheinlich gibt es gute Erklärungen für ein Verhalten, das ich früher vielleicht eher persönlich genommen hätte. Wenn man solch einen weiteren Blickwinkel einnimmt, ist es viel einfacher, mitfühlend zu handeln.

Diejenigen, die sich eingehender mit Nahtoderlebnissen beschäftigen, sagen, dass etwa 80 Prozent aller Ehen zerbrechen, nachdem ein Partner ein Nahtoderlebnis hatte. Der durch eine derart lebensverändernde Erfahrung hervorgerufene Wandel der Weltanschauung, der Interessen und der Art, wie man das Leben wahrnimmt, kann so radikal sein, dass sogar eine zuvor stabile Beziehung dadurch untergraben wird. Meine Ex-Frau Holley und ich haben in unserem gemeinsamen Leben viele sehr glückliche Zeiten gehabt, abgesehen von der Tatsache, dass wir mit zwei Söhnen gesegnet sind, die uns beiden mehr bedeuten als unser eigenes Leben. In den Jahren unmittelbar vor meinem Koma hatte es allerdings bereits Probleme in unserer Ehe gegeben, und meine deutliche Veränderung nach meinem Koma brachte uns offenbar an einen Punkt, an dem eine Entscheidung getroffen werden musste. Ich bin Holley unendlich dankbar dafür, dass sie mich in den gemeinsam verbrachten Jahrzehnten, während meines Komas und vor allem in der Zeit meiner Genesung danach so sehr unterstützt hat. Es war uns jedoch klar, dass es uns nicht bestimmt war, für immer zusammen zu bleiben. Also trafen wir eine auf Liebe basierende Entscheidung und trennten uns 2012 freundschaftlich. Wir bleiben jedoch in Verbindung miteinander und unterstützen uns gegenseitig.

Jede Interaktion im Leben gibt uns eine Gelegenheit zu spirituellem Wachstum. In einem Universum, das lebendig, weise und mitfühlend ist, können wir all diese Gelegenheiten nutzen, um authentische Kraft zu sammeln und unsere Persönlichkeit mit unserer Seele in Einklang zu bringen.

»Deine Gefühle sind Botschaften deiner Seele, die dir unbezahlbare Informationen geben. Wenn du diese Informationen nicht annimmst, werden sie dir immer und immer wieder geliefert. Sobald du dich nicht mehr unbewusst von aus Angst geborenen Gefühlen kontrollieren lässt und bewusst entscheidest, auf Emotionen zu reagieren, die auf Liebe basieren, kannst du dein Leben, deine Zukunft und deine Welt verändern«, sagte Gary.

Gary selbst hat diese Konzepte in seinem eigenen Leben umgesetzt und sein Leben als wütender, süchtiger Mann hinter sich gelassen. Jetzt lebt er aktiv die Lehren, die er auch großzügig mit anderen teilt. Ich verstand diese Konzepte zwar intellektuell und hatte begonnen, sie in meinem Leben anzuwenden, aber mir wurde auch klar, dass einige der tief verwurzelten Muster aus früheren Tagen immer noch in Kraft waren.

Als Neurochirurg musste ich manchmal einer Familie die Nachricht überbringen, dass ein geliebter Mensch verstorben war. Ein so endgültiger Verlust stellt eine Herausforderung dar, und ich neigte dazu, mich mit meinen Patienten und ihren Familien zu verbinden. Gespräche über solche Verluste konnten nie einfach zur Routine werden. Allerdings habe ich mir einen gewissen Schutzpuffer zugelegt, um mich vor dem vollen Ansturm an Emotionen zu schützen, den die tägliche Belastung durch den Tod und seine Nachwirkungen mit sich brachten. Ich war zu der Überzeugung gelangt, es sei ein Zeichen von Schwäche, seine Gefühle zu zeigen. Im Prinzip war ich schon seit jungen Jahren sehr geübt im Verleugnen meiner Gefühle. Ich wollte stark bleiben angesichts einer so beängstigenden Härte, wie sie die regelmäßige Teilhabe an Tod und Sterben darstellt, und mir kleine Ruhepausen verschaffen. Diese Maßnahmen kamen mir manchmal vor wie ein kleines Pflaster, das die Blutung aus einer tödlichen Wunde stillen sollte.

Während meiner neurowissenschaftlichen Ausbildung hatte ich unter anderem gelernt, dass Emotionen nichts anderes sind als der subjektive Ausdruck der Interaktion verschiedener Hormone und Neurotransmitter (Botenstoffe, die Nervenzellen nutzen, um miteinander zu kommunizieren) mit Rezeptoren auf den Zellen des Nervensystems. In Gesprächen, die ich mit meinem Vater über meine Adoption führte, hatte er mir immer wieder versichert, es sei absolut ausgeschlossen, dass ich mich an irgendwelche Ereignisse aus den ersten Wochen und Monaten meines Lebens erinnern könne und ich daher keine emotionalen Altlasten rund um meine Adoption mit mir herumtrage. Wie viele andere glaubte er, dass Säuglinge nicht in der Lage sind, Erinnerungen zu speichern. Die Forschung behauptet, dass die Bildung eines Gedächtnisses, zumindest des Gedächtnisses, auf das wir im späteren Leben regelmäßig Zugriff haben, etwa im Alter von drei Jahren beginnt. Mein

Vater war Vorsitzender eines führenden neurochirurgischen Ausbildungsprogramms. Daher ging ich davon aus, dass das, was er sagte, der Wahrheit entsprach. Wer, wenn nicht er sollte die Wahrheit zum Thema Gedächtnis und Erinnerung kennen? Also ignorierte ich einfach alle Gefühle, die das Adoptionsthema bei mir auslöste.

Mittlerweile ist mir klar, dass sich mein Vater irrte. In erweiterten Bewusstseinszuständen habe ich Erinnerungen wiedergewonnen, die sehr weit zurückreichen, darunter auch die Erkenntnis, dass das so empfundene Verlassenwerden durch meine leibliche Mutter an meinem elften Lebenstag, als ich wegen einer »Gedeihstörung« ins Krankenhaus eingeliefert wurde, ein dramatisches und schockierendes Ereignis war, das Narben hinterlassen hat, die in meiner Psyche immer noch sichtbar sind. Dieser Vorfall hatte derartige Auswirkungen, dass er das Nachbild eines rauchenden Kraters hinterließ und mitten drin ein leeres Quadrat für die Abwesenheit meiner leiblichen Mutter. Ein solches Verlassenwerden manifestiert sich oft als geringes Selbstwertgefühl, in meinem Fall als das Gefühl, dass ich der Liebe meiner Mutter nicht würdig war und daher zurückgelassen wurde.

Kraft und Wirkung eines tiefen emotionalen Traumas können nicht geleugnet werden, auch wenn es schwierig sein mag, alle Details solcher episodischer Erinnerungen ans Licht zu holen. Dies gilt vor allem im Vergleich zu Erinnerungen an Ereignisse, die nach Erreichen des »Vernunftalters« (zwischen dem 6. und dem 7. Lebensjahr) stattgefunden haben. In der Theorie bilden sich diese frühesten Erinnerungen, bevor unser Sprachgehirn seine Bibliothek der Objekte und Beziehungen eingerichtet hat, und sind daher sehr viel schwieriger wiederzuerlangen, sobald unsere dominierende Erfahrung auf Sprache basiert. Diese Schwierigkeit, sich an die Details eines so frühen

Traumas zu erinnern, trägt dazu bei, dass es so unverwüstlich und so schwer zu beschwichtigen oder zu behandeln ist.

Eine Geschichte, die mir über die Ereignisse zu Beginn meines Lebens erzählt wurde, half mir, diese übermächtige Erinnerung, verlassen worden zu sein, ein wenig zu klären. Meine Eltern hatten 1942 geheiratet und beschlossen Anfang der 1950er-Jahre, ein Kind zu adoptieren, weil sie nicht in der Lage zu sein schienen, selbst eines zu bekommen. Wie in vielen ähnlichen Fällen stellte sich kurz nach meiner Adoption im April 1954 heraus, dass meine Mutter doch schwanger geworden war. Und so wurden wir, als ich 18 Monate alt war, mit der Geburt von Betsy gesegnet. Ich empfand dies nicht so sehr als Segen wie meine Eltern, und Berichten zufolge hörte ich auf zu laufen, kurz nachdem Betsy 1955 bei uns zu Hause angekommen war. Laut Beschreibungen meines Verhaltens (besonders in der Zeit, als meine Mutter wegen Betsys Geburt im Krankenhaus war) war ich untröstlich und brauchte Wochen, um diese neue Herausforderung für mein Gefühl der Wichtigkeit in dieser Welt zu überwinden. Ich vermute, dass mein deutlicher Rückfall nach Ankunft einer vermeintlichen Konkurrentin in meinem tiefen Verlangen wurzelte, den Schmerz des erneuten Weggegebenwerdens zu vermeiden. Nachdem ich ein paar Wochen lang herumgetragen worden war, hatte ich mich endlich an die Situation gewöhnt und fing wieder an zu laufen.

Natürlich kommen Gefühle des Verlassenseins und andere emotionale Wunden in der Kindheit auch außerhalb von Adoptionen sehr häufig vor, und oft sind sie die Ursache dessen, was später als drückende Last wahrgenommen wird. Karen fühlte sich in ihrer Kindheit auf eine andere Art verlassen, als ihr kleiner Bruder nur elf Monate nach ihr geboren wurde. Er litt an der hyalinen Membrankrankheit (HMK), einem

Atemnotsyndrom bei Frühgeborenen. Nach einem zehntägigen Krankenhausaufenthalt brauchte er natürlich zusätzliche Aufmerksamkeit. Karen weinte ständig und beruhigte sich nur, wenn ihre Mutter sie auf den Arm nahm oder in Sichtweite war.

Eine solche Wunde – auch wenn sie unabsichtlich zugefügt wurde – zu erkennen, ist absolut notwendig, um sie richtig einschätzen zu können. Bei besonders tief sitzenden Problemen bezieht jede wirklich wirksame Therapie die undurchsichtige emotionale Kraft des ursprünglichen Ereignisses mit ein, was bei frühkindlichen Erlebnissen sehr viel schwieriger ist als die Behandlung von Traumen, die nach dem 7. Lebensjahr aufgetreten sind. Jemand kann beispielsweise unerklärliche Probleme mit Wutanfällen haben, die ihre Wurzel in einem frühen Trauma haben, aber noch nicht in der Lage sein, eine Verbindung zwischen seinem wütenden Verhalten und der alten Wunde des Verlassenseins herzustellen. In meinem Fall war das *intellektuelle Wissen,* dass das, was ich als Verlassenwerden wahrgenommen hatte, in Wirklichkeit eine verantwortungsvolle Entscheidung von zwei Teenagern gewesen war, die das Beste, Schwierigste und Liebevollste getan hatten, indem sie ihr Baby zur Adoption freigaben, nicht genug. Es hat mir nicht geholfen, mit der *emotionalen* Seite klarzukommen, auf der nur das vermeintliche Verlassenwerden zählte und die lebensverändernde Wirkung, die es damals für mich hatte.

Garys Konzentration auf die Entwicklung eines emotionalen Bewusstseins schien von entscheidender Bedeutung zu sein. Aber manche Emotionen sitzen so tief, dass es eine echte Herausforderung ist, sie vollständig zu thematisieren. Meine eigene Erfahrung damit ist zwar begrenzt, aber Hypnose ist eine Therapieform, die von Psychiatern und anderen Therapeuten eingesetzt wird, um emotionale Traumen aufzulösen. Mit geführten Fantasiereisen und Suggestionen wird der Klient in einen tranceähnlichen oder hypnagogen Zustand versetzt, in dem sein Körper extrem entspannt, der Geist aber aufmerksam und bewusst ist. Anders als bei Bühnenhypnotiseuren, die den Versuchspersonen befehlen, sich auf seltsame Weise zu verhalten, bleibt der Klient hier im Vollbesitz seines freien Willens. Die Theorie dahinter ist, dass so auf den unbewussten Teil des Geistes zugegriffen wird, während der bewusste analytische Verstand in den Hintergrund tritt. Dies ermöglicht es dem Therapeuten, hilfreiche Vorschläge für eine Verhaltensänderung zu machen, beispielsweise mit dem Rauchen aufzuhören. Wenn es darum geht, ein Trauma zu behandeln, kommen unterdrückte Erinnerungen so leichter an die Oberfläche, und es wird möglich, sie aus einem neuen Blickwinkel zu betrachten.

Manchmal können körperliche Traumen, die durch schwere Schocks hervorgerufen wurden, auf ähnliche Weise behandelt werden. Nachdem der New Yorker Hypnosetherapeut Paul Aurand einen Schwimmwettkampf unterbrochen hatte, weil es donnerte, wurde er vom Blitz getroffen. Das Erste, was er fassungslos bemerkte, war, dass seine Füße und Beine zitterten. Dann wurde sein ganzer Körper steif und ein brüllendes Summen stieg in seine Brust und seine Arme. Jeder Muskel seines Körpers spannte sich an und verkrampfte sich, und er spürte den qualvollsten Schmerz seines Lebens. Der Hut sprang ihm vom Kopf, der Autoschlüssel flog ihm aus der Hand und die Brille wurde ihm aus dem Gesicht gerissen.

»Hört das jemals auf?«, tobte er gegen die unbarmherzige Energieladung an. »Raus aus meinem Körper!«

Wie eine Rakete und steif wie eine Statue wurde er fast zwei Meter rückwärts in die Luft geschleudert und fiel auf die Straße, wobei sein Kopf auf dem harten Pflaster aufschlug. Sein ganzer Körper zuckte unkontrolliert, aber er konnte seine

Beine nicht bewegen. Die Teile von ihm, die nicht taub waren, schmerzten stark. 45 Minuten vergingen, bevor Paul in ein kleines ländliches Krankenhaus in Warwick, New York, gebracht wurde. Im Krankenwagen konnte Paul allmählich seinen Körper wieder bewegen, und die Taubheit ließ nach. Er war erleichtert, als er erkannte, dass er wahrscheinlich wieder gehen können würde.

Während er auf die Untersuchung wartete, stand Paul immer noch unter Schock, schluchzte und lachte abwechselnd, riss morbide Witze und war dankbar, am Leben zu sein. Dann wieder empfand er sich selbst als übermenschlich, spazierte mit einer Decke um die Schultern durch das Krankenhaus und war überzeugt, der Heiland zu sein, obwohl der in seiner Weltanschauung eigentlich gar nicht vorkam. Er wusste zu der Zeit sehr wohl, dass er sich merkwürdig verhielt, aber er spürte die Kraft einer unbesiegbaren Macht in sich, die größer war als er selbst.

Noch Tage nach seiner Entlassung aus dem Krankenhaus hatte Paul ständig Schmerzen im oberen Rücken und litt an einem erheblichen Verlust des Kurzzeitgedächtnisses. Er hielt beispielsweise an, um zu tanken, und wunderte sich, dass der Tank schon voll war. Sein dreijähriger Sohn erinnerte ihn daran, dass er sein Auto vor nur wenigen Minuten vollgetankt hatte. Stunden vor einem Gewitter spürte er den gleichen Schmerz in seinen Beinen wie während des Blitzschlags und fürchtete sich vor einem weiteren Schlag. Die konventionelle Medizin konnte nichts für ihn tun. Nachdem die Symptome wochenlang angehalten hatten, war Pauls Energieniveau immer noch frustrierend niedrig und der Gedächtnisverlust beängstigend. Außerdem schleppte er den Schmerz und die Angst vor einer Wiederholung dieser Erfahrung immer noch mit sich herum.

Weil er aus seiner eigenen Praxis wusste, wie wirkungsvoll eine Hypnosetherapie sein kann, organisierte er einen Workshop mit David Quigley, der Alchemical Hypnosis, eine therapeutische Technik zur Traumabewältigung, entwickelt hatte, und nahm selbst daran teil. Im Laufe des Intensivwochenendes führte David eine Einzelsitzung für Paul durch, und der Rest der Gruppe unterstützte den Prozess. Nachdem Paul es sich auf einer Matte am Boden bequem gemacht hatte, brachte David ihn dazu, sich an den Tag zu erinnern, an dem er von Blitz getroffen worden war.

Paul erlebte das gesamte Ereignis in Zeitlupe noch einmal. Zuerst nur im Geist, bis der Blitz in seinen Körper einschlug. Dann fingen seine Füße an zu kribbeln und zu zittern, erst ganz langsam, dann immer heftiger. Das Zittern kletterte langsam seine Beine hinauf und legte den gleichen Weg zurück wie der Blitzschlag.

Das Ganze dauerte allerdings viel länger als die ursprüngliche Erfahrung. Nach zehn oder fünfzehn Minuten zitterten seine Beine stärker und schneller, während die Gruppe beunruhigt zuschaute. Das Zittern breitete sich bis in seine Hüften und seinen Rücken aus, während eine Welle nach der anderen seinen ganzen Körper erschütterte und dieser sich am Boden krümmte. Jede einzelne Welle brachte mehr Erinnerungen an den schrecklichen Schmerz von damals ans Licht, setzte aber auch immer mehr von dem Trauma frei, das er in seinen Muskeln und Nerven festhielt.

Von David ermutigt, hörte er auf zu kämpfen und hieß den Blitz in seinem Körper willkommen. Das heftige Zittern und die Krämpfe ebbten allmählich ab, und er erlebte den Moment noch einmal, in dem sein Herz ein paar Sekunden lang stillgestanden hatte. Alles wurde dunkel, und er trat in eine große Leere ein, ins Nichts.

David brachte Paul sanft dazu, sich zu fragen: »Warum ist das passiert? Was kannst du daraus lernen?«

In diesem Moment fühlte sich Paul in einer unbeschreiblichen, grenzen- und bedingungslosen Liebe gebadet. Und das erinnerte ihn daran, was er gefühlt hatte, als er in der Notaufnahme herumgewandert war.

»Höre mit deinem Herzen«, lautete die Botschaft, die er empfing. »Höre auf den Geist, meditiere, gehe nach innen und lausche. Der Geist spricht ständig zu dir. Du musst nur zuhören. Nutze deinen wunderbaren Verstand, aber höre auf den Geist.«

Nachdem fast drei Stunden vergangen waren, fühlte sich Paul vollkommen verändert – wie ein Baby, das ganz von vorn anfängt. Bemerkenswerterweise erkannte er, dass die unbesiegbare übermenschliche Kraft, die er direkt nach dem Blitzschlag in sich gespürt hatte, tatsächlich die unbeschreibliche Liebe war, die er berührt hatte. Jetzt, Jahre später, ist Paul völlig frei von den chronischen Rückenschmerzen, die durch den Blitzschlag ausgelöst worden waren, und hat weit weniger Angst vor Gewitter und allgemein vor Elektrizität. Der Regressionsprozess, durch den David ihn geführt hatte, erlaubte ihm, das physische und emotionale Trauma, das er erlitten hatte, freizusetzen, indem er die Erfahrung erneut durchlebte und losließ.

Ich habe die Heilkraft der bedingungslosen Liebe in all ihrer Stärke erfahren, als mein Gehirn nach meinem Koma unerklärlicherweise wieder gesundete, aber die Kraft dieser Liebe in meinen Alltag zu bringen, erwies sich als echte Herausforderung. Viele nehmen an, diese Liebe sei uns nur zugänglich, wenn wir nicht an eine physische Form gebunden sind. Ein paar Jahre nach meinem Koma stimme ich dem tendenziell zu. Immerhin habe ich mich stets eher auf den denkenden Geist konzentriert, und das Bewusstsein schien mir sehr eng mit dem Gehirn verbunden. Ich war der Ansicht, dass die Antworten letztendlich dort zu finden wären. Glaubenssysteme können einen dominierenden Einfluss haben. Daher war es nicht einfach für mich, meine materialistische Denkweise aus der Zeit vor dem Koma hinter mir zu lassen, wenn ich versuchte, die Dinge hier auf der Erde zu durchdringen.

Karens Erläuterungen zum Herzbewusstsein haben mir in diesem Prozess sehr weitergeholfen. Aufgrund ihrer verschiedenen Erfahrungen und ihrer Praxis ist sie mittlerweile sehr geübt darin, die Energie, die ihr Herz umgibt, zu spüren und zu steuern. Sie spürt auch, wie sich diese Energie in Reaktion auf verschiedene Stimmungen und Umgebungen ausdehnt und zusammenzieht oder wie sie sich verändert, wenn sich ihr emotionaler Zustand verändert. Als ich ihr die unglaubliche Kraft der Liebe beschrieb, die ich auf meiner Koma-Reise erfahren hatte, schien sie mit dieser Energie vertraut zu sein.

»Das habe ich in veränderten Bewusstseinszuständen auch schon erlebt, etwa wenn ich mich ganz auf mein Herz konzentriert habe oder draußen in der Natur war. Ich kann nicht mit Sicherheit sagen, dass es genau das ist, was du gespürt hast, aber es ist eine erstaunliche expansive Energie, in die ich in vielen Fällen regelrecht eingehüllt war und mit der ich verschmolzen bin, und oft hat mich dies zu Tränen gerührt. Wir können alle zu Gefäßen für diese Liebe werden und sie auf andere hier auf der Erde lebende Wesen ausstrahlen. Du brauchst nicht darauf zu warten, dass dies plötzlich geschieht, wie während deines Komas«, erklärte sie.

Bei Karen bewirkte das Buch *The Biology of Transcendence* von Joseph Chilton Pearce den Durchbruch zum direkten Erspüren ihrer Herzenergie. Pearce schlägt vor, man solle, wenn man sein Herz nicht spüren könne, ein Gefühl der Dankbarkeit heraufbeschwören und dann darauf achten, wie sich das Herz dabei anfühlt. Das macht angesichts der HeartMath-Daten zur Auswirkung der emotionalen Reaktion auf das Magnetfeld des Herzens durchaus Sinn. Es tatsächlich umzusetzen, erfordert jedoch eine Menge Übung. Zunächst empfand Karen gar nichts, aber irgendwann bemerkte sie einen dumpfen Schmerz oder eine gewisse Schwere in ihrem Herzen. Das war immerhin besser als nichts, und sie glaubte, auf dem richtigen Weg zu sein.

Sie überlegte, mit welchen Gedanken und Gefühlen es ihr am besten ging und sie sich am ehesten »warm und angenehm benebelt« fühlte. Als sie sechs Jahre alt war, hatte Karens Familienhund Puff unter ihrem Bett Welpen zur Welt gebracht. Das war eine magische Kindheitserinnerung, die ihr auf immer erhalten blieb. Sie fand heraus, dass sie, wann immer sie sich vorstellte, wieder mit Puff und ihren süßen, unschuldigen, verspielten Welpen zusammen zu sein, ein warmes, beruhigendes Gefühl in ihrer Herzgegend spürte. Sie übte, dieses Gefühl in Momenten heraufzubeschwören, in denen sie ungestört war. Als sie mir das später schilderte, erinnerte es mich an die Erfahrung, die ich nach meinem Koma, als ich nichts als Dankbarkeit empfand, beim Beten machte. Bis dahin hatte ich eine direkte Beteiligung des Herzens überhaupt nicht in Erwägung gezogen.

»Als ich immer besser darin wurde, die Energie, die mein Herz umgab, zu spüren und zu handhaben«, erzählte Karen, »spürte ich allmählich auch, wie sie sich in Reaktion auf verschiedene Stimmungen und Umgebungen ausdehnte und zusammenzog oder mit meinem emotionalen Zustand veränderte. Das war zunächst manchmal schmerzhaft, aber ich lernte, den Schmerz mithilfe verschiedener Methoden loszulassen. Und schließlich war es mir möglich, die sich wunderbar ausdehnende Herzenergie zu spüren, die am besten als Liebe beschrieben werden kann. Die Liebe, die ich zuvor empfunden hatte, war aus meinem Kopf oder meinen Gedanken gekommen und vielleicht direkt auf eine Person gerichtet gewesen. Doch diese Liebe war anders. Sie lebte in mir, und ich erkannte sie als die Quelle meines nicht körperlichen Selbst.«

Manche Menschen scheinen auf ganz natürliche Weise Herzenergie auszustrahlen. Wenn Sie an die großzügigsten und gastfreundlichsten Menschen in Ihrem Leben denken, fällt Ihnen vermutlich ein Beispiel ein. In meinem eigenen Leben sticht meine erste Begegnung mit Seiner Heiligkeit dem 14. Dalai Lama während seines Besuchs in Charlottesville, Virginia, besonders hervor. Ich erinnere mich, dass wir in der Besucherreihe standen. Dann kam Seine Heiligkeit auf uns zu, und als er noch etwa sechs Meter von uns entfernt war, spürte ich eine mächtige Welle der Wärme. Als er noch näher kam, schien er Verbindung mit der Seele jeder Person aufzunehmen, die er mit einem Händedruck begrüßte und der er in die Augen sah. Als er mir gegenüberstand, hielt er meine Hände in den seinen und schaute mir mit einem warmen Lächeln und einem Augenzwinkern tief in die Augen. Die Zeit schien stillzustehen. Die Art und Weise, wie er mir allein durch seine Anwesenheit das Gefühl gab, gesehen und geliebt zu werden, werde ich nie vergessen.

Ich war fasziniert von der Liebe, die Karen im Hier und Jetzt erfahren hatte, und wollte mehr darüber wissen. Also unterhielt ich mich sehr ausführlich über diese Konzepte mit ihr. Ich habe zwar oft versucht, diese Liebe mit dem begrenzten Vokabular unserer Sprache zu beschreiben, aber Karen hat mich ermutigt, sie aktiv zu *spüren*.

»Liebst du dich selbst?«, fragte mich Karen in einem unserer ersten Gespräche.

»Nein«, antwortete ich ganz ehrlich, nachdem ich eine Weile ernsthaft über ihre Frage nachgedacht hatte.

Ich erkannte, dass mein Gefühl der Wertlosigkeit, das daher stammte, dass ich von meiner leiblichen Mutter verlassen worden war, bis zu einem gewissen Grad immer noch vorhanden war. Tief verwurzelte Überzeugungen, besonders emotionale Wunden, können nicht so einfach vollständig losgelassen werden.

Davor war es mir leichter gefallen, anderen liebevolle Gedanken zu schicken, als diese Liebe nach innen zu lenken und wirklich zu spüren. Zwar hatte nach der Wiedervereinigung mit meiner Geburtsfamilie, die im Oktober 2007 begann, viel Heilung stattgefunden, aber es war nicht so einfach, die emotionale Wirkung des vermeintlichen Verlassenwerdens loszulassen. Als dies in einem Gespräch mit Karen zur Sprache kam, war sie sehr verständnisvoll.

»Wir alle haben solche Blockaden, auch wenn sie bei einigen stärker ausgeprägt sind als bei anderen. Es ist eine weitverbreitete Wunde, dass wir uns unzulänglich und der Liebe anderer unwürdig fühlen. Wie also sollte es uns da leichtfallen, uns selbst zu lieben? Manche fühlen sich derart wertlos, dass sie sogar Schwierigkeiten haben, sich selbst auch nur zu *mögen*«, erklärte sie mit gewohnter Sicherheit.

Rein intellektuell verstand ich durchaus, dass Selbstliebe ein entscheidender Schritt ist, wenn man wirklich in der Lage sein will, andere zu lieben. Aber ich wusste nicht, wie ich meine Blockaden überwinden konnte. Eins war klar: Durch Analysieren oder Nachdenken würde es mir nicht gelingen, mich selbst mehr zu lieben. Es schien ganz einfach zu sein, aber es war absolut unmöglich, hier allein durch Denken etwas zu erreichen.

Mit Karens Hilfe machte ich mich daran, meine Blockaden zu lösen. Bei diesem Prozess ließ ich zu, dass ich die ursprüngliche Emotion fühlte und ihre Auswirkungen nicht scheute, was nur dazu geführt hätte, dass ich die Emotion erneut unterdrückte. Es gibt keinen anderen Weg als den durch die Emotion. Ich versuchte, jeden Gedanken daran loszulassen, dass ich irgendwie unwürdig sein könnte. Karen ermutigte mich, mir vorzustellen, dass die Liebe bereits in meinem Herzen war. In vielen Sitzungen war mein Bezugspunkt die Liebe, die ich auf meiner Reise im tiefen Koma empfunden hatte, und ich spürte, wie diese Liebe in mir wuchs. Wir haben das Potenzial, als Kanäle für die heilende Kraft dieser bedingungslosen Liebe im Zentrum alles Existierenden zu fungieren, und dies schien eine Möglichkeit zu bieten, dies ganz bewusst zu erreichen.

Du wirst geliebt und geschätzt. Ich erinnerte mich an diesen Satz aus meiner Koma-Reise und verinnerlichte die kraftvolle Botschaft zusammen mit dem damit verbundenen emotionalen Zustand.

»Beschwöre aktiv das Gefühl, geliebt zu werden«, forderte Karen mich immer wieder auf. »Irgendwann funktioniert das so automatisch wie das Atmen.«

Als ich die Liebe, die aus dem Göttlichen im Zentrum alles Existierenden kommt, als etwas erkannte, das ein Teil von mir ist und in meinem physischen Körper wohnt, gelang es mir, diese Liebe von innen heraus zu spüren – eine ganz irdische Erfahrung. Irgendwann war ich ohne Weiteres in der Lage, mich in erweiterten Bewusstseinszuständen mit diesem Gefühl des Einsseins und der Liebe zu verbinden, und dies ist seitdem zu einem hilfreichen Bezugspunkt in Stresssituationen geworden. Ich bemühe mich weiter darum, in meinen alltäglichen Interaktionen und Beziehungen ganz zur Liebe zu werden und gebe mir Mühe, meine Gefühle zu erkennen und konstruktiv zum Ausdruck zu bringen, statt sie für mich zu behalten. Das Leben stellt mich auch weiterhin vor Herausforderungen, die mir helfen, zu wachsen. Währenddessen verbinde ich mich immer mehr mit meinem höheren Selbst und lebe meinem wahren Wesen entsprechen immer authentischer. Das können wir alle.

Kapitel 11

Eine Kernfrage klären

Ich werde nicht die modische Dummheit begehen,
alles, was ich nicht erklären kann, als Betrug zu betrachten.

Carl Gustav Jung (1875–1961), Schweizer Psychoanalytiker

Nahtoderlebnisse und verwandte Beweise legen nahe, dass unser Bewusstsein nicht mit dem Tod endet und unsere Seelen sehr wahrscheinlich ewig sind. Der endgültige Beweis für ein solches Überleben wäre die Vorführung, dass die unverwechselbare Persönlichkeit und die Erinnerungen einer Seele erhalten bleiben, nachdem sie den physischen Körper verlassen hat, also nachdem das Gehirn dem Bewusstsein nicht mehr zur Verfügung steht. Es gibt mehrere Beweislinien, um dies zu belegen, und zwar neben Nahtoderlebnissen und gemeinsam gemachten Nahtoderlebnissen die Kommunikation mit Verstorbenen, Visionen auf dem Sterbebett und Erscheinungen von Verstorbenen im Traum. Solche Phänomene treten in der Regel spontan auf, was ihre wissenschaftliche Erforschung erschwert. Es gibt jedoch eine beträchtliche Menge an Beweisen, die nahelegen, dass sie häufig vorkommen und dass manche Menschen in der Lage sind, sich willentlich und ohne großen Aufwand auf die Seelen Verstorbener einzustimmen.

Übersinnliche Medien sind in der Lage, mit Verstorbenen zu kommunizieren und die Zeichen, die sie uns geben, zu erkennen. In Filmen und Fernsehshows werden Medien oft als Betrüger hingestellt, und es wird mit viel Aufwand demonstriert, wie einem Medium beispielsweise über einen hinter dem Ohr angebrachten Sender die benötigten Informationen übermittelt werden. Es gibt Kurse, in denen man lernt, wie man »kalte« Readings (Lesungen) durchführt, was bedeutet, dass man allgemeine Aussagen macht, um dann aus der subtilen Körpersprache und den Reaktionen der Klienten darauf zu schließen, was als Nächstes zu sagen ist. Oft handelt es sich bei den so Betrogenen um verzweifelte Menschen, die Kontakt zu einem geliebten Verstorbenen aufnehmen möchten und glauben, dieser sei anwesend und spreche durch das vermeintliche Medium. Es ist zwar traurig, dass es solche Betrugsfälle gibt, aber auch wichtig, darauf hinzuweisen, dass dies keineswegs bedeutet, dass *alle* Medien Betrüger sind. Manche scheinen natürliche Fähigkeiten zu haben, während sich andere für das spirituelle Reich öffnen, nachdem sie angefangen haben, regelmäßig zu meditieren.

Viele moderne Wissenschaftler bleiben skeptisch (besonders diejenigen, die nichts über Forschungen zum Thema wissen), aber diejenigen, die nach dem Tod eines geliebten Menschen Trost suchen, wenden sich in ihrer Trauer oft an ein Medium. Viele sind erstaunt über die Informationen, die sie bekommen. Oft beinhalten sie Details, die niemand außer ihnen wissen konnte. Diese Erfahrungen lassen sich nicht wissenschaftlich erklären, scheinen aber für die jeweilige Person, die so bemerkenswerte Informationen bekommt, sehr real zu sein. Manche übersinnlichen Medien sind sich bewusst, dass ihre außergewöhnlichen Fähigkeiten potenziell latent in uns allen vorhanden sind, aber die Menschen neigen dazu, ihrer eigenen

Intuition zu misstrauen und lieber zu glauben, dass jede persönliche Kommunikation mit den Seelen verstorbener Angehöriger ein reines Wunschdenken oder das Resultat einer überaktiven Fantasie ist. Daher muss diese Information von einer anderen Person kommen, am besten von einer, die keine Möglichkeit hat, solche Informationen über die üblichen Kanäle zu bekommen, was deren Glaubwürdigkeit bestätigt.

Genau so war es bei mir, als ich mich zum ersten Mal mit einem Medium traf. Bis dahin hatte ich nur eine einzige persönliche Erfahrung mit Mediumismus gemacht, und zwar etwa ein Jahrzehnt vor meinem Koma, als meine Schwestern ein Medium namens Blanche in Kalifornien konsultiert und mit ihr über unsere Familie gesprochen hatten. Blanche schien etwas über künftige Ereignisse im Leben unserer Eltern und meiner Schwestern sagen zu können, aber mich erwähnte sie mit keinem Wort.

»Was ist mit unserem Bruder?«, hatte Betsy gegen Ende der Sitzung gefragt, denn sie war neugierig auf Informationen, die das Medium zu meiner Energie hatte sammeln können.

»Oh … oh … er ist nicht mehr lange auf dieser Welt«, war Blanches unheilvolle Antwort. Meine Schwestern waren über diese dunkle Vorahnung so bestürzt, dass sie mir nichts davon erzählten – zumindest nicht bis nach meinem Koma.

Natürlich hätten sie damals ihre Sorgen mit mir teilen können. Dann hätte sich der materialistische Wissenschaftler in mir über die Vorstellung lustig gemacht, dass ein übersinnliches Medium irgendetwas von wirklicher Bedeutung über mich wissen wollte. Ich hätte es abgetan.

Seitdem habe ich viel dazugelernt. So wie ich andere durch meine Botschaft, dass unsere Seelen ewig sind und den Tod des Körpers überleben, trösten kann, bringen Medien Trost, indem sie Verbindung zu Verstorbenen aufnehmen und deren

Botschaften an die noch hier auf der Erde Lebenden übermitteln. Verzweifelte Menschen finden oft Trost in einer solchen Kommunikation, denn sie befreit sie von einem Kummer, der manchmal verheerend und lähmend ist. Aber sind diese Botschaften echt? Oder sind verzweifelte Menschen einfach leichtgläubiger und anfälliger für Betrug?

Ich hatte das Glück, eine ganz persönliche Gelegenheit zum Lernen zu bekommen. Ein paar Wochen nachdem ich John Audette beim ersten Treffen der International Association for Near Death Studies (IANDS) – ich hatte dort einen Vortrag gehalten – kennengelernt hatte, bot er mir an, eine Sitzung mit einem Medium für mich zu organisieren. Er und Edgar Mitchell waren tief beeindruckt von den Readings eines Mediums namens Laura Lynne Jackson, der Autorin des Buches *Das Licht zwischen uns.*

»Sie ist ziemlich gut; erstaunlich gut«, erzählte mir John am Telefon.

»Ich bin dabei. Es könnte mit helfen, mehr von dem zu verstehen, was ich erlebt habe«, sagte ich.

Die einzigen Informationen über mich, die Laura bekommen hatte, war mein voller Name und dass ich ein Nahtoderlebnis gehabt hatte. Meine Geschichte war noch nicht bekannt, weil *Blick in die Ewigkeit* noch nicht veröffentlicht war, und deshalb konnte ich mir nicht vorstellen, dass sie Einzelheiten über meine Erfahrung wissen konnte, es sei denn, John hatte sie ihr erzählt, was er verneinte.

»Ein männliches Wesen tritt ein. Ich nehme ihn als Vaterfigur wahr. Ihr Vater ist gestorben, oder?«, begann Laura Lynne.

»Ja«, antwortete ich.

»Okay, weil er eine Vaterfigur für mich ist. Ich soll bestätigen, dass Sie hier einen Sohn haben. Stimmt das?«

»Ja.«

»Okay, er möchte, dass ich ihm hier einen Sohn bestätige, und er ist sehr stolz. Also ist das sein Enkel. Und ich weiß, dass Sie den Namen Ihres Vaters tragen. Das ist offensichtlich so, weil Sie der Dritte sind, richtig?«

»Ja, richtig.«

»Gut, dann haben Sie einen Sohn, der der Vierte ist, stimmt's?«

»Ja, stimmt.«

»Okay, auf der einen Seite reicht der Name Generationen zurück, aber dann überspringt er eine Generation. Es sieht fast so aus, als sei Ihr Vater nach seinem Vater benannt, der wiederum nach seinem Vater. Dann gab es eine Generation ohne diesen Namen, aber eine Generation davor war der Name wieder da. Verstehen Sie das?«

Ich achtete darauf, meine Antworten möglichst kurz zu halten. Ich wollte nichts verraten, was ihr vielleicht zusätzliche Informationen für ihr Reading gab. Aber innerlich war ich beeindruckt von Laura Lynnes Bemerkung. Es war mir ein Rätsel, woher sie wusste, dass die Eben-Alexander-Namenstradition vor mehreren Generationen verändert worden war. Nicht einmal meine Schwestern kannten die Details dieser Änderung. Tatsächlich war mein Großvater Eben Alexander sen. ursprünglich Eben Alexander III. gewesen. Doch weil sein Vater, Eben Alexander jr., bereits verstorben war, nannte er seinen Sohn (meinen Vater) nicht Eben Alexander IV., sondern beschloss, wieder von vorn mit der Namenstradition zu beginnen. Er nannte sich also fortan Eben Alexander und seinen Sohn Eben Alexander jr. So wurde aus mir Eben Alexander III. und eben nicht Eben Alexander V. Ich fand es bemerkenswert, dass Laura Lynne diese Namensänderung aufgegriffen hatte. Es handelte sich hier um eine ausgesprochen unbedeutende Sache, auf die ich in einer frühen Phase meines Lebens in Gesprächen mit meinem Vater aufmerksam geworden war. Es war mir nie in den Sinn gekommen, mit jemandem darüber zu sprechen, weil es mir so trivial vorkam.

Bis dahin hatte ich wie ein konventioneller Wissenschaftler gedacht, wie einer von denen, die alle Medien einfach als Betrüger abtun. Aber Laura Lynne ist ein Forschungsmedium mit Windbridge-Zertifikat und aktiv an der wissenschaftlich-experimentellen Erkundung dieses Phänomens beteiligt. Ich war fassungslos, als ich erfuhr, dass es Projekte zur Erforschung des Mediumismus gab.

Das Windbridge Institute ist eine Organisation, die sich sehr bemüht hat, wissenschaftlich exakte Protokolle zu erstellen, um die Fähigkeiten und Methoden von Medien zu untersuchen. In einem strengen achtstufigen Auswahlprozess wurde ein Stab aus fähigen und glaubwürdigen Medien gebildet, mit denen regelmäßige Untersuchungen durchgeführt werden. Nachdem sie ein strenges Training absolviert und eine Reihe von anspruchsvollen Fünffach-Blindstudien durchlaufen haben, in denen ihre Fähigkeiten geprüft wurden, werden manche von ihnen Windbridge-zertifizierte Forschungsmedien. Windbridge arbeitet mit einem spezifischen, genau einzuhaltenden Protokoll, um die Fähigkeiten des jeweiligen Mediums einzuschätzen, und hat einen strengen Ethik-Kodex, dem die Medien zustimmen müssen, wenn sie an den laufenden wissenschaftlichen Forschungen teilnehmen wollen. Der strengste Teil des Windbridge-Evaluationsprotokolls besteht aus zwei geblindeten Sitzungen am Telefon. Durch ein ausgeklügeltes System werden Dinge wie kalte Readings, Betrügereien, Hinweise des Experimentators, allgemeine Aussagen und Evaluationsverzerrungen durch den Klienten (denjenigen, für den das Reading gemacht wird) ausgeschlossen.

Windbridge hat die Vornamen von mehr als tausend Diskarnierten (verstorbenen Angehörigen) sowie von Freiwilligen gesammelt, die Kontakt aufnehmen möchten. Aus der Namensliste der nicht Diskarnierten wählt Experimentator 1 (E1) zwei aus, die als deutlich unterschiedlich eingeschätzt werden. E1 erklärt den Klienten ihre Prüffunktion in dem Prozess. Die Klienten werden von E1 vorab instruiert, innerlich darum zu bitten, dass der betreffende Diskarnierte tatsächlich auftaucht und die spezifischen Daten liefert, die zur Verifikation benötigt werden. Dann gibt E1 die beiden Vornamen der Diskarnierten an Experimentator 2 (E2) weiter, der vollständig von den Klienten isoliert ist und auch keine Beschreibung der Diskarnierten hat. E2 plant dann zwei separate Telefon-Readings (die etwa eine Woche auseinanderliegen) mit dem zu testenden Medium und stellt dabei jeweils eine Reihe von Standardfragen zu den Diskarnierten. Er fragt beispielsweise nach dem Aussehen, nach Hobbys, Persönlichkeit, Todesursache und irgendwelchen Botschaften für den Klienten.

Die Aufzeichnung der Konversation wird durch Umformulierung in klar umrissene Aussagen vereinfacht, etwa »hat lockiges rotes Haar« oder »hat mit Zügen gearbeitet«. Ein dritter Experimentator (E3) schickt diese Aussagen dann per E-Mail an die Klienten (deren E-Mails über E1 kommen), die sie nach ihrer Genauigkeit bewerten. Jeder Klient wertet beide Readings aus und versucht, unter den genannten Eigenschaften diejenige auszuwählen, die am besten zu dem ihnen bekannten Diskarnierten passen. In der ersten Phase wählt E1 zwei sehr unterschiedliche Diskarnierte aus, damit die Beschreibungen leicht unterscheidbar sind. Dieser Prozess wird durch fünf Ebenen der Verblindung abgesichert, um unzulässige subjektive Einflüsse auszuschließen.

Die Ergebnisse dieser Studien zeigen, dass das Phänomen der Kontaktaufnahme zu Toten sehr real ist. In einer Studie lagen die Ergebnisse bei einer statistisch signifikanten Trefferquote von 76 Prozent.[1] Es ist erstaunlich, dass es bei diesen strengen Parametern überhaupt *irgendwelche* Treffer gibt! Bei einem typischen Reading außerhalb von Forschungsstudien spricht das Medium in der Regel direkt mit dem Klienten. Hier bekamen die Medien nur einen Vornamen und keine weiteren Informationen. Dennoch konnten sie genügend Informationen geben, dass 76 Prozent ihrer Klienten die Diskarnierten genau identifizieren konnten.

»Ich muss Ihnen sagen«, sagte Laura Lynne zu mir, »dass Ihr Vater mir sehr förmlich und vornehm gegenübertritt. Ich habe das Gefühl, dass er ein großartiger Mann war und sehr viele großartige Dinge getan hat, als er noch hier war. Trifft es Ihrer Meinung nach zu, wenn ich sage, dass er ein Held war?«

»O ja«, antwortete ich.

»So nehme ich es wahr. Ich spüre, dass er ein Lehrender ist. Ich habe das Gefühl, dass er auf seinem Gebiet berühmt war, und dennoch ist bei ihm kein großes Ego vorhanden. Ich lese all das aus seiner Energie, aber es ist nicht so, dass er zu mir sagen würde: ›Ich war berühmt‹ oder dergleichen.«

Laura Lynne hatte recht. Dad war der vollkommene Held meines Lebens. Von seinen Kollegen war er als hochintelligenter, mitfühlender und fähiger Neurochirurg geschätzt worden. Er war Präsident mehrerer nationaler und internationaler neurochirurgischer Organisationen, Vorsitzender der Harvard Medical Alumni Association und über 20 Jahre lang Stabschef des damaligen Baptist Hospital und des Wake Forest University Medical Center. Hunderte von Kollegen und Mitarbeitern meines Vaters sowie Patienten und deren Familienangehörige, denen ich im Laufe der Jahre begegnet bin, haben mir gegenüber immer wieder ihre große Bewunderung für seine außergewöhnlichen Eigenschaften als Arzt und Mensch zum Ausdruck gebracht. Er hatte alle gleich und mit Respekt behandelt und war trotz seines extremen Selbstvertrauens und seiner Kompetenz immer warmherzig und bescheiden geblieben.

»Ich spüre, dass Sie ihn getroffen haben, als Sie auf der anderen Seite waren, und dass Wissen weitergegeben wurde. Das vermittelt er mir. Aber ich spüre, dass es Ihnen erlaubt war, sich an das meiste davon zu erinnern. So kommt es jedenfalls bei mir an.«

»Nun ja, ich erinnere mich an das meiste, aber in Wirklichkeit war er *nicht* da. Das war eines der interessanten Dinge, obwohl ich …«

»Doch, er war da. Vielleicht erinnern Sie sich später daran.«

Hinter meinen blasierten Antworten klopfte mein Herz. Ich war zutiefst bestürzt über Laura Lynnes Aussagen. Laura Lynne wusste, dass ich ein Nahtoderlebnis hatte, aber sie kannte keine Details und wusste auch sonst nichts über mein Leben. Mein Vater war vier Jahre vor meinem Koma gestorben. Wenn mein Nahtoderlebnis dem allgemeinen Muster gefolgt wäre, das sich aus den Jahrtausende zurückreichenden Berichten von Betroffenen ergibt, wäre er als zentraler Teil meiner Reise aufgetaucht. Doch in den Erinnerungen an mein Koma war er nirgendwo zu finden. Das irritierte mich. Warum hatte ich ihn nicht gesehen? Was hatte ihn daran gehindert, mir in irgendeiner Weise zu begegnen? Hatte er beschlossen, mir einen Kontakt zu verweigern? Hatte ich das Wesen meiner Erfahrung missverstanden? Ich fand es grausam, dass ich eine so tiefgründige spirituelle Reise gemacht hatte, ohne meinem Vater begegnet zu sein, den ich so sehr vermisste.

Manche Medien sagen, dass wir alle in der Lage sind, mit den Seelen verstorbener Angehöriger zu kommunizieren, und dass wir diese Fähigkeiten nur nicht so weit entwickelt haben wie sie. Viele Menschen, die mit geliebten Verstorbenen kommunizieren, fragen sich natürlich, ob das nur Wunschdenken ist oder ein Produkt ihrer überaktiven Vorstellungskraft. Daher ziehen viele es vor, dass eine dritte Person (das Medium) als Übermittler der Botschaft fungiert. Ihr mangelndes persönlichem Wissen über den Verstorbenen erlaubt eine Bewertung ihrer Aussagen, die umso besser ausfällt, je mehr Informationen das Medium übermittelt, die es anders als über die Seele des Verstorbenen nicht hätte bekommen können.

Manchmal braucht es für solche Informationen aus dem Jenseits aber auch keine Bestätigung. Shirley (Name geändert) blieb nach einem Vortrag, den ich bei einem IANDS-Treffen gehalten hatte, noch da und erzählte mir folgende Geschichte:

Shirleys Vater war drei Jahre zuvor gestorben, und sie hatte ihn gebeten, ihr ein Zeichen zu geben, dass er immer noch für sie da war. Doch eine solche Botschaft schien nie anzukommen. Eines Tages fuhr sie bei Regen mit 110 Stundenkilometern auf der Autobahn, als sie plötzlich und unerwartet die Stimme ihres Vaters hörte – zum ersten Mal nach seinem Tod.

»Shirley, du solltest auf die linke Spur fahren. Bei dem Sattelschlepper hinter dir platzt gleich eine Reifen, und ich möchte nicht, dass du verletzt wirst«, sagte er ruhig.

Sie reagierte sofort und wechselte vorsichtig auf die linke Spur. Genau in dem Moment raste der Laster an ihr vorbei, und es gab einen lauten Knall. Infolge der vorhergesagten Reifenexplosion flogen Gummistücke durch die Gegend, doch weil sie auf der freien Spur genügend Platz zum Ausweichen hatte, blieb ihr Auto unbeschädigt, und sie konnte weiterfahren. Sie war verblüfft über die Stimme ihres Vaters, die sie gewarnt hatte, blieb aber ruhig und gelassen. Seitdem ist er ihr öfter in Träumen erschienen und steht ihr bei wichtigen

Lebensentscheidungen zur Seite. Doch diesen ersten Kontakt wird sie nie vergessen.

Ich hatte auf keine derartige Weise mit meinem Vater kommuniziert, aber gehofft, ich könne mithilfe der binauralen Beats in Brainwave-Entrainment-Aufnahmen in die Reiche zurückkehren, die ich auf meiner Koma-Reise besucht hatte, um das Rätsel der Abwesenheit meines Vaters während meiner Nahtoderfahrung zu lösen. Der entscheidende Entwicklungsschritt kam unerwartet an einem Donnerstagmorgen im Februar, acht Monate vor meinem Gespräch mit Laura Lynne. Nachdem ich gerade angefangen hatte, Klang als Zugang zu erweiterten Bewusstseinszuständen zu nutzen, erfuhr ich etwas über die Arbeit von Robert Monroe, dessen Institut ganz in der Nähe meines Wohnorts liegt. Monroe war ein Pionier in der Erforschung binauraler Beats zum Erreichen außerkörperlicher Zustände gewesen. Ich begann, eine 45-minütige Klangreise zu hören, die mir helfen sollte, die Frage zu beantworten, die mich beschäftigte: »Bin ich auf dem richtigen Weg?«

Nach zehn Minuten war ich zu der Szene zurückgekehrt, die mir schon aus den letzten Hörsitzungen bekannt war: Eine prächtige Brücke aus weißem Marmor spannte sich über eine tiefe Schlucht, die gefüllt war mit Nebelschwaden und Wolken. In einem sanften Lichtschein, der hauptsächlich von der Brücke selbst kam, sah ich zahlreiche dunkle Silhouetten der Bewohner dieses Reichs, die durch den fernen Nebel zunehmend verdunkelt wurden. Ich spürte, dass es die Seelen der Verstorbenen waren, die hier mit Besuchern wie mir aus dem inkarnierten physischen Reich sowie mit Geistführern und Engeln interagierten.

Die Szene wurde immer vielfältiger, während ich mich von den Klängen, die ich hörte, tiefer und immer tiefer tragen ließ. Mein Gewahrsein wurde immer weiter, und ich fühlte mich von einem grenzenlosen Bewusstsein umhüllt. Mein Blickwinkel veränderte sich allmählich, als sich mein Geist erhob, leichter als eine Feder über die Brüstung der strahlenden Marmorbrücke schwebte und dann langsam in die Wolken hinabstieg, die über der Schlucht wirbelten, die steil unter mir verschwand. Ich empfand eine tiefe Ehrfurcht und eine glückselige Freude und gab mich ganz der Kraft meiner höheren Seele hin.

Allmählich war in den Nebelschwaden ein schwarz-weißes Schachbrettmuster auszumachen, eine ebene Bodenfläche, ausgehauen aus den Wänden der Schlucht. Figuren wurden sichtbar – ein Café mit einzelnen Gästen, einige Paare ins Gespräch vertieft. Meine Aufmerksamkeit wanderte zu einem kleinen runden Tisch am Rand. Zwei junge Männer saßen dort. Sie waren in ihr Gespräch vertieft und lachten gelegentlich. Ich erschrak, als ich den Mann erkannte, der ein wenig von mir abgewandt dort saß. Es war mein Vater!

Wenn ich an diesen Moment zurückdenke, jagt es mir immer noch Schauer über den Rücken.

Zwar hatten mir meine Mutter und meine Schwestern ab und zu erzählt, dass sie die Seele meines Vaters in Träumen wahrgenommen hätten, aber ich war nicht in einen ähnlichen Genuss gekommen. Ich hatte ihn gezielt während anderer Meditationen gesucht – vergeblich. Doch jetzt, mitten in dieser Brainwave-Entrainment-Reise, auf die ich mich begeben hatte, um der Frage nachzugehen, ob ich auf dem richtigen Weg war, tauchte er plötzlich auf.

Der Mann, der meinem Vater gegenübersaß, war Agnew Bahnson, den ich sofort erkannte. Er war in den frühen 1930er-Jahren der Zimmergenosse meines Vaters gewesen, als beide an der University of North Carolina in Chapel Hill studierten, aber ich hatte keine Ahnung, warum er in dieser konkreten Szene mit meinem Vater im Café saß. Beide Männer waren Anfang zwanzig und auf dem Gipfel ihrer körperlichen Gesundheit. Beide wirkten so jung und vital! Das überraschte mich nicht angesichts dessen, was ich über die unzähligen Botschaften von Verstorbenen erfahren hatte, die Menschen mit Beweisen dafür begeistern, dass unsere Seelen nicht mit dem Tod des Körpers enden und unsere Beziehungen zu anderen Mitgliedern unserer Seelengruppe bestehen bleiben. Oft sind alle körperlichen Beeinträchtigungen, die zur Zeit des physischen Todes vorhanden waren, verschwunden, wenn man geliebten Verstorbenen in diesem spirituellen Bereich begegnet. Sie erscheinen dort in ihrer perfekten Form, im idealen Alter, oft als Teenager oder in ihren frühen Zwanzigern, jedenfalls nicht in dem Alter, in dem sie gestorben sind (sei es alt oder jung).

Als ich meinen Vater erkannt hatte, drehte er sich um und schaute mir direkt ins Gesicht. Mit einem breiten wissenden Lächeln voller Liebe und Aufrichtigkeit zwinkerte er mir zu. Dann drehte er sich wieder zurück und setzte die lebhafte Diskussion mit dem anderen gut aussehenden jungen Mann an seinem Tisch fort.

Es war das gleiche Augenzwinkern, das ich immer an ihm gesehen hatte, als ich noch ein junger Bursche war. So hatte er gezwinkert, wenn er eine Geschichte oder Lektion unterstreichen wollte. Dieses Zwinkern löste einen Tsunami des Verstehens aus. Es war die Antwort auf die Frage, die ich zu Beginn dieser besonderen Hörsitzung gestellt hatte: »Bin ich auf dem richtigen Weg?« Anders als der typische ungefilterte Informationsfluss, den ich in meinem Koma und oft auch auf solchen meditativen Reisen erlebte, kam seine Antwort als reichhaltiges, vielschichtiges Kommunikationsgeflecht – als das, was ich manchmal einen »Gedankenball« nenne. Sie war eine Bestätigung, beinhaltete aber auch alle relevanten Nuancen und

Variationen, die für ein umfassenderes Verständnis notwendig sind. Ja, auf meiner Reise würde ich ein tieferes Verständnis der Natur des Bewusstseins und ein umfangreicheres Wissen über das Wesen der Wirklichkeit erlangen. Ja, durch die Erweiterung transzendentaler Bewusstseinszustände mittels unterschiedlicher Schallfrequenzen würde ich Zugang zu diesem Reich bekommen. Und ja, ich war bestens gerüstet, um mich an der Weiterentwicklung und Verbreitung dieser Technologie zu beteiligen.

Jenseits bloßer Worte kommunizierte dieses Zwinkern irgendwie sehr viel. Dad ließ mich wissen, dass seine Seele in mein Nahtoderlebnis involviert gewesen war (wie Laura Lynne es gespürt hatte). Es sei jedoch wichtig gewesen, dass er während meines Nahtoderlebnisses für mich nicht »offensichtlich« war (die Zweideutigkeit des Wortes *offensichtlich* war ihm ebenso eindeutig zuzuordnen wie sein lächelndes Augenzwinkern). Hätte ich während meines Nahtoderlebnisses erkannt, dass er anwesend war, um mich zu führen, wäre mein Nahtoderlebnis einem Muster gefolgt, das auch anderen NTE zugrunde liegt, und dann wäre ich möglicherweise eher bereit gewesen anzunehmen, dass mein Erleben einfach »ein Trick des sterbenden Gehirns war«, wie meine Ärzte mir anfangs versichert hatten.

Deshalb war mein Schutzengel eine entzückende Begleiterin, meine leibliche Schwester, die ich nie gekannt hatte, und nicht mein geliebter Vater. Kurz nach meinem Erwachen aus dem Koma beschrieb ich meiner Familie und meinen Freunden bis ins kleinste Detail, wie sie aussah und was ich über sie wusste, und ich war selbst erstaunt, wie deutlich ich mich an so vieles über sie erinnerte. Dabei wusste ich, dass ich ihr in meinem Leben vor dem Koma nie begegnet war. Mich hatte dieses Thema in dem Bemühen, meine Erlebnisse zu begreifen, regelrecht verfolgt, mich aber auch dazu getrieben, nach besseren Antworten zu suchen. Jetzt allmählich ergab alles mehr Sinn.

Die Beta-Audiotöne signalisierten das Ende der Klangreise, und ich spürte, wie sich mein erweitertes Bewusstsein wieder zusammenzog und in meine physisch-menschliche Hülle zurückkehrte. Mein denkender Geist stand immer noch unter dem Einfluss des gerade Erlebten und bemühte sich, daraus klug zu werden. Diese wunderschöne Erfahrung hat mir geholfen, meinen Geist noch weiter für die großartigen Möglichkeiten und Verbindungen zu öffnen, an denen wir alle teilhaben, und darauf zu vertrauen, dass das Universum uns die Beweise liefern wird, die wir brauchen, um unsere gemeinsame Aufgabe und Verbindung zu begreifen und zu erkennen, dass der Tod nicht endgültig ist. Wir müssen einfach nur unseren Geist und unser Herz öffnen, um die Botschaft zu empfangen.

Typischerweise kommt eine solche Kommunikation überraschend zustande, wie diese Begegnung mit meinem Vater. Trauernde, bei denen ein solcher Kontakt zustande kommt, erfahren oft Trost und eine Linderung ihrer Schwermut, doch wie können wir alle die beruhigenden Botschaften unserer verstorbenen Angehörigen empfangen? Vielen Medien zufolge strengen sich diejenigen auf der anderen Seite oft sehr an, unsere Aufmerksamkeit zu bekommen, aber wir bemerken es einfach nicht. Eine Kommunikation nach dem Tod ist nicht ungewöhnlich, wie zahllose Geschichten illustrieren, die beispielsweise in *Trost aus dem Jenseits* erzählt werden, dem Buch von Bill und Judy Guggenheim, die mehr als 3000 solcher Beispiele gesammelt haben. Botschaften erreichen uns in zahllosen Formen, auch in Träumen oder während der Meditation, und sie äußern sich etwa in Zeichen und Symbolen, elektronischen Anomalien, unerklärlichen Synchronizitäten oder unmittelbarer über Visionen, Gerüche, Klänge oder Berührungen.

Der erste Schritt zum Zustandekommen einer nachtodlichen Kommunikation besteht darin, offen dafür zu sein, dass sie möglich ist. Oft genügt es, mental um ein Zeichen zu bitten, dass der geliebte Mensch immer noch da ist. Nachdem Sie um dieses Zeichen gebeten haben, müssen Sie geduldig bleiben und auf alles Bedeutsame achten, was in Ihrem Leben auftauchen könnte, oft wiederholt oder auf unerwartete Weise. Während die eine oder andere nachtodliche Kommunikation offensichtlich und tiefgründig ist, sind viele deutlich subtiler und erfordern unsere besondere Aufmerksamkeit. Ein Zeichen kann in Form eines Schmetterlings oder in einer anderen bildlichen Form erscheinen, aber in welcher Gestalt es auch auftauchen mag, es hat eine offensichtliche Beziehung zu dem Verstorbenen und ist oft sehr persönlich und individuell. Stellen Sie sich abends beim Einschlafen vor, dass Sie mit der verstorbenen Person zusammen sind. Spüren Sie, wie es war, mit ihr zusammen zu sein, und bitten Sie, dass sie Ihnen im Traum erscheint. Dies geschieht vielleicht nicht sofort, aber versuchen Sie es trotzdem weiter. Manchmal dauert es Wochen oder sogar Monate, bis man eine ausreichende Feinfühligkeit entwickelt hat.

Die nachtodliche Kommunikation kann nicht willentlich herbeigeführt werden, aber es kann hilfreich sein, für innere Eingebungen empfänglicher zu werden. Eine regelmäßige Meditationspraxis hat viele Vorteile, unter anderem verbessert sie die intuitiven Fähigkeiten und sorgt für eine friedliche Stille im Innern. Das verbindet uns mit dem spirituellen Reich und liefert eine wunderbare Basis, auf der eine solche Begegnung stattfinden kann.

Kapitel 12

Die Antworten liegen in uns

Man kann einen Menschen nichts lehren;
man kann ihm nur helfen, es in sich selbst zu entdecken.

Galileo Galilei (1564–1642), italienischer Astronom

Es ist an jedem von uns, sich Gedanken darüber zu machen, warum er hier ist und worin seine Aufgabe besteht. Indem wir uns auf unsere Rolle in einem größeren Plan konzentrieren, bekommen wir enorme Macht über unser Leben. Bewusstsein ist ein Kontinuum, in dem wir auf jeder Stufe lernen und wachsen können. Vielen Menschen wird so etwas in einer Nahtoderfahrung oder über eine andere spontane Verbindung mit dem spirituellen Reich offenbart. Aber wir alle können das erreichen, indem wir eine Verbindung zu unserer eigenen höheren Natur pflegen. Man muss absichtlich aus dem weltlichen Wachbewusstsein heraustreten und sich eine umfassendere Sichtweise aneignen, die aus der allwaltenden Illusion heraus nicht vollständig erworben werden kann. Wenn man akzeptiert, dass das physische Gehirn das Bewusstsein nicht erschafft, sondern als Filter für das universelle Bewusstsein dient, ist der Weg nach innen in Wirklichkeit das Mittel, um nach außen zu gehen und mehr über das Universum zu erfahren.

Das Bewusstsein oder der Beobachter in jedem von uns befindet sich im Zentrum des tiefen Geheimnisses der Geist-Körper-Beziehung und der irritierenden Experimente der Quantenphysik. Regelmäßige Übungen, die unsere Verbindung zum inneren Beobachter stärken, machen es uns möglich, ein tiefes Verständnis zu entwickeln und Einfluss auf den Verlauf unseres täglichen Lebens zu nehmen. Dies stärkt unsere Verbindung zu unserer »höheren Seele«, die uns mit dem kollektiven Bewusstsein verbindet.

Karen und ich veranstalten regelmäßig Workshops, in denen wir Techniken zur Erforschung des Bewusstseins und zur Ausbildung dieses inneren Beobachters vermitteln. Vor allem zeigen wir, wie man das Herz in diese Übungen einbringt. Ich erinnere die Teilnehmer an die mächtige Kraft der Liebe, der ich in der tiefsten Phase meines Komas begegnet bin, und erläutere ihnen, wie wir alle zu Kanälen für diese Liebe werden können. Dann erklärt Karen, wie man das Herzbewusstsein erhöht. Sie leitet die Teilnehmer an, sich etwas vorzustellen, wofür sie dankbar sind, und dann darauf zu achten, wie sich die Umgebung des Herzens anfühlt. Für sie ist es die Erinnerung an das Spielen mit den Welpen ihres Hundes. Für jemand anderes könnte es die Erinnerung an einen wunderschönen Sonnenuntergang oder an etwas anderes Erfreuliches sein. Jeder sucht sich etwas aus, das zu ihm passt.

Wenn wir die mit der entsprechenden Erinnerung verbundenen Gedanken und Gefühle in uns aufsteigen lassen, antwortet das energetische Herz. Das Gefühl mag zunächst kaum wahrnehmbar sein, aber nach einiger Zeit wird die Empfindung im Herzen deutlicher. Sie können dies in ruhigen Momenten im Bett liegend spüren oder während einer Arbeitspause. Anfangs kann es als warme oder kribbelnde Empfindung wahrgenommen werden, vielleicht auch als ein flatterndes oder zitterndes

Gefühl. Sobald Sie dieses Gefühl deutlicher wahrnehmen, können Sie anfangen, damit umzugehen. Üben Sie dies mehrmals am Tag; ein paar Minuten pro Übungseinheit genügen für den Anfang.

Das Gefühl, das Sie haben, wird in Ihrem Herzen erzeugt und gefühlt. Machen Sie sich klar, was das heißt, dass Sie Liebe *sind*; sie wird in Ihnen erzeugt. Seien Sie einfach die Liebe, die Sie ohnehin sind, statt liebevolle Gedanken auf sich zu richten. Wenn Ihr Gefühl immer angenehmer wird, üben Sie, Ihr Herzfeld schrittweise zu erweitern, um Ihre Umgebung positiv zu beeinflussen. Sie wissen, dass sich unser Herzfeld um den Körper herum ausdehnt, und während Sie ganz bewusst mehr von dieser Liebe werden, strahlt diese Liebe auch auf andere aus und beeinflusst sie auf bemerkenswerte Weise. Versuchen Sie, Ihr Herzfeld auszudehnen, während Sie in einer Besprechung sind oder in einer langen Schlange stehen, und achten Sie darauf, wie andere darauf reagieren. Sie brauchen kein Wort zu sagen, um den Unterschied zu bemerken. Karen konzentrierte sich beispielsweise während einer anstrengenden Geschäftssitzung still darauf, aus ihrem energetischen Herzen Liebe auszustrahlen, und beobachtete, wie sich der Stress auflöste. Stellen Sie sich vor, wie sich die Welt verändern könnte, wenn jeder von uns die persönliche Verantwortung für den Umgang mit der eigenen Herzenergie (nicht der eines anderen) übernähme.

Ich integriere das Herzbewusstsein neuerdings regelmäßig in meine Vorträge. Kurz bevor ich anfange, zu sprechen, prüfe ich meinen Herzraum, fühle mich tief in ihn ein und lasse ihn dann sich ausdehnen, sodass er alle Zuhörer umfasst. Meine Vorträge variiere ich. Beispielsweise konzentriere ich mich manchmal auf eher wissenschaftliche Aspekte, die etwas mit Quantenmechanik und dem Messparadoxon zu tun haben, dann fallen mir plötzlich Anekdoten ein, die ich vorher noch nie vor Publikum erzählt habe. Ich stelle mir vor, dass ich mit dem kollektiven Herzfeld der ganzen Gruppe mitschwinge, um meine Rede an die Bedürfnisse des jeweiligen Publikums anzupassen. Das scheint dazu beizutragen, dass mich meine Botschaft in einer Art und Weise mit den Anwesenden verbindet, wie es mir bei meinen medizinischen Vorträgen vor meinem Koma nie möglich gewesen ist.

Ein Highlight unserer Workshops ist das Angebot, eigene Erfahrungen zu sammeln. Dafür setzen wir die von Karen und Kevin erstellten Brainwave-Entrainment-Aufnahmen ein. Normalerweise empfehlen wir zwar, die Aufnahmen mit Kopfhörer zu hören, um die ganze Kraft der im Klang eingebetteten binauralen Beats mitzubekommen, aber in den Workshops machen wir eine Ausnahme und spielen die Aufnahme über Lautsprecher ab. Eine große Gruppe, die sich gleichzeitig auf denselben Prozess konzentriert, scheint die Erfahrung zu intensivieren. Das Hören der Aufnahmen kann je nach Hörer und dessen Befindlichkeit eine breite Palette von Wirkungen haben, von kraftvoll und unmittelbar bis gar keine. Eine Einstellung der Dankbarkeit für alles, was passieren könnte, ist ein guter Ausgangspunkt.

Normalerweise spielen wir für die Teilnehmer eine Aufnahme ab, die sich auf das Herz konzentriert. Während die kraftvollen Töne aus den Lautsprechern den Raum füllen, führt Karen das Publikum durch einen Entspannungsprozess.

»Entspanne den Körper und beruhige deinen Geist«, sagt sie. Sage mit dem Einatmen leise ›Lass‹. Und mit dem Ausatmen ›los‹. Lass – los.«

Ich nehme mit den anderen an der Meditation teil. Während ich mich entspanne, spreche ich in der Regel ein kurzes Dankgebet. Dann bestimme ich meine Absicht für diese

Meditation – etwa, mehr Bewusstsein für die Liebe zu entwickeln, oder Grenzen, die mein seelisches Wachstum in letzter Zeit behindert haben, zu beseitigen. Oder ich bitte das Universum einfach darum, mir das zu zeigen, was ich im Moment unbedingt wissen muss. Dann lasse ich los. Das heißt, ich erlaube meinem Wachbewusstsein, angenehm auf den Schallwellen dahinzugleiten, die aus den Lautsprechern kommen, und meinem denkenden Gehirn oder meiner Egoidentität eine Pause zu gönnen. Solche Klangmeditationen sind für mich eine Form des zentrierenden Gebets, in dem sich mein Bewusstsein mit der Einheit der gesamten Schöpfung und der göttlichen Liebe verbindet, um ganz zu werden oder zu heilen. Weltliche Belange lösen sich dabei auf wie eine Rauchwolke im Sturm.

»Geh jetzt mit deinem Bewusstsein in dein Herzzentrum. Stell dir vor, dass dein Atem in dein Herz hinein und wieder aus ihm hinaus fließt.« Karen weist die Gruppe an, sich vorzustellen, wie der Atem eine Blase füllt, die den gesamten Körper umhüllt; das elektromagnetische Feld, das jeden von uns umgibt und das mit unseren Mitmenschen interagiert. Ich gehe mit allen anderen mit und fühle mich in mein Herzbewusstsein ein, in eine geradezu greifbare Energiesphäre, welche die Liebe zum Ausdruck bringt, die ich bin. Sie entsteht in meinem Herzen, dehnt sich aber auf den gesamten mich umgebenden Raum aus. Dieser »Raum« sollte nicht als dreidimensionales räumliches Konstrukt betrachtet werden, denn es handelt sich mehr um eine Struktur des geistigen Bereichs. In diesem geistigen Raum sind unser Bewusstsein und unser Einfluss nicht so eingeschränkt wie in der physischen Welt; es ist nicht auf das Hier und Jetzt unseres normalen Wachbewusstseins begrenzt. Das gibt uns die Möglichkeit, mit etwas Höherem in Verbindung zu treten, das für alle Beteiligten höchst wohltuend ist und ähnliche Energien umfasst, wie ich sie in den individuellen Herzfeldern der Teilnehmern im Publikum wahrnehme.

Im Anschluss an die Übung bittet Karen die Teilnehmer, von ihren Erfahrungen zu berichten. Jeder Mensch reagiert auf seine ganz individuelle Weise, und Karen ist besonders geschickt darin, den Teilnehmern zu helfen, ihre Erfahrungen zu verstehen.

»Ich habe ein seltsames Kribbeln in meinen Händen und Füßen gespürt«, sagen die Teilnehmer oft.

»Das ist völlig normal«, beruhigt Karen sie dann. »Die Töne scheinen den energetischen Teil von uns zu aktivieren, unseren Energiekörper, auf den wir normalerweise nicht achten. Das kann sich wie ein Brummen anfühlen oder als würde die Temperatur sehr schnell von heiß zu kalt wechseln. Manchmal ist es sogar schmerzhaft. Die Töne aktivieren etwas, das bereits in deinem Innern ist. Sie sind nicht die eigentlichen Verursacher dessen, was geschieht. Wenn es dich stört, nimm es einfach zur Kenntnis. Stell dir dann vor, wie es sich löst und aus deinem Energiekörper verschwindet. Oder konzentriere dich auf deine Atmung.«

»Ich spüre einen Druck auf meiner Stirn, zwischen den Augenbrauen.«

»Vielleicht aktivierst du dein Drittes Auge, das oft als Tor zur inneren Welt bezeichnet wird«, schlägt Karen dann vor.

»Meine Hände schienen sich wie von selbst aus meinem Schoß zu heben, aber ich glaube nicht, dass sie sich tatsächlich bewegt haben«, berichtet möglicherweise ein anderer Teilnehmer.

»Ja, damit kündigt sich manchmal eine außerkörperliche Erfahrung an. Andere spüren vielleicht ein starkes Zittern oder eine Erschütterung. Manche bekommen mit, wie sich ihr

Energiekörper aktiviert, bevor er den Körper verlässt. Das kann sich wie die physische Bewegung verschiedener Körperteile anfühlen, besonders mit geschlossenen Augen«, erklärt Karen.

Einige Teilnehmer haben sogar von echten außerkörperlichen Erfahrungen berichtet, die sie während unserer Workshops hatten, auch wenn dies selten vorkommt.

»Ich habe viele Farben gesehen, besonders Blau und Violett.«

»Das ist in tiefen Bewusstseinszuständen durchaus üblich. Haben noch andere Farben gesehen?«, fragt Karen dann, und normalerweise heben viele die Hand. »Farben können auftauchen, manche strahlend, manche verschwommen, aber ein bläuliches Violett könnte ein Zeichen dafür sein, dass du bereit bist für eine Verbindung mit deinem energetischen Selbst oder dich bereits mit ihm verbunden hast.«

»Ich habe ein Drehen gespürt wie in einem Strudel, und mir ist richtig schwindelig davon geworden.«

»Betrachte es als einen Wirbel oder ein Portal, das sich öffnet, während du energetisch bewusster wirst. Es kann auf einen Übergangspunkt hinweisen, und du kannst dir vorstellen, dass dein Bewusstsein in die wirbelnde Energie eintritt, und du beobachtest, was als Nächstes geschieht.«

Brainwave Entrainment wird, wie gesagt, oft eingesetzt, um das ständige Geplapper des denkenden Geistes zum Schweigen zu bringen. Dies ist eine der größten Herausforderungen, besonders in unserer hektischen westlichen Gesellschaft. Für manche ist die Audiounterstützung effizient, für andere ist sie nur bedingt hilfreich, und sie müssen auch noch andere Techniken einsetzen.

»Eine Achtsamkeit gegenüber deinem inneren Beobachter zu entwickeln, kann sehr nützlich sein«, ermutigt Karen. »Achte ganz bewusst auf deine Gedanken und emotionalen Reaktionen, und zwar mit einem anderen Teil deiner selbst und ohne Urteil. Dieser Teil von dir, der deine Gedanken wahrnimmt, ist objektiv und neutral. Sobald du deine Gedanken bemerkst, erkennst du, dass ein Teil von dir von ihnen getrennt ist. Das ist der Schlüssel. Er analysiert nicht, er beobachtet nur. Das ist das erste Mittel, um diesen größeren Teil von dir zu finden, der jenseits der physischen Welt existiert. Wenn du ein bewussteres Gewahrsein für diesen Beobachter entwickelst, bist du Zeuge deiner Gedanken und erlaubst ihnen zu existieren, aber getrennt von deinem Beobachter.«

Dies kann seltsam klingen, wenn Sie nicht an dieses Konzept gewöhnt sind, aber das Entwickeln des inneren Beobachters, den wir alle in uns haben, erlaubt es Ihnen, einen Schritt aus der allwaltenden Illusion herauszutreten. Um sich Ihres Beobachters mehr bewusst zu werden, üben Sie sich darin, ohne jede Erwartung in einem vollkommen neutralen Zustand zu verweilen und allem, was auftaucht, mit offener Akzeptanz zu begegnen. Wenn Gedanken auftauchen, registrieren Sie sie einfach, ohne sie zu beurteilen oder zu analysieren. Wenn Sie Ihre Gedanken regelmäßig beobachten, kommen Sie Ihrem inneren Beobachter immer näher.

Ablenkendes inneres Geschwätz kann sich etwa so anhören: »Was esse ich heute zu Abend?« Wenn Ihr Beobachter genau hinschaut, sind solche Gedanken eher losgelöst und verschwinden einfach wieder, wenn ein anderer Gedanke auftaucht. Wenn Sie jedoch einen Gedanken festhalten, beschäftigt sich Ihr denkender Geist weiter damit und kreist vielleicht um ein Menü oder ein Restaurant und führt Sie möglicherweise in ein ganzes Labyrinth verwandter Gedanken, die immer weitergesponnen werden. Wenn Sie merken, dass dies passiert, haben Sie Ihren inneren Beobachter aktiviert und können die Dinge wieder aus dessen Perspektive sehen. Dieser Prozess kann mühsam sein, aber wenn man kontinuierlich übt, bringt er gute Ergebnisse.

Wenn man den Beobachter im eigenen Innern ehrt und ausbaut, indem man seine Fähigkeit, neutral zu bleiben, trainiert, kann man einen umfassenderen Blickwinkel einnehmen. Möglicherweise auftretende Gedanken und Gefühle zu bemerken und zu empfinden, während die Neutralität des Beobachters aufrechterhalten bleibt, stellt einen Balanceakt dar, der mit bestimmten Erfahrungen und Erkenntnissen einhergehen kann. Indem wir für alle Möglichkeiten offenbleiben, lassen wir neue Einsichten und Weisheiten entstehen, die uns Kraft und Heilung bringen können. Dies mag zunächst als schwierig empfunden werden, aber durch regelmäßiges Üben wird es zu einem natürlichen Prozess und kann bei Meditationen oder auch in ruhigen Momenten im Laufe des Tages nützlich sein.

Irgendwann kann man selbst in einer emotional aufgeladenen Situation auf den unvoreingenommenen Beobachter umschalten und das emotional aufgeladene Thema aus einer distanzierten Perspektive betrachten. Das trägt zu einem besseren Verständnis bei, weil man seinen Gedankenprozess in der Hitze des Augenblicks bemerkt und erkennt, dass die eigene Reaktion darauf vielleicht auf ein größeres Problem hinweist, das manchmal absolut nichts mit dem Ereignis zu tun hat, um das es gerade geht. Ein solcher Prozess kann überraschende Einsichten in die Ursachen unserer scheinbaren Schwierigkeiten bringen.

Sobald Sie einen Unterschied zwischen dem inneren Beobachter und dem Gedankengeplapper in Ihrem Kopf erkennen, merken Sie auch, was in Ihrem Geist vor sich geht, wenn Sie einen erweiterten Bewusstseinszustand erreichen. Dann sehen Sie vielleicht Farben oder Bilder, bekommen Einsichten und Inspirationen, empfangen Botschaften oder Symbole oder sogar ganze Szenen. Sie nehmen eventuell verschiedene Körperempfindungen wahr oder tiefe Gefühle. Erlauben Sie Ihrer Erfahrung, sich zu entfalten. Vertrauen Sie darauf, dass sich alles, was geschieht, auf irgendeine Weise als nützlich erweist und dass das Universum Ihnen genau die Informationen gibt, mit denen Sie notwendige Entscheidungen in Ihrem Leben am besten treffen können.

Manchmal kann das erste Eintreten in derartige Zustände irritierend sein. Nicht jede Erfahrung, die man dabei macht, ist von gleicher Bedeutung und hat die gleiche Verbindung zur Reise unserer Seele oder gar zur ultimativen Wahrheit. Es ist wichtig, den Unterschied zu erkennen. Bei den meisten von uns ist die Intuition sehr gut entwickelt, wenn es um solche Dinge geht, aber wir sind darauf trainiert, sie zugunsten rationaler Gedanken zu ignorieren. Das Einüben erweiterter Bewusstseinszustände bringt die intuitiven Sinne mehr zum Vorschein. Achten Sie darauf, wie sich ein Erlebnis anfühlt. Sie lernen aus allem, was auftaucht, wenn Sie es sich erlauben, offen und neugierig zu bleiben.

Die wichtigeren Botschaften kommen oft verpackt daher und scheinen im ersten Moment keinen Sinn zu ergeben. Das war, wie geschildert, der Fall, als ich etwa zwei Jahre nach meinem Koma in einer tiefen Meditation meinen Vater mit seinem College-Zimmergenossen am Tisch sitzen sah. Doch dann sah ich nicht nur meinen Vater, sondern auch seinen kurzen Blick in meine Richtung, sein Augenzwinkern und die große Menge an Wissen, die in dem Gedankenball enthalten war, der bei jenem denkwürdigen Austausch auf mich zukam. Solch ein gewaltiges Bündel an Wissen kann offenbar in einem einzigen Augenblick übermittelt werden.

Solche Visionen oder Erkenntnisse scheinen wie aus heiterem Himmel aufzutauchen. Mit der Anwesenheit von Dads

Zimmergenossen war absolut nicht zu rechnen gewesen. Sie war mir ein Rätsel. Ich hatte sofort gewusst, dass es sich um Agnew Bahnson handelte. 1964 hatte Agnew einen seiner Söhne im Internat besuchen wollen. Auf dem Weg dorthin hatte er einen tragischen Unfall, als er während eines Gewitters versuchte, mit einem kleinen Flugzeug, seiner geliebten Beechcraft, zu landen. Er traf eine Stromleitung und war sofort tot. Warum kam Agnew in meiner Vision vor? In welcher Weise erhöhte seine Anwesenheit den Wert und die Kraft der Botschaft, die ich empfangen hatte?

Ich machte mich auf die Suche nach der Lösung dieses Rätsels und begann im Bekanntenkreis meiner Eltern in Winston-Salem, North Carolina. Und wie das Schicksal es wollte, gab mir Sophia Cody, eine gute Freundin der Familie, etwa zwei Monate später einen entscheidenden Hinweis. Sie erzählte mir, dass Agnew Bahnson ein guter Freund von Robert Monroe gewesen sei, für dessen Arbeit ich mich nach meiner meditativen Begegnung mit Dad sehr interessiert hatte. Ich nahm Kontakt zu den Kindern von Bahnson und Monroe auf, weil ich etwas über ihre Erinnerungen an die Beziehung der beiden Männer wissen wollte.

Schließlich bekam ich eine E-Mail von Agnews Tochter Karen Bahnson (jetzt bekannt als Osha Reader). Sie erzählte, dass sie in den 1960er-Jahren für Robert Monroe gearbeitet und geholfen hatte, sein erstmals 1971 erschienenes Buch *Der Mann mit den zwei Leben* zu transkribieren. Es war das erste von drei Büchern, die er zum Thema »außerkörperliche Erfahrungen« geschrieben hat.

»Mein Vater war, wie Bob, seiner Zeit weit voraus«, stand in Oshas E-Mail. »Er war ein kreativer, erfolgreicher Geschäftsmann, hatte aber auch ein echtes Interesse an Antigravitation, Philosophie und dem Paranormalen und war in diesem Punkt ganz anders als die meisten Menschen, die wie er in den 1950er- und frühen 1960er-Jahren im Süden der USA lebten. Sicherlich war das ein Grund, warum er und Bob so gute Freunde wurden.«

Das war natürlich ein Beitrag zur Beantwortung meiner ursprünglichen Frage »Bin ich auf dem richtigen Weg?«. Agnews fortschrittliche wissenschaftliche Einstellung und sein Interesse am Paranormalen, das er mit Monroe teilte, machten mir klar, dass ich mit dem Einsatz von Klang zum Hervorrufen veränderter Bewusstseinszustände etwas Lohnendem auf der Spur war, genauso wie mit meiner Bereitschaft, offener für die Realität des Paranormalen zu werden. Die Tatsache, dass mein konservativer Vater mit einem von Bob Monroes guten Freunden am College das Zimmer geteilt hatte, war etwas, womit ich absolut nicht gerechnet hatte.

»Ich habe Bob irgendwann in den späten 1970er-Jahren zum letzten Mal gesehen«, schrieb Osha weiter. »In der Zeit, in der ich für ihn gearbeitet habe, erzählte er mir, dass Daddy, als seine Beechcraft am 3. Juni 1964 bei der Landung in Wooster, Ohio, abstürzte, zu ihm ›durchgekommen‹ sei, um sich auf seinem Weg ins Jenseits von ihm zu verabschieden.«

Ich war besonders erstaunt, als ich feststellte, dass ich am 12. Juni 2011, dem Tag, an dem ich Karen Bahnsons E-Mail bekam, am Flughafen von Wooster County, Ohio, vorbeigefahren war, also an genau dem Ort, an dem Agnew Bahnsons Flugzeug 47 Jahre zuvor abgestürzt war. Dass sie ihre E-Mail abgeschickt hatte, kurz nachdem ich an diesem Flughafen vorbeigefahren war, empfand ich als auffallende Synchronizität. Durch diesen Prozess der Entschlüsselung des Rätsels war ich in der Lage, die ständige Beteiligung meines Vaters an meiner Seelenreise zu erkennen, was das Wachstum meiner Seele förderte.

Sich ganz dem Prozess anzuvertrauen, wenn man nach innen geht, ist ein sinnvoller Ansatz, besonders wenn man Anfänger ist oder kein bestimmtes Ziel hat. Das Hinzufügen einer bewussten Absicht bringt jedoch einen signifikanten Nutzen und gibt dem Ganzen eine klare Richtung. Eine andere Absicht kann zu einem ganz anderen Ergebnis führen. Vielleicht möchten Sie inneren Frieden erreichen oder über eine bestimmte Frage nachdenken. Vielleicht sind Sie daran interessiert, ein besseres Gefühl für Ihren Energiekörper zu bekommen. Oder Sie sind auf der Suche nach kreativer Inspiration. Viele wollen sich mit ihrer höheren Seele und mit der kollektiven Einheit verbinden, von der wir alle ein Teil sind.

Absicht ist ein Werkzeug der fokussierten Aufmerksamkeit Ihres inneren Beobachters, das eingesetzt werden kann, um diese und viele andere Ziele zu erreichen. Aufmerksamkeit ist im Prinzip die Verbindung zwischen unserem Bewusstsein und jedem Aspekt der uns umgebenden Welt. Sie bereitet die Bühne für die Entscheidungen, die wir treffen, und die Beobachtungen, die wir machen. Die nämlich zwingen die Wolke der unendlichen Möglichkeiten, eine Wirklichkeit zu werden (»Kollaps der Wellenfunktion«, um einen Begriff aus der Quantenphysik zu benutzen).

Es gibt viele Möglichkeiten, mithilfe verschiedener Affirmationen oder Visualisierungen zu einer fokussierten Absicht zu gelangen. Karen bietet unseren Workshopteilnehmern eine einfache Technik an. »Versuche, eine Absicht in nur ein Wort zu fassen«, schlägt sie vor. »Wähle ein Wort, das für den Seinszustand steht, in dem du gern sein würdest, wenn du dein Ziel erreicht hast. Stell dir vor, wie du dich in diesem Zustand *fühlen* wirst. Fühle es wirklich, als ob es schon geschehen ist.«

Wenn Sie also eine Antwort auf eine quälende Frage suchen, stellen Sie sich vor, wie Sie sich fühlen würden, wenn die Frage beantwortet wäre – *Klarheit.* Wenn Sie ein Problem lösen wollen, stellen Sie sich vor, wie es sich anfühlen würde, wenn Sie es gelöst hätten – *Erfolg.* Wenn Sie kein bestimmtes Ziel haben, öffnen Sie sich einfach für alle Möglichkeiten – *Vertrauen.* Denken Sie zunächst an Ihre Frage oder Ihr Problem und verbinden Sie es mit dem entsprechenden Wort. Wenn Sie sich dann die Brainwave-Entrainment-Aufnahme anhören, konzentrieren Sie sich nur auf dieses eine Wort. Es gibt zahllose Ansätze, aber der entscheidende Teil besteht darin, Ihr *Gefühl* einzubringen und nicht nur an die buchstäbliche Bedeutung des Wortes zu denken.

»Die Emotion eines Wortes mit seinem gedanklichen Inhalt zu kombinieren, erzeugt eine enorme Kraft«, erklärt Karen in den Workshops. »Stelle dir vor, dass diese Mischung aus Gedanke und Gefühl Teil des elektromagnetischen Feldes deines Herzens wird und in deine Umwelt ausstrahlt.«

Schon im 3. Jahrhundert kannte der ägyptische Philosoph Plotin die Kraft der Resonanz, die darin besteht, dass Gleiches Gleiches anzieht. Das Gesetz der Resonanz besagt, dass bestimmte Muster ähnliche Muster verstärken können, so wie Wellen einander überlagern und dadurch wachsen können. »Meine Absicht war Freude. Ich spürte eine erstaunliche Verbindung mit allen im Raum Anwesenden und der ganzen Menschheit. Dieses Gefühl des liebevollen Einsseins mit allen ließ mir Tränen in die Augen steigen«, beschrieb es jemand.

Absicht erzeugt einen imaginären Seinszustand. Es ist dann so, als hätten Sie das Gewünschte bereits erreicht. Die Vorstellung, genau wissen zu müssen, wie dieses Ergebnis zustande kommt, behindert den Erfolg eher. Die Lösung von Problemen ergibt sich oft auf völlig unerwartete Weise. Daher ist es wichtig, offen für jeden Weg zu bleiben, der sich möglicherweise auftut.

Manchmal ist ein Teilnehmer überrascht, trotz fokussierter Absicht etwas Unangenehmes zu erleben, das scheinbar überhaupt keinen Bezug zu seinem Ziel hat.

»Meine Absicht war ›Klarheit‹, aber ich habe keine Antwort auf meine Frage bekommen. Ich habe nur sehr viel Angst gespürt und angefangen zu weinen, aber ich weiß nicht warum.«

»Das ist nicht ungewöhnlich«, sagt Karen dann ruhig. »Genau wie die Töne unseren Energiekörper aktivieren können, können sie auch Emotionen auslösen. Ein ungelöstes emotionales Trauma kann stecken bleiben, wenn wir es nicht richtig verarbeiten. Die Angst in einem erweiterten Bewusstseinszustand hochkommen zu lassen, ist eine ausgezeichnete Gelegenheit, sie loszulassen.«

Die Ursache einer bestimmten Emotion, die hochkommt, kann ersichtlich sein oder auch nicht. Lassen Sie diese Emotion zu, statt zu versuchen, sie zum Verschwinden zu bringen oder zu analysieren. Das *Fühlen* einer Emotion ist oft ein Akt des Freisetzens. Das heißt nicht unbedingt, dass die Emotion dann für immer weg ist. Sie kann wieder aktiviert werden. Wiederholen Sie jedes Mal, wenn sie auftaucht, den Prozess, indem Sie sich erlauben, sie zu fühlen. Wie bei einer Zwiebel wird jede Schicht der Emotion eine nach der anderen freigesetzt. Später wird dieser so entstandene Freiraum oft mit unerwartet positiven Emotionen gefüllt.

Jeder von uns ist einzigartig. Manchmal sind einige Versuche und Irrtümer erforderlich, bis man herausgefunden hat, was als regelmäßige Übung für einen am besten funktioniert. Aber um das herauszufinden, muss man die bestehenden Möglichkeiten ausprobieren. Viele, die sich Brainwave-Entrainment-Aufnahmen anhören, finden sie nützlich; andere finden das nicht. Jeder Mensch reagiert anders und wird feststellen, dass verschiedene Methoden bei unterschiedlichen Personen zu jeweils anderen Ergebnissen führen. Es gibt viele Methoden, die ebenfalls zum Erreichen erweiterter Bewusstseinszustände beitragen, etwa Qigong, Yoga, Trancetanz, Chanten, das Schweben in einem Floating-Tank, zahllose Meditationsübungen und mehr. Man muss experimentieren, um herauszufinden, was für einen selbst am besten funktioniert.

Natürlich habe ich meine beiden Söhne dazu angeregt, sich die gleichen Aufnahmen anzuhören, die ich so hilfreich gefunden hatte, in der Hoffnung, sie könnten in ähnlicher Weise davon profitieren. Mein jüngerer Sohn, Bond, bezweifelte, dass sie überhaupt eine Wirkung haben konnten. Schließlich war er von klein auf an von meiner materialistisch-wissenschaftlichen Weltsicht beeinflusst worden. Trotz meines Nahtoderlebnisses blieb er skeptisch. Ich verstand das. Mein Interesse war schließlich auch erst durch eigene Erfahrung geweckt worden. Anlässlich unseres ersten Besuchs bei Gary Zukav und Linda Francis in Ashland, Oregon, kam er erstmals mit den Aufnahmen in Kontakt. Karen hatte den *Interactive Brainwave Visual Analyzer* (IBVA) mitgebracht, den ich ein paar Jahre zuvor bei einem Treffen mit Kevin in New York erstmals ausprobiert hatte. Jetzt hoffte ich, Bond zu ködern, indem ich ihn in ein kleines Forschungsprojekt zum Thema Tonaufnahmen und Gehirnwellen einbezog.

Während Gary und ich eine lebhafte Diskussion über Physik und Bewusstsein führten, zeigte Karen Bond seine Gehirnwellenaktivität mithilfe des tragbaren Frontallappen-EEG-Geräts. Sie hatten sich im Wintergarten niedergelassen, und Karen hatte die Elektroden an Bonds Stirn befestigt.

»Du kannst deine Aufmerksamkeit auf verschiedene Dinge lenken und schauen, was dabei in deinem Gehirn passiert«, erklärte Karen.

»Wow, das ist cool. Schau mal, wie es sich verändert, wenn ich meinen Arm so bewege«, sagte Bond.

Er konnte in Echtzeit sehen, wie sich Bewegungen, verschiedene Denkprozesse und Konzentrationsphasen auf das auswirkten, was das Display des Laptops zeigte, und er erkannte schnell, dass er das, was dazu sehen war, verändern konnte, indem er seine Gedanken und Gesten entsprechend steuerte.

»Ich spiele dir jetzt eine Aufnahme vor, die du noch nie gehört hast. Ich möchte deine Erfahrung nicht beeinflussen, indem ich dir sage, was dich erwartet. Achte einfach auf das, was du fühlst oder wahrnimmst, und wir reden später darüber«, sagte Karen.

Bond machte es sich auf der Couch bequem und rückte seine Kopfhörer zurecht, wobei er auf die empfindlichen EEG-Kabel achtete. Dann hörte er sich unbegleitet eine 39-minütige Sacred-Acoustics-Aufnahme an.

Als die Aufnahme abgelaufen war, ging Karen in den Wintergarten, um nach Bond zu schauen, und sah, dass er eingeschlafen war. Im hypnagogischen Zustand achtsam zu bleiben und eben nicht einzuschlafen, kann anfangs eine echte Herausforderung sein. Außerdem hatten wir eine lange Reise hinter uns. Sie ließ ihn schlafen.

»Wie war es?«, fragte Karen, als Bond später etwas angeschlagen auftauchte.

»Es ist nicht viel passiert. Ich glaube, ich bin einfach eingeschlafen, aber ich hatte einen verrückten Traum«, antwortete Bond.

»Was erinnerst du aus deinem Traum?«, wollte Karen wissen.

»Es war seltsam – ich bin in Garys und Lindas Haus herumgelaufen, obwohl ich noch nie hier war. Ich erinnere mich, dass ich ein Bild im Wohnzimmer gesehen habe, Möbel und Pflanzen«, erzählte Bond.

Als er die verschiedenen Objekte näher beschrieb, vermutete Karen, dass an dem Traum mehr dran sein konnte, als es zunächst den Anschein hatte.

»Möglicherweise hast du eine außerkörperliche Erfahrung gemacht«, erklärte sie.

Karen hatte ein paar Jahre zuvor Kurse belegt, in denen es darum ging, wie man außerkörperliche Erfahrungen auslöst. Ein fünfwöchiger Onlinekurs beinhaltete vorbereitende Übungen zur Wahrnehmung der Körperenergie. Diese Übungen werden in der Regel im Bett liegend ausgeführt. Dabei stellt man sich beispielsweise vor, wie es sich anfühlen würde, wenn eine weiche Bürste oder Feder über die eigenen Hände oder Füße und dann über die Beine und Arme bewegt werden würde. Eine andere Übung bestand darin, sich vorzustellen, dass die Energie des Körpers vollständig aus dem Scheitelpunkt des Kopfes austritt und sich in Richtung Unendlichkeit bewegt und dann auf die gleiche Weise wieder in den Körper zurückkehrt, durch diesen hindurch und aus den Fußsohlen wieder hinauszieht. In weiteren Übungen sollte sie sich das Gefühl vorstellen, eine nie endende Treppe hinunterzusteigen, sich mit einem imaginären Seil hochzuziehen oder aus dem Bett zu rollen. Solch ein Imaginieren von Bewegungen dient dem Ziel, das Bewusstsein für den Energiekörper zu aktivieren, es irgendwann bewusster steuern zu können.

Eine ihrer ersten außerkörperlichen Erfahrungen hat Karen in einem Traum gemacht. Dazu meinte der Ausbilder, dass wir »echte außerkörperliche Erfahrungen oft für Träume halten, bis uns klar wird, dass wir solche Zustände tatsächlich erreichen können.

Bond überzeugte diese Erklärung nicht. Er war der Ansicht, er habe sich einfach an das erinnert, was er gesehen hatte, als er vor ein paar Stunden kurz durchs Haus geführt worden war.

Aber als Gary Bond und mich nach dem Abendessen zu einem anderen Gebäude auf dem Grundstück führte, wo Bond in einem Gästezimmer schlafen sollte, war Bond beim Eintreten überrascht, hier weitere Möbel und Kunstwerke aus seinem »Traum« wiederzufinden.

»Ich habe dieses Bild schon einmal gesehen. Ich erkenne diesen Flur. Aber ich bin zum ersten Mal hier. Wie kann das sein?«, fragte Bond und erinnerte sich an seinen »Traum«.

Es kam ihm vor, als sei er tatsächlich schon einmal an diesem Ort gewesen, obwohl weder er noch ich dieses Gebäude je betreten hatten. Dies schien eine weitere Bestätigung dafür zu sein, dass Bonds Bewusstsein auf dem gesamten Anwesen unterwegs gewesen war, während sein physischer Körper still in Garys Wintergarten gelegen hatte. Aber weil es sich hier um ein »extrem verborgenes Phänomen« handelte, konnte nur Bond sagen, ob es wirklich passiert war. Er hatte die Wahl, seinem Erlebnis zu vertrauen oder nicht.

Später erzählte er von einem Traum, den er etwa zwei Wochen zuvor gehabt hatte, und erinnerte sich, darin denselben Gebäudekomplex auf dem Grundstück unseres Gastgebers gesehen zu haben. Aber da er ihn nicht kannte, hatte er sich keinen Reim darauf machen können. Er war zwar noch nicht ganz von seinen außerkörperlichen Wahrnehmungsfähigkeiten überzeugt, aber mittlerweile offener für die Möglichkeit, dass er dies nicht nur seiner Vorstellungskraft zu verdanken hatte.

Bond war fasziniert von dem, was er im Haus von Gary und Linda erlebte. Karen und ich hörten uns weiterhin Kevins experimentelle Audiodateien an und luden Bond ein, ebenfalls zuzuhören. Eine dieser Aufnahmen beinhaltete eine verbale Führung, bei der es um Entspannung ging und darum, das innere Geschwätz zum Schweigen zu bringen.

»Lass die Spannung in deinem Körper los. Beruhige deinen denkenden Geist. Lass alle ablenkenden Gedanken ziehen und konzentriere deine Aufmerksamkeit sanft auf den Atem.«

Sobald Bond angefangen hatte, mit geführter Visualisierung zu experimentieren, erkannte er, dass er seine Erfahrung bewusst und willentlich steuern konnte und nicht erst abzuwarten brauchte, was passiert. Außerdem stellte er fest, dass es ihm mithilfe der Töne sehr viel besser gelang, sich vollständig zu entspannen. Bond hatte gelegentlich unter Schlafstörungen gelitten, und wir hatten ihm eine experimentelle Aufnahme gegeben, die ihm beim Einschlafen helfen sollte. Eine interessante Nebenwirkung war, dass er sich mindestens zwei Wochen lang nach dem Aufwachen daran erinnerte, jede Nacht einen unglaublich klaren Traum gehabt zu haben.

Bond war sich in seinen ultraklaren Träumen oft bewusst, dass er träumte. Doch statt aufzuwachen, träumte er weiter – ein Zustand, der als Klarträumen bekannt ist. Klarträumen ist insofern der Meditation verwandt, als wir unseren inneren Beobachter aus dem Schlafzustand heraus wahrnehmen. Klarträume können mit verschiedenen Methoden ausgelöst werden, etwa durch spezielle Brillen, in denen ein Licht aufleuchtet, wenn der REM-Schlaf einsetzt, um die betreffende Person im Traum wachsam zu machen. Nach dem so ausgelösten »Erwachen« kann der Träumende den Traum steuern und beispielsweise fliegen, Zeitreisen machen, sich Ängsten stellen oder sogar Probleme lösen und kreative Inspiration nutzen.

Bond hatte noch ein paar Wochen lang Klarträume, wenn auch nicht mehr jede Nacht, und nach und nach traten sie immer seltener auf. Er spürte, dass sich sein Geist irgendwann an die Töne gewöhnt hatte, die er hörte, und kehrte zu seinem normalen Schlaf zurück. Noch heute, mehr als drei Jahre danach, erinnert er sich an einige der lebhaftesten Träume so klar und deutlich, als hätte er sie gestern gehabt.

Menschen haben noch mehr als ein halbes Jahrhundert danach ultraklare Erinnerungen an ihre Nahtoderlebnisse. Bond erinnerte sich in ganz ähnlicher Weise an seine eindrucksvollsten Klarträume. Für die Interpretation unserer Erfahrungen ist es hilfreich, sich das Ausmaß an Klarheit, Ultrarealität und emotionaler Kraft anzuschauen, um Hinweise auf die Bedeutung einer bestimmten Erfahrung zu bekommen.

Wenn es darum geht, zwischen einer weniger signifikanten und einer wirklich wichtigen Begegnung zu unterscheiden, ist die emotionale Kraft und Klarheit der Erfahrung ein starker Indikator, die man in einer Meditation, einem Traum oder auf einer anderen spirituell-transformativen Ebene gemacht hat. Die kraftvollsten Erfahrungen sind bekannt dafür, dass sie ultrareal zu sein scheinen oder »viel zu real, um real zu sein«. Die Erinnerungen daran sind in der Regel sehr beständig, weit mehr als die meisten Erinnerungen an Ereignisse und besonders an unsere durchschnittlichen Träume und Vorstellungen.

In unseren Workshops empfehlen wir oft, ein Tagebuch zu führen, um unter anderem Erfahrungen und Gedanken (einschließlich des in der Meditation und in Träumen Wahrgenommenen) festzuhalten, weil deren Muster möglicherweise nicht so schön linear und logisch präsentiert werden, wie wir es von unserem Alltagsbewusstsein gewohnt sind. Oft kommt die Antwort vor der Frage. Wenn Bond den Traum aufgeschrieben hätte, den er zwei Wochen vor seinem Besuch in Garys Haus gehabt hatte, hätte er über Notizen verfügt, anhand derer er relevante Details mit seinem späteren Erlebnis hätte vergleichen können. Alles, was uns auf diesem Weg begegnet, kann uns zu einem besseren Verständnis unserer

Existenz verhelfen, wenn wir das dichte Gewebe unserer zahlreichen Verbindungen erforschen.

In unserer Kultur werden von innen kommende Eindrücke eher als nicht verlässlich abgetan. Es ist natürlich leicht, eine Botschaft oder Vision als Produkt der eigenen Einbildungskraft zu betrachten, besonders wenn es nur einen Zeugen gibt – den inneren Beobachter. Es gibt aber Möglichkeiten, Informationen, die man auf übernatürlichem Wege bekommen hat, zu überprüfen, und die wissenschaftliche Erforschung der Fernwahrnehmung hat ermutigende Ergebnisse geliefert, die nahelegen, dass solche Effekte durchaus real sind.

Indem unser bewusstes Gewahrsein das kollektive Bewusstsein anzapft, kann es auf viele Schichten des der physischen Wirklichkeit zugrunde liegenden Informationsfundus zugreifen. Manche bezeichnen diesen Fundus als das Quantenhologramm oder Akashafeld. Wir können nicht nur auf die Informationen zugreifen, die sich auf unsere unmittelbare Erfahrung beziehen, sondern mit Methoden wie Fernwahrnehmung auch auf erweiterte Informationen über weit größere Schwaden von Raum und Zeit. Manche Leser wissen vielleicht, dass die CIA 23 Jahre lang einem Programm zur Fernwahrnehmung, einem »übersinnlichen Spionageprogramm« nachgegangen ist, das von dem Kernphysiker Ed May sowie den Laserphysikern Hal Puthoff und Russell Targ geleitet wurde, alle vom Stanford Research Institute. Die Geheimdienste anderer Regierungen (unter anderen China, Russland und Israel) hatten ähnliche Programme, was nicht zuletzt der Tatsache geschuldet war, dass es keine Abwehrmechanismen gegen solche mentalen Sondierungsmethoden zu geben scheint, denn die erfordern das aktive Betreiben offensiver Programme.

Viele wichtige Untersuchungsergebnisse der amerikanischen Forscher wurden in renommierten wissenschaftlichen Zeitschriften wie *Nature* oder *Proceedings of the IEEE* veröffentlicht. Zu den einer breiteren Öffentlichkeit bekannten Erfolgen des Remote-Viewing-Programms gehören unter anderen das Auffinden der US-Geiseln während der Geiselnahme von Teheran (und die Vorhersage, dass eine der Geiseln wegen ihres schlechten Gesundheitszustands freigelassen werden würde); die Entdeckung wichtiger Hinweise, die es ermöglichten, dass die Entführung der Zeitungserbin Patty Hearst aufgeklärt werden konnte; das Aufspüren einer streng geheimen sowjetischen Waffenfabrik in Semipalatinsk; die Ortung eines vermissten sowjetischen Tu-22-Bombers in Zaire und die Sichtung des Rings um den Planeten Jupiter vor seiner offiziellen Entdeckung durch die Raumsonde *Voyager 1*.

Die öffentliche Wahrnehmung des Programms wurde durch den Bericht der *American Institutes for Research* von 1995 getrübt. Der kam zu dem Schluss, dass die aus der Fernwahrnehmung gewonnenen Informationen »vage und zweideutig« seien, was es »schwierig« mache, »dass die Technik Informationen liefert, die von ausreichender Qualität und Genauigkeit für einen handlungsfähigen Geheimdienst sind.« Diese Einschätzung, dass die durch Fernwahrnehmung gewonnenen Informationen keinen soliden praktischen Nutzen haben, steht jedoch im deutlichen Gegensatz zu der Erkenntnis, dass durch Fernwahrnehmung gewonnene Informationen Zufallsergebnisse weit übertreffen.

Dr. Jessica Utts, die Chefstatistikerin der Studie, erklärte: »Entsprechend der Standards, die in jedem anderen Bereich der Wissenschaft angelegt werden, wird festgestellt, dass die übersinnliche Herangehensweise gut etabliert ist. Die statistischen Ergebnisse der untersuchten Studien liegen weit über dem, was durch Zufall zu erwarten wäre.« Die Gesamtüberprüfung des Bereichs Fernwahrnehmung unterstützt diese außergewöhnliche Vorgehensweise und schreibt ihr eine echte Wirkung zu. Obwohl die Besonderheiten der Technik entscheidend für ihren Erfolg sind, kann offenbar jeder lernen, wie man sie einsetzt.

In einem Fernwahrnehmungskurs, an dem auch Karen teilnahm, bekamen alle eine achtstellige Zahl und wurden angewiesen, ihre Eindrücke auf ein leeres Blatt Papier zu zeichnen oder zu schreiben. Die einzige Verbindung zwischen dieser Zahl und dem fraglichen Ziel bestand in ihrer zufälligen Zuweisung durch den Kursleiter. Irgendwie wurde durch den bewussten Akt der Zuordnung der Zahl zu einem bestimmten Ort, einem Gegenstand, einer Person oder einem Ereignis eine Informationsverbindung geschaffen, eine Art Verschränkung. Niemand weiß, wie das funktioniert, aber bemerkenswerterweise funktioniert es.

Die Aufgabe bestand nun darin, sich in einen neutralen Zustand zu versetzen, sich auf die Zahl zu konzentrieren und dann zu notieren, was einem in den Sinn kam – Formen, Farben, Emotionen, Empfindungen, Strukturen oder Temperatur –, ohne irgendetwas zu beurteilen oder zu analysieren. Nach einer Weile wurde den Teilnehmern ein Foto gezeigt, und sie bekamen noch andere mit der Zahl in Verbindung stehende Informationen. Karen war erstaunt, dass viele der Formen, Farben und Bilder, die ihnen in den Sinn gekommen waren, den Elementen des Fotos entsprachen, das man ihnen zeigte, manchmal sogar ziemlich genau.

Bisweilen war das Ziel eine reale Person an einem Ort irgendwo auf der Erde, und die Teilnehmer stimmten sich alle auf die gleiche Weise auf sie ein. Dabei waren sie unterschiedlich erfolgreich, aber die meisten hatten zumindest einige ermutigende Ergebnisse. Karen stellte fest, dass ihre erfolgreichsten Versuche von einem deutlichen Gefühl im Unterleib begleitet waren – einer nervösen Erregung, die aber nicht unangenehm war. Sie stellte ihre Fähigkeiten in den Kursen unter Beweis, übte aber auch regelmäßig zu Hause. So absolvierte sie über mehrere Jahre hinweg Hunderte von Sitzungen. Dies half ihr, den Unterschied zwischen zufälligen Gedanken und genauer intuitiver Information zu erkennen. Im Laufe der Zeit wurde sie zwar immer selbstbewusster, aber zunächst einmal war sie verblüfft über ihre Fähigkeit, Zugang zu solchen Informationen zu bekommen.

In *One Mind* behauptet Larry Dossey, dass solche Informationen über eine gemeinsame Intelligenz verfügbar sind, die in der Vernetztheit aller denkenden Geister zum Ausdruck kommt, und nennt Fernwahrnehmung als überzeugenden Beweis für diese These. Neben vielen ähnlichen Themen schildert er auch zahlreiche Geschichten über Tiere und ihre Verbindung untereinander und zu Menschen. Beispielsweise erzählt er von Hunden, die von Tausende Kilometer weit entfernten Orten allein nach Hause gefunden haben; von Delfinen, die nicht nur Menschen, sondern auch Hunde und Wale gerettet haben; von Katzen, die wussten, dass jemand dem Tod nahe war, und von Kühen, Gorillas und Bienen, die ebenfalls verblüffende Verhaltensweisen zeigten. Diese erstaunliche Sammlung von Geschichten, in denen die Vernetztheit der Arten illustriert wird, kann mit den traditionellen naturwissenschaftlichen Modellen nicht erklärt werden. Solche Vorkommnisse wirken realistischer, wenn man sie vor dem Hintergrund des Einsseins des universellen Bewusstseins betrachtet.

Viele Tierfreunde haben das Gefühl, mit ihren Tieren kommunizieren zu können, auch über einfache Trainingsbefehle hinaus. Eine besondere Verbindung zwischen Tieren und Menschen war scheinbar schon immer da, aber können wir wirklich wissen, was Tiere denken und fühlen? An einem Workshop für

Tierkommunikation, den Karen besuchte, nahmen auch Hundebesitzer teil, die ihre Hunde mitgebracht hatten. Die anderen Teilnehmer wussten nichts über diese Hundebesitzer und ihre geliebten Tiere. Karen folgte den Anweisungen, um sich mit einem Hund zu verbinden. Sie leerte ihren Geist und stellte sich angesichts der ihr bekannten HeartMath-Forschungergebnisse vor, dass ihr Herz eine Verbindung herstellte. Dann formulierte sie in Gedanken eine Frage und ließ ihre Eindrücke zum Vorschein kommen. Wie bei der Fernwahrnehmung war es auch hier sehr wichtig, die ersten Andeutungen zu notieren, ohne weiter darüber nachzudenken. Hier geht es *nicht* darum, eine richtige Antwort zu erraten.

»Möchtest du etwas an deiner Lebenssituation ändern?«, fragte sie versuchsweise einen weißen Pudel. Diese Frage hatte sie der vom Workshopleiter bereitgestellten Liste entnommen.

Karen bemerkte, dass bestimmte Eindrücke in ihr hochkamen und zu Gedanken wurden, und die schrieb sie laut Anweisung pflichtbewusst nieder. Als sie an der Reihe war, las sie dem Hundebesitzer vor, was sie geschrieben hatte.

»Es mag sich irgendwie beliebig anhören, aber ich habe mitbekommen, dass er sein Körbchen am Fenster haben möchte«, berichtete Karen.

»Unser Hund hat kein Körbchen«, antwortete der Besitzer. »Aber gestern haben wir uns von einem Freund eins geliehen, um zu sehen, ob er vielleicht auch eins haben möchte. Wir haben es am Fenster aufgestellt. Er hat den ganzen Tag darin gelegen und geschlafen oder aus dem Fenster auf die Bäume und den Kinderspielplatz geschaut.«

»Was ist dein Lieblingsspielzeug?« fragte Karen einen schwarzen Labrador Retriever.

»Ein blauer Ball«, antwortete der Hund ziemlich eindeutig.

»Er hat nicht wirklich ein Lieblingsspielzeug«, erklärte der Besitzer später. »Sein Interesse an bestimmten Spielzeugen ändert sich laufend. Aber vor ein paar Tagen hat er bei einem Spaziergang einen blauen Ball gefunden. Den hat er seitdem immer bei sich.«

Besonders Hunde sind ihren Besitzern in einer Weise treu ergeben, die selbst in zwischenmenschlichen Beziehungen in der Regel unerreicht ist. Tiere schenken eine zuverlässige emotionale Unterstützung und helfen oft bei Problemen wie Angstzuständen, Depressionen oder Selbstmordgedanken. Aber sind Tiere ebenso bewusst wie Menschen? Ich werde oft gefragt, ob Tiere eine Seele haben und wir unsere geliebten Haustiere im Jenseits wiedersehen werden. Auf meiner Koma-Reise habe ich im Tal des Übergangs Kinder mit vor Freude in die Luft springenden Hunden spielen sehen. Für mich bedeutet dies die Möglichkeit, dass – ja, dass auch Tiere zusammen mit den Menschen im Jenseits zu finden sind.

Als wir Kinder waren, ist es uns nicht schwergefallen, das Göttliche in den Tieren zu sehen. Aber wenn wir älter werden, lehrt uns die konventionelle Wissenschaft, dass Tiere instinktgesteuerte Kreaturen sind, deren Verhalten auch in Tausenden Jahren der Evolution instinkthaft geblieben ist. Weil wir zur Bildung sprachlicher Begriffe fähig sind und rational denken können, nehmen viele Wissenschaftler an, dass Menschen den Tieren überlegen sind. Doch nach meinem Koma habe ich erkannt, dass es sich bei der Fähigkeit, die Menschen wirklich von Tieren unterscheidet, nicht etwa um etwas so Tiefgründiges wie die Sprache handelt, sondern einfach darum, dass – wir kochen!

Wenn man bedenkt, dass unsere sprachlichen Fähigkeiten und das ständige innere Geplapper ein tieferes Verständnis zu behindern scheinen, haben Tiere vielleicht doch einen Vorteil gegenüber den Menschen, weil sie in viel engerem Kontakt mit der spirituellen Seite stehen und außerdem frei sind von selbsteinschränkenden Gedanken. Aber wenn Tiere keine Sprache haben, wie verstehen wir dann, was sie sagen? Die rein begrifflichen Informationen, die in veränderten Bewusstseinszuständen zusammengetragen werden, zeigen die Grenzen der linear verengten verbalen Sprache auf, und ein Großteil unserer Kommunikation mit Tieren umgeht diesen sprachlichen Engpass. Vielleicht gibt es da noch etwas, das viel tiefer reicht, und wir sind auf dieser grundlegenderen Ebene wirklich miteinander verbunden.

Karen nutzte oft ihre intuitive Verbindung zu Tieren, wenn sich ihr Hund Niko verlaufen hatte. Er war ein versierter und höchst agiler Ausbrecher, der 1,5 Meter hohe Maschendrahtzäune überspringen und Schwachstellen in der Umzäunung von Grundstücken ausfindig machen konnte oder einfach die Tür im Auge behielt, die ab und zu nur angelehnt war. Es gab keinen bestimmten Ort in der Nachbarschaft, an dem er zu finden war, und Karen stand stets vor der Herausforderung, seiner Spur zu folgen. Sie ging strategisch vor, indem sie ruhig blieb und sich so fühlte, als habe sie Niko bereits gefunden, während sie gleichzeitig ihre Absicht ausstrahlte, ihn mit ihrem Herzen zu finden. Irgendwie wusste sie dann fast immer, wo er war.

Einmal, nachdem er in der Dunkelheit eines kalten Winterabends fortgelaufen war, hatte sich Niko in den Kriechkeller eines Nachbarn vorgearbeitet und war dort gefangen. Einer intuitiven Eingebung folgend, ging Karen, ohne genau zu wissen, warum, direkt dorthin und hörte sein leises Kratzen. Er war noch nie zuvor hier gefunden worden. Es war also ein völlig unerwarteter Fundort. Er konnte nicht auf die gleiche Art herauskommen, wie er hineingeraten war. Sie musste erst den Gitterrost abheben, um ihn herauszulassen. Viele von uns haben eine starke Verbindung zu ihren Haustieren. Und verblüffende Ereignisse wie diese sind nicht ungewöhnlich.

Solche Erfahrungen verweisen auf das kollektive Bewusstsein, von dem wir alle ein Teil sind. Die Antworten liegen wirklich in uns, und unserer Intuition vertrauen zu lernen, ist eine wichtige Facette der spirituellen Entdeckungsreise. Aber das Erlangen solcher Fähigkeiten sollte niemals das Endziel sein. Wichtig ist vor allem, mit dem höheren Selbst im Einklang zu sein und unsere Einheit mit dem Universum widerhallen zu lassen. Während uns unser inneres Wesen immer vertrauter wird und es uns immer besser damit geht, strahlen unsere einzigartigen Eigenschaften auf. Wir bekommen einen leichteren Zugang zu geistiger Führung und kreativer Inspiration und gewinnen ein tieferes Verständnis für die persönlichen Ereignisse unseres Lebens. In einer derart erwachten Umgebung kann sich ein sinnvolles und lohnendes Leben entfalten.

Kapitel 13

Die Lektionen unserer Seele lernen

Lebe, als würdest du morgen sterben.
Lerne, als würdest du ewig leben.

Mahatma Gandhi (1869–1948), indischer Anwalt
und pazifistischer Widerstandskämpfer

Wir sind weit umfassender als unser physischer Körper. Wir sind größer als unsere Gedanken und unsere Persönlichkeit. Wir sind viel mehr als die Rollen, die wir als Arzt, Lehrer, Ingenieur, Mutter oder Vater spielen. Wir sind geistige Wesen, die in einem geistigen Universum leben. Diese Art, die Welt wahrzunehmen, beeinflusst unsere Einstellung gegenüber dem täglichen Leben auf bemerkenswerte Weise – auch, wie wir den Tod betrachten, uns um unsere Gesundheit kümmern und unsere Beziehungen zu anderen verstehen. Statt voneinander getrennte Individuen zu sein, die um Ressourcen konkurrieren und von den Sorgen des Egos angetrieben werden, sind wir Teil eines größeren Ganzen und auf eine Art und Weise miteinander verbunden, die unser Leben sinnvoll und lohnend macht. Wir sind nicht unbedingt von einem funktionierenden physischen Gehirn abhängig, denn unser Bewusstsein überlebt unseren Körper. Unsere beobachtete Realität ist die Bühne, auf der wir laufend Lektionen lernen und weitergeben.

Ein nützlicher Ansatz besteht darin, unsere kollektive irdische Existenz als Zeit in der »Seelenschule« zu betrachten. Und wie es scheint, haben wir nicht nur eine Chance, es richtig zu machen. Diese große Evolution des Bewusstseins wurde von dem französischen Jesuitenpater, Paläontologen und Geologen Pierre Teilhard de Chardin in seinem 1955 veröffentlichten Meisterwerk *Der Mensch im Kosmos* sehr schön erklärt. Er erweiterte das Konzept der bloßen biologischen Evolution in dem Versuch, die moderne Naturwissenschaft und die Philosophie mit dem christlichen Denken zu verbinden. Im Wesentlichen stellte er sich vor, dass das Bewusstsein eine weitaus größere Aufgabe im Universum zu erfüllen hat, als ihm beigemessen wird, ganz im Einklang mit den Ansichten, die in diesem Buch vertreten werden.

Diese Evolution ist nicht chaotisch und zufällig (wie die darwinistische Selektionstheorie behauptet), sondern strebt auf etwas zu, was Teilhard de Chardin den Omega-Punkt nannte, und zwar durch die Kraft der unendlichen Liebe, die uns durch das Lernen und Lehren führt, von dem wir alle ein wesentlicher Teil sind. Es ist allerdings irreführend, hier von einem »Teil« zu sprechen. Unsere Sprache verschleiert die Tatsache, dass unser bewusstes Gewahrsein eins mit dem Universum ist. Teilhard de Chardin vertrat die Theorie, dass der eigentliche Sinn und Zweck unserer Existenz das fortschreitende Wachstum des Bewusstseins ist und dass jeder von uns eine entscheidende Rolle in diesem Prozess spielt. Wir kehren in mehreren Lebenszyklen und großen Zeitabständen immer wieder hierher zurück, um uns an dieser gemeinsamen Unternehmung zu beteiligen.

Reinkarnation ist ein Lernprozess für alle Wesen innerhalb der größeren Evolution des Bewusstseins. Das gehört zu den Lektionen, die ich während meiner Koma-Reise gelernt habe. Reinkarnation wurde mir im Zentrum als Teil des Gewebes aller Existenz präsentiert; nicht als eine Art blind-mechanistisches Rad der Wiedergeburten (wie in manchen Interpretationen), sondern als ein Prozess, der in direkter Verbindung mit den Aufgaben unserer Seele steht: Existenz und Transformation. Reinkarnation ist die beste Möglichkeit, die allwissende, allmächtige, allgegenwärtige und unendlich liebende Gottheit, der ich begegnet bin, damit in Einklang zu bringen, dass in unserer Welt unschuldige Wesen, besonders Kinder und Tiere, leiden müssen.

Belege für Reinkarnationen finden sich in den Forschungsschriften von Dr. Ian Stevenson und Dr. Jim Tucker von der Division of Perceptual Studies (Abteilung für Wahrnehmungsstudien) an der University of Virginia in Charlottesville. Sie haben mehr als 2500 Fälle ausgemacht, in denen sich Kinder an frühere Leben erinnert haben, wofür Reinkarnation die einfachste Erklärung ist. Diese Untersuchungen konzentrieren sich auf kleine Kinder, die spontan erzählen, dass sie eine andere Familie hatten oder woanders gelebt haben, oder die in allen Einzelheiten von Ereignissen berichten, die in ihrem jetzigen Leben nicht stattgefunden haben. Dies beginnt in der Regel, wenn die Kinder zwei oder drei Jahre alt sind, und meist verblassen diese Erinnerungen, wenn sie zwischen sechs und sieben Jahre alt sind. Wissenschaftler, die sich an die Grenzen der allgemein akzeptierten Forschung begeben, müssen besonders vorsichtig sein, um ihre Glaubwürdigkeit zu wahren. Solche Phänomene lassen sich leicht als Fantasieprodukte oder Wunschdenken abtun. Und natürlich sind einige dieser Behauptungen genau das, was aber nicht heißt, dass dies für alle gilt.

Es mag zwar verlockend sein, solche Dinge einfach zu ignorieren, aber Forscher waren bei den Kindern, die genügend Details zur Verfügung gestellt haben, manchmal in der Lage, eine ganz bestimmte frühere Persönlichkeit ausfindig zu machen, mit der sich das Kind identifizierte. Einige Kinder legen seltsame Verhaltensweisen und Gewohnheiten an den Tag oder haben außergewöhnliche Fähigkeiten, etwa besondere sportliche oder musikalische Talente. Andere nennen bestimmte Namen oder geben Orte an und identifizieren ehemalige Familienmitglieder.

Die Wissenschaftler achten sorgfältig darauf, wie und von wem die Daten gesammelt werden. Sie durchforsten historische Aufzeichnungen und überprüfen verwandtschaftliche Verbindungen, um die Berichte mit tatsächlichen Ereignissen vergleichen zu können. Durch genügend Details bestätigt, scheint Reinkarnation faszinierenderweise in mehr als 2500 Fällen eine brauchbare Erklärung zu sein. All diese Fälle bilden eine beeindruckende Datenbank, in der für jeden einzelnen Fall 200 Variablen festgehalten sind, was eine brauchbare Analyse ermöglicht. Die aussagekräftigsten Fälle enthalten Elemente, die nicht so einfach von der Hand zu weisen sind.

Ein bemerkenswertes Beispiel, das in Tuckers Buch *Return to Life* beschrieben wird, ist der Fall von James Leininger, dessen Albträume von einem Flugzeugabsturz auf seine Verbindung zu einem Piloten hinweisen, der im Zweiten Weltkrieg in der Schlacht von Iwojima abgeschossen wurde. Etwa ab dem zweiten Lebensjahr schrie er im Traum: »Das Flugzeug stürzt ab, es brennt! Der kleine Mann kann nicht raus«, schlug wild um sich und trat mit den Beinen in die Luft. Nachdem er aufgewacht war, erzählte er, er habe festgesteckt, und es sei ihm nicht möglich gewesen, aus dem abstürzenden Flugzeug zu entkommen. Manchmal berichtete James vor dem Schlafengehen von

Erinnerungen an sein Flugzeug, das nach einem Treffer der Japaner Feuer gefangen hatte. Er sagte aus, der Name des Schiffes, von dem er mit seinem Flugzeug gestartet war, sei »Natoma« gewesen, bezeichnete sich selbst als »James 3« und behauptete, mit jemand namens Jack Larsen zusammengewesen zu sein.

Später erfuhren James' Eltern von einem Flugzeugträger der Casablanca-Klasse namens USS Natoma Bay, der im Zweiten Weltkrieg im Pazifik stationiert gewesen war. Historischen Aufzeichnungen war zu entnehmen, dass ein Pilot namens James Huston Jr. von hier gestartet war. Er war umgekommen, nachdem sein Flugzeug einen Schuss in den Motor abbekommen hatte. Bemerkenswerterweise bestätigten drei überlebende Augenzeugen, dass es genau so passiert war, wie es der kleine James beschrieben hatte. Schließlich stellte sich heraus, dass Jack Larsen noch lebte, der Pilot, der am Tag des tödlichen Unfalls vom selben Flugzeugträger aus gestartet war.

James machte viele andere klare Aussagen, die auf ähnliche Weise bestätigt wurden. Beispielsweise erwarb er, als er zwischen drei und fünf Jahre alt war, drei G.I. Joe-Actionfiguren, mit denen er ständig spielte und die er sogar mit ins Bett nahm. Er nannte sie Billy, Leon und Walter und erklärte, dies seien die drei Freunde, die ihm nach seinem Tod im Himmel begegnet seien. Später erfuhren seine Eltern, dass drei der zehn Männer aus dem Geschwader von James Huston Jr., die vor ihm gestorben waren, Billy, Leon und Walter geheißen hatten. Unglaublich war, dass sogar ihre jeweilige Haarfarbe der Haarfarbe der Actionfiguren entsprach. Die Untersuchung ergab, dass James keine Möglichkeit hatte, dieses Wissen mit normalen Mitteln zu erwerben. Es wurden keine Beweise für einen Betrug gefunden, und es gab eine umfangreiche Dokumentation zur Verifizierung.

Wissenschaftler haben festgestellt, dass sich Kinder, die von früheren Leben berichten, oft daran erinnern, in jenem Leben plötzlich und relativ jung gestorben zu sein. Die Erinnerungen scheinen dort fortzufahren, wo sie aufgehört haben, so wie James' Albträume seinen Tod zu wiederholen schienen. Vor allem aber zeigen die Berichte, dass 70 Prozent eines unnatürlichen Todes gestorben sind, etwa durch einen Unfall oder einen Mord. Und wo genügend Daten vorhanden sind, sieht man, dass in solchen Fällen der Mittelwert bis zur Wiedergeburt 16 Monate beträgt, während im übrigen Durchschnitt 4 ½ Jahre vergehen. Vielleicht sorgt die emotionale Kraft, die mit einem vorzeitigen Tod verbunden ist, dafür, dass die Reinkarnation schneller und mit größerer Dringlichkeit erfolgt.

In 35 Prozent der Fälle haben Kinder Phobien, die etwas mit ihrem vorangegangenen Tod zu tun haben, etwa die Angst vor Wasser bei denen, die sich an einen Tod durch Ertrinken erinnern. In mehr als 200 dokumentierten Fällen wiesen Kinder Muttermale oder Abnormitäten auf, die in der Regel mit den im letzten Leben tödlichen Wunden übereinstimmen, etwa eine Verfärbung an einer Stelle, wo eine Kugel in den Körper eingedrungen ist. Irgendwie scheint die Erinnerung an solch ein Trauma den physischen Körper zu beeinflussen.

Während die meisten Kinder von Erinnerungen daran berichten, wie sie sich direkt nach ihrem Tod von einem Körper in den anderen bewegt haben, erinnern sich Kinder in 20 Prozent der katalogisierten Fälle an Ereignisse, die stattgefunden haben, bevor sie in ihre aktuelle Inkarnation eingetreten sind. Viele Elemente dieser Geschichten ähneln denen in Berichten über Nahtoderlebnisse, etwa die Begegnung mit verstorbenen Angehörigen oder der Besuch in anderen Gefilden. Genau wie die Berichte über Nahtoderlebnisse enthalten nicht alle Berichte von Kindern über ihre Erinnerungen an frühere Leben genau die gleichen Elemente, aber es werden bemerkenswerte Muster deutlich. Das sollte nicht überraschen. Wenn wir 20 Leute nehmen, sie alle in Paris absetzen und 24 Stunden später wieder abholen würden, hätten sie alle ganz verschiedene Dinge zu berichten.

Manche Kinder erzählen, dass sie sich ihre Eltern ausgesucht haben, und manchmal waren sie Zeugen von Ereignissen, bevor sie in den Bauch ihrer Mutter gekommen sind. Als ich mit Dr. Raymond Moody über dieses Thema sprach, teilte er mit, dass sein Adoptivsohn im Alter von zwei oder drei Jahren spontan angefangen hatte, von seiner Familie in China zu erzählen. Raymond und seine Frau Cheryl versuchten zwar nicht, die Korrektheit seiner Behauptungen zu belegen, aber sie hörten mit verzücktem Interesse zu. Einmal erzählte er, er habe vor seiner Geburt auf einem Baum gesessen und Raymond und Cheryl auf einer Decke im Gras liegen sehen. Es traf sich, dass Raymond und Cheryl auf einer Reise nach Ephyra, Griechenland, beim Totenorakel Rast gemacht und sich auf eine Decke ins Gras gelegt hatten, umgeben von Bäumen. Sie erinnern sich genau daran, denn kaum lagen sie da, begann die erste von vielen Diskussionen über ihre Pläne, ein Kind zu adoptieren. Fünf Jahre später adoptierten sie den neugeborenen Carter. Ich ermutige alle, die ein unter sechsjähriges Kind haben, es zu fragen: »Wo warst du, bevor du hier warst?« Erwarten Sie nichts und stellen Sie keine Fragen, die in eine bestimmte Richtung gehen. Fragen Sie einfach, üben Sie keinen Druck aus und akzeptieren Sie jede Antwort.

Das Phänomen Reinkarnation stützt die Beobachtung, dass Erinnerungen nicht im physischen Gehirn gespeichert sind. Trotz aller neurowissenschaftlichen Bemühungen ist es nicht gelungen, im Gehirn einen Speicherort für Erinnerungen zu finden (siehe Kapitel 5). Laut der Filtertheorie ist das Gehirn nicht der Produzent des Bewusstseins. Außerdem nutzen wir das Gehirn, um aus einem Informationsfeld, das außerhalb davon existiert (etwa das Quantenhologramm oder die Akasha-Chronik), auf Erinnerungen zuzugreifen.

In unserem Bemühen, das Wesen und Wirken der Welt zu erklären, müssen wir diese Fälle von gut dokumentierten Erinnerungen von Kindern an die Vergangenheit erklären, die diese Erinnerungen auf keine andere Weise erworben haben können. Es wäre klug, die vorhandenen Forschungsergebnisse zu akzeptieren und tiefer in das wissenschaftliche Studium einzutauchen. Hier diskutieren wir darüber, dass wir die Welt, soweit es möglich ist, als das behandeln müssen, was sie ist. Die Reinkarnation ist offenbar etwas, das uns allen widerfährt (ob wir daran glauben oder nicht) und bietet uns eine vielfältigere Sicht auf unser irdisches Leben.

Ein Teil unserer irdischen Existenz schließt offenbar auch ein programmiertes Vergessen unserer Vorhaben ein, aber manchmal scheint es, als könnten wir einige dieser Erinnerungen wiederfinden. Man kann Techniken, um nach innen zu gehen und solche Erinnerungen wiederzufinden, mit Geschick und Disziplin auch eigenständig einsetzen, aber die Hilfe eines Fachmannes oder einer Fachfrau kann sich als nützlich erweisen, besonders wenn man gerade erst anfängt. Ähnlich wie in tiefen meditativen Zuständen löst die geführte Hypnose beim Betreffenden einen hypnagogischen Zustand aus, der es ihm ermöglicht, eine höhere Konzentration aufrechtzuerhalten, Einsichten zu erlangen und auf Hinweise zu reagieren, um Schmerzen unter Kontrolle zu bringen oder Verhaltensweisen zu verändern, etwa ein Suchtverhalten. Diese Dinge können sicherlich in einem meditativen Zustand erreicht werden, aber ein ausgebildeter Fachmann kann uns oft helfen, hartnäckige Probleme besser zu bewältigen.

Paul Aurand, der seine nach einem Blitzschlag chronischen Schmerzen unter Hypnose loslassen konnte (siehe Kapitel 10), arbeitete als Hypnosetherapeut in einem medizinischen Zentrum mit Ärzten, die darauf spezialisiert waren, Patienten bei der Bewältigung chronischer Schmerzen und Krankheiten zu helfen. Pauls Arbeit bestand darin, eine traditionelle Hypnoseanästhesie durchzuführen, um die Patienten gegenüber Schmerzen unempfindlicher zu machen. Das war nichts Neues. Hypnose wird in den westlichen Staaten schon seit Beginn des 19. Jahrhunderts vor der Einführung der chemischen Anästhesie selbst bei größeren Operationen eingesetzt. Pauls schmerzstillende Prozedur war manchmal erfolgreich, aber er wünschte sich noch befriedigendere Gesamtergebnisse.

Er merkte, dass er Patienten – statt zu versuchen, ihren Schmerz zu betäuben – dazu bringen konnte, ein objektiver Beobachter zu werden und in einen Dialog mit dem Schmerz und seinem Ursprung zu treten. Indem sie in einem hypnotischen Zustand den Beobachter in sich weckten, konnten die Patienten bewusste Gedanken und Analysen umgehen und ihre innere Weisheit direkt anzapfen. Paul leitete die Patienten dann an, den Schmerz buchstäblich um Hilfe zu bitten, und sie bekamen Antworten. Manchmal war der Ursprung des Schmerzes ein bestimmtes Kindheitstrauma oder auch eine nicht funktionierende Beziehung. Ein anderes Mal erhielten sie die Information, dass sie anders essen oder ein bestimmtes Verhalten ändern sollten. Das Entscheidende war wohl, dass dieser Rat von innen kam und nicht aus einer äußeren Quelle.

Es ist nicht ungewöhnlich, dass der Ursprung eines Schmerzes etwas mit einem Ereignis aus der Vergangenheit zu tun hat. Eine Frau, die seit sieben Jahren unter chronischen Schulterschmerzen litt, hatte alle möglichen Diagnosen und Behandlungen bekommen, doch nichts hatte die Schmerzen lindern können. Sie hatte es schon mit Steroiden, Schmerzmitteln, Ruhigstellung und Physiotherapie versucht, und jetzt hatten ihre Ärzte eine explorative Operation vorgeschlagen. Die Frau wollte jedoch eine Operation vermeiden und hoffte, dass ihr eine Betäubung des Schmerzes durch Hypnose half.

Paul versetzte die Frau in Hypnose und gab ihr die übliche Anweisung, in der Zeit zurückzugehen und den Ursprung des Schmerzes aufzusuchen. Eher unerwartet ging sie spontan in eine Zeit zurück, in der sie sich selbst als Sklavin sah, die Essen für ihr hungerndes Kind stehlen musste. Sie erzählte, sie sei erwischt worden, und man habe sie zu Tode geprügelt. Dabei habe man ihr die Schulter gebrochen.

»Fantasiert sie? Hat sie einen psychotischen Schub?«, fragte sich Paul, während er ihrer Geschichte zuhörte. Er wusste, dass sie zu keinem Zeitpunkt ihres Lebens Sklavin gewesen war, aber sie schien eine Szene vor Augen zu haben, die sie in einem früheren Leben erlebt hatte. Er wies sie, wie in seinen Behandlungen üblich, an, ihren Schmerz loszulassen. Er wusste nicht genau, was passiert war, aber sie verließ die Sitzung ohne Schmerzen in der Schulter. Bemerkenswerterweise war sie seitdem schmerzfrei.

So etwas passierte noch mehrere Male, und Paul erkannte, dass er seinen Patienten besser helfen konnte, wenn er lernte, sie absichtsvoller zu führen. Er eignete sich ganz bestimmte Techniken an, um Menschen dazu zu bringen, sich an Ereignisse aus früheren Leben zu erinnern. Er begann nicht immer mit »Gehen wir in ein früheres Leben«, denn das war nicht unbedingt der erste Ort, den man sich anschauen musste. Aber manche Probleme schienen eindeutig ein Überbleibsel oder eine Altlast aus einem früheren Leben zu sein. Das soll nicht heißen, dass allein unter Hypnose gewonnene Informationen verwendet werden können, um einen definitiven Beweis für ein früheres Leben zu erbringen, aber manchmal können sie sich als für das persönliche Wachstum nützlich erweisen.

Paul beschäftigte sich mit noch einem weiteren Hypnoseansatz, der für Menschen entwickelt worden war, die sich daran erinnern, was *zwischen* den einzelnen Erdenleben geschieht. Der Psychologe Dr. Michael Newton beschreibt diesen Prozess in *Journey of Souls*, wobei er die Muster aufzeigt, die in Berichten Tausender unter Hypnose rückgeführter Patienten entdeckt wurden und die häufigsten Übereinstimmungen hervorhebt. Ähnlich wie bei der Rückführung in ein früheres Leben wird der Patient angeleitet, in ein Leben vor dem jetzigen zurückzukehren, und dann wird er durch die Phase des Todes geführt. Bemerkenswert ähnlich wie in den Beschreibungen von Nahtoderlebnissen haben manche sofort ein geradezu euphorisches Gefühl der Freiheit, wenn sie ihren sterbenden Körper beobachten und ein helles Licht wahrnehmen. Doch anders als bei einem Nahtoderlebnis kehren sie dann nicht in ihren physischen Körper zurück, sondern erinnern sich, was als Nächstes geschehen ist, weil ihr Bewusstsein unter Hypnose ganz in das spirituelle Reich eintritt. Viele beschreiben die Rückkehr in ein vertrautes Zuhause, wo sie den Seelen verstorbener Angehöriger und ihren geistigen Führern begegnen.

Newton hat die Daten aus 30 Jahren zusammengetragen und daraus eine potenzielle Landkarte dessen erstellt, was – zumindest bei einigen – in der Zeit zwischen Tod und Wiedergeburt geschehen könnte. Diese Daten weisen unter anderem darauf hin, dass wir jedes unserer Leben aktiv planen, einschließlich der Auswahl unserer Eltern und unseres physischen Körpers, und dass wir die Herausforderungen (wie Krankheiten und Verletzungen) sowie die Geschenke, die uns am effektivsten lehren, was wir hier lernen sollen, ganz bewusst auswählen. Laut Newtons Daten treffen wir offenbar unseren

Plänen entsprechende Vereinbarungen mit Mitgliedern unserer Seelengruppe, jenen anderen Seelen, denen wir im Leben begegnen und mit denen wir interagieren. Diese anderen Seelen spielen sowohl gute als auch böse Rollen, und wir helfen uns gegenseitig, wichtige Lektionen zu lernen.

Paul war 2001 einer der ersten Hypnosetherapeuten, die Newton in seiner Methode der hypnotischen Regression in »Leben zwischen Leben« ausbildete. Später wurde er gebeten, eine Gruppe von Therapeuten zu versammeln, die Newton ausgebildet hatte, um 2005 das *Michael Newton Institute* zu gründen. Paul war vier Jahre lang Präsident dieses Instituts und ist seitdem dort Ausbildungsleiter.

Cynthia, eine 42 Jahre alte Patientin von Paul, wollte ihre Probleme mit einem niedrigen Selbstwertgefühl und einem negativen Körperbild angehen. Sie fragte sich, ob die Tatsache, dass sie als Kind ständig gehänselt worden war, etwas mit ihrem gegenwärtigen schlechten Selbstbild zu tun hatte. Paul führte sie zurück in ihre Kindheit, in der sie permanent wegen ihrer großen Nase gehänselt worden war. Andere Kinder hatten sie deswegen verspottet; ebenso ein Onkel, der besonders grausam war. Paul führte Cynthia dann noch weiter zurück in die Vergangenheit, um nach der ursprünglichen Quelle ihrer Probleme zu suchen.

»Ich bin offenbar in einer Art offenem Tempel. Ich muss mich hier eine Weile ausruhen. Ich bin gerade gestorben und nach Hause zurückgekehrt. Ich brauche ein wenig Zeit, um mich anzupassen. Es ist so hell hier!«

Nachdem sie sich an ihre neue Umgebung gewöhnt hatte, erlebte sie eine Zeit der Kontemplation, in der sie auf das Leben zurückblickte, das sie gerade beendet hatte.

»Ich war eine sehr schöne, große Frau. Ich habe ein elegantes Leben geführt, aber eigentlich war ich ziemlich oberflächlich.

Oh, ich war wirklich schrecklich. Ich kam mir viel besser vor als alle anderen… Es fällt mir schwer, mir das anzuschauen. Wie konnte ich nur so arrogant sein? Und nicht nur arrogant, ich war wirklich hochnäsig. Ich habe die Leute überhaupt nicht gut behandelt. Oh, das ist schwierig. Ich habe mich derart überlegen gefühlt, nur wegen meiner Schönheit. Ich habe mich über andere, die nicht so schön waren wie ich, lustig gemacht und sie verspottet. Ich war richtig gemein. Heute bin ich überhaupt nicht so. Wie habe ich mich nur so verhalten können? Jetzt verstehe ich auch, warum ich mit meinen beiden Kindern so streng bin, wenn sie jemanden ärgern oder ihn lächerlich machen.«

Die aus dieser Lebensrückschau gewonnenen Erkenntnisse waren für Cynthia schwer zu verarbeiten. Paul spürte, dass es hier noch etwas anderes zu entdecken gab.

»Wenn du vor dem Hintergrund der Erfahrungen, über die du gerade gesprochen hast, auf dieses Leben zurückblickst, welche Gedanken und Gefühle sind dann noch da?«, fragte Paul.

»Ich bin entsetzt über meine Hochnäsigkeit und Gemeinheit. Meine Schönheit war mir unendlich wichtig. Ich merke, dass ich nie wieder so sein möchte«, antwortete Cynthia. »Was beschließt du als Folge der Erfahrungen, die du in jenem Leben gemacht hast, in deinem nächsten Leben zu tun oder nicht zu tun?«, forschte Paul weiter nach und rechnete damit, dass ihm Cynthias Seelenantwort Einblick in die Erlebnisse geben würde, die sie in diesem Leben beunruhigten.

»Ich möchte keinesfalls schön sein. Ich möchte herausfinden, wie es ist, wenn sich andere über einen lustig machen. Ich möchte gehänselt und verspottet werden. Ich denke, es wäre besser, wenn ich klein, unauffällig und bescheiden wäre. Ja, das wäre besser. Und ich sollte ein unattraktives Gesicht haben. Vielleicht wäre eine große Nase gut? Ja, eine große, hässliche

Nase. Das ist es. Ich sollte eine große, hässliche Nase haben, die jeder bemerkt und über die sich jeder lustig macht. Ich möchte gehänselt werden, damit ich wirklich weiß, wie es sich anfühlt, und so etwas nie wieder tue.«

Das war keine Bestrafung, die ein verurteilender Gott Cynthia für ein unangemessenes Verhalten auferlegt hatte. Es war eine Entscheidung, die ihre Seele getroffen hatte, um aus der direkten Erfahrung in ihrem jetzigen Leben zu lernen. Pauls Klienten haben berichtet, dass solche Entscheidungen getroffen werden, kurz nachdem sie den physischen Körper während der Lebensrückschau verlassen haben und bevor sie vollständig in die höheren Bereiche der bedingungslosen Liebe und des erleuchteten Bewusstseins eintreten.

Untersuchungen deuten darauf hin, dass der Lebensrückblick (»das ganze Leben läuft wie ein Film vor den Augen ab«) in den letzten Jahrtausenden häufig im Rahmen von Nahtoderlebnissen auftritt (je nach Studie kommt er in 30 bis 50 Prozent der Berichte über Nahtoderlebnisse vor), und zwar unabhängig vom jeweils zuvor vertretenen Glaubenssystem. Kurz nachdem sie ihren physischen Körper verlassen haben, erleben die Betreffenden jede Situation in einer scheinbar realen Zeit wieder, die in der Wahrnehmung manchmal Jahre dauern kann, selbst wenn in Erdzeit nur Sekunden oder Minuten vergangen sind. Eine grundlegende Lektion der Lebensrückblicke betrifft ihre Erkenntnis der vergänglichen Natur der Zeit und die offenkundigen Grenzen des »Selbst«. Wir werden zu jenen anderen Seelen, die zuvor unter dem Einfluss unserer Gedanken und Taten standen, um das, was wir ihnen angetan haben, am eigenen Leib zu erfahren, während wir Schlüsselmomente unseres Lebens noch einmal durchmachen.

Das Ritual der Lebensrückschau existiert, damit wir die emotionalen Auswirkungen unseres Verhaltens, seien sie gut oder schlecht, aus einem anderen Blickwinkel sehen und fühlen können, besonders in Situationen, die vielleicht noch Restlektionen für uns beinhalten. So können wir über mehrere Lebenszeiten hinweg den Fortschritt unseres spirituellen Wachstums beobachten und beurteilen. Wir werden nicht von einem anderen, »höheren« Wesen be- oder gar verurteilt, sondern wir beurteilen uns selbst (nicht aus einer egoistischen Perspektive, sondern aus Sicht unserer höheren Seele), und wir beurteilen uns offenbar strenger, als jede dritte Partei es tun würde. Wer anderen also viel Schmerz und Leid zugefügt hat, wer egoistisch, selbstsüchtig und gierig war, wird sich mit einer relativ unangenehmen Lebensbilanz konfrontiert sehen, die vielleicht sogar einer Art Hölle gleichkommt.

Ich vermute, dass unsere Vorstellungen von »Hölle« von den Lebensrückblicken derer inspiriert sind, die besonders egoistisch oder gierig waren oder dazu neigten, anderen Schmerz und Leid zuzufügen. Im Spiegelungsprozess des Lebensrückblicks ist es grauenvoll, den Stachel ihrer Gedanken und Taten zu spüren. Lebensrückblicke dienen dazu, die Lektionen des Lebens zu lernen und unser Wachstum voranzubringen.

Ein besonderes Martyrium im Leben kann auch mit der wichtigen Lektion einer anderen Seele zusammenhängen, wie man an dem hochemotionalen Austausch sehen kann, der stattfand, als Cynthia ihre Zeit zwischen den Leben mit genau der Person weiter erkundete, die sie auf keinen Fall erneut treffen wollte: mit ihrem verstorbenen Onkel.

»Nein, nicht er! Warum muss von allen Menschen, denen ich hier in der spirituellen Welt begegne, ausgerechnet er hier sein? Das ist der Onkel, der mich jahrelang malträtiert hat. Er hat mich ständig aufgezogen. Er war so grausam zu mir. Ich will nichts mit ihm zu tun haben. Er kommt mit ausgestreckten Armen auf mich zu. Er weint. Er umarmt mich. Ich spüre so viel Liebe von ihm. Er liebt mich wirklich! Ich dachte, er hasst mich. Jetzt weine ich auch. Es ist wie eine Wiedervereinigung. Er hat mich sehr vermisst, und seltsamerweise habe ich auch das Gefühl, dass ich ihn vermisst habe. Das ist alles verwirrend. Wir umarmen uns und weinen.«

»Das war mit das Schwierigste, was ich je für dich getan habe«, erklärte ihr Onkel ihr. »Du hast mir das Versprechen abgerungen, dich zu ärgern und zu verletzen, um dir zu helfen, deine Neigung zu überwinden, andere zu ärgern und zu verletzen. Ich wollte es nicht wirklich tun, aber weil ich dich liebe und du darauf bestanden hast, habe ich zugestimmt. Es war schmerzhaft für mich, dich so zu verletzen.«

Cynthia brauchte eine Weile, um all das zu verdauen. Stellen Sie sich diesen Wechsel ihrer Sichtweise vor – nachdem sie vierzig Jahre lang das Gefühl gehabt hatte, das Opfer ihres Onkels und außerdem auch das vieler anderer zu sein. Offenbar hatte sie eine Seele, die ihr sehr nah war, um Hilfe bei der Überwindung ihrer Neigung, überheblich und gemein zu sein, gebeten.

»Ich bin glücklich über meine Wahl eines kleineren Körpers und sogar meiner Nase. Sie haben mir geholfen, mehr lieben und besser akzeptieren zu lernen. Was meinen Onkel angeht, so nehme ich ihn und was er mir angetan hat, mittlerweile ganz anders wahr. Ich fühle mich nicht mehr als Opfer. Merkwürdigerweise weiß ich zu schätzen, was er für mich getan hat.«

Man denke an all die Beziehungsprobleme, unter denen viele von uns schon gelitten haben, sei es in Eltern-Kind-, Mann-Frau- oder Chef-Angestellter-Beziehungen. Möglicherweise ist es ja so, dass dahinter ein gemeinsam in Liebe entwickelter Plan steckt. Fragen Sie sich einfach: »Was, wenn es *wahr ist?*« Schauen Sie auf bestimmte Ereignisse in Ihrem Leben zurück, besonders auf jene, die Katalysatoren für Veränderungen waren, und überlegen Sie: »Warum könnte ich das geplant haben?« oder: »Hat sich etwas Nützliches daraus ergeben?« Achten Sie auf Ihre Antworten, und vertrauen Sie Ihrer Intuition.

In einigen meiner Meditationen habe ich ein Bewusstsein wahrgenommen für die Seelenvereinbarungen meiner Adoptiveltern, meiner leiblichen Eltern und meiner leiblichen Großeltern, ihr Leben auf die Art und Weise zu gestalten, die zu meinem persönlichen Adoptionsdrama geführt hat. Aber der Nachweis des Realitätsgehalts solcher Wahrnehmungen kann sich natürlich sehr schwierig gestalten. Es scheint, dass die zunächst angenommene Unfruchtbarkeit meiner Adoptiveltern und die Tatsache, dass meine leiblichen Eltern mich weggaben, vor ihrer Geburt vereinbart worden war und dass dies unsere Seelenreisen miteinander verbindet.

Selbst mein Urgroßvater, damals noch Eben Alexander Jr. genannt, machte auf sich aufmerksam, als ich bei einer Reihe von Spendenaktionen für das Children's Home, North Carolina, sprach – der Organisation, die mich als Kleinkind betreut und an meine Adoptiveltern vermittelt hat. Brian Maness, Präsident und Geschäftsführer der Children's Home Society of North Carolina, überreichte mir das Buch *Adoption Means Love,* eine Geschichte des Kinderheims. In dem Buch wird ein früherer Eben Alexander erwähnt, den ich als meinen Urgroßvater und Namensvetter identifizierte.

Er war einer der Bürger, die 1903 ein Zuhause für Babys und Kinder schufen, die eine Familie brauchten, und damit jene Organisation gründeten, die eines Tages so entscheidend für meine Reise durchs Leben werden sollte. Damals wusste er nicht, welchen Einfluss die Children's Home Society auf das Leben seines ungeborenen Enkels, meines Vaters, haben würde, dem sie 1954 einen Adoptivsohn schenkte. Wir können alle auf unser Leben zurückblicken und uns für solche Synchronizitäten öffnen, die möglicherweise deutlich machen, dass wir Teil eines größeren Plans sind.

Die Erkenntnis, dass die aus den Strapazen, Kämpfen und Konflikten des Lebens resultierenden Seelenlektionen möglicherweise einen Zweck erfüllen, gibt uns vielleicht Aufschluss darüber, warum wir so leben, wie wir es tun. Je mehr Sie bereit sind, Herausforderungen als Chancen zu sehen, die Sie stärker machen, desto eher können Sie sich ein fortgesetztes Leid in einem künftigen Leben ersparen. Wer eine bestimmte Lektion nicht richtig gelernt hat, könnte eine noch schwierigere Situation für sein nächstes Leben planen. Haben Sie die Lektion jedoch erfolgreich gelernt, muss sie nie mehr wiederholt werden, und Sie können sich der nächsten Herausforderung stellen.

Dieses Erklärungsmodell mag auf den ersten Blick nicht besonders überzeugend erscheinen, vor allem wenn es zu extremen Härten und Widrigkeiten kommt. Es dürfte uns schwerfallen, zu akzeptieren, dass wir absichtlich eine leidvolle Situation für uns geplant haben. Aber wenn wir diese Pläne machen, wissen wir, dass die Situation vorübergehend sein wird und wir uns der unserem Leben zugrunde liegenden Vereinbarung in der Regel nicht bewusst sein werden. Um die Verwirrung des programmierten Vergessens noch zu erhöhen, wählen wir oft eine Erfahrung, die genau das Gegenteil dessen ist, was wir lernen wollen, um das Problem aus einer anderen Perspektive zu verstehen. Von hier und jetzt aus gesehen scheinen einige unserer Entscheidungen unlogisch zu sein, aber zu der Zeit, als sie getroffen wurden, waren sie durchaus pragmatisch.

Eine von Pauls Patientinnen hatte Probleme, schwanger zu werden. In ihrer Rückführungssitzung erinnerte sie sich, eine Indianerin mit zwei Kindern gewesen zu sein, deren Dorf überfallen wurde. Fast alle Dorfbewohner wurden getötet, auch ihre Kinder. Sie selbst überlebte schwer verwundet. Sie verbrachte den Rest ihres Lebens isoliert in einem anderen Dorf, und als sie starb, sagte sie sich: »Ich konnte meine Kinder nicht beschützen. Es ist meine Schuld, dass sie gestorben sind. Ich verdiene es nicht, Mutter zu sein. Das nächste Mal will ich keine Kinder.« Und so trug sie diese Schuld, die zum körperlichen Problem wurde, in dieses Leben und konnte nicht schwanger werden, noch nicht einmal durch eine In-vitro-Befruchtung.

Paul fand drei entscheidende Dinge heraus, die in Rückführungssitzungen unter Hypnose auftauchen. Erstens: Gespeicherte Emotionen oder Gefühle – glücklich, traurig, wütend, ängstlich – aus früheren Erlebnissen werden durch Erfahrungen ausgelöst, die wir in diesem Leben machen. Den Ursprung dieser festsitzenden Emotionen zu finden und sie loszulassen, kann außerordentlich hilfreich sein. Zweitens: unsere Überzeugungen. Wenn wir etwas erleben, sei es in einem früheren Leben oder in diesem, bilden wir bestimmte Überzeugungen heraus. Diese Überzeugungen gehen oft auf Probleme zurück und sind in der Regel selbstzerstörerisch: »Ich bin nicht gut genug.«, »Die Welt ist ein grausamer Ort.« oder »Es ist alles meine Schuld.«. Solche Überzeugungen tragen wesentlich dazu bei, dass wir bestimmte Entscheidungen treffen. Drittens: unsere Lebensstrategien. Hier geht es um das, was wir tun, um uns sicher zu fühlen und geliebt zu werden: »Ich stelle die Bedürfnisse anderer über meine eigenen.«, »Ich werde keine Kinder haben.« oder »Ich bin unscheinbar.«. Diese Strategien bilden das Programm unter unserer oberflächlichen Bewusstseinsebene – das, was unser Leben wirklich bestimmt.

Es gibt Lebenslektionen und Seelenlektionen. Lebenslektionen sind Trittsteine oder Stationen, die in einem individuellen Leben erreicht werden können und zu wichtigeren Lektionen führen. Cynthia beispielsweise hat eine unattraktive Erscheinung gewählt, um zu lernen, alle Seelen gleichermaßen zu akzeptieren, unabhängig von ihrem äußeren Erscheinungsbild. Schwierigkeiten, die unsere Aufmerksamkeit besonders fordern, hängen wahrscheinlich mit unseren selbst gewählten Lektionen zusammen und wirken wie Katalysatoren, um die Perspektive wechseln oder entscheidende Veränderungen vornehmen zu können.

Manche Lektionen werden nicht in nur einem Leben gelernt und dienen mehr als Orientierungspunkte, die in mehreren Inkarnationen zu einer Lektion führen, die ein tieferes Verständnis vermittelt. Die Seelenlektionen aus einem Leben werden im nächsten fortgesetzt und können höchst ambitionierte Ziele haben, etwa die vollständige Verkörperung der bedingungslosen Liebe am Ursprung aller Existenz. Es gibt allerdings nicht immer genügend Möglichkeiten, ein Problem in einem einzigen Leben vollständig zu überwinden.

Aysu (Name geändert) kam in Pauls Praxis in Istanbul. Sie litt schon ihr Leben lang unter chronischen Schmerzen und Erschöpfung, die es ihr unmöglich machten, zu arbeiten, was eine große Belastung für ihre Familie darstellte und schon mehr als eine Beziehung ruiniert hatte. Sie suchte nach einer Linderung ihrer Schmerzen und wollte unbedingt wissen, warum sie in ihrem Leben so viel Leid erfahren hatte. Aysu hatte verschiedene medizinische Behandlungen und zahlreiche Therapien hinter sich, doch nichts hatte den erwünschten Erfolg gebracht.

Paul führt sie zu einem traumatischen Ereignis in der frühen Kindheit zurück, als sie sich allein gefühlt und große Angst gehabt hatte. Er wies Aysu an, als die liebende Frau und Mutter, die sie heute ist, ihr verängstigtes Kind selbst in den Arm zu nehmen und es zu lieben und zu beschützen. Dann führte

Paul sie zurück in die Gebärmutter, wo sich ihr physischer Körper entwickelt hatte.

»Es tut weh. Ich will nicht hier sein! Es ist so unbequem«, sagte Aysu.

Paul erkannte schnell, dass Aysu ihre Schmerzen bereits in dieses Leben mitgebracht hatte. Also führte er sie in ein früheres Leben zurück, in dem sie, wie sie sich erinnerte, zu Tode geprügelt worden war. Aysu spürte, wie sie allmählich immer leichter wurde, wie ein Ballon nach oben schwebte und schließlich an einem Ort ankam, wo sie von drei Geistführern umgeben war.

»Wir möchten mit dir an deinem grundlegenden Missverständnis von Schmerz arbeiten. Du glaubst, dass dich der Schmerz etwas lehrt. Du glaubst, dass du Liebe nur durch Schmerz bekommen kannst. Du glaubst, dass du, weil du andere in der Vergangenheit verletzt hast, jetzt selbst Schmerzen verdient hast«, sagte ihr erster Geistführer.

Die Geistführer waren sehr klar und direkt, aber Aysu musste sich anstrengen, sie zu verstehen, denn sie trug ihre Überzeugungen durch zahllose Leben mit sich herum. »Du bist so auf deinen Schmerz konzentriert, dass du nicht darüber hinausgehen kannst. Du hältst an deinem Schmerz fest, weil du fürchtest, dass deinen Kindern, deiner Familie und deinen Freunden noch schlimmere Dinge passieren werden, wenn du ihn loslässt. Das geht jetzt schon mehrere Leben lang so. Vertraue uns und lass los. Lass diese Überzeugungen los und lass diesen Schmerz los«, rieten sie ihr.

Die Geistführer waren liebevoll und ausdauernd. Schließlich öffnete sich Aysu für die Liebe und die heilende Energie, die ihr übermittelt wurden, und brach in Tränen aus.

»Sie trösten mich und sagen mir, dass ich alles loslassen und an nichts mehr festhalten soll.«

»Jetzt ist deine Seele glücklich in einem geheilten Körper. Wir danken dir, dass du mit uns zusammengearbeitet hast. Es gibt noch ein paar andere Dinge in deinem Leben, die jetzt auch gelöst werden«, sagten die Geistführer.

Paul war hocherfreut, als er ein paar Monate später erfuhr, dass Aysu inzwischen frei von ihren chronischen Schmerzen war und wieder arbeitete. Lächelnd erzählte sie, dass sich ihr Familienleben inzwischen erheblich verbessert habe.

Das Freisetzen alter Traumen führt oft zur Lösung bestimmter Probleme. Manche Herausforderungen sind allerdings schwerer zu verstehen, vor allem, wenn sie den Tod eines geliebten Menschen beinhalten. Oft können wir nicht verstehen, warum jemand in den besten Jahren plötzlich von uns gegangen ist. Die Gründe dafür sind meist nicht ohne Weiteres ersichtlich, aber manchmal ergibt sich aus einem Wechsel der Perspektive ein tieferes Verständnis.

Eine Frau aus Osteuropa, deren Verlobter bei einem Autounfall ums Leben gekommen war, bat Paul um Hilfe. Ihr Verlobter war zu ihrem Elternhaus gefahren, um ihre Verlobung anzukündigen, als er auf Blitzeis ins Schleudern kam und starb. Sie waren ungefähr ein Jahr zusammengewesen und märchenhaft ineinander verliebt. Ihre Frage lautete: warum? Warum ist er mir weggenommen worden? Sie hatten sich doch so sehr geliebt. Wie konnte Gott so grausam sein? Mit Pauls Hilfe nahm sie Kontakt zu ihrem geliebten Verlobten auf. Und zu ihrer Überraschung sagte er zu ihr: »Nein, ich bin dir nicht weggenommen worden. Ich habe eine Verlängerung bekommen, damit wir dieses Jahr zusammen verbringen konnten.«

Sie war nun nicht mehr am Boden zerstört, weil er nicht mehr bei ihr war, sondern dankbar, dass er überhaupt bei ihr gewesen war. Und offenbar war ihre Beziehung noch nicht zu Ende. Nach seinem Tod hat sie noch zahlreiche SMS von ihm erhalten – Textnachrichten, die er ihr ursprünglich zu Lebzeiten geschickt hatte, die aber mysteriöserweise plötzlich wieder ganz oben auf der Nachrichtenliste ihres Geräts standen. Sie hörte ihr Lieblingslied im Radio – und plötzlich tauchte eine Textnachricht, die er vor Monaten über dieses Lied geschrieben hatte, noch einmal wie eine neue Nachricht auf. Vielleicht planen sie, sich in einem künftigen Leben wieder zu begegnen.

Der Zeitfluss auf der Erde funktioniert nicht in der gleichen Weise wie das, was ich als »tiefe Zeit« bezeichne. Die tiefe Zeit hat Vorrang vor der Erdzeit und gilt für unsere höheren Seelen und Seelengruppen. Tiefe Zeit ist die höhere Ordnung von allem, was sich für alle Wesen auf ihrer übergeordneten Reise entfaltet. Sie sorgt dafür, dass sich keine Seele in einer Weise verkörpert, die sie von den Interaktionen mit Mitgliedern ihrer Seelengruppe abhalten würde, die zur richtigen Zeit erfolgen müssen. Sie wird beispielsweise nicht zu früh wiedergeboren, denn dann wäre sie nicht in der Lage, die Seele eines geliebten Menschen nach dessen Tod ins Jenseits zu begleiten, falls dies ihre Aufgabe ist.

Eine Reinkarnation kann sogar *vor* einer Inkarnation stattfinden (aus der Erdzeit-Perspektive betrachtet), wenn dies dazu beiträgt, die Lebenslektionen, die in einer sich entwickelnden Seelengruppe gelernt und weitergegeben werden, optimal zu präsentieren. Die Reihenfolge der Ereignisse in der tiefen Zeit hat Vorrang vor jeder Ordnung innerhalb der Erdzeit. Die tiefe Zeit betrifft eher den Handlungsablauf und das Thema dessen, was eine Seelengruppe zu lernen hat, während die Erdzeit einfach die Bühne bereitet, auf der sich die einzelnen Akte des Schauspiels entfalten.

Wenn Sie anfangen, Ihre Rolle als Spieler in der Arena des Lebens zu erkennen, werden die Gründe für bestimmte Umstände deutlicher. Treten Sie einen Schritt zurück, und betrachten Sie eine Situation in Ihrem Leben in einem viel größeren Zusammenhang. Denken Sie über die scheinbaren Schwierigkeiten nach, die Sie hatten, und erinnern Sie sich an wichtige Lektionen, die Sie daraus gelernt haben. Beispielsweise könnte es sehr demütigend gewesen sein, als Kind bei einem Diebstahl erwischt zu werden, aber Jahre später wird Ihnen vielleicht klar, wie wichtig diese Erfahrung war, um etwas über den Wert integren Verhaltens zu lernen. Klare Einsicht in dem Moment zu erlangen, in dem sie einem angeboten wird, mag nahezu unmöglich erscheinen, aber oft stellt sich ein tieferes Verständnis ein, wenn das Problem gelöst ist. Die eigenen Probleme sind oft besonders schwer zu erkennen und zu durchschauen, aber es kann sicherlich nicht schaden, den neutralen inneren Beobachter zu trainieren.

Wie wäre es, wenn wir nicht auf einen Lebensrückblick am Ende unseres Lebens warten, sondern eine tägliche oder wöchentliche Rückschau durchführen würden, bei der bemerkenswerte Ereignisse als mögliche Lektionen betrachtet werden? Solche Rückblicke können wichtige Lektionen an die Oberfläche bringen, während wir noch Zeit haben, unsere Einstellung und unser Verhalten zu ändern. Dies geschieht im Kopf, vielleicht während der Meditation oder in einem kontemplativen Moment, und kann eine außerordentlich transformierende Wirkung haben. Achten Sie darauf, was Ihr emotionaler Auslöser war. Er ist ein Hinweis darauf, dass Sie es möglicherweise mit einer wichtigen Lektion zu tun haben. Nehmen Sie alle Situationen zur Kenntnis, in denen Sie waren und mit denen Sie anders hätten umgehen können, um zu einem besseren Ergebnis zu gelangen. Sind Sie stolz auf Ihre Reaktionen? Hätten Sie es vielleicht mit einem anderen Ansatz versuchen sollen?

Sich auf eine Modifizierung des eigenen Standpunktes und Verhaltens zu konzentrieren, ist viel wichtiger, als darüber nachzugrübeln, wie andere ihr Verhalten ändern sollten. Stellen Sie sich vor, Sie hätten sich anders verhalten, und nehmen Sie sich, wenn Sie dadurch ein besseres Ergebnis erzielt hätten, vor, Ihr Verhalten zu ändern, wenn Sie das nächste Mal in einer ähnlichen Situation sind. Es geht allerdings nicht darum, ständig über vergangene Ereignisse nachzudenken und an ihnen festzuhalten, sondern vielmehr darum, sie noch einmal Revue passieren zu lassen, um sich vor Augen zu führen, wie man mit der Welt interagiert. Mit etwas Übung ist es möglich, Änderungen in genau dem Moment vorzunehmen, in dem eine Situation belastend wird, statt sie zu einem späteren Zeitpunkt nochmals zu überdenken. Am besten erreicht man dies durch die Entwicklung des neutralen inneren Beobachters, der emotionale Reaktionen aus einem anderen Blickwinkel betrachtet.

Letztendlich scheint es bei den Plänen, die wir machen, um die grundlegenden Themen Liebe und Dienst am Nächsten zu gehen. Wir können diese Themen zwar intellektuell durchdringen und ihren Wert verstehen, aber wir lernen viel mehr darüber, wenn wir uns auf tatsächliche Lebenssituationen hier auf der Erde einlassen. Selbst diejenigen, für die das Leben ein einziger Kampf ist, nehmen eine wichtige Rolle ein. Ob wir nun lernen, Mitgefühl oder Geduld aufzubringen oder das Wachstum anderer anzustoßen – wir tragen zur fortgesetzten Weiterentwicklung des gesamten Universums bei, weil wir das, was wir gelernt haben, durch unsere Taten und unser Verhalten an andere weitergeben.

Wenn wir voll und ganz akzeptieren, dass wir ewige Seelen sind, die geplant haben, mit bestimmten Herausforderungen konfrontiert zu werden, sind wir nicht länger die Opfer von Umständen. Etwas, das wir bisher unfair fanden, kann plötzlich sinnvoll erscheinen. Und diejenigen, die die Dinge akzeptieren, wie sie sind, oder sich aus ungünstigen Umständen befreien, respektieren wir jetzt noch mehr. Diese Menschen haben ihre Lebenslektion gelernt. Jeder von uns stellt einen einzigartigen Aspekt des Ganzen dar, und als Kollektiv sind wir als Selbstwahrnehmung des Universums an der Gestaltung seines sich entwickelnden Schicksals beteiligt. Wir lernen Lektionen der Liebe und des Mitgefühls, indem wir die Ereignisse in unserem Leben entsprechend planen – schwere Zeiten ebenso wie glückliche. Letztendlich erlangen wir dadurch, dass wir die unseren Seelenlektionen zugrunde liegende Wahrheit erfahren, einen tiefen inneren Frieden und lernen, die Ereignisse von einem höheren Standpunkt aus zu verstehen.

Kapitel 14

Die Freiheit der Wahl

Ich glaube, dass wir ganz allein für die Entscheidungen, die wir treffen, verantwortlich sind, und dass wir die Konsequenzen jeder Tat, jedes Wortes und jedes Gedankens unseres ganzen Lebens tragen müssen.

Elisabeth Kübler-Ross (1926–2004), schweizerisch-US-amerikanische Psychiaterin

Die Entscheidungen, die wir treffen, stehen in direkter Beziehung zu den Erfahrungen, die wir im Leben machen. Dabei geht es nicht nur um jene Pläne, die wir vergessen haben, bevor wir in dieses Leben gekommen sind, sondern auch um die Entscheidungen, die wir Tag für Tag routinemäßig treffen. Etwas über unsere vor diesem Leben gesteckten Ziele zu erfahren, ist sicherlich hilfreich: Was, wenn wir, statt darauf zu warten, dass wir unsere Lebenslektionen verstehen, nachdem wir unseren physischen Körper verlassen haben, dieses Verständnis gewinnen, solange wir noch eine Chance haben, andere Entscheidungen zu treffen?

Wir entscheiden nicht nur über unser spezifisches Verhalten, sondern auch über die Absicht oder Einstellung, die ihnen zugrunde liegt. In *The Seat of the Soul* betont Gary Zukav: »Das, wofür du dich mit jeder Tat und jedem Gedanken entscheidest, ist eine Absicht, eine Eigenschaft des Bewusstseins, die du in jede deiner Taten und Gedanken einbringst.« Wir treffen jeden Tag unzählige Entscheidungen. Die meisten davon sind unbewusste Reaktionen auf Umstände. Gary erinnert uns daran, dass jede Absicht eine Konsequenz hat, und rät uns, ganz genau auf die Folgen unserer Entscheidungen zu achten. Unsere unbewussten Entscheidungsfindungsprozesse bewusster wahrzunehmen, ermöglicht eine größere Aufmerksamkeit dafür, wie unsere sich entfaltende Wirklichkeit entsteht.

Indem Sie erkennen, dass Sie die Ereignisse in Ihrem Leben mit Ihren freiwilligen Entscheidungen aktiv herbeiführen, erheben Sie sich über das bloße Reagieren auf Situationen. Ein größeres Bild von dieser individuellen Macht zu gewinnen, ist von großem Vorteil bei der Bewältigung auftretender Schwierigkeiten. Eine Entscheidung führt zur nächsten. Und wenn Sie auf eine Reihe von Ereignissen in Ihrem Leben zurückblicken, zeigen sich möglicherweise immer wiederkehrende Leidensmuster. Es ist leicht, sich als Opfer der Umstände zu fühlen und den Status quo beizubehalten. Aber wenn wir die Macht der Entscheidung (ob bewusst oder nicht) anerkennen, können wir diese Zyklen durchbrechen und die Zukunft verändern.

Karen gab sich alle Mühe, ihrer Tochter Jamie in ihren Teenagerjahren zu helfen, mit Wutausbrüchen und Ängsten angemessen umzugehen. Jamie hatte oft Ärger in der Schule, weil sie sich mit den Lehrern stritt, und manchmal bekam sie sogar einen Schulverweis und durfte eine Zeit lang nicht am Unterricht teilnehmen. Sie war sehr oft nicht in der Schule. Jamie zum Lernen zu bringen, war fast unmöglich. Sie fing an, Drogen und Alkohol zu konsumieren, um sich von ihren Problemen abzulenken. Nachdem Jamie ihrem Arzt von Selbstmordgedanken und Selbstverstümmelung berichtet hatte, verbrachte sie ein paar Tage in einer örtlichen Psychiatrie, wo ihr aufgrund einer diagnostizierten bipolaren Störung mehrere verschreibungspflichtige Medikamente verordnet wurden. Karen war besorgt, kannte ihre Tochter aber am besten und empfand dies als zu extrem. Sie befolgte den Rat des Arztes nicht, weil sie befürchtete, er würde Jamie eher verleiten, noch mehr Drogen zu konsumieren, als sie es ohnehin schon tat, wenn sie ihr nun auch noch verschrieben wurden.

Als sie 19 Jahre alt war, erfuhr Jamie von der Hypnosetherapie und sagte ihrer Mutter, sie würde gern einen Hypnosetherapeuten finden, um ihre emotionalen Probleme zu lösen. Sie fühlte sich unter anderem zu dieser Therapieform hingezogen, weil sie in einen entspannten Zustand versetzt und geführt werden würde, statt ihre Probleme beschreiben zu müssen, wie sie es in der Gesprächstherapie versucht (und vermieden) hatte. Karen wusste, dass ihre Tochter schwer zu führen sein würde, weil sie eigensinnig war und Autoritäten gern Widerstand entgegensetzte. Die erste Therapeutin lehnte es frustriert ab, Jamie zu behandeln, weil sie aus ihrer Sicht zu stur und nicht behandelbar war. Karen suchte unbeirrt weiter, und zwar nach einer auf Jugendliche spezialisierten Therapeutin. Ihre Mühen wurden belohnt. Die erste Sitzung begann mit einem Gespräch über Jamies vorrangige Probleme.

»Was passiert, wenn du in Schwierigkeiten kommst?«, fragte die Therapeutin. »Meistens langweile ich mich«, antwortete Jamie.

Auf Jamies Wunsch blieb Karen während der Hypnosesitzung im Raum. Sie beobachtete, wie sich Jamie allmählich entspannte, während die Therapeutin sie mit beruhigender Stimme führte. Schon bald trat sie in einen hypnagogischen Zustand ein. Nach ein paar Minuten Befragung zur Herstellung einer unverkrampften Beziehung sprach die Therapeutin das Problem direkt an.

»Geh zurück in die Zeit, als dir zum ersten Mal langweilig war.«

Jamies Stimme klang ein wenig anders als sonst, sie sprach ein wenig langsamer und bedächtiger aus ihrem tiefen Bewusstseinszustand heraus. Sie beschrieb eine Szene aus ihrem Leben als jüngeres Kind, in der sie sich in der Schule langweilte.

»Hast du dich da zum ersten Mal gelangweilt?«

»Nein«, sagte Jamie.

»Dann gehen wir ein Stück weiter zurück.«

»Jetzt bin ich ein Baby in einer Babyschaukel«, berichtete Jamie.

Die Therapeutin führte Jamie auf der Suche nach der potenziellen Ursache ihrer Langeweile und den daraus folgenden Problemen immer weiter zurück. Im nächsten Schritt ging es um das Bereitstellen einer Lösung.

»Jetzt bitte ich dich, in deine Zukunft zu gehen. Wenn du nichts in deinem Leben änderst, wie wird es dann in zehn Jahren aussehen?«

Jamie beschrieb eine Szene, in der sie als alleinerziehende Mutter von zwei Kindern mit ihrem Halbbruder zusammenlebte. Sie hatte keine Arbeit und musste kämpfen, um einigermaßen über die Runden zu kommen.

»Und jetzt nehmen wir mal an, du hättest die Art, wie du mit deinem Leben umgehst, konstruktiv verändert. Geh zehn Jahre in die Zukunft und beschreibe, wie dein Leben aussieht.«

Jamie schilderte eine vollkommen andere Szene, in der sie unabhängig war und eine erfüllende Arbeit hatte. Sie war zufrieden und lebte in einer liebevollen Beziehung. Während sie weiter in einem hypnagogischen Zustand war, fragte die Therapeutin sie, welche Zukunft sie im wirklichen Leben lieber hätte. Jamie wählte Letztere, was nicht überraschte. Die Therapeutin schlug ihr vor, dieses »zukünftige Selbst«, wann immer sie wollte, um Hilfe zu bitten, denn dieses Selbst habe sich ein glückliches und erfolgreiches Leben erschaffen und könne daher ein nützlicher Berater sein.

Nach dieser Therapie machte Jamie eine Kehrtwende und gewann allmählich mehr Kontrolle über ihr Leben. Die Vorstellung, dass ihr zukünftiges Selbst, also ein Teil von ihr und niemand von außen, sie beraten könne, gefiel ihr gut und gab ihr offenbar Kraft für ihren weiteren Weg. Heute, fast zehn Jahre später, ist sie insgesamt ausgeglichen, zufrieden mit ihrer Arbeit und mit einem liebevollen, unterstützenden Ehemann glücklich verheiratet. Sie erwarten ein Kind.

Kurz nachdem sie die Highschool abgeschlossen hatte, sagte Jamie zu Karen, sie sei dankbar, dass sie keine verschreibungspflichtigen Medikamente bekommen habe. Sie gab zu, sich manchmal absichtlich so verhalten zu haben, dass man ihr diese Medikamente verschreiben wollte, wie einige ihrer Freunde es getan hatten. Jamie hatte dann beobachtet, wie ihre Mitschüler auf diverse Substanzen reagierten, und war froh, dass sie wirkungsvollere Wege gefunden hatte, ihre emotionalen Reaktionen in den Griff zu bekommen. Sie wendet Selbsthypnose an, um weitere Probleme in ihrem Leben zu bewältigen. Ihr Weg war nicht einfach und führte erst nach und nach zu einer Verbesserung. Bewusstes Bemühen und Führung durch ihr zukünftiges Selbst haben ihr geholfen, verschiedene wichtige Entscheidungen zu treffen.

Weil ich in den frühen 1990er-Jahren selbst ein Alkoholproblem hatte, weiß ich, dass Alkoholismus und Sucht grundsätzlich für ein spirituelles Loch im eigenen Wesenskern stehen, das man mit Nichtspirituellem zu füllen versucht. Doch dieses Loch kann nur mit Spirituellem gefüllt werden. Stellen

Sie sich das Spirituelle als die über das Physische hinausgehende Verbindung zwischen sich, anderen und dem Universum vor. Selbst in jenen Tagen vor meinem Koma, in denen ich mich mit dem Glauben an eine höhere Macht schwer tat, schien die Rolle des spirituellen Mangels als Grundproblem offensichtlich, bei mir selbst ebenso wie bei jeder anderen genesenden Seele, der ich begegnet bin. Spirituelle Leere entspringt einem Gefühl der Isolation und des Getrenntseins, das zwar nicht der Realität entspricht, aber für den Menschen, der so fühlt, verheerend ist. Der Versuch, spirituelle Leere mit etwas Physischem wie Drogen, Alkohol oder Sex zu füllen, scheint den Schmerz oft zu lindern, aber das ist nur vorübergehend.

In den Tiefen der Verzweiflung ist es vielleicht nicht einfach, eine dauerhafte Lösung zu finden. Manche versuchen sogar, sich das Leben zu nehmen, weil sie hoffen, so der extremen Verzweiflung entkommen zu können. Ihr Fortschritt im Leben misst sich an den Entscheidungen, die Sie in jedem Moment treffen. Der direkteste Weg zum Erfolg führt über die vollständige Manifestierung der bedingungslosen Liebe für alle Mitwesen, angefangen mit einem selbst. Das kann allerdings schwierig umzusetzen sein. Es steht uns frei, uns anders zu verhalten, doch diese andere Wahl führt auf einen mühsameren Weg, der oft mit Angst und größeren Herausforderungen gepflastert ist. Wie auch immer, auf beiden Wegen lernen wir schließlich die grundlegenden Lektionen der Liebe, des Mitgefühls, der Vergebung, der Akzeptanz und der Barmherzigkeit, wenn auch nicht unbedingt in einem einzigen Leben.

Karen bekam im Mai 2006 einen überraschenden Anruf von ihrer Mutter, in dem diese ihr mitteilte, dass ihr Stiefvater gestorben sei. Das war zwar erschütternd, kam aber nicht gänzlich unerwartet angesichts des Zustandes, in dem Karen ihn beim letzten Treffen gesehen hatte. Sie war besser als die meisten darauf vorbereitet, mit der Nachricht vom Tod eines nahestehenden Menschen umzugehen. Weil sie davon ausging, dass der Tod ein Übergang ist und nicht das Ende des Bewusstseins, wusste sie auch, dass Randy seine Seelenlektion einfach im spirituellen Bereich fortsetzte. Neben den Einzelheiten dessen, was geschehen war, erzählte Diane noch etwas ziemlich Ungewöhnliches.

»Mitten in der Nacht gingen die Deckenventilatoren in allen Zimmern auf einmal an«, berichtete sie. »Ich stand auf, um sie auszuschalten, und da spürte ich plötzlich Randys Anwesenheit, als sei er wirklich da.« Sie glaubte nicht unbedingt, dass Verstorbene mit uns kommunizieren könnten, aber sie wusste, dass ihre Tochter für solche Dinge offen war, und Karen wusste, dass elektrische Geräte von der anderen Seite am häufigsten als Kommunikationsmittel genutzt werden.

»Ja, es ist sehr wahrscheinlich, dass er die Ventilatoren angemacht hat«, sagte Karen, auch weil sie wusste, dass es ihre Mutter trösten würde. »Vielleicht kommt er noch einmal zurück. Achte auf alle Zeichen. Ich mache das auch.«

»Lässt du mich wissen, wenn er Kontakt zu dir aufnimmt?«, fragte Diane.

»Ja natürlich«, antwortete Karen.

Karen war traurig, aber auch erleichtert, dass Randys körperliches Leiden vorbei war. Sie zündete eine Kerze an und schickte seinem hinübergehenden Geist, wo immer er auch sein mochte, Mitgefühl, Trost und Liebe.

»Du sollst wissen, dass wir dich lieben, komme, was wolle«, sagte sie beschwörend.

Randy hatte von Kindheit an einen großen Einfluss auf Karens Leben gehabt. Eine ihrer stärksten Erinnerungen an ihn war, dass er ihr geholfen hatte, mit elf Jahren einen Job als

Zeitungsausträgerin zu bekommen. Anfangs lieferte sie mit dem Fahrrad jeden Nachmittag Zeitungen an fünfunddreißig Haushalte in ihrer Nachbarschaft in Salem, Oregon, aus. Im Laufe der Zeit bekam sie den Auftrag, täglich ein paar Hundert Exemplare des lokalen *Statesman Journal* auszuliefern, was den Einsatz eines Autos erforderlich machte. Randy begleitete sie jeden Morgen, und es wurde schnell klar, dass es Karens Arbeit deutlich erleichtern würde, wenn sie Auto fahren könnte. Also brachte er ihr das Fahren bei, bevor sie das gesetzlich vorgeschriebene Alter dafür erreicht hatte. So konnten sie effizientere Methoden entwickeln, um die Zeitungen als Tandem auszuliefern. In ihren Highschool-Jahren verbrachten sie fast jeden Tag die Morgenstunden zusammen, fuhren menschenleere Straßen entlang und lieferten Zeitungen zu den Häusern. Er war von Natur aus witzig und charmant und neckte Karen oft auf gutmütig-freundliche Weise.

Die Umstände, die zu seinem Tod geführt haben, stimmen nachdenklich. Als Karens jüngerer Bruder 1983 das Haus verließ und aufs College ging, zogen Randy und Diane von Oregon nach Arizona. Wegen des größeren Marktes im Großraum Phoenix war Randy der Ansicht, dies sei eine großartige Gelegenheit, zum Radio zurückzukehren, wo er in den 1950er- und 1960er-Jahren als Rock-and-Roll-DJ Karriere gemacht und später als Musik- und Sportintendant gearbeitet hatte. Ihm wurde ein Stelle als Wochenend-DJ angeboten, aber er war der Ansicht, das sei unter seinem Niveau, obwohl er zehn Jahre lang nicht mehr beim Radio gearbeitet hatte. Er beschloss, auf eine Stelle mit höherem Anforderungsprofil zu warten, doch ein entsprechendes Angebot kam nie.

Zwar fand er hier und da einen Gelegenheitsjob, aber keiner davon erfüllte seinen Traum, zum Radio zurückzukehren. Zunehmend litt er an Angstzuständen, gegen die ihm Xanax verschrieben wurde. Schließlich bekam er eine Festanstellung als Lkw-Fahrer und ging im Jahr 2000 in Rente. Kurz darauf begannen die Depressionen. Er hatte nichts zu tun, außer seinen täglichen Spaziergängen mit seinem majestätischen grau-weißen Siberian Husky namens Leica. Der Hund, der ein blaues und ein braunes Auge hatte, hatte ihn oft auf seinen langen Autofahrten begleitet.

Mit der Zeit wurden Randys Depressionen immer schlimmer. Einem Arzt gegenüber gab er zu, Selbstmordgedanken zu haben. Daraufhin wurde er an einen Psychiater überwiesen, der ihm neben Xanax Antidepressiva verschrieb. Er hatte schon vor Jahren aufgehört, Alkohol zu trinken und Zigaretten zu rauchen, aber er nahm außerdem regelmäßig Medikamente gegen erhöhte Cholesterinwerte, hohen Blutdruck und Hiatushernie ein. Als Karen und Jamie die beiden 2004 in Arizona besuchten, glich Randy nur noch einer leeren Hülle. Das humorvolle Necken, das auch die kleine Jamie an ihm gekannt hatte, war weg, und beide vermissten sein lustiges, spielerisches Wesen. Sie fanden es anstrengend, auch nur ein kurzes Gespräch mit ihm zu führen. Er wirkte dumpf und schien nicht daran interessiert, sich in irgendeiner Weise zu engagieren, als sei ihm überhaupt nichts wichtig.

Zu allem Überfluss war bei Randy eine schmerzhafte Gürtelrose diagnostiziert worden, weshalb seinem Medikamentencocktail noch ein Schmerzmittel hinzugefügt wurde. Der nächste Schlag kam am 9. März 2006, als ihr geliebter Hund Leica nach fast zwölf Jahren loyaler Kameradschaft starb.

Am Montag vor dem Memorial Day 2006 fuhr Diane zur Arbeit. Randy war in der Nacht davor besonders niedergeschlagen gewesen, und obwohl es nicht ihre Gewohnheit war, fühlte sie sich veranlasst, ihn zu Hause anzurufen. Er ging ans Telefon, sprach aber undeutlich, irgendwie lallend.

»Was ist los?«, fragte Diane.

»Nichts«, sagte er. In dem Moment hörte sie einen Knall.

»Was war das?«, fragte sie.

»Ich bin hingefallen, aber es geht mir gut. Du brauchst nicht nach Hause zu kommen«, sagte Randy nach einer Weile und legte den Hörer auf.

Diane spürte, dass etwas nicht stimmte, und bat sofort um Erlaubnis, ihre Arbeit verlassen zu dürfen. Auf der eine Stunde dauernden Fahrt durch Phoenix überlegte sie, was sie wohl erwarten würde. Im Haus bemerkte sie zuerst eine Flasche Jack Daniels Whiskey in der Küche und daneben eine leere Xanax-Packung sowie eine Notiz. Sie fand ihn in einem Sessel im Schlafzimmer sitzend mit Fotos von ihr auf dem Schoß. Er war nicht mehr ansprechbar, atmete aber noch. Sie wählte den Notruf. Die Sanitäter versuchten, ihn wiederzubeleben und brachten ihn ins Mesa General Hospital, wo weitere Reanimationsversuche unternommen wurden. Aber jede Hilfe kam zu spät.

Selbstmord ist für die Hinterbliebenen oft sehr schwer zu ertragen. Diane überlegte ständig, was sie möglicherweise hätte anders machen können, um einen solchen Verlust zu verhindern. Sie wurde permanent von Schuldgefühlen geplagt. Karen tat, was sie konnte, um ihre Selbstvorwürfe zu entkräften.

Noch Monate nach seinem Tod versuchte Karen, in erweiterten Bewusstseinszuständen Kontakt zu Randy aufzunehmen. Solche absichtlichen Kommunikationsversuche mit geliebten Verstorbenen können trügerisch sein, weil wir oft zu stark emotional aufgeladen sind, um die nötige Klarheit und Neutralität aufbringen zu können. Das hätte sie beunruhigen oder entmutigen können, aber sie wusste, dass die Seelen verstorbener Angehöriger auch in Träumen erscheinen können, und beschloss, geduldig zu bleiben.

Am 7. Juni 2007 wurde Karen mit einem Traum belohnt, den sie sich in ihrem Tagebuch notiert hat:

»Ich habe Randy besucht. Er war glücklich und gesprächig und erzählte mir, er sei jetzt ein Geist. Während unseres Gesprächs saß er in seinem Lieblingssessel. Später fuhr er einen Bus durch einen Tunnel, und ich fuhr im Auto neben ihm her. Er schien darauf zu achten, dass ich ihn zu meiner Linken sehen konnte. Er winkte mir und deutete dann nach links über die Fahrspuren hinweg auf eine Gedenkstätte für ihn – Fotos und Blumen – in einer Nische in der Wand des Tunnels. Davor hatte er sich frustriert oder eifersüchtig über jemanden geäußert, den Mom kannte und mit dem sie Zeit verbrachte. Er erwähnte, dass dieser Mann dreimal in ihrem Haus gewesen sei. Außerdem hatte Randy volles, gesundes Haar.«

Der Traum zeigte Karen, dass Randy offenbar glücklich und wieder ganz sein gewohntes Selbst war. Eine volle, gesunde Haarpracht hatte er seit sehr jungen Jahren nicht mehr gehabt. Genau wie ich meinen Vater und Agnew als junge Männer gesehen hatte, sah Karen ihren Stiefvater in seinem idealen körperlichen Zustand, seinem Lichtkörper. In dem Traum fuhren sie beide in einem Fahrzeug, eine Reminiszenz an die vielen Stunden, die sie gemeinsam im Auto verbracht hatten, um Zeitungen auszuliefern. Ihr fiel auf, dass ihr Traum von atypischen Schwingungen und dem Gefühl des Fallens begleitet war.

Bisher war sie noch nicht bereit, zu behaupten, dass sie wirklich mit Randy kommuniziert hatte. Erfahren und mit gutem Urteilsvermögen ausgestattet, wusste sie, dass dies alles Informationen sein konnten, die ihr Unterbewusstsein bereitstellte, um ihr Trost zu spenden. Das änderte sich, als sie mit ihrer Mutter sprach. Diane und Karen waren nicht regelmäßig in Kontakt. Manchmal vergingen viele Monate zwischen den einzelnen Gesprächen, und sie informierten sich keineswegs routinemäßig über Einzelheiten ihres alltäglichen Lebens. Aber die Begegnung mit Randy machte ein Telefongespräch erforderlich.

»Mom, ich habe von Randy geträumt«, begann Karen.

Diane war sehr offen und erleichtert, zu hören, dass Randy glücklich zu sein schien und eine volle Haarpracht trug. Aber die Bemerkung über Randys Sorge wegen eines neuen Mannes in ihrem Leben fand sie besonders interessant.

»Das ist wirklich seltsam. Ich habe mich tatsächlich mit einem anderen Mann getroffen, einem alten Freund aus der Highschool«, erklärte Diane. »Wir waren dreimal zusammen zum Abendessen aus, und er hat mich jedes Mal zu Hause abgeholt. Ich habe allerdings kürzlich beschlossen, ihn nicht mehr zu treffen, weil ich noch nicht bereit bin, mich ernsthaft auf jemanden einzulassen.«

Für Karen war dies eine aussagekräftige Bestätigung dafür, dass sie wohl mit einer Energie in Kontakt gewesen war, die sie als ihren Stiefvater identifizieren konnte und die ihr mitgeteilt hatte, was hier auf der Erde vor sich ging.

Auch Diane war erstaunt, doch die Nachricht tröstete sie, denn offenbar war mit Randy alles in Ordnung, und er passte auch weiterhin auf sie auf. Karens Traum von Randy trug wesentlich dazu bei, dass Diane ihre Schuldgefühle und ihren Kummer hinter sich lassen konnte. Die Vorstellung, dass er über sie wachte, war tröstlich und beruhigend für sie. Nach fünf Jahren der Selbstkasteiung, in denen sie die Asche von Randy und Leica zu Hause aufbewahrt hatte, sorgte Diane dafür, dass beide Urnen gemeinsam in Cascade Locks, Oregon, begraben wurden, unter einem Korkenzieherhaselstrauch auf einer Klippe mit Blick auf den Columbia River. Diane hat inzwischen ihren Frieden mit allem gemacht, was geschehen ist, und bewahrt sich eine positive Lebenseinstellung.

»Wo ist die Seele meines verstorbenen Angehörigen, der Selbstmord begangen hat?«, werde ich oft besorgt gefragt.

Eine der durchgängigsten Beobachtungen, die Dr. Raymond Moody in mehr als vier Jahrzehnten intensiven Forschens gemacht hat, ist folgende: Menschen, die einen Selbstmordversuch unternehmen und anschließend eine Nahtoderfahrung mit Lebensrückschau oder dem überwältigenden Gefühl bedingungslosen Geliebtseins haben, verspüren danach nie wieder das Bedürfnis, einen Selbstmordversuch zu machen. Das ist insofern bemerkenswert, als das typische Muster bei versuchten, aber gescheiterten Selbstmorden darin besteht, dass der Versuch wiederholt wird, oft mehrmals, bis er schließlich leider zum Erfolg führt. Nahtoderlebnisse mit den gennannten Merkmalen hingegen scheinen deshalb Wiederholungen von Selbstmordversuchen sehr effektiv zu verhindern, weil das, was die betreffende Person bei ihrer Lebensbilanz vorfindet, einen überwältigenden Beweis für die außergewöhnliche Liebe liefert, die in ihrem Leben war, ohne dass sie sie wahrgenommen hat.

Es ist wichtig zu erkennen, dass diejenigen, die sich selbst das Leben nehmen, einen besonders mühsamen Weg wählen. Und es ist sehr wahrscheinlich, dass sie die gleichen Umstände, die sie zurücklassen wollen, noch einmal erleben. Wir können aus der Bewusstseinsentwicklung nicht einfach aussteigen. Niemand kommt tot hier raus, und es gibt kein Entkommen aus dem Kontinuum der bewussten Wahrnehmung. Es ist daher weise, dieses herrliche Geschenk des physischen Lebens anzunehmen und sich den Herausforderungen zu stellen, die es bietet, um wahres Lernen, Wachstum und Transzendenz zu ermöglichen. Das heißt nicht, dass dies einfach ist, in unserer modernen Zivilisation schon gar nicht.

2015 ging der Nobelpreis für Wirtschaftswissenschaften an zwei Princeton-Ökonomen, Dr. Angus Deaton und seine

Frau, Dr. Anne Case, für ihre Forschungsarbeiten, die unter anderem eine verblüffende Tatsache über unsere Gesellschaft offenlegen: Die Sterblichkeitsrate unter weißen Amerikanern mittleren Alters steigt im Vergleich zu allen anderen ethnischen Gruppen in den USA und zu ähnlichen Gruppen in anderen entwickelten Ländern kontinuierlich an. Dieser Anstieg der Sterberate ist weniger auf die üblichen Verdächtigen Krebs, Diabetes und Herz-Kreislauf-Erkrankungen zurückzuführen als auf eine ansteigende Selbstmordquote und Todesfälle infolge von Alkohol- und Drogenmissbrauch (insbesondere Heroin und Überdosen verschreibungspflichtiger Opiate).

Noch nicht einmal die HIV-/AIDS-Epidemie hat in den letzten Jahrzehnten zu derart vielen Todesfällen in den USA geführt. Eine der Hauptursachen liegt wahrscheinlich in dem spirituellen Vakuum, das sich allmählich in unserer säkularen Kultur ausbreitet. Die westliche Mainstream-Gesellschaft orientiert sich an der herrschenden wissenschaftlichen Überzeugung, welche die Spiritualität einfach ausklammert.

Glauben Sie mir, ich kenne die Trostlosigkeit der inneren Leere, denn ich habe sie selbst erlebt. Ich sage oft, dass ich ein dankbarer trockener Alkoholiker bin. Und zwar bin ich nicht nur dankbar, nicht mehr vom Alkohol abhängig zu sein. In erster Linie bin ich dankbar, Alkoholiker gewesen zu sein. Ohne diese schwierige Herausforderung hätte ich »das Geschenk der Verzweiflung« niemals bekommen, wäre ich nie ganz unten gewesen und hätte ich mich nie auf den Weg gemacht, der mich schließlich durch mein Koma führte, hin zu wahrer Liebe und zur Erkenntnis einer höheren, einer weisen, liebevollen und unterstützenden Macht, die manche Gott nennen. Manche Herausforderungen können uns in die Hoffnungslosigkeit führen, aber es ist unsere Entscheidung, ob wir dorthin gehen oder nicht. Dankbarkeit ist die hilfreichste

Antwort auf das Leben. Mit ihr wandelt sich alles von Hoffnungslosigkeit in Hoffnung, was immer Ihre Lebenssituation Ihnen gerade abverlangt.

Zwölf-Schritte-Programme wie der Archetyp, der durch die bemerkenswert erfolgreichen Anonymen Alkoholiker weltbekannt geworden ist, basieren auf dem Prinzip, dass man sein Leben einer höheren Macht anvertraut, deren Identität nicht religiös definiert wird. Einer der Freunde, der mir in den frühen Phasen meiner Genesung zur Seite stand, sagte, die höhere Macht könne sogar eine Glühbirne sein. Der wichtigste Schritt bestehe darin, sich nicht mehr für alles verantwortlich zu fühlen. Man solle aufhören zu glauben, dass man jedes Ereignis im Griff hat und alles steuern kann. Stattdessen solle man darauf vertrauen, dass die höhere Macht unser Leben steuert. Das heißt, ich bin nicht dafür verantwortlich, jedes Ergebnis herbeizuzwingen, das mein Ego einfordert. In dem Meditationsprogramm, das wir vorschlagen, wird dieser Umkehrprozess dadurch vollzogen, dass wir unsere von allen egoistischen Interessen freie »höhere Seele« als höhere Macht anrufen.

In einer schwierigen Lebenssituation kann das Verabreichen bestimmter Medikamente durchaus sinnvoll sein, aber das sollte möglichst nicht langfristig geschehen. Wenn das eigentliche Problem eher ein spirituelles ist, muss es auch mit spirituellen Mitteln behandelt werden, nicht nur mit biochemischen. Der Nutzen irgendeiner Art von spiritueller Praxis sollte unbedingt ausgelotet werden. Meiner Meinung nach ist jede Praxis des »Nach-innen-Gehens«, des zentrierenden Gebets, der Meditation, der Kontaktaufnahme mit dem spirituellen Kern in uns allen außerordentlich hilfreich.

Das »Gelassenheitsgebet«, ein zentrales Element des Zwölf-Schritte-Programms, fasst die Kraft des Umkehrprozesses in elegant einfache Worte:

Gott, gib mir die Gelassenheit, Dinge hinzunehmen,
die ich nicht ändern kann, den Mut, Dinge zu ändern,
die ich ändern kann, und die Weisheit, das eine
vom anderen zu unterscheiden.

Reinhold Niebuhr (1892–1971)

Dies ist ein einfacher, aber kraftvoller Appell, Unveränderbares zu akzeptieren und ansonsten mutig zu handeln. Vielleicht stellen wir fest, dass wir durch das damit einhergehende spirituelle Wachstum tatsächlich eine große Macht über unser Leben haben, aber – und das ist wichtig – diese Macht beginnt mit der Einsicht, dass die Weisheit, »das eine vom anderen zu unterscheiden« aus unserem Inneren kommt, von unserer höheren Seele, nicht von unserem Ego oder von sonst einer begrenzten Form unseres Daseins im materiellen Bereich. Es ist dieselbe höhere Seele, zu der man in der täglichen Meditation Zugang erhält. In diesem erweiterten Bewusstseinszustand hat die höhere Seele für mich keine Spur von Ego, die sie belastet. Sie ist ganz dem höchsten Wohl aller ergeben.

Das Ego ist eine psychologische Struktur, die eine wichtige Rolle für die Art spielt, wie ein Mensch mit der Welt umgeht, aber es ist nicht das, was uns letztendlich ausmacht. Das Ego kann sogar mächtige Blockaden aus Stolz, Scham oder Angst aufbauen, die verhindern, dass sich Menschen für Liebe und Heilung öffnen. Oft ist das Ego dafür verantwortlich, dass sich jemand weigert, um Hilfe zu bitten oder sich in eine Behandlung zu begeben, oder dass der oder die Betreffende nicht zugeben will, dass er oder sie überhaupt ein Problem hat. In der Suchtmedzin wurden sogar Rituale entwickelt, die den Tod des Egos dramatisieren, um seine Wiedergeburt in einem gesünderen und ausgeglicheneren Zustand zu ermöglichen.

Dr. Stanislav Grof und seine Frau Christina haben eine solche Methode entwickelt, bei der man unter anderem eine spezifische Art des Atmens nutzt, um einen hypnagogischen Zustand zu erreichen. Die speziellen Atemmuster scheinen den analytischen Teil des Gehirns ganz in Anspruch zu nehmen, ähnlich wie Brainwave-Entrainment-Aufnahmen. Dies führt zu einer Erweiterung des Bewusstsins und gibt Zugang zu Einsichten, die durch die Vermittlung eines »inneren Heilers« gewonnen werden, was mit herkömmlicher Psychotherapie in der Regel nicht möglich ist. Der Klient, der die Atemtechnik einsetzt, wird engmaschig überwacht, oft im Rahmen einer Gruppe, und es wird der Interpretation und Einordnung des Erfahrenen als wichtiges Element des Prozesses genügend Zeit eingeräumt.

Während einer Sitzung sollte man sich dem Prozess vollständig hingeben und zulassen, dass alles, was hochkommt, zum Ausdruck gebracht wird. Manche erleben Zustände tiefer Liebe und eine Verbindung zum Kosmos, andere Ängste oder intensive Schuldgefühle. Häufig werden auch Erinnerungen an traumatische Erlebnisse wachgerufen. Oft sind Klienten in der Lage, die typischen Abwehrmechanismen, die in einer Gesprächstherapie auftreten, weit hinter sich zu lassen. Manchmal bewirkt allein der Akt des Weinens die Befreiung von einem früheren emotionalen Trauma. Die Teilnehmer an einer solchen Gruppensitzung reagieren auf ihre ganz individuelle Weise, je nach ihrer persönlichen Verfassung, berichten aber durchgängig Positives, etwa dass sie Linderung bei Depressionen oder chronischen Schmerzen oder eine Befreiung von emotionalem Leid erfahren haben sowie ein besseres Gefühl für den Kontakt mit ihrem spirituellen Selbst. Sie erkennen einen Sinn und eine Aufgabe in ihrem Leben, gelangen zu intuitiven Einsichten und werden bei der Bewältigung einer Sucht unterstützt.

Eine weitere nützliche Therapie für das Aufspüren und Verarbeiten von traumatischen Erinnerungen ist EMDR (*Eye Movement Desensitization and Reprocessing,* Augenbewegungsdesensibilisierung). Dieser Ansatz wird oft zur Behandlung von Symptomen einer posttraumatischen Belastungsstörung eingesetzt. Nach einer gründlichen Erfassung der zu behandelnden Probleme beinhaltet dieser Prozess das Hervorrufen eines Musters aus schnellen Augenbewegungen, das einen besseren Zugang zu vergangenen Erinnerungen ermöglichen soll.

Brainwave-Entrainment-Aufnahmen haben ähnlich tief greifende Auswirkungen auf die Veränderung unseres Bewusstseinszustandes, was hauptsächlich auf die Links-Rechts-Oszillation im unteren Hirnstamm zurückzuführen ist, wo diese Töne wahrgenommen werden (speziell im oberen Olivenkern). Ich vermute, dass der Mechanismus, der EMDR ebenso zugrunde liegt wie der Hypnose, über den Einfluss solcher niederfrequenten Links-Rechts-Oszillationen im unteren Hirnstamm Zugang zu erweiterten Bewusstseinszuständen ermöglicht.

Eine EMDR-Therapie besteht aus mehreren Behandlungsphasen mit mehreren Sitzungen, in denen es unter anderem um eine Desensibilisierung der ursprünglichen Traumaerinnerung, die Auflösung störender Emotionen und das Ersetzen negativer Erinnerungen durch etwas Positiveres geht. Erfolgreiche Klienten berichten davon, dass sie Wut und Niedergeschlagenheit loslassen und durch inneren Frieden und Akzeptanz ersetzen konnten.

Die Beschäftigung mit einem emotionalen Trauma ist etwas, das uns allen von Zeit zu Zeit zu schaffen macht, manchem mehr als anderen, und manchmal erfordert seine Überwindung eine lebenslange Reise. Aber es lohnt sich, verschiedene Entscheidungen zu treffen, die dem Schrecken und der Bedrängnis ein Ende setzen können. Mit sechzehn war Caroline Cook, eine Leserin, völlig durcheinander und tieftraurig. Ihr emotionaler Schmerz war so stark, dass es körperlich schmerzte, und zwar mit unerträglicher Intensität. Traumatische Kindheitserlebnisse, die psychische Erkrankung ihrer Mutter und die Scheidung ihrer Eltern hatten sie in ein Leben katapultiert, das von dem nie befriedigten Bedürfnis, geliebt zu werden, beherrscht wurde. Irgendwann wurde sie sich einer schrecklichen Traurigkeit bewusst, die sie in der Gegend ihres Solarplexus spürte: eine riesige, harte, dichte Kugel, die sie ihren »großen Ball aus Traurigkeit« nannte. Schließlich hatte sie einen Punkt erreicht, an dem sie es keine Minute länger aushielt, und wünschte sich einen Frieden, von dem sie glaubte, dass nur der Tod ihn bringen könne. Also schluckte sie in der Absicht, ihr Leben zu beenden, eine Überdosis Schlaftabletten.

Sie wurde bewusstlos gefunden und in ein Krankenhaus gebracht, wo sie drei Tage im Koma lag. Als sie aus dem Koma erwachte, war sie fassungslos, weil sie eine sehr lebhafte Erinnerung an etwas hatte, das ihr als reale Erfahrung vorkam und alles andere überschattete. Anders als bei einem Traum erinnert sich die heute 63-jährige Caroline noch immer genauso klar und deutlich an dieses Erlebnis wie vor all den Jahren, was typisch für Erinnerungen an Nahtoderlebnisse ist:

»Ich stand plötzlich in einem schönen, üppig grünen Wald und blickte über Wiesen voller Blumen. In der Ferne sah ich schneebedeckte Berge, und alles wurde von einem strahlend blauen Himmel überspannt. Die Farben waren intensiv, doch alles war in ein weißes Licht getaucht, sogar der Himmel. Ich war froh und glücklich, dort zu sein.«

Dann tauchte neben ihr ein alter Mann auf, in Weiß gekleidet, mit weißem Haar und weißem Bart. Auch er wirkte wie in weißes Licht gebadet. Sie fürchtete sich nicht, denn er strahlte echte Fürsorglichkeit und tiefes Verständnis aus.

»Du kannst nicht hierbleiben, deine Zeit ist noch nicht gekommen. Du musst zurückgehen und dein Leben bis zum Ende führen«, sagte er sanft zu Caroline.

Obwohl sie an dem schönen Ort bleiben wollte, wo sie den Frieden und das Wohlbefinden verspürte, nach dem sie sich so gesehnt hatte, akzeptierte sie, dass es das Richtige war, auf die Erde zurückzukehren. Sie erkannte, dass Selbstmord kein einziges Problem löst und keinen Schmerz lindert. Man nimmt seine Probleme immer mit und kann ihnen auf diese Weise nicht entkommen. Die einzige Möglichkeit, aus dem Karussell des Lebens auszusteigen, besteht darin, so lange darin zu fahren, bis es ganz von selbst stehen bleibt. Wenn wir Selbstmord begehen, steigen wir nicht etwa aus dem Karussell aus, sondern fahren immer weiter, und unsere Schmerzen und Probleme begleiten uns dabei.

Vor ihrer Entlassung aus dem Krankenhaus und nur etwa einen Tag, nachdem sie aus dem Koma erwacht war, fragte eine Krankenschwester Caroline, ob sie in ihrer Rekonvaleszenzzeit kranke Kinder besuchen wolle. Einerseits war das eine sehr traurige Erfahrung, aber die Kinder gaben ihr auch ein Beispiel, wie tapfer man sich den eigenen Schmerzen stellen kann. Viele der Kinder waren dem Tod geweiht, und ihr Wille, jede Minute ihres Lebens voll und ganz zu leben, machte Caroline Mut und inspirierte sie. Auch diese Kinder haben ihr vermittelt, dass Selbstmord nicht der richtige Weg in den Tod ist und dass wir im Kampf mit einer Krankheit oder einer schwierigen Situation wirklich zu leben lernen.

Bei den Hunderten von Vorträgen, die ich seit meinem Koma gehalten habe, bin ich häufig Eltern begegnet, die den Verlust eines Kindes betrauerten. Meistens erzählten mir die Eltern, dass ihr Kind im Angesicht seines bevorstehenden Todes über eine immense Kraft verfügt zu haben schien. Oft berichteten sie, dass das Kind die stärkste Säule war und dass es die Familie in dieser Zeit des tragischen Verlusts zusammenhielt. Es wurde deutlich, dass diese Kinder tatsächlich fortgeschrittene Seelen waren.

Auch nach ihrer Entlassung aus dem Krankenhaus litt Caroline unter Traurigkeit, Depressionen, Ängsten und gelegentlichen Panikattacken. Selbstmordgedanken hatte sie auch weiterhin, doch abgesehen von ein paar kleineren Aktionen, die eher als Hilferufe gedacht waren, unternahm sie keinen ernsthaften Selbstmordversuch mehr. Aber ihre Probleme waren nicht gelöst, und der große Ball aus Traurigkeit war nach wie vor allgegenwärtig. Gelegentlich nahm sie professionelle medizinische Hilfe in Anspruch, und zweimal hatte sie ein paar Jahre lang Antidepressiva eingenommen. Doch nichts schien auf lange Sicht etwas zu verändern. Als sie Anfang fünfzig war, zerbrach ihre letzte Beziehung. Sie fühlte sich, als werde ihr der Boden unter den Füßen weggezogen, und sie stürzte in eine tiefe Verzweiflung. Caroline hatte eine gute Freundin mit einem einfachen und unerschütterlichen Glauben an Gott, die ihr eines Tages etwas sehr Bedeutungsvolles sagte: »Denk daran, dass Gott für dich da ist und dass du durch Glaube und Gebet geheilt werden kannst.«

Das hatte keine sofortige, alles heilende Wirkung, aber es erinnerte Caroline an ihr Erlebnis im Alter von 16 Jahren, als sie dem liebevollen, in weißes Licht getauchten Mann begegnet war, der ihr ein so starkes Gefühl des Friedens vermittelt hatte. Sie machte es sich zur Gewohnheit, täglich zu beten, und eines Tages bat sie, der große Ball aus Traurigkeit möge von ihr genommen werden. Und so geschah es. In den darauf folgenden Tagen und Wochen erkannte sie immer deutlicher, dass sie diese schreckliche Last nicht mehr mit sich herumtrug. Sie fühlte sich leichter und voller Hoffnung, und obwohl sie noch immer mit Depressionen und Angstzuständen kämpfte, hatte sie von diesem Moment an keinen Selbstmordgedanken mehr. Sie suchte auch nicht mehr auf allen möglichen Abwegen nach Liebe. Die Sehnsucht, geliebt zu werden, wurde durch das Wissen ersetzt, dass es genug ist, von Gott geliebt zu werden.

Allmählich verstand sie, was »sich Gott ergeben« wirklich bedeutet. Früher hatte sie gedacht, es bedeute, ihre Unabhängigkeit und Identität aufzugeben und in irgendeiner Weise beherrscht zu werden. Nun erkannte sie, dass es Befreiung bedeutet, sich zu ergeben und die ungeheure Kraft der Liebe mit allem, was sie an Heilung, Trost und Fürsorge bringt, zu nutzen. Sie ist dankbar für die Führung, die Lehren, den Schutz und die Gnade, die sie in ihrem Leben erfahren hat (die, wie sie jetzt weiß, immer da waren, auch wenn sie es nicht bemerkte).

Mittlerweile betrachtet Caroline ihren Instinkt und ihre Intuition als die Stimme Gottes in ihrem Herzen und ihrem Kopf. Und sie vertraut dieser inneren Stimme, ohne an ihr zu zweifeln. Sie ist nicht im herkömmlichen Sinne religiös, aber weil sie Gott kennt, pflegt sie ihre zutiefst persönliche Verbindung mit dieser liebevollen Kraft. Die Auswirkungen, die dies auf ihr Leben hat und die damit einhergehenden Vorteile sind erstaunlich und wunderbar. Sie hat einen Frieden und eine Zuversicht in sich selbst gefunden, die sie auf Erden nie für möglich gehalten hätte. Sie hat gelernt, zu akzeptieren, was auf sie zukommt, und alle Schmerzen, Verletzungen, Sorgen und Schwierigkeiten zu ertragen. Sie ist jetzt erfüllt von der Liebe, die sie von ihrer persönlichen Gemeinschaft bekommt, die aus ihrem Sohn mit seiner jungen Familie, ihrem Hundegefährten sowie ihren Freunden und Schülern besteht.

Wie die Anstrengung einer Raupe, die sich aus ihrem Kokon herauskämpft, um sich in einen schönen Schmetterling zu verwandeln, lohnen sich alle Kämpfe im Leben, weil die Freuden schwerer wiegen als die Mühen. Indem wir vergeben, lassen wir den Schmerz los und verhindern eine zerstörerische Bitterkeit. Dankbarkeit oder das tägliche Beten stärken die Verbindung zu einer höheren Macht. Wenn das Leben nicht perfekt ist und wir finanzielle, gesundheitliche oder familiäre Probleme haben, müssen wir uns darauf konzentrieren, alles in unserer Macht Stehende zu tun, um unsere Seelen zu nähren und auf unsere Verbindung zu einer höheren Macht zu vertrauen. Indem wir uns der Entscheidungen, die wir in unserem Leben treffen, bewusster werden, lernen wir, mehr erfüllende Erfahrungen entstehen zu lassen.

Kapitel 15

Mind over Matter oder Die Macht des Geistes

Es gibt zwei Arten von Menschen – diejenigen, die denken, sie können es, und diejenigen, die denken, sie können es nicht. Beide haben recht.

Henry Ford (1863–1947), Gründer der Ford Motor Company

Was wir glauben und wovon wir überzeugt sind, hat einen großen Einfluss auf unser Leben. Viele Überzeugungen sind so tief in unserem System verwurzelt, dass wir sie eher als Wahrheiten denn als Glaubenssätze begreifen. Selbst wenn wir etwas als wahr anerkennen, hat dies etwas mit unseren grundlegenden Annahmen zu tun. Unsere Überzeugungen beeinflussen die Analyse und das Verständnis jeder Erfahrung, die Interpretation eines wissenschaftlichen Experiments ebenso wie die Beschreibung eines Nahtoderlebnisses. Letztlich vertritt jeder von uns seine eigene Mischung aus Überzeugungen und Einstellungen, die sich auf jeden Aspekt unseres Lebens auswirken, einschließlich unserer Gesundheit.

Als wir im Juli 2015 einen Workshop in Aspen gaben, lernten Karen und ich etwas über die Bedeutung der Einstellung, denn wir hatten das Vergnügen, Laurie MacCaskill kennenzulernen. Bei ihr hatte man neun Jahre zuvor Bauchspeicheldrüsenkrebs diagnostiziert. Wer sich mit dieser Form von Krebs auskennt, wird wissen, dass die Überlebenszeit nach der Diagnose in der Regel in Monaten angegeben wird, nicht in Jahren. Bemerkenswerterweise wirkte sie bei einem gemeinsamen Mittagessen vollkommen gesund und fit.

»Wie kommt es, dass Sie wider alle Erwartungen überlebt haben?«, fragte Karen mit ihrer üblichen unverhohlenen Neugier.

»Ach wissen Sie, ich habe nie geglaubt, dass ich krank bin«, antwortete Laurie.

Laurie war eine Sportskanone und sehr aktiv. Sie nahm regelmäßig an 160-km-Radtouren teil, fuhr Ski und war Bergsteigerin. Sie ernährte sich gesund und hatte bei medizinischen Überprüfungen ihres Gesundheitszustandes immer sehr gut abgeschnitten. Als sie mit 55 Jahren wegen lang anhaltender Schmerzen in der rechten Seite des unteren Rückens einen Arzt aufsuchte, war die Diagnose ein Schock.

Nach einer Whipple-Operation (eine komplizierte abdominale Operation bei Bauchspeicheldrüsenkrebs) unmittelbar nach der Diagnose begann für Laurie eine aggressive dreijährige Chemotherapie mit allen Höhen und Tiefen. An manchen Tagen war ihr nur übel, und sie war schwach und erschöpft, während sie an anderen Tagen ziemlich normal agieren konnte. Sie betrachtete ihre Behandlungen als »einfach noch etwas in meinem Terminkalender« und verwendete nie Ausdrücke wie »mein Krebs« oder »meine letzten Tage«. Sie befolgte alle Anweisungen und Ratschläge ihrer Ärzte, die schulmedizinische Techniken einsetzten, aber sie war nicht bereit, die Krankheit als etwas zu betrachten, was zu ihr gehörte.

Nach drei Jahren zeigte die Chemotherapie keine Wirkung mehr, und man sagte ihr, sie habe noch vier bis sechs Monate zu leben. Nach zwölf Leberbiopsien stellte man eine Leberentzündung bei ihr fest, die aus medizinischer Sicht das Ende ankündigte. Laurie bekam einen Monat lang zweimal täglich medikamentöse Infusionen. Das wird normalerweise in einem Krankenhaus gemacht oder alternativ von einer Krankenschwester, die regelmäßig ins Haus kommt. Doch Laurie hatte Reisepläne gemacht und fragte, ob sie die Behandlung auch selbst durchführen könne. Eine solche Bitte war zwar noch nie an ihren Arzt herangetragen worden, aber er gab ihr die entsprechenden Instruktionen.

»Eines Tages wollten wir ganz früh zu einer Fahrradtour aufbrechen, aber meine Infusion lief noch«, erzählte Laurie. »Ich habe einfach alles zusammengepackt und in meine Bauchtaschen gesteckt. Dann bin ich mit meinem Mann durch eine Schlucht gefahren. Als die Infusion zu Ende war, holte ich am Straßenrand zwei bruchsichere Behälter hervor, zog mein kleines Handtuch, Spritzen und Alkoholtupfer heraus, nahm die Schläuche ab, spülte mit den entsprechenden Medikamenten nach, und weg waren wir. Ich hatte das Gefühl, verantwortungsvoll und vorsichtig zu sein und, was am wichtigsten war, mein Leben zu leben!

Unsere Haltung, unsere Einstellung haben einen unglaublichen Einfluss auf unser Leben. Das Bemerkenswerte ist, dass wir jeden Tag die Wahl haben, mit welcher Einstellung wir diesen Tag angehen. Ich bin überzeugt, dass das Leben zu zehn Prozent das ist, was mir widerfährt, und zu 90 Prozent meine Reaktion darauf. Durch mein ›Überleben‹ habe ich gelernt, dass Zufriedenheit nicht die Erfüllung dessen ist, was man haben will, sondern die Verwirklichung dessen, was man bereits hat.«

Besonders betont sei hier noch einmal Lauries Aussage, dass wir hinsichtlich unserer Einstellung im Leben »die Wahl haben« – ob wir nun mit einer Krebsbehandlung zu kämpfen haben oder nicht. Laurie hatte sich dafür entschieden, zu glauben, dass ihre Krankheit sie nicht in Besitz hat. Sie erfreut sich mittlerweile guter Gesundheit und arbeitet als Motivationstrainerin. Ihre inspirierende Einstellung kann auf jedes Problem und jede Herausforderung angewendet werden, mit der sich jemand konfrontiert sieht.

Auch Anita Moorjani, die ihre Erfahrungen in *Heilung im Licht* beschreibt, musste sich einer Krebsdiagnose stellen. Jahrzehntelang hatte sie befürchtet, den Erwartungen anderer Menschen nicht zu genügen. Sie hatte in der ständigen Angst gelebt, nicht dazuzugehören. Viele der Entscheidungen, die sie während ihres Lebens traf, beruhten auf ihrer Angst, irgendjemanden zu enttäuschen. Nachdem sie erfahren hatte, dass bei ihrer besten Freundin Krebs diagnostiziert worden war und dann auch noch bei ihrem Schwager, informierte sie sich über Krebs und seine vielen Ursachen und Behandlungsformen. Es schien, als könne so gut wie alles krebserregend sein, und aus diesem Wissen entwickelte sich bei ihr eine obsessive Furcht, selbst an Krebs zu erkranken.

Sie fixierte sich darauf, selbst *nicht* an Krebs zu erkranken, und lebte daher sehr gesund, um nur ja mit keinen Lebensmitteln und Substanzen mehr in Berührung zu kommen, die im Verdacht standen, Krebs zu verursachen. Umweltverschmutzung, Mikrowellenherde, Plastikbehälter, Handys – alles schien potenziell krebserregend zu sein. Doch obwohl sie all dies möglichst vermied, wurde irgendwann Lymphdrüsenkrebs bei ihr diagnostiziert. Sie war am Boden zerstört. Ihre Angst vor dem Krebs wurde nun noch verstärkt durch ihre Angst vor der Chemotherapie. Sie hatte deren zerstörerische Nebenwirkungen bei ihrer besten Freundin und ihrem Schwager miterlebt, und Bestrahlungen lehnte sie ebenfalls ab.

Ein paar Jahre lang probierte sie alternative Therapien aus, aber im Februar 2006 wurde sie ins Krankenhaus eingeliefert. Sie lag bereits im Koma, ihre Organe versagten, und sie schien den Kampf zu verlieren. Während die Ärzte ihre Familie darüber informierten, dass sie nur noch Stunden vom Tod entfernt sei, verließ Anitas Bewusstsein ihren Körper und wurde Teil des spirituellen Reichs, wo sie sich mit den Seelen ihres verstorbenen Vaters und ihrer besten Freundin traf. Anita wurde regelrecht überschwemmt mit der Kraft der bedingungslosen Liebe. Sie war frei von irdischen Anhaftungen und sah die Ereignisse in ihrem Leben plötzlich in einem ganz anderen Licht. Nun erkannte sie, dass ihre Krankheit auf einer energetischen Ebene begonnen hatte, lange bevor irgendwelche körperlichen Symptome aufgetreten waren.

Im Prozess der Entscheidungsfindung, ob sie in ihren physischen Körper zurückkehren solle oder nicht, erlangte sie das Wissen, dass, wenn sie entschied, den Sterbeprozess zu vollenden, »alles genau so sein würde, wie es im großen Teppich des Lebens sein sollte«. Wenn sie hingegen in ihren Körper zurückkehren würde, würde sie eine vollständige Heilung erfahren. Sie konnte frei zwischen beiden Alternativen wählen und würde für ihre Entscheidung nicht verurteilt werden. Zunächst hatte sie die Entscheidung getroffen, loszulassen und zu sterben, aber an diesem Punkt wurde ihr eine wichtige Wahrheit klar.

»Damals begriff ich, dass mein Körper nur ein Spiegelbild meines inneren Zustands ist«, erklärte Anita. »Wenn sich mein inneres Selbst seiner Großartigkeit und seiner Verbundenheit mit allem, was ist, bewusst werden würde, würde sich dies schon bald in meinem Körper widerspiegeln, und er würde schnell heilen.«

Nach dreißig Stunden erwachte Anita aus dem Koma. Innerhalb weniger Tage begannen die zitronengroßen Tumoren in ihrem gesamten Lymphsystem zu schrumpfen. Sehr zum Erstaunen ihrer Ärzte waren nach zwei Wochen keinerlei Tumoren mehr da. Sie führten zwar weiterhin Tests durch, um den Krebs zu finden, damit er richtig behandelt werden konnte, aber Anita war sich sicher, dass sie keine Spur mehr davon finden würden. In den Wochen, Monaten und Jahren, die seitdem vergangen sind, ist sie krebsfrei geblieben. Ihre Patientenakte bestätigt ebenso die körperliche Verwüstung, die vor dem Koma stattgefunden hatte, wie ihre vollständige Genesung.

Meine eigene wundersame Genesung wurde unter der Leitung von Dr. Bruce Greyson einer unabhängigen medizinischen Überprüfung unterzogen. In dem Bericht stand Folgendes:

»Drei Ärzte, die nicht mit dem Lynchburg General Hospital in Verbindung stehen, führten eine unabhängige Überprüfung der vollständigen Patientenakte von Dr. Alexanders Krankenhausaufenthalt durch und sprachen mit den beiden beratenden Neurologen des Krankenhauses, um zusätzliche Informationen zu sammeln. Der Akte war zu entnehmen, dass Dr. Alexander nicht ansprechbar war, als er in die Notaufnahme eingeliefert wurde. Es gab Anzeichen einer bakteriellen Infektion, und es wurde festgestellt, dass er eine mittelschwere Gehirnschädigung aufwies, die sich in den folgenden Stunden rasch zu einer schweren Hirnschädigung ausweitete. Hirnscans zeigten, dass die Meningen als auch die Rillen des Cortex cerebri mit einer mit Eiter vermischten Flüssigkeit gefüllt und entsprechend geschwollen waren und Druck auf das kortikale Gewebe ausübten. Die Laboruntersuchung belegte eine bakterielle Infektion des Liquor cerebrospinalis, die auf einen Organismus zurückzuführen ist, der bei Erwachsenen sehr selten eine Meningitis verursacht, die dann fast immer tödlich verläuft oder zu dauerhaften neurologischen Schädigungen führt.

Dennoch erwachte Dr. Alexander nach einem tief greifenden Nahtoderlebnis schließlich aus seinem Koma und erfuhr innerhalb weniger Monate das, was seine überraschten Neurologen als ›vollständige und bemerkenswerte Genesung‹ von einer Krankheit bezeichneten, die, wie sie übereinstimmend meinten, sehr leicht hätte tödlich ausgehen können, und das ohne irgendeine bleibende neurologische Schädigung.«

Anitas Erfahrung hilft mir besser zu erklären, warum ich so vollständig von meiner beinahe tödlich endenden bakteriellen Meningoenzephalitis geheilt wurde. Sie schreibt ihre Genesung der restlosen Beseitigung der Angst zu, die ihr Leben bestimmt hatte. Aus Sicht ihrer höheren Seele war sie weniger ein Wunder als das Ergebnis eines natürlichen Flusses, der nach dem erfolgreichen Erlernen der Lektion des Loslassens aller Ängste zu erwarten war. Auch wenn mir meine eigene Entscheidung, ins Leben zurückzukehren, nicht in der gleichen Weise bewusst war wie Anita, ist sich meine Seele der Kraft und Macht der bedingungslosen Liebe im Zentrum aller Existenz, die für meine Genesung ausschlaggebend war, für immer bewusst.

Da tiefer gehende Fähigkeiten zur allumfassenden Heilung dadurch entstehen, dass wir unserer spirituellen Natur mehr Aufmerksamkeit schenken, rechne ich damit, dass wir künftig häufiger Beispielen für »Wunderheilungen« begegnen, die sich mit den Paradigmen der heute herrschenden Medizin nicht erklären lassen. Dies wird die Gebundenheit an formelle Hirntodkriterien (siehe Kapitel 7) zugunsten einer stärkeren Ausrichtung an der Kraft der spirituellen Gesundheit verschieben. Bemerkenswerterweise kann eine spektakuläre körperliche Heilung durch diese Kraft nicht nur im Zusammenhang mit einer Nahtoderfahrung stattfinden.

In *9 Wege in ein krebsfreies Leben* nennt Dr. Kelly A. Turner neun häufige Faktoren, die mehr als tausend Krebspatienten geholfen haben, eine vollständige Heilung von ihrer Krankheit zu erreichen, aber nicht unbedingt durch eine konventionelle medizinische Behandlung. Diese Fälle werden zwar in der Regel als Anomalien betrachtet, geben aber einen lohnenden Einblick in die Selbstheilungsfähigkeit des Körpers – auch ohne dass ein Nahtoderlebnis stattgefunden hat. Zu den identifizierten Faktoren gehören eine Ernährungsumstellung, die Einnahme von Nahrungsergänzungsmitteln (manchmal in Übereinstimmung mit einer traditionelleren Therapie) und das Übernehmen von Verantwortung für die eigene Gesundheit. Bemerkenswerterweise stehen sechs der neun Faktoren in einem direkten Zusammenhang mit der spirituellen Gesundheit, darunter das Folgen der eigenen Intuition, das Freisetzen unterdrückter Gefühle, die Betonung positiver Emotionen, das Annehmen von Hilfe aus dem eigenen sozialen Umfeld, das Vertiefen spiritueller Bindungen und das Wissen um gute Gründe weiterzuleben. Im Gegensatz zu vielen äußeren Umständen sind dies alles Dinge, die wir direkt umsetzen und steuern können.

Wir sind alle unverwechselbare Individuen, und die jeweiligen Ergebnisse variieren je nach unserer persönlichen Situation und der Lektion, die zu lernen wir uns entschieden haben. Dr. Turner hat herausgefunden, dass nie nur ein offensichtlicher Faktor als entscheidender Auslöser für die Heilung auszumachen war. Es handelte sich immer um eine Kombination dieser Faktoren, die zur Besserung beitrug. Angesichts einer Krankheit mag es verwunderlich erscheinen, dass Faktoren wie »das Vertiefen spiritueller Bindungen« zur Heilung beitragen können, aber solche rätselhaften Dinge sind in der Medizin nicht neu.

Der Placeboeffekt ist die Reaktion auf eine fingierte Behandlung oder eine wirkstofffreie Substanz (etwa eine Traubenzuckertablette), die darauf hindeutet, dass unser Geist die

Fähigkeit hat, Symptome zu lindern oder Krankheiten zu heilen. Das Placebo hat keine physiologische Wirkung. Vielmehr führt der *Glaube* des Patienten, dass er eine wirkungsvolle Substanz oder eine Behandlung bekommen hat, seine Heilung herbei (in manchen Fällen ist es auch der Glaube des Behandelnden an seine Heilmethode). Der Placeboeffekt ist also eines der besten Beispiele dafür, dass der Geist über die Materie siegt.

Placebos werden wahrscheinlich schon seit Jahrtausenden eingesetzt, aber die Diskussion innerhalb der heutigen Medizin darüber begann mit einem 1955 im *Journal of the American Medical Association* veröffentlichten Artikel von Henry Beecher: »The Powerful Placebo«. Beecher war Anästhesist, der im Zweiten Weltkrieg verletzte Soldaten behandelte. Als ihm das Morphium ausging, sagte er den Patienten nichts, sondern injizierte ihnen stattdessen eine Kochsalzlösung. Zu seiner Überraschung sagten 40 Prozent dieser Soldaten, die Spritze habe ihre Schmerzen gelindert. Er las fünfzehn medizinische Artikel durch und schätzte, dass der Placeboeffekt in durchschnittlich 35 Prozent der Fälle eine Rolle spielt. Er war der Ansicht, dass es hier um die »Reaktionskomponente des Leidens« bei Beschwerden ging, für die subjektive Faktoren wichtig sind, etwa Wundschmerz, Angina pectoris, Kopfschmerzen, Übelkeit, Husten, Angstzustände, Verspannungen und durch Medikamente verursachte Stimmungsschwankungen.

Andere meinten, dass die »Wirkung der subjektiven Erwartungshaltung« noch deutlich größer sein könnte. Herbert Benson von der Harvard Medical School ist der Auffassung, dass der Placeboeffekt bei Erkrankungen wie Angina pectoris, Bronchialasthma, Herpes simplex oder Zwölffingerdarmgeschwür in 60 bis 90 Prozent der Fälle zu günstigen klinischen

Befunden führe.[1] Je nach Art der Krankheit oder des Symptoms werde in der Regel angenommen, dass bei 30 bis 35 Prozent der Fälle ein Placeboeffekt wirksam sei. In einigen Situationen könne diese Quote sogar auf 90 Prozent steigen. Dies sind erstaunliche Ergebnisse, die anscheinend von der Macht unseres Geistes, unsere Gesundheit zu beeinflussen, bewirkt wurden.

Seit Beechers erstem Artikel spielt der Placeboeffekt eine wichtige Rolle in der medizinischen Forschung, und zwar wegen der damit verbundenen Schlussfolgerung, dass etwa ein Drittel des Nutzens therapeutischer Maßnahmen auf die Überzeugung des Patienten, dass alles wieder gut wird, zurückzuführen sein könnte und nicht auf die Behandlung selbst. Wenn es um die Wirksamkeit einer bestimmten Substanz geht, müssen Pharmaunternehmen nachweisen, dass das fragliche Medikament wirksamer ist als ein Placebo (eine schwierige Herausforderung für jede therapeutische Maßnahme). Wenn Patienten, die das Placebo bekommen haben, von einer ähnlich positiven Wirkung berichten wie diejenigen, die das zu testende Medikament eingenommen haben, wird dieses als unwirksam betrachtet. Das zeigt, dass der Glaube an Heilung genauso stark sein kann wie das Medikament selbst.

Interessanterweise ist es in den letzten zehn Jahren zunehmend schwieriger geworden, in klinischen Studien statistisch nachzuweisen, dass neu entwickelte Medikamente wirksamer sind als Placebos. Dies hat zu Untersuchungen darüber geführt, wie mächtig unsere Überzeugungen sind.

Jeffrey Mogil, Leiter des Schmerzgenetik-Labors an der McGill University in Montreal, war im Oktober 2015 Forschungsleiter einer Metaanalyse von 84 klinischen Arzneimittelstudien, die zwischen 1990 und 2013 durchgeführt worden waren. Es ging um die Behandlung bestimmter chronischer

Schmerzen. Die Ergebnisse waren überraschend. Im Jahr 1996 übertraf die Wirkung des getesteten Medikaments das Ergebnis der Placebo-Kontrollgruppe um 27 Prozent, aber bis 2013 betrug dieser Unterschied nur noch neun Prozent – die Steigerung der Wirksamkeit der Placebos betrug also 18 Prozent.

Es gibt viele Spekulationen darüber, warum dies so war, und die Autoren haben mehrere Muster identifiziert. Dieser Effekt trat nur in den Vereinigten Staaten auf und findet sich häufiger in Studien, die länger dauerten und an denen mehr Probanden teilnahmen. Die Ergebnisse einer größeren Studie sollten üblicherweise zuverlässiger sein als die einer Studie, die mit einer kleineren Gruppe von Probanden durchgeführt wurde. Mogil mutmaßt jedoch, dass eine größere Studie vielleicht zur Erwartungshaltung der Probanden beiträgt und ihren Glauben an das eingenommene Medikament verstärkt. Manche haben darauf hingewiesen, dass die allgemeine Verbreitung von Fernseh- und Zeitschriftenwerbung für Medikamente (die in den USA seit 1997 und auch in Neuseeland erlaubt ist) eine Rolle bei dem sich immer weiter verbreitenden Glauben an die Heilkraft von Medikamenten gespielt haben.

Wie auch immer: Diese Ergebnisse deuten darauf hin, dass etwas Faszinierendes im Spiel ist. Angesichts der unerwünschten Nebenwirkungen, die allopathische Medikamente manchmal haben, wären unsere Forschungsgelder deshalb vielleicht besser ausgegeben, wenn sie dafür verwendet werden würden, die möglichen therapeutischen Effekte anderer Behandlungsmöglichkeiten auszuloten, die die Macht unseres Geistes nutzen. Unser Geist scheint eine beachtliche Fähigkeit zu besitzen, unsere Gesundheit zu beeinflussen. Sich unserer persönlichen und gesellschaftlichen Überzeugungen mehr bewusst zu werden, ist also ein guter erster Schritt, um zu lernen, wie wir dieses Phänomen zu unserem Vorteil einsetzen können.

In der westlichen Gesellschaft ist man allgemein der Ansicht, dass unser Erbgut darüber bestimmt, wie wahrscheinlich wir bestimmte gesundheitliche Probleme bekommen. Nach der Entdeckung der DNA und ihrer Eigenschaften wurde es ab der Mitte des 20. Jahrhunderts üblich, zu erwarten, dass jemand, dessen Vater oder Mutter Diabetes hatte, wahrscheinlich auch Diabetes bekam, weil die genetische Veranlagung zu einer solchen Krankheit von den Eltern an die Kinder vererbt wird.

Wie sich allmählich herausstellt, ist dies eine voreilige Annahme gewesen. Die DNA ist so komplex, dass, wenn man die DNA-Information, die in einer Zelle des menschlichen Körpers enthalten ist, einzeilig und in einer 12-Punkt-Schrift ausdrucken und ein Buch daraus machen würde, dieses Buch mindestens halb so dick wäre wie das Washington Monument hoch ist (76 m). Eine wichtige Frage, die sich Wissenschaftler in den 1940er-Jahren stellten, lautete: Wie ist es möglich, so viele Informationen in eine Zelle zu packen, wenn man nur eine winzige Menge an Zuckermolekülen hat, die aneinandergereiht werden, um die DNA zu bilden. Alle waren erstaunt, als James Watson und Francis Crick, aufbauend auf den bahnbrechenden Forschungsergebnissen von Rosalind Franklin, die Watson und Crick ohne Franklins Wissen in ihre Arbeit einfließen ließen, 1953 die Doppelhelix-Struktur der DNA entdeckten. Jetzt wurde deutlich, wie es möglich war, so viel Information in einem so winzigen Volumen unterzubringen. Nach dieser Offenbarung wurde allgemein angenommen, wir seien nun auf dem direkten Weg zu der Entdeckung, wie die gesamte Vererbung funktioniert.

Nachfolgende Forschungen ermöglichten eine vollständige DNA-Sequenzierung, wodurch es viel einfacher wurde, spezifische Gene und Mutationen zu lokalisieren und mit einer bestimmten Krankheit in Verbindung zu bringen. In den

1970er- und 1980er-Jahren erkannten Forscher jedoch, dass über 98 Prozent der DNA nicht ganz so einfach funktionieren wie angenommen. Daher wurden sie zunächst als »Junk-DNA« bezeichnet. In Anbetracht der Komplexität des menschlichen Körpers gingen Wissenschaftler anfangs davon aus, dass man 100.000 einzelne Gene brauche, um die Humangenetik vollständig zu erklären. Es war ein Schock und eine Enttäuschung für sie, als weitere Untersuchungen ergaben, dass das menschliche Genom aus nur 20.000 Protein codierenden Genen besteht, ähnlich viele wie bei viel einfacheren Organismen wie den Fruchtfliegen oder den Fadenwürmern.

Die moderne Wissenschaft hat den Menschen lange Zeit als biologische Maschine betrachtet, deren Funktionsweisen berechenbar sind und größtenteils von ihrer DNA bestimmt werden. Die jüngste Forschung widerlegt solche vereinfachenden Sichtweisen jedoch, wie etwa in dem Buch *Supergene* von Dr. Rudolph Tanzi und Dr. Deepak Chopra gut beschrieben wird. Tanzi ist Professor für Neurologie an der Harvard Medical School mit Schwerpunkt Genetik und Alterungsforschung und hat richtungsweisende Alzheimerstudien geleitet. Die DNA-Forschung vollzog eine erstaunliche Kehrtwende mit der Feststellung, dass nur fünf Prozent der Genmutationen, von denen man annimmt, dass sie eine bestimmte Krankheit auslösen, tatsächlich zur Manifestation dieser Krankheit führen. In den anderen 95 Prozent der Fälle, in denen die Genmutation zu der Krankheit hätte führen können, war dies aufgrund von Umwelt- und Verhaltenseinflüssen nicht der Fall. Es hat sich herausgestellt, dass wir unsere DNA tatsächlich verändern können, indem wir unsere Gedanken, unsere Überzeugungen und unser Verhalten ändern – wir sind also nicht unbedingt Sklaven unserer Gene. Das steht im krassen Gegensatz zu der naturwissenschaftlichen Sichtweise, die mir an der medizinischen

Fakultät vermittelt wurde. Wenn diese Tatsache in der klinischen Praxis vollständig akzeptiert und in der Behandlung berücksichtigt wird, kann dies dazu führen, dass wir unseren gesamten Ansatz in der medizinischen Versorgung revidieren müssen.

Unsere grundlegenden Überzeugungen haben offenbar mehr Einfluss, als uns klar ist. Sie beeinflussen gesellschaftliche Ansätze der medizinischen Behandlung, der Bildung, der Sozialpolitik etc. Glaubenssysteme können mit einer bestimmten Religion, Kultur oder spirituellen Tradition verbunden sein oder auch damit, dass man nicht religiös (Atheist oder Agnostiker) ist oder szientistisch, also blind daran glaubt, dass man allein mit wissenschaftlichen Methoden zur Wahrheit gelangen kann, und alle anderen Wissenskanäle ausschließt.

Einige Traditionen folgen eher starren Regeln und Dogmen, andere sind offener. Manche von uns akzeptieren bereitwillig ein gegebenes Glaubenssystem in seiner Gesamtheit, während andere nur bestimmte Elemente übernehmen oder sich ihre Lehren selbst zusammenstellen. Einige gesellschaftliche Überzeugungen werden auch von bestimmten wissenschaftlichen Kreisen übernommen, etwa: »Die Wahrscheinlichkeit, dass Sie Diabetes bekommen, wenn es in Ihrer Familie Diabetes gibt oder gab, ist hoch.« Unsere Entscheidungen und unser Verhalten und damit unser Leben werden von solchen Überzeugungen beeinflusst, ob sie nun wahr sind oder nicht. Wenn man das Wesen von einer Angelegenheit erkennen will, hilft es, einen Schritt zurückzutreten und die eigenen Annahmen infrage zu stellen, um das Gesamtbild sehen zu können – wieder bei Null anzufangen, wie ich es getan habe, als ich mein früheres wissenschaftliches Glaubenssystem auseinandernahm. Nach meinem Koma habe ich erkannt, dass man mit wissenschaftlichen Methoden zwar gewisse Fakten über die Welt beweisen kann, dass man aber viel Wissen über die Wirklichkeit außerhalb des einfachen Konstrukts solcher Methoden beziehen muss. Beispielsweise können wissenschaftliche Studien über die Rolle des Gebets in der Heilung durch den experimentellen Aufbau so verzerrt werden, dass die experimentelle Praxis überhaupt keine Ähnlichkeit mehr mit der natürlichen Praxis in der realen Welt hat. Der Kult um den Materialismus wird da zu einer ganz eigenen Falle. Ich betrachte den Materialismus mittlerweile als eine gescheiterte Weltanschauung, besonders wenn es um das Thema Bewusstsein und die Gehirn-Geist-Diskussion geht.

Besonders als Kind ist keiner von uns gegen die wohlmeinende Macht von Eltern, Lehrern und anderen Autoritätspersonen immun, die uns einschränkende Glaubenssätze einflößen wie »Frauen können keine Mathematik.« oder »Du wirst es nie zu etwas bringen, wenn du nicht aufs College gehst.«. Natürlich haben einige übernommene Überzeugungen auch einen positiven Einfluss, etwa »Man muss nett zu anderen sein.«. Aber unsere Überzeugungen können sowohl unsere Gesundheit als auch alle anderen Bereiche unseres Lebens stark beeinflussen, und viele Überzeugungen haben ihren Ursprung in falschen Annahmen, unbewussten Denkmustern und negativen inneren Stimmen.

Es ist an jedem von uns herauszufinden, woher die eigenen Überzeugungen kommen und wie sie uns beeinflussen. In manchen Fällen geht es um die Entscheidung, sie zu ändern, nachdem wir sie auf ihre Wahrhaftigkeit und ihre Anwendbarkeit auf unser Leben hin überprüft haben. Unsere Überzeugungen sind nicht immer offensichtlich. Sie vollständig aufzudecken, kann eine echte Herausforderung darstellen. Einschränkende Überzeugungen etwa können so tief verwurzelt sein, dass sie wie Tatsachen wirken, an denen sich nichts ändern lässt. Deshalb ist es auch nützlich, die Fähigkeit zu entwickeln, den neutralen inneren Beobachter zu spüren. Eine ausgezeichnete Aufgabe für Ihren inneren Beobachter ist es beispielsweise, genau auf die Sprache zu achten, die Sie regelmäßig benutzen. Dies kann geschehen, wenn Sie gerade über etwas nachdenken oder meditieren oder mit anderen kommunizieren.

Achten Sie auf Sätze, die Sie häufig verwenden und die Ihre einschränkenden Überzeugungen unterstützen, egal, ob Sie sie laut aussprechen oder still in Ihrem Kopf abspulen, etwa »Ich bin nicht klug genug.«, »Niemand sonst kann das machen.« oder »Mein Chef macht mir das Leben zur Hölle.«. Betrachten Sie jeden dieser Sätze aus einem neutralen Blickwinkel, und fragen Sie sich, ob es sich dabei um eine Tatsache oder eher um eine Vermutung handelt. Wenn Sie denken, dass es eine Tatsache ist, dann fragen Sie sich, ob andere Ihnen bei dem betreffenden Satz uneingeschränkt zustimmen würden. Oder handelt es sich vielleicht doch eher um eine Vermutung? Wenn es eine Vermutung und keine Tatsache ist, sind Sie einer Überzeugung auf die Spur gekommen. Schränkt diese Überzeugung Sie möglicherweise ein und verhindert, dass Sie Ihre Ziele erreichen?

Es kann zwar schwierig sein, grundlegende Überzeugungen zu ändern, aber sich mit ihnen auseinanderzusetzen, kann ein wichtiger Hebel für bedeutende Veränderungen im eigenen Leben sein – und der Aufwand lohnt sich. Sich vorzustellen, welchen Einfluss eine andere Überzeugung auf das eigene Leben haben könnte, kann sehr nützlich sein. Stellen Sie sich vor, wie Sie sich mit dieser neuen Sichtweise durch Ihr Leben bewegen würden und wie sich dies auf verschiedene Situationen auswirken könnte. Ersetzen Sie Ihre Überzeugungen durch neue, als würden Sie neue Kleidung anprobieren, um zu schauen, wie sie zu Ihnen passt. Achten Sie auch darauf, wie Sie sich fühlen, wenn Sie die neue Bekleidung (Überzeugung) tragen. Entscheiden Sie ganz bewusst, ob Sie Ihre Überzeugungen ändern möchten, und bekennen Sie sich zu Ihrer Entscheidung.

Karen war es gewohnt, neue Fähigkeiten relativ leicht zu erlernen, doch wie bereits erwähnt, hatte sie mit dem Meditieren anfangs einige Schwierigkeiten und nahm an, sie gehöre eben zu jenen Personen, deren Geist so aktiv ist, dass er nicht gezähmt werden kann. »Ich bin einfach nicht in der Lage, zu meditieren«, dachte sie. Aber als sie mehr über beschränkende Überzeugungen erfuhr, wurde ihr klar, dass dieser Gedanke sie behinderte. Wie ich hatte sie einen Kurs in Silva Mind Control gemacht und dabei eine Technik erlernt, mit der man unerwünschte Gedanken unterbrechen kann, indem man mehrmals das Wort »canceln« sagt, wenn sie auftreten. Sie gewöhnte sich an, darauf zu achten, wann einschränkende oder unerwünschte Gedanken aufkamen, und wenn dies geschah, dachte sie bewusst mehrmals »canceln – canceln« und korrigierte ihre inneren Sätze dann in »Ich bin durchaus in der Lage zu meditieren.«. Im Laufe mehrerer Monate verbesserte sich ihre Meditationsfähigkeit. Diese oder eine ähnliche Methode kann auf alle Arten von Überzeugungen angewendet werden.

Dr. Lissa Rankin interessiert sich besonders dafür, wie Überzeugungen die persönliche Gesundheit beeinflussen, und hat es sich zur Aufgabe gemacht, die entsprechenden Mechanismen aufzuzeigen. In *Mind over Medicine. Warum Gedanken oft stärker sind als Medizin* beschreibt sie die Ergebnisse von Studien zum Placeboeffekt, die zeigen, dass eine ganze Reihe von Beschwerden auf Scheinbehandlungen ansprach, etwa Asthma, Depressionen, Unfruchtbarkeit, Kolitis, Kopfschmerzen, Geschwüre, Bluthochdruck, Warzen und mehr. Gleichzeitig wird

Patienten oft gesagt, dass sie nur noch Monate zu leben hätten, und es gibt Fälle, in denen Menschen genau zum vorhergesagten Zeitpunkt gestorben sind, aber eine Autopsie keinerlei Anzeichen für die diagnostizierte Erkrankung ergeben hat.

Aufgrund der Erfahrungen mit ihren Patienten führt Rankin erfolgreiche Heilungen auf eine Entspannungsreaktion zurück, eine Verminderung von Stress, die das parasympathische Nervensystem aktiviert, das die Selbstheilungskraft des Körpers fördert. Diese Entspannungsreaktion wird durch viele Faktoren unterstützt, etwa eine fürsorgliche Pflege, eine Work-Life-Balance, positive Emotionen, spirituelle Verbindungen, die Unterstützung durch die Gemeinschaft, Beziehungen, kreative Ausdrucksmöglichkeiten und finanzielle Sicherheit. Es hat sich gezeigt, dass allein die Angewohnheit, regelmäßig zu meditieren, wesentlich zur allgemeinen Entspannung und Stressreduzierung beiträgt. Die genaue Herangehensweise ist für jede Person anders, aber für alle gilt, dass der Glaube der erste von sechs Schritten zur Heilung ist – die Überzeugung, dass Heilung möglich ist. Rankin weist darauf hin, dass der Glaube die jeder Behandlung zugrunde liegende Kraft ist, und behauptet mutig, dass letztendlich möglicherweise alle Heilung dem Bewusstsein zugeschrieben werden kann, ob sie nun vordergründig durch die konventionelle westliche Medizin oder durch alternative Methoden zustande kommt.

Als Ärztin stellt Rankin ihren Patienten sehr genaue Fragen, etwa, was sie an ihrem Leben schätzen, ob sie ihre Arbeit erfüllend finden, ob sie ihre Lebensaufgabe gefunden haben und ob es ihnen finanziell gutgeht. Die Antworten geben oft Einsichten, die Laborwerte nicht liefern können. Wenn Rankin fragt, was in ihrem Leben fehlt, haben viele Patienten lange Listen oder fangen einfach an zu weinen. Sie war bestürzt, was sie zu hören bekam, als sie zu fragen begann: »Was braucht Ihr

Körper, um zu heilen?« Darauf bekam sie Antworten wie »Ich bin so einsam. Ich muss mehr Freunde finden.«, »Ich muss meine Stelle kündigen.«, »Ich muss mir selbst vergeben.« oder »Ich muss jeden Tag meditieren.«.

Viele Patienten waren nicht bereit, die Lösung solcher Probleme in Angriff zu nehmen, aber diejenigen, die ihrer Intuition vertrauten und radikale Veränderungen vornahmen, wurden oft mit erstaunlichen Ergebnissen belohnt, welche die Medizin allein nie bewerkstelligt hätte. Sobald Ihnen bewusst wird, dass Sie kein Opfer der Umstände sind und Ihr Verhalten, Ihre Lebenssituation oder Ihre Perspektive möglicherweise die Ursache eines Problems ist, können Sie sich auf positive Veränderungen in Ihrem Leben konzentrieren. Rankin ermutigt all ihre Patienten, eine eigene Therapie für ihre Gesundheit zu entwickeln, indem sie die ideale Kombination aus einer Veränderung der Lebensweise, Behandlungen und nützlichen Gewohnheiten finden, die die erwünschten Ergebnisse bringt.

Stacie Williams, eine Leserin, schaffte genau das. In ihren Zwanzigern und Dreißigern hatte sie eine Eintrübung ihrer kognitive Fähigkeiten erlebt und unter Vergesslichkeit, Verständnisschwierigkeiten mündlich und schriftlich übermittelter Texte, Wortfindungsstörungen, Ängsten, Depressionen, Konzentrationsproblemen, Tinnitus, Muskelschwäche in den Extremitäten und einer nachlassenden Sehkraft gelitten. Zur Behandlung ihrer Depressionen und Angstzustände hatte sie sowohl Einzel- als auch Gruppentherapien ausprobiert und zusätzlich unterschiedliche Medikamente auch gegen ihre Aufmerksamkeitsdefizite eingenommen – ohne sonderlichen Erfolg.

Stacie war eine eifrige Leserin, wenn sie sich ausreichend darauf konzentrieren konnte. Am liebsten las sie Mystery- und Liebesromane. Aber als sie eines Tages einen Buchladen durchforstete, bemerkte sie ein vom Personal empfohlenes Buch *Jetzt! Die Kraft der Gegenwart* von Eckhart Tolle. Sie war ein wenig nervös, als sie es kaufte, weil es so vollkommen anders war als alles, was sie jemals zuvor gelesen oder worüber sie jemals zuvor nachgedacht hatte, denn sie war nicht erpicht darauf, neue Dinge außerhalb ihrer Komfortzone auszuprobieren. Aber etwas daran sprach sie an, und deshalb wagte sie den Sprung.

Tolles Worte ließen etwas in ihr anklingen, denn er beschrieb eine Essenz des Seins, eine Präsenz, die sich nicht unbedingt in der Persönlichkeit und im Ego zeigt. Tolle definiert das Ego als »falsches Selbst«, das sich, während wir aufwachsen, durch Konditionierung zu einem mentalen Bild dessen entwickelt, was wir zu sein glauben. Er unterschied zwischen der Anwesenheit des objektiven Beobachters und der Fähigkeit, hinter oder unter den Schmerz und das Ego zu schauen, um zu sehen, was wirklich da ist und wer man wirklich ist. Stacie hatte ihr Aha-Erlebnis, als sie las, man solle sich daran erinnern, wie man als Kind sei, weil Kinder von Natur aus nicht das in der Regel bei Erwachsenen vorhandene Ego hätten.

Unterdessen verschlechterte sich ihr Zustand. Sie schlief jetzt zwölf bis sechzehn Stunden am Tag und litt an chronischer Müdigkeit, und es bestand der Verdacht auf eine Fibromyalgie. Die meiste Zeit tat ihr alles weh. Außerdem hatte sie Panikattacken und schreckliche Darmschmerzen. Die Ärzte konnten keine Ursache finden und glaubten, es handle sich um eine Autoimmunerkrankung. Aber trotz unterschiedlicher Tests und Untersuchungen durch diverse Ärzte konnte nichts gefunden werden. Man erklärte ihr, außer einer gewissen Linderung ihrer Symptome habe ihr die Medizin nach dem derzeitigen Stand der Forschung nichts zu bieten.

Sie erinnerte sich an Tolles Buch und an die unschuldige Freude und Seligkeit, die sie in ihrer Kindheit erlebt hatte. Es war ein Zustand, in dem sie frei war, ohne Pflichten, ohne all den Stress und Schmerz. Sie wusste, dass es irgendeine Möglichkeit für sie gab, zu diesem Gefühl zurückkehren zu können, und war motiviert, sich mit metaphysischen Themen zu beschäftigen und es mit der Meditation zu probieren. Sie suchte nach verschiedenen Angeboten in ihrer Chicagoer Wohngegend, nach Vorträgen, Meditationsgruppen, Yoga und alternativen Therapien. Meditieren erwies sich für sie als sehr wertvoll, obwohl es ihr am Anfang schwer fiel. Viele Male fragte sie sich: »Ob ich wohl jemals einen Durchbruch erzielen werde?« Aber ihre Beharrlichkeit zahlte sich aus.

Die häufig empfohlene Übung, den eigenen Atem zu beobachten (eine Schulung der Achtsamkeit), fand Stacie besonders dann nützlich, wenn sie sich schwer konzentrieren konnte. Sie achtete auf die Pausen zwischen dem Einatmen und dem Ausatmen, wie sie es bei Tolle gelesen hatte. In Gesprächen achtete sie auf die Stille zwischen den Worten, die sie hörte, um eher die Essenz der Botschaft zu erspüren, als sich auf die Inhalte der gesprochenen Worte zu konzentrieren. Dies schien ihr besonders bei ihren verbalen Verständnisschwierigkeiten zu helfen.

»Es ist beruhigend, in die Tiefe zu gehen und die Essenz wirklich zu erkennen und zu fühlen, selbst wenn man sie im Außen nicht finden kann. Man taucht sozusagen unter dem ganzen Schmerz durch und spürt diese Essenz. Das ist das große Geschenk«, erklärte Stacie.

In Absprache mit ihrem Arzt beschloss Stacie, alle Medikamente abzusetzen und einen ganzheitlichen, metaphysischen Weg einzuschlagen mit Yoga, Meditation, Gebet und der Einhaltung eines konsequenten Zeitplans. Heute verfügt sie wieder über normale kognitive Fähigkeiten. Sie arbeitet in Vollzeit, konnte die meisten ihrer Symptome beseitigen oder lindern und kann nun wieder relativ leicht mit anderen Menschen in Kontakt kommen.

»Dass ich mich sprachlich besser und klarer ausdrücken kann, hat sich als sehr hilfreich für den Aufbau eines Freundeskreises erwiesen«, erklärt Stacie. »Es gab Zeiten, in denen ich wirklich allein sein musste, ganz für mich. Aber Freundschaften sind für jeden sehr wichtig, denn sie helfen, unsere positiven Qualitäten und Eigenschaften zu spiegeln. Ohne sie sehen wir die Dinge oft nicht im rechten Licht. Freunde und Menschen, denen wir wirklich vertrauen, können uns helfen und uns führen – so wie wir sie. Ohne sie tappt man manchmal im Dunkeln, und das ist hart.«

Das Entwickeln eines besseren Gefühls für unsere spirituelle Natur, die Konzentration auf unsere Verbundenheit mit anderen und ein weiteres Bewusstsein für die Schönheit unserer Existenz sind alles Aspekte, die unsere Gesundheit fördern und die wir nicht ignorieren sollten. Als Arzt bin ich zu der Einsicht gelangt, dass eine wahre Gesundheit nicht nur die physischen, mentalen und emotionalen Bereiche umfasst, sondern vor allem auch die spirituellen. Das gilt für den einzelnen Menschen ebenso wie für Familien, Seelengruppen, Ethnien, Nationen und die gesamte Menschheit – ja, für alles Leben auf der Erde. Die umfassende Gesundheit jedes Systems erfordert die Anerkennung der spirituellen Aspekte unserer Existenz und unserer individuellen Fähigkeit, für unsere Gesundheit zu sorgen. Am wichtigsten dabei ist das Wissen um die heilende Kraft der bedingungslosen Liebe, dieser unendlichen Kraft, die auf allen Ebenen heilen kann.

Kapitel 16

Aufblühen im Zentrum des Bewusstseins

Meine Religion besteht in meiner demütigen Bewunderung einer unbegrenzten geistigen Macht, die sich selbst in den kleinsten Dingen zeigt, die wir mit unserem gebrechlichen und schwachen Verstand erfassen können.

Albert Einstein (1879–1955), Nobelpreisträger für Physik (1921)

Täuschen Sie sich nicht – die bevorstehende Revolution des menschlichen Denkens, um die es in diesem Buch geht, ist bereits in vollem Gange. Unsere heutige Welt und mit ihr die Wissenschaft befinden sich mitten in einem Paradigmenwechsel, der vom materialistischen Denkmodell zur Entdeckung der wahren Bedeutung und Bestimmung unseres Lebens führt. Wie die Physiker John Wheeler und Carl Friedrich von Weizsäcker festgestellt haben, ist reine Information der Kern aller Realität. Das wird innerhalb der Physik allgemein akzeptiert. Natürlich glaubten jene Physiker, die behaupteten, reine Information sei zugleich der Kern alles Bestehenden, dass dieser reinen Information keine »Haltung« oder »Persönlichkeit«

innewohne und sie weder wohlwollend noch böswillig wirke, sondern einfach ein allgegenwärtiges, neutrales Informationsfeld sei.

Albert Einstein hat sich eingehend mit dem Wesen dieser reinen Information befasst. Gegen Ende seines Lebens fragte ihn ein Interviewer, ob es eine Frage gebe, auf die er gern eine Antwort hätte. Einstein zögerte keinen Moment mit seiner Antwort: Er wolle wissen, ob die Kraft am Ursprung des Universums eine wohlwollende sei oder indifferent (vermutlich die vorherrschende Meinung unter den herkömmlichen Wissenschaftlern) oder möglicherweise sogar böswillig. Einstein gab nicht vor, die Antwort zu wissen, aber er spürte, dass dies *die* wichtigste Frage für die gesamte Menschheit war.

Basierend auf den Tausenden von Berichten von Menschen, die durch Nahtoderlebnisse und andere mystische Erfahrungen einen vollständigeren Einblick in die Funktionsweise der Realität bekommen haben, scheint die Information, die unserem Universum zugrunde liegt, aus tiefer, bedingungsloser Liebe zu bestehen. Diejenigen, die am Rande des Abgrunds gestanden und hinübergeschaut haben und deren emotionaler Zustand eins mit der unendlichen Liebe war, werden diese Erfahrung niemals vergessen. Sie sind für immer verändert. Sie wissen, dass sie eins mit dem Universum sind. Ich habe diese eindringliche Liebe nicht nur während meiner Nahtoderfahrung erlebt, sondern auch immer wieder, wenn ich nach innen ging.

Das Spüren der unendlichen Liebe des Universums erzeugt die Erkenntnis, dass das bewusste Gewahrsein die dem Kern aller Existenz innewohnende Kraft ist. Ein solches Einssein, die völlige Auflösung des Ichgefühls und die absolute Identität mit allem Leben und dem Ursprung von allem, was ist, das ist der Weg zur Wahrheit. Darin bestand auch die wichtigste

Lektion meiner Reise – in der Erkenntnis, dass diese bedingungslose Liebe das eigentliche Gewebe des Geistigen ist, aus dem die Gesamtheit der Wirklichkeit hervorgeht.

Jede Diskussion über das Wesen der Wirklichkeit, den möglichen Sinn und Zweck der Menschheit und die Bedeutung unserer Existenz bekommt mehr Gehalt, wenn wir die unglaubliche Macht dieser bedingungslosen Liebe und ihrer unendlichen Heilungskraft anerkennen. Die verbindende Kraft der Liebe, von der die überwiegende Mehrheit derer, die sich im Laufe der Jahrtausende auf die spirituelle Reise begeben haben, berichtet, erinnert an das Konzept des »Äthers«. Dabei handelt es sich um eine Substanz, von der Wissenschaftler im späten 19. Jahrhundert vermuteten, sie diene möglicherweise als Medium, in dem die das gesamte Universum durchdringenden Lichtwellen reisen. Licht verbindet unser Universum mit sich selbst und durchdringt jedes einzelne Teilchen des Universums über alle Zeiten hinweg.

Im Jahr 1887 führten Albert Michelson und Edward Morley ein Experiment zur Erforschung des Äthers durch. Sie konnten beweisen, dass der Äther in der angenommenen Form (als klassisches Element wie Luft oder Wasser) nicht existiert. Doch jüngste Forschungsergebnisse der Physik zeigen, dass der Äther dem entspricht, was die meisten heutigen Physiker unter Vakuumenergie verstehen, jener erstaunlich kraftvollen Energiequelle, welche die Quantenphysik im Gewebe der Raumzeit entdeckt hat. Die Vakuumenergie ist eine potenziell unerschöpfliche Energiequelle, die unsere Gesellschaft revolutionieren könnte, wenn wir nur einen Weg finden könnten, sie uns hier auf der Erde nutzbar zu machen. Äther als Konzept ist inzwischen in der Physik wieder aufgetaucht, aber es ist ein relativistischer Äther, der vollständig mit der Relativitätstheorie kompatibel ist. Dieser Äther, den viele als die bindende

Kraft unseres Universums definieren würden, ist der unendlichen Bindungskraft der Liebe sehr ähnlich.

Wir können diese Kraft des Universums in einem erweiterten Bewusstseinszustand spüren, in den wir manchmal geraten, wenn wir draußen in der Natur sind. Auf einer Reise nach Oregon hatten Karen und ich ein wenig ungeplante Freizeit, als es keine Eintrittskarten mehr für eine Veranstaltung gab, an der wir hatten teilnehmen wollen. »Lass uns zum Strand fahren!«, schlug Karen mit einnehmendem Lächeln und einem Augenzwinkern vor.

Ich brauchte ein paar Minuten, um das Umschwenken ihrer Aufmerksamkeit nachzuvollziehen, aber die scheinbare Niederlage war in Karens Augen eine willkommene Gelegenheit, die sie jahrzehntelang nicht gehabt hatte. Die Küste von Oregon war nur eine 90-minütige Autofahrt auf dem Highway 26 von Portland entfernt, wo Karen ihren Bachelor am Lewis & Clark College gemacht hatte.

Es war ein warmer, schöner Tag im Mai, wie ich es im angeblich stets regnerischen und bewölkten pazifischen Nordwesten während mehrerer Reisen dorthin immer wieder erlebt hatte. Karen war sehr darauf aus, den regenfreien Tag zu nutzen, und mir wurde schnell klar, dass dies ein Abenteuer war, das man nicht verpassen sollte. Nach einem gemütlichen Spaziergang entlang des windigen und unberührten Sandes von Cannon Beach, wo wir Muscheln und Steine sammelten, wollte Karen das Camp der Kirche besuchen, in dem sie in ihrer Jugend regelmäßig gewesen war. Wir fuhren auf dem Highway 101 nach Süden, und sie versuchte, sich an den genauen Standort zu erinnern.

»Wir müssten kurz vor der Einfahrt einen See auf der linken Seite sehen. Das war immer mein Orientierungspunkt, und jetzt bin ich mir nicht sicher, wo ich abbiegen soll«, dachte Karen laut. Instinktiv bog sie plötzlich nach rechts ab.

»O mein Gott, das ist es!«, rief sie begeistert und zeigte auf das Schild über uns, auf dem »Camp Magruder« stand. Wir gingen zu Fuß über die Campingplätze, und Karen stellte einige Veränderungen fest, freute sich aber auch zu sehen, dass vieles noch immer so war wie früher.

»Die Pfarrer haben uns immer geraten, allein in den Wald zu gehen, um mit Gott zu sprechen«, erinnerte sich Karen. »Ich verstand nie wirklich, was das bedeuten sollte. Ich erwartete, dass Gott als leuchtendes Licht erscheinen oder ich eine Stimme hören würde, doch das passierte nie. Aber ich war sehr gern allein draußen in der Natur mit den Bäumen und Farnen, dem Wind, den Insekten, den Meereswellen und dem Treibholz – alles war so lebendig! Mir wurde klar, dass ich die Energie in jedem Lebewesen spüren und mit ihr verschmelzen konnte. Ich kommunizierte mit der Natur, nicht mit Gott.«

Wir stießen auf einen Wanderweg in Strandnähe, an dem Informationsschilder aufgestellt waren. Karen wusste zwar nicht, ob diese Schilder schon damals, als sie hier gecampt hatte, da gestanden hatten, aber eines davon war eine deutliche Erinnerung an einen wichtigen Einfluss auf ihre Weltanschauung.

»Wir können wichtige Lektionen von der Natur lernen. Die Natur ist ein Ausdruck Gottes oder, wenn dir das lieber ist, der schöpferischen Kraft und Intelligenz im Universum. Da wir von derselben Macht erschaffen wurden wie die Natur, können wir die Natur als Spiegel nutzen und uns selbst darin erkennen«, stand darauf.

Rückblickend meinte Karen: »Ich weiß nicht, ob es Gott war oder die Natur, aber spielt es überhaupt eine Rolle, wie man es nennt?«

Als wir nach Portland zurückfuhren, diesmal auf dem Highway 6, von dem aus wir den Tillamook State Forest bewundern konnten, dachten wir darüber nach, was für eine tiefe

Quelle der Inspiration solche Naturwunder oft sind. Die Natur gibt uns allen die Möglichkeit, uns nicht nur mit der Schönheit unseres Planeten, sondern auch mit der gewaltigen Energie dahinter zu verbinden.

Das Gefühl, mit einer Quelle der Energie verbunden zu sein, die stärker ist als wir, kann sehr tröstlich sein, besonders für diejenigen, deren Seele jenseits unserer irdischen Konsens-Realität unterwegs ist (etwa im tiefen Koma oder aufgrund einer spirituell transformierenden Erfahrung). Diese Beobachtung wird seit Jahrtausenden durch Visionen von Propheten und Mystikern unterstützt, die den Filter des Gehirns überwunden haben und in engen Kontakt mit dieser Energie gekommen sind.

Unser Vorstellungen von einer liebenden, gnädigen und mitfühlenden Macht, die im Universum am Werk ist (ob in den abrahamitischen Glaubensrichtungen Judentum, Christentum und Islam oder in anderen Traditionen wie Zarathustrismus, Shintoismus, Hinduismus oder Buddhismus) haben ihren Ursprung in menschlichen Begegnungen mit dem spirituellen Reich. Die meisten Überlieferungen gehen auf einzelne Menschen zurück, denen die tiefe Verbindung mit dem Universum auf besondere Weise offenbar wurde. Im Wesentlichen ist dies die grundlegendste Definition von Spiritualität: eine Verbindung zum Universum, die es uns ermöglicht, wesentliche Aspekte davon zu spüren und Einfluss auf das Erreichen unserer Ziele und die Erfüllung unserer Wünsche zu haben. Diese Verbindung legt nahe, dass es letztlich von unser aller Güte und Mitgefühl abhängt, ob es in unserer Welt zu Konflikten kommt oder nicht.

Wenn Sie Glück haben, begegnen Sie vielleicht eines Tages einer Person, die eine Verkörperung dieser spirituellen Energie zu sein scheint. Wir hatten dieses Glück im Jahr 2014, als wir bei unserem Freund Chuck Blitz auf Maui, Hawaii, zu Gast waren. Es war uns eine Ehre, Zeit mit Ram Dass (früher Richard Alpert) zu verbringen, der in den 1960er-Jahren an der Harvard University halluzinogene Substanzen erforscht hatte. Nachdem er aufgrund von Kontroversen von seiner Position in Harvard freigestellt worden war, verbrachte er längere Zeit in Indien und beschäftigte sich intensiv mit verschiedenen Meditationspraktiken. Er wollte eine große Vielfalt an spirituellen Methoden und Techniken (bei denen keine Drogen involviert waren) als Mittel zur Interaktion mit dem Wesen des Bewusstseins erforschen. Im Februar 1997 erlitt er einen Schlaganfall und war nun auf den Rollstuhl angewiesen. Als wir uns bei unserem ersten Treffen dem Restaurant am Strand näherten, wo wir mit Ram Dass und einer kleinen Gruppe enger Freunde von ihm zum Essen verabredet waren, war Karen beeindruckt von der Reaktion ihres Herzfelds.

»Als ich ihm näherkam, war ich überrascht, zu spüren, wie mein Herz vor reiner Liebesenergie regelrecht überfloss. Es schien, als käme sie von Ram Dass selbst, als er mich mit klarer, reiner Aufmerksamkeit ansah«, erzählte sie später.

Wie Karen spürte auch ich eine starke Energie, die von Ram Dass ausging. Dessen Geist hatte sich während seiner Experimente mit psychedelischen Drogen, die er mit seinem Kollegen Timothy Leary durchgeführt hatte, sehr weit geöffnet. Aber diese Erfahrungen hatten ihn in erster Linie auf den Geschmack gebracht, noch tiefer in das Bewusstsein einzudringen und noch mehr darüber herauszufinden. Er spürte, dass es unerlässlich ist, die göttliche Liebe unmittelbar zu fühlen und jeden Moment des Lebens mit Freude zu leben. Wir führten anregende Gespräche unter gleichgesinnten Seelen, die in vielem einer Meinung waren, besonders in Bezug auf das phänomenale Geheimnis des Bewusstseins und die Macht der Liebe, auf allen Ebenen zu heilen.

In unserer Unterhaltung an jenem sanften, warmen, etwas windigen Abend auf Hawaii spiegelte sich viel von dem wider, was Ram in seinem bemerkenswerten, 1971 erschienenen Buch *Be Here Now* zusammengefasst hat, einem Kompendium der östlichen Weisheit, für westliche Menschen leicht verständlich dargestellt. Ich habe mir 1972 als Teenager in San Francisco ein Exemplar von *Be Here Now* gekauft, das ich noch immer besitze. In den 1970er-Jahren, als ich es zum ersten Mal las, waren mir die Ideen, von denen er sprach, fremd vorgekommen; inzwischen ergaben sie viel mehr Sinn für mich. Weil ich wusste, dass wir Ram Dass treffen würden, hatte ich mein Buch mitgebracht und ließ es von ihm signieren.

»Auf der Reise nach innen gehen wir tiefer und immer tiefer, um der Wahrheit zu begegnen … und sehen schließlich die Einheit, die wir teilen, die wir sind – alle zusammen. Keine Grenzen, nichts was uns trennt«, schrieb Ram Dass mir als Widmung in sein Buch.

Die Nachwirkungen seines Schlaganfalls schränkten seinen Redefluss noch etwas ein, aber der Reichtum seiner Darstellung (die ich dadurch ergänzte, dass ich mein zerfleddertes Exemplar seines Buches noch einmal las) war wie ein beruhigendes Bad im reinsten Verstehen. Ich hörte seine Worte, aber zugleich spürte ich auch seine Botschaft. Ich war wie verzaubert in seiner Gegenwart.

»Der Guru ist in uns allen. Du bist der Guru. Der Guru ist ein perfekter Spiegel, weil niemand da ist. Der große Lehrer ist jenseits aller Dualität. Er ist in dir.«

Er vermittelte eine erstaunliche Offenbarung und hatte ein tiefes Vertrauen in unsere göttliche Verbundenheit und unseren Zugang zur Quelle – ein Vertrauen, das viele unserer orthodoxen religiösen Lehrer vermissen lassen. In dem Maße, in dem die Religionen die grundlegende Lehre der Einheit und

Vernetztheit mit einander, mit allem Leben und dem Universum fördern, steht ihre Lehre im Einklang mit den unzähligen Visionen, von denen spirituell Reisende übereinstimmend berichten. Daher ist die Vermittlung von Liebe, Mitgefühl, Barmherzigkeit, Akzeptanz und Vergebung wesentlich für eine spirituelle Weltanschauung, welche die Lehren aus solchen Erfahrungen wertschätzt.

»Wenn man weiß, wie man aus dem Innern zuhört, ist jeder der Guru«, stimmte ich zu.

»Wenn du das Licht in dir findest, siehst du es in allen anderen. … Wir sind eben alle in der Täuschung gefangen, wir alle sind in der Illusion gefangen. Aus der Dualität herauszukommen bedeutet, sich bewusst zu sein, dass sie eine Illusion ist, und doch *in* ihr zu leben!«

Damit lotete er die allwaltende Illusion aus. Die ultimative Dualität (gleichzeitig in der Illusion und außerhalb von ihr zu sein) mag paradox wirken, aber nur vom Standpunkt der Dualität aus. Diese Art zu sein erlaubt uns, uns unserer Verbindung mit der ungeheuren Liebe am Ursprung aller Existenz bewusst zu werden und gleichzeitig unseren Alltagspflichten nachzukommen. Die Verbindung endet nie! Wir werden uns ihrer nur bewusst. Wir sind mehr als unser physischer Körper, und wenn wir die Weite unserer spirituellen Natur kennen, können wir weit über unsere materielle Existenz hinaussehen.

»Du bist reiner Geist, ewiger Geist. Dieses sehr alte Wesen. Keine physische Materie!« Keiner am Tisch war in diesem Punkt anderer Meinung. Ram Dass' Begleiter waren sich dessen bewusst, dass wir alle spirituelle Wesen sind, die in einem spirituellen Universum leben.

»Sei einfach der innere Ort, an dem du bist. An diesem Ort gibt es nichts zu tun. Von diesem Ort aus geschieht alles in vollkommener Harmonie mit dem Universum.«

Ram Dass' berühmter Satz »Sei jetzt hier« bezieht sich auf die vielen spirituellen Übungen, die uns in den gegenwärtigen Augenblick bringen; auf die Stille und Ruhe, die wir finden, wenn wir langsamer und achtsamer werden. Jeden Moment in diesem Raum zu bleiben, ist die Herausforderung, vor die dieser Satz uns stellt und die wir uns alle zu Herzen nehmen können.

Als wir mit dem Abendessen fertig waren und uns verabschiedeten, war ich beschwingt von der Weisheit, die Ram Dass offenbart hatte – ein tief empfundenes Wissen weit über die einfache Wahrheit seiner Worte hinaus. Alles, was er zu uns gesagt hatte, passte zu dem, was ich unbedingt wissen wollte, um meine Koma-Erfahrung zu verarbeiten. Aber sein Wissen (und, wie mir klar wurde, auch *mein* Wissen) entsprang jahrtausendealten Lehren, den tiefgründigsten Wahrheiten aus den Nebeln der Vergangenheit. Es sind zwar keine neuen Lehren für die Menschheit, aber in der heutigen Welt müssen wir uns an sie erinnern.

Doch der Zauber unserer Reise nach Maui war noch nicht zu Ende. Geführt von unseren neuen Freunden Joel Friedman und Claudia Kirchmayr, wanderten wir durch den Krater des Haleakala in der Mitte der Insel. Claudia begann unsere 20-Kilometer-Tageswanderung mit einem Oli-Aloha-Gesang, einem hawaiianischen Gruß, mit dem sie dem Geist des Vulkans gegenüber ihre von Herzen kommende Dankbarkeit zum Ausdruck brachte. Wir fuhren auf der spektakulären Hana Road die Küste entlang und schnorchelten zwischen bunten tropischen Fischen im kristallklaren Wasser. Von unserem Hotel aus, das etwa einen Kilometer von der Küste entfernt lag, konnten wir das Meer sehen, und gelegentlich sahen wir auch eine Wasserfontäne, die anzeigte, dass dort ein Wal unterwegs war. Als sie dieses verräterische Zeichen sah, besann sich Karen auf ihre Erfahrung mit der Tierkommunikation, konzentrierte sich auf ihre Herzenergie und stellte sich vor, eine Verbindung zu den Walen in der Ferne aufzunehmen.

»Ich habe meine Dankbarkeit und Wertschätzung für die Anwesenheit der Wale zum Ausdruck gebracht und die Verbindung zu ihnen von innen heraus bestätigt«, erklärte sie. »Es ist etwa so, als würde man ›Hallo Wale‹ sagen und sie mit ›Hallo‹ antworten.«

Dieses Gefühl ähnelt einem Sanskritgruß, den ich schätzen gelernt habe: Namaste. Einfach ausgedrückt bedeutet das: »Das Göttliche in mir erkennt das Göttliche in dir.« Karens Gruß an die Wale schien vollkommen angemessen.

Es gehörte zu den üblichen Aktivitäten, in die Bucht zu gehen und sich dort entweder ein Boot oder ein Paddle-Board zu mieten, um Wale zu beobachten. Ende April war die Walbeobachtungssaison zwar schon fast vorbei, aber wir waren uns einig, dass es Spaß machen könne und wir es versuchen sollten.

Ein paar Tage später erzählte Joyanna Cotter (eine neue Freundin aus der Gegend), dass jemand, der in der Mietstation des Four Seasons Resort Maui in Wailea arbeite, ihr einen Gefallen schulde und sie sich zwei Zweisitzer-Seekajaks ausleihen könne. Sie lud uns und eine andere Freundin, Michele Martin, zu dem Ausflug ein. Es gab nur einen Termin, der uns allen passte, und wir planten, an dem Tag in der Absicht, ein paar Wale zu sehen, aufs Meer hinauszupaddeln.

Als wir mit unseren beiden Seekajaks von der Küste ablegten, wollen wir unbedingt Wale aus der Nähe sehen. Michele hatte uns von einer früheren Begegnung mit einer Mutter und einem Babywal erzählt, also spukte uns dies in unseren Köpfen herum. Die Saison, in der Walweibchen nach Maui kommen, um hier ihre Jungen zur Welt zu bringen, weil diese Gegend für die Aufzucht der Jungen sehr sicher ist, ging ihrem

Ende zu, und uns wurde gesagt, wir sollten uns nicht zu viel Hoffnung machen, weil wir so spät dran seien.

Wir paddelten also aufs Meer hinaus und begegneten zuerst zwei prächtigen Meeresschildkröten, die jeweils etwa einen Meter lang waren. Ihre majestätische Präsenz beeindruckte uns, als sie anmutig etwa 1,5 bis drei Meter an unseren Kajaks vorbeischwammen. Eine schwamm direkt unter meinen und Karens Kajak.

»O du meine Güte, schau dir diese Schildkröten an«, rief ich.

»Wow, unglaublich! Ich habe noch nie eine so große Meeresschildröte von so nah gesehen. Erstaunlich!«, stimmte Karen zu.

Im kristallklaren Wasser hatten wir einen perfekten Blick auf diese großartigen Kreaturen. Wir hielten das für ein gutes Omen.

Joyanna und Karen saßen auf den Vordersitzen der beiden Kajaks.

»Wohin sollten wir steuern, was meinst du?«, fragte Joyanna Karen.

»Dorthin vielleicht«, schlug Karen vor und deutete auf die Bucht nordwestlich von unserer Position.

Wir waren uns alle einig, dass es sich richtig anfühlte, also paddelten wir in diese Richtung. Viele andere Paddler und Boote waren sichtbar, aber keiner war in unserer Nähe.

»Hey, Karen, welches Geräusch würdest du machen, wenn du Wale anlocken wolltest?«, fragte Joyanna, während wir eifrig paddelten, weil sie wusste, dass Karen mit Klang arbeitet.

Karen dachte sofort an die Geräusche, die Wale machen, ähnlich wie das Didgeridoo, ein uraltes Instrument, von dem berichtet wird, dass es viele tausend Jahre lang zur Heilung verwendet wurde. Sie und Kevin hatten mit Walgesängen experimentiert und diese in ihre Tonaufnahmen eingebaut, weil sie sie ziemlich ansprechend fanden. Wale erzeugen tiefe, kraftvolle Töne, die Hunderte von Kilometern unter Wasser zurücklegen können.

»*Waaa-aaaah-oooooh-aaaah*«, sang Karen in einer tiefen Tonlage in dem Versuch, einen Wal nachzuahmen – dröhnende, tiefe Schwingungen. Wir anderen stimmten ein und erzeugten schließlich gemeinsam einen niederfrequenten, bebenden Om-Klang. Innerhalb weniger Minuten bemerkte Karen etwas Auffälliges.

»Meine Güte, meine Herzenergie wächst enorm. Es fühlt sich an, als sei mein Herz von einer warmen, anschwellenden Energie umgeben. Es hat sich noch nie so groß angefühlt«, berichtete sie mit weit aufgerissenen Augen.

Ihre Herzenergie erweiterte sich noch mehr, bis sie schließlich ihren ganzen Körper umgab, ein süßes und unwiderstehliches Gefühl, das zu entwickeln sie in den letzten Jahren gelernt hatte. Als sie dieses Gefühl beschrieb, spiegelten sich reine Freude und Erstaunen in ihrem Gesicht wider.

In den wenigen Minuten, in denen sich Karen über ihr wachsendes Herzfeld wunderte und wir weiterhin laut miteinander sangen, tauchte plötzlich ein Wal auf, etwa 30 Meter von uns entfernt. Bald bemerkten wir entzückt einen weiteren, kleineren Wal und erkannten, dass es eine Mutter mit ihrem Jungen war. Die beiden tollten herum, bliesen Luft und Wasser aus ihren Atemlöchern, wedelten mit ihren Schwanzflossen über der Wasseroberfläche und interagierten mit uns. Wir waren voller Dankbarkeit für diese großartige Darbietung, und Karens Herzenergie breitete sich noch weiter aus.

»Ich schwimme da mal näher hin«, sagte Michele und glitt ins Wasser.

Michele näherte sich den Walen, aber die Wellenberge und eine Wasserfontäne, die der Babywal (größer als ein Schulbus!)

ausatmete und die ins Wasser zurückfiel, spülten sie zum Kajak zurück. Sie war überwältigt von der Erfahrung, diesen großen und beeindruckenden spielenden Kreaturen so nahe gewesen zu sein.

»Kannst du bitte mein Paddel halten?«, fragte ich Karen, während ich Maske, Schnorchel und Flossen anlegte und ins Wasser glitt, um diesen sanften Riesen näherzukommen. Ich erinnerte mich daran, dass dies Säugetiere waren und vom Stammbaum der Evolution her eng mit dem Menschen verwandt, aber mir war auch klar, dass ich jetzt in ihrer Welt war. Trotz ihrer riesigen Größe fühlte ich mich sehr vertraut mit ihnen, während ich unter der Wasseroberfläche schwebte, und ich war erstaunt über ihre großartige, aber wohlwollende Präsenz.

Ich wusste, dass die Filtertheorie davon ausgeht, dass größere Filter (Gehirne) in der Regel mit einem höheren Bewusstsein verbunden sind (sowie wir davon ausgehen, dass unser bewusstes Gewahrsein größer ist als, sagen wir, das einer Katze oder eines Hundes, die kleinere Gehirne haben). Ich wusste auch, dass die Gehirne von Walen größer sind als unsere und dass sie unsere Gehirne in gewisser Hinsicht übertreffen. Ein überzeugendes Beispiel ist der Langflossen-Grindwal (*Globicephala melas*), der im Nordatlantik zwischen Schottland und Island vorkommt und dessen Neokortex etwa doppelt so viele Gehirnzellen aufweist wie der des Menschen. Wenn unser Neokortex so eng mit unseren mentalen Funktionen verbunden ist, wie viele Neurowissenschaftler glauben, sollten wir erwarten, dass einige dieser Meeressäuger mit ihren großen Gehirnen recht ausgeklügelte mentale Erfahrungen machen können und dass sie ein entsprechendes Bewusstsein, möglicherweise sogar telepathische Fähigkeiten haben.[1]

Wir sahen ein Boot mit Walbeobachtern und mehrere Paddle-Boards, die in unsere Richtung steuerten, vermutlich um sich unsere neuen Walfreunde etwas genauer anzusehen. Da zogen sich die Wale allmählich zurück. Es gibt Restriktionen zum Schutz der Wale. Daher verzichteten wir darauf, ihnen zu folgen. Während sie sich entfernten, wurden sie über der Wasseroberfläche immer aktiver. Sie wedelten heftiger mit den Schwanzflossen, und der Babywal beeindruckte uns mit einem kompletten Sprung aus dem Wasser. Das freundliche Winken mit der Schwanzflosse wirkte auf uns wie ein herzliches Lebewohl, und wir winkten dankbar und begeistert zurück.

Später in der Woche kehrten wir noch einmal an diesen Strand zurück, aber aus einem anderen Grund. Ram Dass war immer gern im Meer geschwommen, aber der Schlaganfall, der ihn an den Rollstuhl fesselte, macht ihm das unmöglich. In einer schönen Demonstration gemeinschaftlicher Unterstützung taten sich seine engsten Freunde zusammen, um das Unmögliche doch möglich zu machen. Einmal in der Woche wird Ram Dass in einen Strandbuggy gesetzt, der eigens für das Fahren im Sand gebaut wurde, und zum Strand gebracht. Dann wird er sachte in die Wellen gehoben und mit speziellen Schwimmhilfen ausgestattet, die es ihm erlauben, im Wasser zu schweben und bis zu drei Meter weit hinauszuschwimmen, wobei ihn seine Begleiter genau beobachten.

Wir schlossen uns einer Gruppe von etwa zwei Dutzend Menschen an, die regelmäßig zu diesem Ritual zusammenkamen. Ram Dass und wir anderen wippten etwa im gleichen Areal mit vielleicht 1,5 bis zwei Metern zwischen uns im Wasser herum. Wir unterhielten uns und warfen uns Bälle zu.

»Oh boy, oh boy, oh boy«, sagte Ram Dass langsam immer wieder. Wir waren überrascht.

Irgendwann stimmten wir alle mit kindlicher Begeisterung ein.

»Oh boy, oh boy, oh boy«, wiederholten wir und wurden dabei immer lauter. Ram Dass genoss seinen Aufenthalt im Wasser sichtlich. Er strahlte vor Freude und lehnte sich, unterstützt von seinen Schwimmhilfen, weit zurück.

»Oh joy, oh joy, oh joy!«, verkündete Ram Dass.

Als sich seine Worte änderten, veränderte sich auch unsere Energie. Ich spürte die Liebesenergie, die von Ram Dass ausging. Als wir alle einstimmten, wurden wir eine Gruppe von Seelen. Dieses Mittönen erinnerte mich an die koordinierte und effiziente Bewegung von Fisch- oder Vogelschwärmen. Wir wurden durch die Verbindung unserer Herzen zu einer bewussten Einheit, tief verwurzelt in der reinen Freude, die Ram Dass in diesem wunderschönen Moment mit uns teilte. Andere Strandgänger und Schwimmer wunderten sich über unsere Gruppe und warfen uns neugierige Blicke zu, aber wir beachteten sie nicht.

»Oh joy, oh joy, oh joy!«, wiederholten wir gemeinsam.

In seinem Buch *Be Love Now* hat Ram Dass seinen eigenen Weg zum Herzen beschrieben. Er strahlt eindeutig die Liebe aus, die er in sich trägt und ist daher ein leuchtendes Vorbild für uns alle. Über das, was er unter Liebe *sein* versteht, sagte Ram Dass genau das, was mir auch Karen schon beigebracht hatte: »Liebe einfach, bis du eins bist mit dem, was du liebst.«

In unserer westlichen Kultur kommen wir ein wenig ins Schleudern bei der Vorstellung, dass Menschen mit Gott eins sein könnten. So etwas kann schnell den Zorn einiger heraufbeschwören, die einen dann beschuldigen, ein Egomane zu sein oder, schlimmer noch, am Messiaskomplex oder einer ähnlichen Geisteskrankheit zu leiden. Diese wahre Einheit ist in Wirklichkeit jedoch das genaue Gegenteil dessen, was mit einer solchen Interpretation verbunden wird.

»Erleuchtete können das lieben, was tiefer liegt als unsere Persönlichkeit oder unser Körper. Sie schauen hinter die Illusion und sehen das perfekte göttliche Wesen im innersten Kern eines jeden von uns. Dieses Band der absoluten Liebe ist nicht begrenzt wie das der zwischenmenschlichen Liebe, der besitzergreifenden oder der bedürftigen Liebe. Der Erleuchtete *ist* Liebe!«, schreibt Ram Dass in *Be Here Now.*

Vor meinem Koma war ich den mühsamen Weg des Glaubens an die Illusion gegangen. Ram Dass' Lehren jedoch passen perfekt zu den Botschaften meiner Nahtoderfahrung und meiner jüngsten Auseinandersetzung damit. Viele nehmen an, dass ich für meine wundersame Heilung ewig dankbar bin, aber in Wahrheit bin ich dankbar für die Lehren und das Verständnis, die ich aus dieser schrecklichen und herausfordernden Erfahrung gezogen habe. Die Woche, die ich wegen meiner Meningoenzephalitis im Koma verbracht habe, ist ein großes Geschenk, ganz unabhängig vom Ausgang meiner Krankheit. Ich bin dankbar für jede Facette dieses Edelsteins namens Leben und weiß, dass die Herausforderungen, mit denen ich auf dieser Reise konfrontiert war, meine guten Freunde waren. Ohne sie hätte ich nie auf dem hell erleuchteten Bergrücken entlanggehen können, hoch über dem dunklen Tal, in dem ich in den frühen Phasen meiner Koma-Reise als entrechtete Seele herumgekrochen war. Wir alle können unsere Schwierigkeiten, unsere Krankheiten und Verletzungen als Stufen betrachten, auf denen unsere Seele zu dieser Einheit mit dem Göttlichen aufsteigen kann. Unsere Art, mit solchen Herausforderungen umzugehen und unsere Verbundenheit mit dem Göttlichen in der Auseinandersetzung mit ihnen wiederherzustellen, bestimmt darüber, wie sie unser Wachstum fördern können.

Beim Mittagessen nach dem Schwimmen hatte ich ein weiteres Gespräch mit Ram Dass, und ich nickte zustimmend, als er sagte: »Irgendwann stellst du fest, dass alles, was du mit deinen Sinnen und Gedanken erfassen kannst, einfach nicht genug ist. Es braucht das Wegfallen des Weltlichen und eine Rückkehr zu kindlicher Unschuld.«

In dem Moment sah ich den jugendlichen Richard Alpert, einen jungen Burschen, der vor Begeisterung und Neugierde nur so strotzte, mit jener vollkommenen Unschuld, der Quellen allen wahren Wissens. Doch eine so kindliche Unschuld bleibt dem egoistischen »Suchenden« für immer verwehrt.

»Man muss aufpassen, dass man nicht zu schnell durch die Tür zur Erleuchtung geht. Das würde nämlich bedeuten, dass man mit seinem Ego voran durch diese Tür geht. Das wäre der beste Weg in den Größenwahn, einen Messiaskomplex und die Psychiatrie. Man muss wirklich rein und unschuldig sein. Man kann nicht einfach so tun, als sei man rein und unschuldig«, fuhr Ram Dass fort.

Dieser Reinheit war ich gerade auf der Spur, indem ich nach innen ging und den Beobachter entwickelte, das »Ich« im Inneren oder die »höhere Seele«, die sich des Seins auf eine reine Weise bewusst ist. Seit ich vor neun Jahren aus dem Koma erwacht bin, habe ich immer mehr Klarheit darüber gewonnen, dass meine »höhere Seele« eng mit allen Facetten dieses Universums verbunden ist, einschließlich der höheren Seelen anderer, ganz unabhängig von meinem Ego. Ich werde immer geduldiger und vertraue darauf, dass alles gut ist. Diese Entdeckungsreise entfaltet sich durch die Gnade des kollektiven Bewusstseins (oder Gottes, wenn man will), und weil ich ein wesentlicher Teil davon bin, vertraue ich darauf, dass dasselbe Bewusstsein nur mein Bestes will. Am Ende reflektierte Ram Dass über die ursprüngliche Polarität, die ihn zu seiner Reise angeregt hatte.

»Ich war immer noch ein rationaler westlicher Mensch. Also machte ich mich auf den Weg und schaute und schaute und schaute, doch solange ich als rationaler Mensch schaute, fand ich nichts. Ich fand nur meinen eigenen Schatten. Alles, was du findest, die ganze Zeit, bist du selbst. Du stehst auf einer Brücke und schaust zu, wie du vorbeigehst. Sei der Beobachter, das Ich, das existiert. Sei alles, was ist – hier, jetzt.«

Ram Dass ging seinen Weg von Harvard nach Indien und zurück in die Vereinigten Staaten, um anderen beizubringen, was er gelernt hatte. Auf meiner Reise seit dem Koma habe ich Teile derselben Weisheit entdeckt – universelle Wahrheiten. Das größte Geschenk war eine völlige Umkehrung meines Verständnisses von der Funktionsweise des Universums, die den jüngsten Verwerfungen innerhalb der Grundlagen des wissenschaftlichen Denkens entspricht. Eine solcher Wandel gibt Anlass zu großem Optimismus, denn die grundsätzliche Änderung der Weltanschauung macht es uns möglich, eine viel wichtigere Rolle bei der Entscheidung zu spielen, wie sich dieses Universum entwickelt – beginnend mit der Entscheidung für Heilung und Ganzheit, die wir als Individuen treffen, bis hin zu einer harmonischeren Koexistenz von ethnischen und nationalen Gruppen und zur richtigen Verwaltung unseres Planeten. Aber so wertvoll die Gaben, die ich persönlich erhalten habe, auch sind, es ist mir wichtig, darauf hinzuweisen, dass sie mir auf meiner Reise auch dann geschenkt worden wären, wenn ich meiner Meningoenzephalitis erlegen wäre und diese physische Welt verlassen hätte.

Wie Einstein sagte: »Der wahre Wert eines Menschen ist in erster Linie dadurch bestimmt, in welchem Grad und in welchem Sinn er zur Befreiung vom Ich gelangt ist.« Unsere Selbstbezogenheit trägt ganz wesentlich zu den Problemen bei, mit denen wir uns derzeit konfrontiert sehen. Unser kleines individuelles Bewusstseinstheater scheint auf den ersten Blick nur unseres zu sein, aber die Erkenntnisse der Quantenphysik und die Ergebnisse eingehender Untersuchungen zur Natur des Bewusstseins und zum Körper-Geist-Problem weisen darauf hin, dass wir alle Teil eines einzigen kollektiven Bewusstseins sind. Wir sind alle zusammen darin verwoben und werden allmählich wach für ein gemeinsames Ziel: die Evolution des bewussten Gewahrseins.

Während wir uns alle unseren individuellen Weg durchs Leben bahnen, besteht unsere gemeinsame Bestimmung darin, in Frieden und Harmonie zu leben, eins mit allen Mitwesen, eins mit dem Universum, heilend durch die unendliche Kraft der bedingungslosen Liebe. Das ist kein Wunschdenken. Es ist das Geburtsrecht aller fühlenden Wesen während ihrer gesamten Existenz. Alles, was sich dieser Bestimmung scheinbar in den Weg stellt, besonders das augenscheinlich Böse und Dunkle in unserer Welt in Form von Mord und Selbstmord, Kriegen und Konflikten und der Zerstörung unseres Ökosystems durch den fehlgeleiteten Einsatz von moderner Wissenschaft und Technik, ist Teil eines größeren Plans, den wir gemeinsam entwickeln.

Das bevorstehende Erwachen der Einsicht wird die größte Revolution des menschlichen Denkens in der Geschichte werden, und sie kommt nicht zu früh. Wir müssen aufwachen und die volle Verantwortung für unseren Planeten übernehmen, denn unser blindes und fehlgeleitetes Handeln hat uns inzwischen in eine sehr gefährliche Lage gebracht. Ein Drittel der auf der Erde lebenden Arten ist vom Aussterben bedroht, und zu viele Menschen werden täglich zu Opfern von Kriegen und Konflikten.

Wir befinden uns an einem kritischen Punkt in der Geschichte der Menschheit. Ähnlich wie jene Menschen, die sich im Strudel ihrer Sucht mit dem »Geschenk der Verzweiflung« konfrontiert sehen, sind wir nun als Kollektiv in einer Situation, in der uns möglicherweise das Geschenk der Verzweiflung überreicht wird. So wie sich die Seele eines jeden Menschen den Herausforderungen des Lebens stellen muss, um an ihnen zu wachsen, muss sich die Menschheit als Gesamtheit diesen Herausforderungen stellen, um gemeinsam zu wachsen. Der menschliche Geist hat potenzielle Kräfte, die weit über unsere wildesten Vorstellungen hinausgehen. Wir haben viel Grund zu hoffen, dass unsere Zukunft glänzend and harmonisch sein kann. Von der Erkenntnis, wie viel persönliche Macht wir über die Ereignisse unseres Lebens haben, können wir alle profitieren. Wenn mehr von uns erfahren, dass wir alle ewige, spirituelle Wesen sind, wird die Welt viel harmonischer und friedlicher werden.

Natürlich sind einige von uns noch nicht bereit, diese Wahrheit für sich anzunehmen. Wann immer wir einen Paradigmenwechsel erleben, gibt es diejenigen, die einfach hinüberspringen; diejenigen, die darauf warten, dass andere ihnen eine Brücke bauen, und diejenigen, die ihre Füße fest auf den Boden pflanzen und nicht daran denken, sich zu bewegen. Vor Jahrhunderten vertrauten einige Menschen ihren eigenen Beobachtungen des Horizonts und behaupteten, die Erde sei eine Kugel und keine flache Scheibe. Manche warteten darauf, dass Astronomen und Mathematiker experimentelle Beweise dafür vorlegten, dass dies der Fall war. Andere warteten auf einen vollständigen wissenschaftlichen Konsens – mit Satellitenfotos zur Untermauerung.

Wahrlich, wir sind alle in der Lage, den tiefen Brunnen des Bewusstseins zu erforschen, der in uns und in dem Netzwerk aus Seelen liegt, mit denen wir ein verborgenes, aber ewiges Muster der Verbundenheit bilden. Und wir können alles selbst herausfinden.

Am Eingang zum Apollotempel von Delphi standen die Worte »Erkenne dich selbst.«. Dies ist der eigentliche Sinn und

Zweck des Lebens, des Lebens eines einzelnen Menschen oder einer größeren Gruppe von Menschen, des Lebens auf der Erde oder einer viel größeren Ansammlung von empfindungsfähigen Wesen im gesamten Kosmos. »Erkenne dich selbst«, dieser uralten Aufforderung nachzukommen, wird zu einer viel ambitionierteren und aufregenderen Reise, wenn Sie erkennen, dass »dich selbst« das gesamte Universum einschließt. Wenn wir als Menschheit die Realität des kollektiven Bewusstseins besser kennenlernen, werden wir begreifen, dass unsere Existenz weit mehr Bedeutung und Gewicht hat, als wir uns bisher vorstellen können. Wir sind Teil eines gewaltigen schöpferischen Bewusstseins. Und die Evolution des gesamten Bewusstseins im Kosmos ist nichts anderes als die Reise der fühlenden Wesen, die allmählich verstehen, welche Rolle sie in dieser mitschöpferischen Unternehmung spielen.

Das Wichtigste an diesem Verstehen ist, dass Sie, liebe Leser, in diesem Prozess eine entscheidende Rolle spielen. Das Universum entwickelt sich auf gewaltige und faszinierende Weise, und Sie sind nicht nur ein Teil davon – Sie *sind* es. Sie *sind* das Universum. Das achtsame Universum, in dem wir leben, ist sich seiner selbst bewusst, es ist Lernen und Entwicklung. Dies voll und ganz zu erkennen und umzusetzen, ist der Weg zur vollkommenen Harmonie mit allem, was ist. Jeder von uns ist ein potenzieller Veränderungsexperte, der dazu beitragen kann, unsere kollektive Vision zu verwirklichen. Es ist an uns, die Einladung anzunehmen, aus der Illusion der physischen Welt als dem allein Existierenden auszubrechen und unsere spirituelle Natur und die Art, wie sie mit der allem zugrunde liegenden Natur des Universums in Resonanz geht, anzuerkennen. Eine glänzende, hoffnungsvolle Zukunft liegt in greifbarer Nähe. Wir müssen uns nur entscheiden, sie dazu zu machen.

Schlusswort

Nach meinem Koma im Jahr 2008 haben ich die Realität hinter meinen Erfahrungen auch in anderen Bereichen nach und nach immer besser verstanden – was mich wiederum veranlasst hat, mich auf gravierende Mängel unseres allgemein akzeptierten wissenschaftlichen Paradigmas zu konzentrieren. Ursprünglich hatte ich einen neurowissenschaftlichen Aufsatz für eine medizinische Fachzeitschrift schreiben wollen, aber die Reaktionen derer, die meine Geschichte gehört hatten, haben mir deutlich gemacht, dass ein breiteres Publikum von meiner Botschaft profitieren könnte. In den letzten Jahren waren viele Bücher über Nahtoderlebnisse veröffentlicht worden, darunter einige von Ärzten. Allerdings hatte keiner von ihnen außerhalb einer sehr kleinen Gruppe, die sich für das Thema interessierte, großes Aufsehen erregt. Dennoch zeigten Verlage Interesse an meinem Manuskript, und im Oktober 2012 wurde meine Geschichte erstmals veröffentlicht.

Die Originalausgabe von *Blick in die Ewigkeit, Proof of Heaven,* stand mehr als vierzig Wochen auf Platz 1 der *New York Times*-Bestsellerliste für Sachbücher und blieb zwei Jahre lang ganz oben auf der Liste. Doch das Interesse an meinem Buch war nicht nur ein nordamerikanisches Phänomen. *Blick in die Ewigkeit* wurde in mehr als dreißig Ländern weltweit veröffentlicht und hat eine große Leserschaft über viele Kulturen hinweg erreicht. Der schnelle Erfolg überraschte mich sehr. Ich hatte nämlich geglaubt, es würde Jahre dauern, das zu erreichen. Gleichzeitig machten einige Rückmeldungen, die ich in Form von E-Mails und Briefen sowie bei meinen Vorträgen erhielt, deutlich, dass es mir nicht so gut gelungen war wie erhofft, diejenigen zu erreichen, die mir am ähnlichsten waren – die wirklich aufgeschlossenen Skeptiker.

Ich vermute, dass dies teilweise am Titel des Buches (*Proof of Heaven* = Beweis des Himmels) lag, den mein Verleger gewählt hatte. In meiner Geschichte geht es zwar um die Realität eines Lebens nach dem Tod, aber das Buch ist weit davon entfernt, eine Abhandlung über den »Himmel« zu sein. Bei meiner Botschaft geht es vielmehr um die grundlegende Natur der Realität und der menschlichen Erfahrung, und sie befasst sich mit weit mehr als mit der Frage, ob irgendein Aspekt des Bewusstseins den Tod des Gehirns und des restlichen Körpers überlebt. Es ist ein Fehler anzunehmen, dass *Blick in die Ewigkeit* die dogmatischen Lehren des modernen Christentums bestätigt (eine Anschuldigung von engstirnigen Skeptikern, die meiner Überzeugung nach das Buch gar nicht gelesen haben, sondern einfach vor dem Titel zurückschrecken). Meine Bücher und Vorträge bewirkten eine Flut des Austauschs mit Praktizierenden aus mystischen Traditionen vieler Glaubensrichtungen (u. a. Kabbala, Christentum, Islam, Sufismus, Buddhismus, Hinduismus, Bahai), die mir bestätigt haben, dass meine Reise und meine Botschaft mit ihrem eigenen Verständnis im Einklang stehen. Ich kann gar nicht genug betonen, dass unsere Botschaft für *alle* Menschen gilt.

Angesichts der überwiegend wohlwollenden Aufnahme von *Blick in die Ewigkeit* übersieht man leicht, welche persönlichen Prüfungen ich durchgemacht habe, bevor ich mich entschieden habe, meine Geschichte zu veröffentlichen. Die Gefahren für meine akademische Karriere in der Neurochirurgie waren durchaus real. Schließlich stiftete ich beachtliche Unruhe, und das Ende vom Lied hätte sehr wohl eine Verbannung aus der

Neurochirurgie und den Neurowissenschaften sein können. Ich wusste, dass meine Geschichte die grundlegende Natur des Bewusstseins, ja sogar der gesamten Realität berührte. Aber die Welt würde das vielleicht nicht erkennen und mich marginalisieren und ignorieren, weil meine Botschaft einfach nicht ankam. Dennoch wusste ich, dass sie viel zu wichtig war, um sie einfach in der Schublade liegen zu lassen.

Meine Bedenken waren nicht ganz abwegig. Nach der Veröffentlichung von *Blick in die Ewigkeit* wurde ich zu zahllosen Interviews und Vorträgen eingeladen. Die meisten Interviewer und Zuhörer bekundeten ein aufrichtiges Interesse an dem Rätsel, das meine Geschichte aufgab. Gleichzeitig sah ich mich den vorhersehbaren Angriffen aus der Wissenschaftsgemeinde ausgesetzt, unter anderem von Sam Harris, Michael Shermer und Oliver Sacks, die meine Erfahrung als offensichtliche Konfabulation werteten. Sie waren der Meinung, es gebe keinen Beweis dafür, dass mein Gehirn wirklich so stark geschädigt war, dass es keine Halluzination mehr hatte hervorbringen können. Den meisten Ärzten, denen ich begegnete, schien klar zu sein, was für eine gigantische Aufgabe es war, meine Erfahrungen im Kontext meiner Krankenakte zu erklären, aber diejenigen, die sich am häufigsten in der Presse äußerten, waren sich dieser medizinischen Details entweder nicht bewusst, oder sie übergingen den verheerenden Befund einfach, der den meisten Ärzten sofort klar war. Ich hatte ein großes Interesse daran, eine ernsthafte Diskussion über solche Interpretationen zu führen, doch das erwies sich als schwer durchführbar. Die Mehrzahl der Kritiker ignorierte die Fakten meiner Erfahrung einfach oder erfand unbegründete Behauptungen, um mich persönlich zu diskreditieren.

Ich hatte auch frustrierende Auseinandersetzungen mit Wikipedia über die Darstellung einzelner Details meiner

Geschichte und ihrer Folgen. Wikipedia behauptet zwar, eine objektive Informationsquelle zu sein, aber die Redakteure sind sichtlich voreingenommen gegenüber Beiträgen, die Vertrauen in die Realität spiritueller Erfahrungen zum Ausdruck bringen und kürzen oder streichen sie oft. Mittlerweile haben Zyniker, die solche Erlebnisse angreifen, offenbar freie Hand, die Seite zu bearbeiten, was Wikipedia zu einer Quelle von Fehlinformationen über bestimmte Themen macht.

Karen Newell ist nicht nur meine Koautorin, sondern auch meine spirituelle Mentorin, Mitschöpferin und, was am wichtigsten ist, liebevolle Partnerin bei diesen Bestrebungen. Wir sind aufgrund unserer Verbindung auf allen Ebenen enge Seelenpartner geworden. Durch die Art, wie sich meine Beziehung zu Karen entwickelt hat, habe ich die wahre Einheit des sich seiner selbst bewussten Universums erfahren. Viel von meinen Überlegungen und ihrer Ausführung sowohl in *Blick in die Ewigkeit* (2012) als auch in *Vermessung der Ewigkeit* (2014) verdankt sich ihren Erläuterungen und Einsichten, und dieses Buch wäre ohne ihr außergewöhnliches Engagement auf allen Ebenen überhaupt nicht zustande gekommen. Karen ist inzwischen für meine fortwährende Lern- und Lehrtätigkeit unverzichtbar geworden – ja sogar für mein grundlegendes Verständnis von Bewusstsein und Wirklichkeit. Wir haben die Konzepte in stundenlangen Gesprächen gemeinsam entwickelt, indem wir meine Kenntnisse in Neurochirurgie, Astronomie, Physik, Kosmologie und über das Bewusstsein sowie die Lehren, die ich aus meinem Nahtoderlebnis gezogen habe, mit Karens tiefem Wissen über Metaphysik, uralte Weisheiten, Technik, das Herz und die zwischenmenschliche Kommunikation miteinander verbunden haben. Sie hat mit unzähligen praktischen Hilfsmitteln experimentiert und diese Experimente ausgewertet, um auf ein nicht lokales Bewusstsein zuzugreifen. Alles, was sich mir für immer eingeprägt hat, gibt nur einen kleinen Teil ihres leidenschaftlichen, lebenslangen Versuchs wieder, die Wahrheiten unserer Existenz durch direktes Wissen und Erfahrung aufzudecken.

Mein kollektives Verstehen ist zwar noch immer dabei, sich zu entwickeln, aber ich glaube, dass wir zum ersten Mal in der Geschichte vor der größten Revolution des menschlichen Denkens stehen, vor einer wahren Synthese von Wissenschaft und Spiritualität. Ich habe *Blick in die Ewigkeit* und *Vermessung der Ewigkeit* geschrieben, um dem modernen, intelligenten Leser, dem wirklich aufgeschlossenen Skeptiker (der auch ich vor meinem Koma war) zu einer umfassenderen Weltanschauung zu verhelfen, die sowohl die wissenschaftliche als auch die spirituelle Natur in jedem von uns berücksichtigt.

Tore ins unendliche Bewusstsein ist der nächste Schritt in diesem fortwährenden Bemühen, aufgeschlossenen, kritischen und skeptischen Lesern zu helfen, ihren eigenen Weg zu dieser wohltuend befreienden Weltanschauung zu finden, die moderne Spiritualität und die neuesten Forschungsergebnisse aus Physik, Kosmologie und Untersuchungen zum Bewusstsein einschließt.

Die Botschaft selbst ist unerlässlich. Der Status quo funktioniert nicht.

Es ist längst überfällig, dass die Menschheit in eine Ära eintritt, in der es die barbarischen Stammeskonflikte und Kriege, die im Laufe der Jahrtausende ohne jeden Grund so viele Menschenleben vernichtet haben, nicht mehr gibt. Wir können diesen Wahnsinn beenden.

Dieses Erwachen wird eine sanftere und freundlichere Welt entstehen lassen – eine viel harmonischere und friedlichere Welt für alle Wesen dieser Erde. Es wird auch zu einem viel größeren Gespür für die menschlichen Möglichkeiten führen, von denen wir bisher nur träumen konnten, und ein tieferes Wissen über das Wesen des menschlichen Geistes – darüber, wer wir sind, warum wir hier sind und wohin wir gehen.

Für die Menschheit ist es Zeit aufzuwachen. Unser Überleben hängt davon ab.

Dr. med. Eben Alexander
Charlottesville, Virginia
12. Juni 2017

Dank

Karen und ich sind für die vielen Seelen dankbar, die während unserer individuellen und gemeinsamen Reise und auf dem Weg zum Schreiben dieses Buches eine wichtige Rolle gespielt haben. Wir haben von der Liebe und dem Austausch mit Tausenden von Menschen profitiert, und jeder von ihnen war uns auf seine Weise ein Lehrer. Es sind viel zu viele, um sie hier alle zu nennen, aber einige möchten wir wegen ihrer besonderen Beiträge persönlich würdigen.

Wir danken den vielen wegweisenden Ärzten, Wissenschaftlern und Philosophen, die sich dem vorherrschenden Paradigma mutig entgegengestellt haben und das tiefe Mysterium des Bewusstseins voll und ganz anerkennen und würdigen. Ihre Beiträge vergrößern das menschliche Wissen und fördern so das unmittelbar bevorstehende grundlegende Erwachen. Besonders erwähnen möchten wir Julie Beischel, Margaret Christensen, Larry Dossey, Bruce Greyson, Allan und Janey Hamilton, Charlie Joseph, Bernardo Kastrup, Ed Kelly, Edgar Mitchell, Raymond und Cheryl Moody, Dean Radin, Gary und Rhonda Schwartz, Jim Tucker und Pim van Lommel.

Außerordentlich dankbar sind wir unseren Freunden, Kollegen und Lesern, die uns ihre persönlichen Geschichten großzügig angeboten oder uns ihre unmittelbaren Erfahrungen mitgeteilt haben: P.M.H. Atwater, John Audette, Paul Aurand, Chuck Blitz, Sophia Cody und Osha Reader, Caroline Cook, Joyanna Cotter, Ram Dass, Joel Friedman und Claudia Kirchmayr, Bill

Guggenheim, Seine Heiligkeit der 14. Dalai Lama, Laura Lynne Jackson, Kevin und Catherine Kossi, Brian Maness, Michele Martin, Anita und Danny Moorjani, William Peters, Michael und Jennifer Shermer, Alison Sugg, Michael und Page Sullivan, Stacie Williams sowie Gary Zukav und Linda Francis.

Wertvolle Hinweise für die Ausarbeitung unseres Manuskripts haben wir unter anderem von Suzanne und Michael Ainsley, Bill Beaman, Neal Grossman, Judson Newbern und Jan Pipkin erhalten.

Unser besonderer Dank gilt unseren Literaturagenten Gail Ross, Howard Yoon, Dara Kaye, Anna Sproul-Latimer und allen ihren Kollegen bei der Agentur Ross Yoon Agency in Washington, DC, sowie unseren Lektoren Leah Miller, Allison Janice und der Verlegerin Gail Gonzales bei Rodale Books. Danke, dass Sie unsere Botschaft unterstützen und an sie glauben.

Wir danken ferner den IANDS-Forschern Robert und Suzanne Mays für ihre Hilfestellungen beim Herausarbeiten der tiefen Wahrheit, die der in *Blick in die Ewigkeit* erstmals erzählten Geschichte zugrunde liegt.

Dank und große Anerkennung gebührt außerdem Elizabeth Hare für ihre unermüdliche und effiziente tägliche Unterstützung. bei der Bewältigung der vielen Aspekte unserer gemeinsamen Arbeit.

Unendlich dankbar sind wir schließlich unseren Familien, besonders Karens Mutter und Tochter, Diane und Jamie, dafür, dass sie ihr Einverständnis gegeben haben, ihre persönlichen Geschichten über Kämpfe und Herausforderungen hier zu veröffentlichen; nicht zuletzt danken wir Karens Eltern Clayton und Gwen sowie Ebens Familie: Betty und Eben jun., Eben IV., Bond, Holley, Jean, Betsy, Phyllis und seiner gesamten leiblichen Familie.

Anhang A: Die vergebliche Suche nach einem Gedächtnisspeicher im Gehirn

Dr. Wilder Penfield (1891–1976), ein renommierter kanadischer Neurochirurg, verbrachte einen Großteil seines Berufslebens damit, das Gehirn von wachen Patienten elektrisch zu stimulieren, um so das Entfernen von geschädigtem Gewebe zu steuern, das ihre Anfälle verursachte. In drei produktiven Jahrzehnten erweiterte er unser Wissen über die Funktion und die Anatomie des Neokortex unter anderem um einige wichtige Offenbarungen über das Gedächtnis.

Das Gehirngewebe empfindet keinen Schmerz. Deshalb konnte er diese Prozedur nach einer Lokalanästhesie der Kopfhaut bei wachen Patienten durchführen. Erinnerungen, die durch die präzise elektrische Stimulation hervorgerufen wurden, umfassten Bewegung, Farben, Emotionen, Träume, Gerüche, Déjà-vus, »Fremdheit« sowie visuelle und auditive Erfahrungen. Er stellte fest, dass diese stimulierten Erinnerungen viel klarer und deutlicher waren als gewöhnliche Erinnerungen, und oft handelte es sich um Dinge, die ganz anders waren als das, woran man sich unter den üblichen Umständen erinnert. In manchen Fällen führte die wiederholte Stimulation zu einer Wiederholung derselben Erinnerung, wobei sich an vielen Stellen keine solche Reproduzierbarkeit beobachten ließ. In Fällen, in denen eine Operation wiederholt wurde, fand er heraus, dass die Stimulationspunkte nicht generell gleichbleibend waren.

Solch eine mutmaßlich physische Grundlage für Erinnerungen wird Engramm (Gedächtnisspur) genannt. Penfield fand heraus, dass er nur durch Stimulation der Temporallappen (die Gehirnareale direkt unterhalb der Ohren) sinnvolle Erinnerungen auslösen konnte. Keine andere Region des Neokortex konnte mit solchen Erinnerungen in Verbindung gebracht werden. Obwohl die Technik, die er einsetzte, perfekt war, konnten diese Erinnerungen allerdings nur bei fünf Prozent seiner Patienten ausgelöst werden. Die Erinnerungen traten außerdem nur auf, während der elektrische Strom durch diese Region floss.

Basierend auf den Erfahrungen, Wahrnehmungen und Erinnerungen, die bei seinen wachen Patienten durch eine solche Stimulation hervorgerufen wurden, machte Dr. Penfield viele Beobachtungen, die für die Geist-Körper-Diskussion von größter Relevanz sind. Interessanterweise war er der Ansicht, dass der wichtigste sensorische Lappen des Gehirns, der Parietallappen, von der kortikalen Stimulation nicht aktiviert wird. Nur bei der Stimulation der Temporallappen (die von Neurochirurgen in der Regel als entbehrlicher betrachtet werden als andere Lappen) wurde von dadurch hervorgerufenen Erinnerungen und Wahrnehmungen berichtet, allerdings nur von Patienten, »von deren Temporalregion man sagen könnte, dass sie durch ständige epileptische Entladungen entsprechend konditioniert war«. Patienten, die nicht solchen epileptischen Beeinträchtigungen ausgesetzt waren, reagierten nicht auf eine Stimulation der Temporallappen.[1] Er fuhr fort: »Eine solche Stimulation kann beim Patienten ein auditives Erlebnis, etwa ein Brummen, Gleichgewichtsstörungen mit Schwindel oder eine ziemlich komplizierte Halluzination bzw. einen Traum auslösen.«

Penfield merkte an, dass die Stimulationspunkte »irgendwie durch jahrelange elektrische Entladungen von einem benachbarten epileptogenen Fokus konditioniert worden waren«,[2] was darauf hindeute, dass sie eine pathologische Auswirkung des abnormalen Gehirnareals waren, das die Anfälle auslöste.

Obwohl Erinnerungen also gelegentlich durch elektrische Stimulation hervorgerufen werden konnten, kam es viel häufiger vor, dass keine entsprechenden Stellen zu finden waren und sich die identifizierten auf den Bereich der Gehirnanomalie beschränkten.

Zwar legten Penfields Forschungen in den ersten Jahren die Möglichkeit einer Lokalisierung des Gedächtnisses im temporalen Neokortex nahe, doch führten ihn weitere Untersuchungen und Überlegungen zu der Annahme, dass es keinen lokal begrenzten Gedächtnisspeicher im Gehirn gibt.

Brenda Milner schilderte in einem Artikel, der 1977 im *Canadian Medical Association Journal* veröffentlicht wurde, die Gespräche, die sie mit Penfield über das Gedächtnis führte: »Natürlich geht es hier nicht um Erinnerung in dem Sinne, wie ihr Psychologen den Begriff versteht, wenn ihr euch auf die Variabilität des Gedächtnisses mit seinen Abstraktionen, Verallgemeinerungen und Verzerrungen bezieht. Beim gewöhnlichen Erinnern haben wir keinen direkten Zugang zur Aufzeichnung früherer Erfahrungen in unserem Gehirn«, hatte Penfield zu Milner gesagt.

Milner schrieb weiter: »Wo war diese Aufzeichnung? Eine Zeit lang spielte er mit dem Gedanken, sie werde vielleicht im Neokortex der Temporallappen bilateral niedergelegt, aber in seinen späteren Veröffentlichungen gab er diese Idee auf und vertrat die Ansicht, die Aufzeichnung sei vielleicht irgendwo im oberen Hirnstamm lokalisiert. Der laterale Temporalkortex hätte dann eher das, was er eine interpretierende Funktion nannte, statt selbst Speicher von Gedächtnisspuren zu sein.«[3]

Obwohl seine ersten Erfahrungen darauf hingewiesen hatten, dass Gedächtnis-Engramme im temporalen Neokortex zu finden sein könnten, gelangte Penfield im Laufe der Jahre zu der Überzeugung, dass Erinnerungen nicht in einem lokalisierbaren Hirnareal gespeichert sind. Das deckt sich mit dem, was auch andere Neurochirurgen herausgefunden haben.

Das Kurzzeit- oder Arbeitsgedächtnis (weniger als rund eine Minute) stützt sich auf die Verbindungen zwischen dem dorsolateralen präfrontalen Kortex (Frontallappen) und den Parietallappen, aber der Mechanismus und der Ort der Langzeitgedächtnisspeicherung bleiben ein Rätsel. Bestimmte anatomische Strukturen, insbesondere der Hippocampus und der entorhinale Kortex der medialen Temporallappen, sind entscheidend für die Verfestigung von Kurzzeit- in Langzeiterinnerungen. Langfristige Erinnerungen werden in dieser Region jedoch nicht aktiv gespeichert.

Neurochirurgen müssen sehr vorsichtig sein, wenn sie in der Nähe der medialen Temporallappen operieren, weil die Mechanismen der Langzeitgedächtnisbildung an die Unversehrtheit des Hippocampus gebunden sind. Eine erhebliche Schädigung des dominanten Hippocampus oder des benachbarten entorhinalen Kortex (vor allem eine bilaterale Schädigung) führt zu erschreckenden Ausfallerscheinungen, weil der Patient keine neuen Langzeiterinnerungen bilden kann. Keine anderen Gehirnregionen spielen eine derart wichtige Rolle für das Gedächtnis.

Die herkömmliche Neurowissenschaft vertritt die Auffassung, dass Erinnerungen weit gestreut im Neokortex gespeichert werden. Aber die gesamte Erfahrung von Neurochirurgen, die im vergangenen Jahrhundert bei zahllosen erkrankten Patienten (u. a. an Hirntumoren, Epilepsie, Aneurysmen, Fehlbildungen der Blutgefäße des Gehirns oder Infektionen) im Verlauf der unterschiedlichen Operationen aus jedem Gehirnlappen große Teile des Neokortex entfernt haben, ohne dass bei den Patienten ein umfassender Gedächtnisverlust zu beobachten gewesen wäre, straft die Ansicht von der generellen kortikalen Speicherung bestimmter Erinnerungen Lügen.

Aktuelle neurowissenschaftliche Hypothesen über die mögliche biochemische Natur des Gedächtnisses sind sehr unterschiedlich, und es ist keinerlei Konsens in Sicht. Zu den neueren brauchbaren Hypothesen gehörten die von primitiven Proteinen, die als Prionen bekannt sind,[4] eine spezifische chemische Methylierung von entscheidenden Abschnitten der DNA,[5] das Wechselspiel zwischen der synaptischen Aktivität eines Neurons und der Transkription seiner Kern-DNA,[6] das Vernetzen von Erinnerungen durch synaptisches Biclustering in den Dendriten gewöhnlicher Neuronen[7] und die Möglichkeit der Beteiligung von Quanteneffekten in den Mikrotubuli der Neuronen (die Penrose-Hameroff-Hpothese von der orchestrierten objektiven Reduktion, die in Anhang B ausführlicher vorgestellt wird).[8]

Anhang B: Anmerkungen zum Messproblem der Quantenphysik

Obwohl das Fachgebiet Quantenphysik zweifellos mit Max Plancks Strahlungsgesetz von 1900 begann, in der er die Abgabe der Energie eines »schwarzen Körpers« in unsteten, als Quanten bezeichneten »Energiepaketen« beschreibt, und mit Albert Einsteins 1905 veröffentlichten Aufsatz über den photoelektrischen Effekt (dass Licht Elektronen aus einer Metalloberfläche freisetzt, und zwar abhängig von der Frequenz des einfallenden Lichts), war es Erwin Schrödingers berühmte Wellengleichung von 1925 (für die er 1933 den Nobelpreis für Physik erhielt), die eine praktische Anwendung der Quantenmechanik ermöglichte.

Schrödingers Wellenfunktion beschreibt eine Superposition oder Überlagerung möglicher Ergebnisse. Das heißt, ein Elektron, das sich verhält wie eine Welle, kann bei einem Doppelspaltexperiment mit verschiedenen Wahrscheinlichkeiten sowohl durch den linken als auch durch den rechten Spalt gehen (seine Position »überlagert« die beiden Optionen, denn die Wellenfunktion ist einheitlich oder allumfassend).

Die noch weiter verfeinerte Schrödingergleichung wurde durch ihre praktischen Erfolge, die in den vergangenen Jahrzehnten für rund ein Drittel des Weltwirtschaftswachstums gesorgt haben, bestätigt. Das Problem besteht in dem Versuch, die tatsächliche wissenschaftliche, philosophische und metaphysische Tragweite einer solchen Mathematik und Physik mit Blick auf die zugrunde liegende Realität einzuschätzen, die durch die experimentellen Ergebnisse offenbart wird.

Der amerikanische Physiker Henry Stapp fasste das Dilemma folgendermaßen zusammen: »Kurz gesagt ist die orthodoxe Quantenmechanik auf der pragmatischen oder operativen Ebene kartesianisch dualistisch, aber auf der ontologischen Ebene mentalistisch.« Mit anderen Worten: Die allgemein geltende Interpretation der Quantenmechanik akzeptiert Gehirn und Geist aus praktischer Sicht, besteht aber zur grundlegenden Erklärung der Realität auf dem Primat des Geistes. Deswegen ist die moderne materialistische Wissenschaft in einem so heftigen Konflikt, wenn sie versucht, die tieferen Lehren der Quantenphysik zu verstehen. Denn diese stehen in einem elementarem Widerspruch zur materialistischen Position, die verneint, dass das Bewusstsein die Basis aller Realität sein könnte. Doch das Offensichtliche kann nur bis zu einem bestimmten Punkt geleugnet werden, und ich glaube, dass wir uns diesem Punkt mit rasant wachsender Geschwindigkeit nähern.

Interessanterweise bleibt bei einem quantenmechanischen Experiment mit exakt gleichzeitig durchgeführten Messungen von zwei verschränkten Teilchen die enge Korrelation bestehen. Da die Wahl des Referenzrahmens derart sein kann, dass Ereignis A zuerst in seinem Trägheitsreferenzrahmen auftritt und Ereignis B zuerst in seinem Referenzrahmen, kann man nicht folgern, dass die eine Messung die andere verursacht hat, weil kein Ereignis deine Vorrangigkeit seines Referenzrahmens beanspruchen kann. Sie sind gleichermaßen gültig. Beobachter, die sich in einem der beiden Bezugssysteme befinden, könnten behaupten, dass ihre Messung die Ursache für den

Messeeffekt des jeweils anderen ist, doch beide haben denselben Anspruch auf Priorität.

Beachten Sie, dass das Messparadoxon eine Herausforderung darstellt, die weit über die Schwierigkeiten bei der Gesamtinterpretation der Quantenphysik hinausgeht. Es scheint auf einige logische Widersprüche innerhalb der Grundlagen der Quantentheorie hinzuweisen. Dieses Problem hat seine Wurzeln in der Dynamik des Messprozesses selbst, in den Regeln für die Trajektorien von Quantensystemen durch den mathematischen Raum, in dem sie beschrieben werden. In der Quantenmechanik gibt es Daten über ganze Systeme, die sich nicht einfach aus den Daten über ihre Bestandteile und die räumliche Anordnung dieser Bestandteile ergeben, was zur Rätselhaftigkeit der Quantenphysik beiträgt und dazu, dass wir die Bedeutung solcher experimentellen Befunde für unsere Konzeptualisierung der Welt nur schwer begreifen.

Einstein beunruhigte die Quantenverschränkung. Seine Bedenken bezogen sich auf eine der Grundvoraussetzungen der Naturwissenschaften, vor allem auf das Konzept des lokalen Realismus, der von zwei Annahmen ausgeht:

In der subatomaren Welt beinhalten sämtliche Interaktionen, einschließlich der, bei der Lichtstrahlen von einem Objekt in mein Auge fallen, einen Informationstransfer, der nicht verzögerungsfrei sein kann, weil sich die Lichtphotonen von dem Objekt zu meinem Auge bewegen müssen, damit die Informationen registriert werden können (womit sie lokal sind; das heißt, das Photon muss sich an den Ort seiner Rezeption, also zu meiner Netzhaut begeben). Dieser Informationstransfer ist nach Einsteins Relativitätstheorie durch die Lichtgeschwindigkeit begrenzt.

Realismus ist die Vorstellung, dass die Natur unabhängig vom menschlichen Geist existiert. Subatomare Teilchen müssen messbare Eigenschaften haben, die vor der bewussten Entscheidung des beobachtenden Geistes vorhanden sind, die Messung durchzuführen. Insofern wäre der Realismus eine direkte Widerlegung des metaphysischen Idealismus, der besagt, dass die gesamte Realität im Bewusstsein enthalten ist. Was Einstein beunruhigte, war die Tatsache, dass Quantenexperimente vermuten ließen, dass sich die Realität tatsächlich so verhielt, als bestehe eine intensive Beteiligung des Bewusstseins (d.h., als sei der metaphysische Idealismus die richtige Antwort!).

Die Physiker schenkten dem Aufsatz von Einstein, Podolsky und Rosen (siehe Kapitel 5) kaum Aufmerksamkeit und betrachteten ihn als philosophische Kuriosität, bis der irische Physiker John Bell erkannte, dass das Einstein-Podolsky-Rosen-Argument tatsächlich durch Experimente evaluiert werden konnte. 1964 veröffentlichte er seinen Aufsatz über das Bell'sche Theorem (oder die Bell'sche Ungleichung) und öffnete damit die Tür zur experimentellen Bewertung der verzögerungsfreien Verbundenheit innerhalb des gesamten Universums – wie von der Quantenphysik behauptet.

Die von Bells brillantem Aufsatz inspirierten Versuchsergebnisse bestätigen die Quantenverschränkung als reales Phänomen, was Einsteins Annahmen zum lokalen Realismus widerspricht. Sie lassen außerdem darauf schließen, dass es keine objektive physische Wirklichkeit gibt, die allem zugrunde liegt. Danach kann man sich die Wirklichkeit am besten als Informationsfeld vorstellen, das zum Existieren eine übergeordnete Struktur oder einen bewussten Beobachter braucht. In der Physik wurden inzwischen oft verschiedene Hintertürchen oder Hypothesen zu Bells Theorem diskutiert, die klären sollen, welche Botschaft die Natur für uns über die Realität hat, ebenso wie sie in Versuchen zu Bells Aussagen bewertet wird.

Im Jahr 1982 bestätigte Alain Aspect die Ergebnisse von Stuart Freedman und John Clauser (siehe Kapitel 5) und schloss damit eine Lücke über die mögliche Kommunikation zwischen den beiden Photonendetektoren. Höchst ausgeklügelte jüngste Experimente in der Quantenphysik bestätigen die Schlussfolgerung, dass es keine objektive, von einem bewussten Beobachter unabhängige Realität gibt.[1]

Eines der letzten möglichen Hintertürchen bei der Beurteilung von Bells Theorem ist ausgerechnet der bewusste freie Wille. In einem superdeterministischen Universum (definiert als Blockuniversum, in dem die gesamte vergangene und künftige Geschichte bereits stattgefunden hat, und zwar in einem erstarrten Kristall der Aktualität, der ewig ist) tritt eine »spukhafte Fernwirkung« auf, weil sämtliche Messergebnisse bereits vom Universum vorherbestimmt sind. In einem solchen System könnten fühlende Wesen dazu verleitet werden, zu glauben, dass sie aufgrund irgendeines Mechanismus (etwa eines Organisationsprinzips, das erinnerte Ereignisse als »Vergangenheit« und weit offene Möglichkeiten für »nicht erinnerte« Ereignisse als »Zukunft« präsentiert) einen freien Willen haben, obwohl die tatsächlichen Ereignisse in diesem angenommenen superdeterministischen Universum von Anfang an vorherbestimmt sind. Ich für meinen Teil glaube, dass wir wirklich einen freien Willen haben und dass dieses Hintertürchen nie zum Einsatz kommen kann, weil nach der Hypothese vom uranfänglichen Geist das Bewusstsein die gesamte entstehende Wirklichkeit hervorbringt. Das kollektive Bewusstsein nimmt über den freien Willen von empfindungsfähigen Lebewesen wie den Menschen auf die gesamte sich entfaltende Wirklichkeit Einfluss.

Der renommierte Physiker John Wheeler schlug in den späten 1970er-Jahren ein Gedankenexperiment vor, um der rätselhaften

Natur der Quantenphysik im Doppelspaltexperiment weiter auf die Spur zu kommen. Dieses Experiment untersucht das Verhalten von Photonen, um herauszufinden, in welchem Ausmaß sie einen Versuchsaufbau »wahrnehmen« und sich daran »anpassen«, wobei verschiedene Detektoren sehr schnell umgeschaltet werden, um die spezifischen Faktoren, die am Verhalten des jeweiligen Photons beteiligt sind, zu isolieren.

Der allgemeine Ansatz dieses »Delayed-Choice-Quantum-Eraser-Experiments« besteht darin, jedes Photon »entscheiden« zu lassen, ob es das Verhalten eines Teilchens oder einer Welle zeigen will. Während das Photon noch auf dem Weg zu den Detektoren ist, wird in einer zweiten Änderung des Versuchsaufbaus ein Quanten-Zufallsgenerator eingesetzt, der die Entscheidungen des Beobachters übernimmt. Das soll es so aussehen lassen, als hätte das Photon »seine Meinung geändert« oder »beschlossen«, sich genau andersherum zu verhalten.

Das Platzieren von zwei entsprechend ausgerichteten Polarisatoren an jedem der beiden Schlitze hebt jedes wellenartige Verhalten auf, indem die »Welcher-Weg-Information« bereitgestellt wird, wodurch die Wellenfunktion kollabiert. Werden die Photonendetektoren jedoch so platziert, dass die Photonen dort erst dann auftreffen, *nachdem* sie die Schlitze passiert haben, können die Photonen mit Verzögerung entscheiden, ob sie sich wie Teilchen oder Wellen verhalten, d.h., ob sie einen oder beide Schlitze durchqueren. Das ist höchst eigenartig.

Noch seltsamer ist, dass man die Vergangenheit dieser Photonen »löschen« kann, indem man eine Anpassung in der Versuchsanordnung vornimmt. Durch den Einsatz eines dritten Polarisators, der die Wirkung der erzwungenen Entscheidung der Photonen, sich wie Wellen oder Teilchen zu verhalten, aufhebt, kann man die Photonen in ihren ursprünglichen Zustand, in dem sie sich wie Wellen verhalten, zurückversetzen, wie sich nach Passieren des dritten Polarisators in einem Interferenzmuster zeigt.

In einer Variante von Wheelers Delayed-Choice-Quantum-Eraser-Experiment von 2015 verwendeten Andrew G. Manning und seine Kollegen ein einzelnes Heliumatom in einem speziellen Interferometer, um ein atomares Analogon zu Wheelers ursprünglichem Vorschlag zu erzeugen. Sie ersetzten die physikalischen Strahlenteiler und Spiegel des ursprünglichen Versuchsaufbaus durch optische Bragg-Impulse, um den Quantenzustand des Atoms zu bewerten. Irgendwie ist die Tatsache, dass dieses Experiment, für das ein sich langsam bewegendes Heliumatom bei sehr niedrigen Temperaturen verwendet wird, noch immer die Löschung seiner Quantenvergangenheit durch ein künftiges Ereignis zeigt (Bestimmung der Detektionsmethode durch die Entscheidung eines Quanten-Zufallsgenerators, die getroffen wurde, nachdem das Atom den Pi-Impuls passiert hat, der den Spalt/die Spalte des ursprünglichen Experiments ersetzt), sogar noch schockierender als ähnliche Demonstrationen mit sich schnell bewegenden Photonen, weil dieses Experiment unserer klassischen Welt ähnlicher ist. Manning und sein Team kamen übereinstimmend mit Generationen von Physikern, die von den »spukhaften« Ergebnissen der Quantenexperimente gleichermaßen schockiert waren, zu dem Schluss, dass es keinen Sinn macht, einem massereichen Teilchen ein Wellen- oder Teilchenverhalten zuzuordnen, bevor die Messung stattgefunden hat. Der Vorgang des Beobachtens bestimmt die auftauchende Wirklichkeit.

Berkeleys Schlussfolgerung »Sein ist, wahrgenommen zu werden« (siehe Kapitel 5) wurde von dem Physiker Wheeler in der Erklärung zu den erstaunlichen Ergebnissen seiner Delayed-Choice-Quantum-Eraser-Experimente zitiert:

»Was Menschen veranlasst, sich darüber zu streiten, wann und wie das Photon lernt, dass der Versuch auf eine bestimmte Weise angeordnet ist, und dann von Welle zu Teilchen wechselt, um den Anforderungen der Versuchsanordnung zu genügen, ist die Annahme, dass ein Photon irgendeine physische Form hat, bevor die Astronomen es beobachten. Entweder ist es eine Welle oder ein Teilchen; entweder bewegt es sich in beiden Richtungen durch die Galaxie oder nur in einer. In Wirklichkeit sind Quantenphänomene weder Wellen noch Teilchen, sondern bis zu ihrer Messung ihrem Wesen nach undefiniert. In gewissem Sinne hatte der britische Philosoph Bischof [George] Berkeley recht, als er vor zwei Jahrhunderten behauptete: ›Sein ist, wahrgenommen zu werden.‹«

John Wheeler (1911–2008)

Die Klärung erfordert ein Gedankenexperiment, in dem wir für den Moment nicht nur davon ausgehen, dass das Gehirn ein Quantencomputer ist. Wir gehen sogar so weit zuzugeben, dass die rätselhafte Natur der Ergebnisse in der Quantenphysik tatsächlich ein eindeutiger Beweis dafür ist, dass die gesamte Realität eine *Quantenrealität* ist. Mit anderen Worten, dass alles im Bewusstsein enthalten ist.

Hans Halvorson, Philosophieprofessor in Princeton, hat in seinen jüngsten Schriften eine interessante Perspektive entwickelt.[2] Indem wir die Konzepte Superposition und Verschränkung mit der Art kombinieren, wie sich Quantensysteme im Laufe der Zeit entwickeln (besonders, dass Änderungen des Quantenzustandes immer Superpositionen erhalten, d.h., es herrscht eine lineare Dynamik oder Einheitlichkeit vor), gehen wir, wenn wir Beobachtungen machen, eine Verschränkung mit physischen Objekten ein, sodass *wir* letztendlich keine bestimmten Eigenschaften haben.

Das Messparadox offenbart die offensichtliche Inkohärenz der Quantenmechanik, die Quantenphysiker hauptsächlich auf dreierlei Weise zu lösen versucht haben.

Man kann das Superpositionsprinzip ablehnen, indem man versteckte Variablen aufruft, wie etwa in David Bohms Interpretation. Dies erfordert ein empirisch nicht nachweisbares Führungsfeld, das keinen Energieimpuls trägt und keinem bestimmten Bereich der Raumzeit zugeordnet ist (anders als alle anderen Bereiche der Physik; so sehr Einstein eine solche deterministische Interpretation suchte, die rätselhafte Natur von Bohms Führungsfeld konnte er nicht akzeptieren). Es sei angemerkt, dass Bohm einem solchen Führungsfeld ein quasigeistiges Wesen zuschrieb, und zwar insofern, als es »objektive und aktive Informationen« enthält, »in bestimmten wichtigen Punkten ähnlich der Aktivität von Informationen in unserer gewöhnlichen subjektiven Erfahrung«, die zu einer engen Analogie zwischen Materie und Geist führt mit dem Ergebnis »einer neuen Theorie des Geistes, der Materie und ihrer Beziehung, deren Grundgedanke eher Partizipation als Interaktion ist«.[3]

Alternativ dazu kann man bestreiten, dass Beobachtung tatsächlich stattfindet, wie es beispielsweise in der populären Viele-Welten-Interpretation (VWI) der Quantenphysik von Hugh Everett geschieht. Nach Everetts Ansicht führt der Messvorgang dazu, dass der Beobachter sowohl mit dem beobachteten Objekt als auch mit der Messvorrichtung eine Verschränkung eingeht, und zwar derart, dass am Ende der Messung keine konkrete Beobachtung vorgenommen werden muss, weil alle möglichen Beobachtungen zu einem neuen Paralleluniversum führen, in dem nur dieses eine Ergebnis vorkommt. Der Preis ist die höchst pompöse Beschwörung unendlich vieler Paralleluniversen, um jede tatsächliche Messung oder Beobachtung zu vermeiden.

Everett wollte, vereinfacht ausgedrückt, die mathematischen Ansätze der Quantenphysik vollständig erfüllen und fand heraus, dass er dies leicht tun konnte, indem er annahm, dass jede mögliche subatomare Wechselwirkung tatsächlich stattfand, sich aber jeder derartige Vorgang in ein neues Universum verzweigt. Dekohärenz – oder Zerstörung von Quantenzustandsinformationen durch Interaktion mit der physischen Umgebung – ist der postulierte Mechanismus, der den Kollaps der Wellenfunktion ersetzt. Dies entfernt den Beobachter aus dem System. Daher ist es nicht erforderlich, den Kollaps der Wellenfunktion durch den beobachtenden Geist anzunehmen. Das ist die treibende Kraft hinter Everetts Interpretation unendlich vieler Paralleluniversen, die in jedem Augenblick in der Raumzeit auftauchen und jeweils die Perfektion der sich entwickelnden Wellenfunktion widerspiegeln sowie die Tatsache, dass sie die subatomare Wirklichkeit bestimmen. Das beobachtete Universum ist somit nur eine Überlagerung möglicher Quantenzustände in unendlich vielen möglichen Universen.

Natürlich gehört Parsimonie nicht unbedingt zu den Vorzügen der VWI, aber zumindest hält sie sich an die Regeln der Mathematik und zerstört nicht die Vorhersagbarkeit der Quantenphysik. Fairerweise sei gesagt, dass die Befürworter von Everetts VWI argumentieren, Ockhams Rasiermesser (also dem Sparsamkeitsprinzip der Parsimonie) sei mit ihrer Interpretation noch am ehesten Rechnung getragen. Die Komplexität des Modells sei geringer als die gegenteiliger Interpretationen, obwohl die scheinbare Mannigfaltigkeit von Universen beanstandet werden könne. Aber auch weiterhin gilt: Die

Energie in einem gegebenen beobachtbaren Universum bleibt eine Konstante. Ansonsten würde eine extreme Verletzung des Energieerhaltungssatzes stattfinden, indem lauter neue Universen explodieren, nur um der VWI zu genügen.

Eine dritte Möglichkeit eröffnet sich dadurch, dass dynamische Reduktionstheorien erlauben, die dynamischen Gesetze der Quantenmechanik zu verwerfen, insbesondere die Vorstellung, dass Superpositionen über einen längeren Zeitraum erhalten bleiben. Diese dritte Option macht meines Erachtens am meisten Sinn, wenn man sich auf den metaphysischen (oder ontologischen) Idealismus beruft. Sie setzt voraus, dass menschliche (und alle fühlenden) Wesen für die sich entwickelnde Wirklichkeit entscheidend sind, d. h., dass unser Bewusstsein uns über die bloße physische Materie erhebt. In gewisser Hinsicht betrachte ich unser gesamtes bewusstes Gewahrsein gegenüber Erfahrungen und alle Erinnerungen an diese Erfahrungen als etwas, das sich im Reich des kollektiven Bewusstseins außerhalb der vierdimensionalen Raumzeit des physikalischen Universums abspielt. Hier lege ich fest, dass das »Mehr«, von dem William James spricht, die Seele oder der Geist ist, die die gesamte sich entwickelnde Wirklichkeit beeinflussen. Es ist auch »das Mehr«, weil es notwendig ist, um die Kausalität vollständig zu erklären, die nicht nur im physischen Universum erreicht werden kann. Superpositionen finden zwischen den verschiedenen Bestandteilen der mikroskopisch kleinen physischen Welt statt, aber das Konzept der Superposition lässt sich nicht auf das Bewusstsein und den kollektiven Geist anwenden. Erwin Schrödinger hat als Erster betont, und andere (wie die Physiker Roger Penrose, David Albert und Barry Loewer) haben ihm zugestimmt, dass es keinen Sinn macht, zu sagen, mentale Zustände könnten in Superposition existieren. Sie sind einfach das, was beobachtet wird: die Wahrnehmung im Geist des Wahrnehmenden. Und auch wenn wir überlagerte Zustände selbst nicht beobachten können, sind ihre Auswirkungen – etwa das Interferenzmuster im Doppelspalt-Experiment – beobachtbar. Daher hat der Begriff der Superposition physikalischer Zustände direkte empirische Implikationen.

Die populärste Theorie zur dynamischen Reduktion ist die der italienischen Physiker Giancarlo Ghirardi, Alberto Rimini und Tullio Weber, die GRW-Theorie (1985 veröffentlicht und benannt nach den Initialen ihrer Nachnamen). Diese Theorie macht sich die Tatsache zunutze, dass der Kollaps einer Komponente eines Quantensystems »ansteckend« ist und sich durch Verschränkung im gesamten Quantensystem fortsetzt. So führt der sehr seltene (etwa einmal in hundert Millionen Jahren), zufällige und spontane Kollaps der Wellenfunktion eines Teilchens, sagen wir in einem Messgerät (das mehr als eine Million Billiarden solcher Teilchen enthält), zum Kollaps der Wellenfunktion im gesamten System, weil alle beteiligten Teilchen miteinander verschränkt sind.

Halvorson machte sich einen Reim auf das Messproblem, indem er (wie es die meisten Psychologen tun würden) argumentierte, dass sich geistige Zustände insofern von physischen unterscheiden, als sie nicht überlagert werden und sich somit nicht mit physischen Zuständen verschränken könnten. Er arbeitete eine psychophysische Interaktion aus, in der Geisteszustände die Zustände der physischen Welt zuverlässig verfolgen. Er berief sich dabei auf eine Form der logischen Unabhängigkeitshypothese, indem er den konzeptionellen Unterschied feststellte: Ein physischer Zustand sei etwas anderes als ein Geisteszustand, und »physische Zustände können logischer- oder konzeptionellerweise keine Geisteszustände bedingen und umgekehrt«. Er verglich mentale und physische Zustände mit den komplementären Konjugaten der Quantenphysik, etwa Position und Impuls oder Zeit und Energie.

Kehren wir zur GRW-Kollapstheorie zurück. Dazu erklärt Halvorson: »Wenn ein physisches Ding (z.B. ein Gehirn) mit einem nicht physischen Ding (z. B. einem Geist) so verbunden wird, dass ihre Zustände auf gesetzmäßige Weise korreliert sind, dann kann das physische Ding nicht genau und ohne Ausnahme den Gesetzen der Quantenmechanik gehorchen. Die Tatsache, dass es bei Geisteszuständen nicht zu Superpositionen kommen kann, führt dazu, dass ein physisch-mentales Objekt nicht den Gesetzen der Quantenmechanik gehorchen kann … Wenn der physische Teil allein den Regeln der Quantenmechanik folgt, aber *durch die Natur seines geistigen Gegenstücks eingeschränkt* ist, dann würden die Regeln der GRW-Theorie diesen beiden Arten von Objekten eine höchst natürliche und harmonische Möglichkeit bieten, miteinander und mit anderen physischen Objekten zu interagieren.« (*Kursive Hervorhebungen durch mich, E.A.*)

Halvorson kommt zu dem Schluss, dass diese Position, die einen Prozess beschreibt, durch den die Seele mit dem Gehirn und dem Körper interagieren könnte, einem Befürworter des Geist-Körper-Dualismus gefallen könnte, weil sie seinen Streit mit den Metaphysikern unterschreibt, die annehmen, dass der Geist die Materie durch diesen Mechanismus beeinflusst. Hinzufügen möchte ich, dass diese Argumentation auch auf unsere Annahme des metaphysischen Idealismus und den Einfluss des Geistes auf die physische Welt zutrifft, vorausgesetzt, dass alles, was existiert, seinen Ursprung im geistigen Bereich hat. Eigentlich ist der metaphysische Idealismus allen dualistischen Anordnungen vorzuziehen, weil er alle mit dualistischen Interaktionen verbundenen heiklen Punkte umgeht, etwa die Verletzung des Energieerhaltungssatzes bei dem Versuch, den

Mechanismus zu beschreiben, mit dem der Geist die Materie beeinflusst.

Es ist zu früh, sich auf irgendeine der gegenwärtigen Interpretationen festzulegen, wobei ich meine, dass verschiedene Merkmale der GRW-Kollaps-Hypothese einen gewissen Reiz haben. Eine weitere Interpretation, die großes Interesse geweckt hat, ist die »Orchestrierte objektive Reduktion« (Orch OR) des britischen Mathematikers Roger Penrose und des amerikanischen Anästhesisten Stuart Hameroff.

In seinem bemerkenswerten, 1989 erschienenen Buch *The Emperor's New Mind* und in seinem Folgebuch von 1997 mit dem Titel *The Large, the Small and the Human Mind* schreibt Penrose, dass das menschliche Denken nicht berechenbar in dem Sinne ist, dass Mathematiker die Wahrheit bestimmter Aussagen, die in einem fundamentalen Sinne nicht beweisbar sind, kennen können. Dieser »fundamentale Sinn« wurde von dem genialen Mathematiker und Philosophen Kurt Gödel zum Ausdruck gebracht. Gödel thematisierte mit seinen berühmten Unvollständigkeitssätzen die Unmöglichkeit, sowohl die Konsistenz als auch die Vollständigkeit jedes mathematischen Systems aus sich selbst heraus zu beweisen, ohne auf Regeln Bezug zu nehmen, die vollständig außerhalb davon liegen. Ich glaube, dass genau diese Einschränkung in vielerlei Hinsicht gilt, wenn es darum geht, das Bewusstsein »aus sich selbst heraus« zu verstehen, und damit meine ich aus den an Zeit und Raum gebundenen Formen des begrenzt bewussten Gewahrseins heraus, die den Menschen zugänglich sind, die lediglich den physischen Bereich überblicken. Nur in Zuständen des transzendenten bewussten Gewahrseins, die wir wahrnehmen, wenn wir uns mit dem kollektiven Bewusstsein vereinigen, gewinnen wir eine Perspektive, die uns dabei helfen kann, die Grundlagen der Geist-Körper-Beziehung besser zu verstehen und die Natur der zugrunde liegenden Realität zu ergründen.

Vor allem die von Penrose und Hameroff vorgenommene Darstellung der Mikrotubuli in Neuronen als einer Umgebung, die Quanteninformation lange genug speichern kann, um eine Rolle bei der Erzeugung von menschlichem Bewusstsein zu spielen, bietet eine wertvolle Ergänzung unseres Verständnisses. In ihrem Modell findet der Kollaps der Wellenfunktion in einem objektiven Prozess statt, der von den noch zu definierenden Auswirkungen der Quantengravitation abhängt. Kurz gesagt: Wenn sich der Energieunterschied zwischen zwei ausgeprägten Quantenzuständen dem »1 Graviton«-Niveau von Penrose annähert (ungefähr gleich einer Planck-Masse oder 0,022 Milligramm, was etwa der Masse eines Floheis entspricht), kollabiert der Quantenzustand zu einem tatsächlichen Wert.

Penrose und Hameroff betrachten einen solchen Kollaps der Wellenfunktion nicht als Ergebnis des Einflusses, den das uranfängliche Bewusstsein auf die entstehende Wirklichkeit ausübt, aber ich glaube, dass viele ihrer mechanistischen Konzepte mit einem metaphysischen Idealismus verbunden werden könnten. Das würde die Möglichkeit eröffnen, dass das Bewusstsein den gesamten physischen Bereich und unsere Wahrnehmung davon beeinflusst.

Die Quantenphysik bereitet die Bühne, auf der das Bewusstsein selbst eine viel wichtigere Rolle für die Festlegung der sich entfaltenden Wirklichkeit spielt, trotz des manchmal heftigen Widerstandes derer, die immer noch von der cleveren, verwirrenden und mächtigen allwaltenden Illusion bezüglich der »Realität« der materiellen Welt verführt werden. Ich glaube nicht, dass wir schon weit genug sind, um über die »richtige« Interpretation des Messproblems in der Quantenphysik entscheiden zu können, aber ich vermute stark, dass wir das Messproblem nur verstehen können, wenn wir den Mechanismus verfeinern, mit dem das Bewusstsein die sich entwickelnde wahrnehmbare Realität beeinflusst, die wir erfahren.

Literatur

Alexander, Eben: *Blick in die Ewigkeit. Die faszinierende Nahtoderfahrung eines Neurochirurgen.* München: Ansata, 2013.

Alexander, Eben: *Vermessung der Ewigkeit. 7 fundamentale Erkenntnisse über das Leben nach dem Tod.* München: Ansata, 2015.

Bair, Puran: *Aus dem Herzen leben. Herz-Rhythmus-Meditation für Energie, Freude und seelische Harmonie.* München: Arkana, 1999.

Baker, Mark C., und Stewart Goetz (Hg.): *The Soul Hypothesis: Investigations into the Existence of the Soul.* New York: Continuum International Publishing Group, 2011.

Beischel, Julie: *Investigating Mediums. A Windbridge Institute Collection.* Tucson, AZ: The Windbridge Institute, 2015.

Capra, Fritjof: *Das Tao der Physik. Die Konvergenz von westlicher Wissenschaft und östlicher Philosophie.* Frankfurt: O.W. Barth, 2012 (Neuauflage).

Chalmers, David J.: *The Conscious Mind. In Search of a Fundamental Theory*. Oxford, UK: Oxford University Press, 1996.

Chopra, Deepak, und Rudolph E. Tanzi: *Super-Gene. Die neuesten Erkenntnisse aus der Neurowissenschaft für ein langes gesundes Leben.* München: Herbig, 2016.

Dalai Lama: *Die Welt in einem einzigen Atom. Meine Reise durch Wissenschaft und Buddhismus.* Berlin: Theseus, 2005.

Dass, Ram. *Be Here Now.* San Cristobal, NM. Lama Foundation, 1971.

Dass, Ram: *Be Love Now. The Path of the Heart.* New York: Harper Collins Publishers, 2011.

Dossey, Larry: *Heilende Worte. Die Kraft der Gebete als Schlüssel zur Heilung.* Amerang: Crotona, 2013.

Dossey, Larry: *One Mind. Alles ist mit allem verbunden.* Amerang: Crotona, 2014.

Dupré, Louis, und James A. Wiseman (Hg.): *Light from Light. An Anthology of Christian Mysticism.* New York: Paulist Press, 2001.

Grof, Stanislav: *Die Psychologie der Zukunft. Erfahrungen der modernen Bewusstseinsforschung.* Wettswil (CH): Astrodata, 2002.

Grossman, Neal: *The Spirit of Spinoza. Healing the Mind.* Princeton, NJ: ICRL Press, 2003.

Guggenheim, Bill und Judy: *Trost aus dem Jenseits.* München: Scherz, 1999.

Hagan, John C. III: *The Science of Near-Death Experiences.* Columbia, MO: University of Missouri Press, 2017.

Hamilton, Allan: *Skalpell und Seele. Was die Medizin nicht erklären kann.* Reinbek: Rowohlt, 2010.

Hancock, Graham: *Spiegel des Himmels. Das Vermächtnis der Götter; die Entschlüsselung der großen Menschheitsrätsel.* München: Lichtenberg, 1998.

Holden, Jan, Bruce Greyson und Debbie James (Hg.): *The Handbook of Near-Death Experiences. Thirty Years of Investigation.* Santa Barbara, CA: ABC-CLIO, 2009.

Jackson, Laura Lynne: *Das Licht zwischen uns. Botschaften von Verstorbenen, Antworten für unser Leben.* München: Ansata, 2016.

Jahn, Robert, und Brenda Dunne: *Margins of Reality. The Role of Consciousness in the Physical World.* Orlando, FL: Harcourt Brace Jovanovich, 1987.

Kak, Subhash (Hg.): *Quantum Physics of Consciousness.* Cambridge, MA: Cosmology Science Publishers, 2011.

Kastrup, Bernardo: *Brief Peeks Beyond. Critical Essays on Metaphysics, Neuroscience, Free Will, Skepticism, and Culture.* Winchester, UK: Iff books, 2015.

Kastrup, Bernardo: *More Than Allegory. On Religious Myth, Truth, and Belief.* Winchester, UK: Iff books, 2016.

Kelly, Edward F., Adam Crabtree und Paul Marshall (Hg.): *Beyond Physicalism. Toward Reconciliation of Science and Spirituality.* Lanham, MD: Rowman & Littlefield, 2015.

Kelly, Edward F. et al.: *Irreducible Mind. Toward a Psychology for the 21st Century.* Lanham, MD: Rowman & Littlefield, 2007.

McFadden, Johnjoe, und Jim Al-Khalili: *Der Quantenbeat des Lebens. Wie Quantenbiologie die Welt neu erklärt.* Berlin: Ullstein, 2015.

Mitchell, Edgar D.: *The Way of the Explorer. An Apollo Astronaut's Journey through the Material and Mystical Worlds.* Norwalk, CT: The Easton Press, 1996.

Mitchell, Edgar D., et al.: *Psychic Exploration. A Challenge for Science.* New York: G.P. Putnam's Sons, 1974.

Monroe, Robert: *Der Mann mit den zwei Leben. Reisen außerhalb des Körpers.* München: Heyne, 2005 (TB-Neuauflage).

Moody, Raymond: *Leben nach dem Tod. Die Erforschung einer unerklärlichen Erfahrung.* Reinbek: Rowohlt, 1977.

Moody, Raymond, mit Paul Perry: *Zusammen im Licht. Was Angehörige mit Sterbenden erleben.* München: Arkana, 2011.

Moorjani, Anita: *Heilung im Licht. Wie ich durch eine Nahtoderfahrung den Krebs besiegte und neu geboren wurde.* München: Goldmann, 2015.

Newton, Michael: *Die Reisen der Seele. Karmische Fallstudien.* Wettswil (CH): Astrodata, 1996.

Olsen, Scott: *The Golden Section. Nature's Greatest Secret.* New York: Walker & Company, 2006.

O'Neill, John J.: *Prodigal Genius. The Life of Nikola Tesla.* New York: Ives Washburn, Inc. 1944.

Pearce, Joseph Chilton: *The Biology of Transcendence. A Blueprint of the Human Spirit.* Rochester, NY: Park Street Press, 2002.

Penfield, Wilder: *The Mystery of the Mind.* Princeton, NJ: Princeton University Press, 1975.

Penrose, Roger: *The Emperor's New Mind: Concerning Computers, Minds, and the Laws of Physics.* New York: Oxford University Press, 1989.

Penrose, Roger: *The Large, the Small and the Human Mind.* Cambridge, UK: Cambridge University Press, 1997.

Platon: *Philebos, Timaios und Kritias.* Griechisch und Deutsch, Sämtliche Werke, Bd. VIII. Frankfurt: Insel, 1991.

Radin, Dean: *Conscious Universe. The Scientific Truth of Psychic Phenomena.* New York: HarperCollins Publishers, 1991.

Radin, Dean: *Entangled Minds. Extrasensory Experiences in a Quantum Reality.* New York: Simon & Schuster, 2006.

Radin, Dean: *Supernormal. Faszinierende Beweise für die unglaublichen Kräfte des Menschen.* Amerang: Crotona, 2015.

Rankin, Lissa: *Mind over Medicine. Warum Gedanken oft stärker sind als Medizin. Wissenschaftliche Beweise für die Selbstheilungskraft.* München: Kösel, 2014.

Ritchie, George C.: *Rückkehr von morgen.* Marburg: Francke, 2010.

Rivas, Titus, Anny Dirven und Rudolf H. Smit: *The Self Does Not Die. Verified Paranormal Phenomena from Near-Death Experiences.* Durham, NC: IANDS Publications, 2016.

Schwartz, Gary: *The Afterlife Experiments. Breakthrough Scientific Evidence of Life After Death.* New York: Simon & Schuster, 2002.

Schwartz, Robert: *Mutige Seelen. Planen wir unsere Lebensaufgabe bereits vor der Geburt?* München: Heyne, 2015.

Singer, Michael A.: *Die Seele will frei sein. Eine Reise zu sich selbst.* Berlin: Allegria, 2016.

Stapp, Henry P.: *Mindful Universe. Quantum Mechanics and the Participating Observer.* Heidelberg: Springer, 2007.

Teilhard de Chardin, Pierre: *Der Mensch im Kosmos.* München: C.H. Beck, 2010 (4. Auflage).

Tolle, Eckhart: *Jetzt! Die Kraft der Gegenwart.* Bielefeld: Kamphausen, 2010.

Tucker, Jim B.: *Kinder erinnern sich. Dem faszinierenden Phänomen der Wiedergeburt auf der Spur.* Berlin: Allegria, 2014.

Turner, Kelly A.: *9 Wege in ein krebsfreies Leben. Wahre Geschichten von geheilten Menschen.* München: Irisiana, 2015.

Van Lommel, Pim: *Endloses Bewusstsein. Neue medizinische Fakten zur Nahtoderfahrung.* München: Knaur, 2013.

Zukav, Gary: *Die tanzenden Wu Li-Meister. Der östliche Pfad zum Verständnis der modernen Physik. Vom Quantensprung zum schwarzen Loch.* Reinbek: Rowohlt, 2012.

Zukav, Gary: *The Seat of the Soul.* New York: Simon & Schuster, 1989.

Endnoten

Kapitel 2

1 M. Thonnard et al.: »Characteristics of Near-Death Experiences Memories as Compared to Real and Imagined Events Memories«, in: *PLOS ONE* 8 (2013), 3, doi: 10.1371/journal.pone.0057620.

2 A. Palmieri et al.: »Reality of Near-Death-Experience Memories: Evidence from a Psychodynamic and Electrophysiological Integrated Study«, in: *Frontiers in Human Neuroscience* 8 (2014), doi.org/10.3389/fnhum.2014.00429.

3 James, William: *Human Immortality. Two Supposed Objections to the Doctrine*, 2. Aufl. Boston: Houghton, Mifflin, 1900. Erstveröffentlichung 1898.

Kapitel 3

1 Pim van Lommel et al.: »Near-Death Experience in Survivors of Cardiac Arrest. A Prospective Study in the Netherlands«, in: *Lancet* 358, no. 9298 (2001), S. 2039–45.

Kapitel 4

1 Wilder Penfield und Theodore C. Erickson: *Epilepsy and Cerebral Localization. A Study of the Mechanism, Treatment and Prevention of Epileptic Seizures.* Springfield, IL: Charles C. Thomas, 1941, S. 127–30.
2 Wilder Penfield: *Mystery of the Mind.* Princeton, NJ: Princeton University Press, 1975, S. 113 f.
3 Daryl J. Bem: »Feeling the Future: Experimental Evidence for Anomalous Retroactive Influences on Cognition and Affect«, in: *Journal of Personality and Social Psychology* 100, No. 3 (2011), S. 407–25.
4 D. Bem et al.: »Feeling the Future. A Meta-Analysis of 90 Experiments on the Anomalous Anticipation of Random Future Events«, in: *F1000Research* 4 (2015), 1188, doi:10.12688/f1000research.7177.1.
5 Michael Nahm et al.: »Terminal Lucidity: A Review and a Case Collection«, in: *Archives of Gerontology and Geriatrics* 55, No. 1 (2012), S. 138–42, doi:10.1016 /j.archger.2011.06.03.

Kapitel 5

1 Daryl J. Bem: »Feeling the Future. Experimental Evidence for Anomalous Retroactive Influences on Cognition and Affect«, in: *Journal of Personality and Social Psychology* 100, No. 3 (2011), S. 407–25.
2 M. Ringbauer et al.: »Measurements on the Reality of the Wavefunction«, in: *arXiv:* 1412.6213v2 [qaunt-ph], 20. Januar 2015.
3 Bernardo Kastrup: *Brief Peeks Beyond. Critical Essays on Meta-*

physics, Neuroscience, Free Will, Skepticism and Culture. Winchester, UK: Iff Books, 2015, S. 157–64.
4 Bernardo Kastrup: »Transcending the Brain. At Least Some Cases of Physical Damage Are Associated with Enriched Consciousness or Cognitive Skill«, in: *Scientific American* (Blog), 29. März 2017, https://blogs.scientificamerican.com/guest-blog /transcending-the-brain/.
5 D. Radin, L. Michel und A. Delorme: »Psychophysical Modulation of Fringe Visibility in a Distant Double-Slit Optical System«, in: *Physics Essays* 29, No. 1 (2016), S. 14–22.

Kapitel 6

1 John J. O'Neill: *Prodigal Genius. The Life of Nikola Tesla.* New York: Ives Washburn, Inc., 1944, S. 265–67.

Kapitel 8

1 R. L. Carhart-Harris et al.: »Neural Correlates of the Psychedelic State Determined by fMRI Studies with Psilocybin«, in: *Proceedings of the National Academy of Sciences of the United States of America* 109, No. 6 (Februar 2012), S. 2138–43.
2 F. Palhano-Fontes et al.: »The Psychedelic State Induced by Ayahuasca Modulates the Activity and Connectivity of the Default Mode Network«, in: *PLOS ONE* (Februar 2015), https://doi.org/10.1371/journal.pone.0118143.
3 M. Ullman, S. Krippner und A. Vaughan: *Dream Telepathy. Experiments in Nocturnal ESP.* 2. Aufl., Jefferson, NC: McFarland, 1989.

Kapitel 11

1 A. J. Rock et al.: »Discarnate Readings by Claimant Mediums. Assessing Phenomenology and Accuracy Under Beyond Double-Blind Conditions«, in; *Journal of Parapsychology* 78, No. 2 (2014), S. 183–94, http://windbridge.org/papers/JP2014v78n2RockBeischel.pdf.

Kapitel 15

1 H. Benson und R Friedman: »Harnessing the Power of the Placebo Effect and Renaming It ›Remembered Wellness‹«, in: *Annual Review of Medicine* 47 (Februar 1996), S. 193–99, doi:10.1146/annurev.med.47.1.193.

Kapitel 16

1 Heidi S. Mortensen et al.: »Quantitative Relationships in Delphinid Neocortex«, in: *Frontiers in Neuroanatomy* 8, No. 132 (2014), S. 1–10, http://journal .frontiersin.org/article/10.3389/fnana.2014.00132/abstract.

Anhang A

1 Wilder Penfield und Theodore C. Erickson: *Epilepsy and Cerebral Localization. A Study of the Mechanism, Treatment and Prevention of Epileptic Seizures.* Springfield, IL: Charles C. Thomas, 1941, S. 52–56.

2 Wilder Penfield: »The Role of the Temporal Cortex in

Certain Psychical Phenomena«, in: *Journal of Mental Science* 101, No. 424 (1955), S. 453.

3 Brenda Milner: »Memory Mechanisms«, in: *Canadian Medical Association Journal* 116 (1977), S. 1374–76.

4 Andreas Papassotiropoulos et al.: »The Prion Gene Is Associated with Human Long-Term Memory«, in: *Human Molecular Genetics* (Oxford Journals) 14, No. 15 (2005), S. 2241–46, doi:10.1093/hmg/ddi228. PMID 15987701.

5 C. Miller und J. Sweatt: »Covalent Modification of DNA Regulates Memory Formation«, in: *Neuron* 53, No. 6 (5. März 2007), S. 857–69, doi:10.1016/j.neuron .2007.02. 022. PMID 17359920.

6 M. Hendricks: »Reducing Memory to a Molecule. A Researcher Explores the Molecular Essence of Memory«, in: *Johns Hopkins Medicine,* Institute for Basic Biomedical Sciences (2009), http://www.hopkinsmedicine.org/institute _basic_biomedical_sciences/news_events/articles_and _stories/learning_memory/200906 _reducing_memory_ molecule.html.

7 G. Kastellakis, A. J. Silva und P. Poirazi: »Linking Memories across Time via Neuronal and Dendritic Overlaps in Model Neurons with Active Dendrites«, in: *Cell Reports* 17, No. 6 (2016), S. 1491–1504, http://dx.doi.org/10.1016/ j.celrep.2016.10.015.

8 T. J. A. Craddock, J. A. Tuszynski und S. Hameroff: »Cytoskeletal Signaling. Is Memory Encoded in Microtubule Lattices by a CaMKII Phosphorylation?«, in: *PLOS Computational Biology* 8, No. 3 (2012), e1002421.

Anhang B

1 M. Ringbauer et al.: »Measurements on the Reality of the Wavefunction«, in: *arXiv:* 1412.6213v2 [qaunt-ph], 20. Januar 2015.
2 Hans Halvorson: »The Measure of All Things«, in: Mark C. Baker und Stewart Goetz (Hg.): *The Soul Hypothesis. Investigations into the Existence of the Soul.* New York: Continuum International Books, 2011, S. 138–63.
3 David Bohm: »A New Theory of the Relationship of Mind and Matter«, in: *Philosophical Psychology* 3, No. 2 (1990), S. 271–86.

Register

C

D

I

J

K

Q

R

S

T

U

V

W